高麗時代 宋商往來 研究

高麗時代 宋商往來 研究

李鎭漢

景仁文化社

이 책은 2009년 정부(교육과학기술부)의 재원으로 한국연구재단의 지원을 받아
수행된 연구임(KRF-2009-322-A00009)

이 책은 고려시대에 해마다 수백 명의 송상이 고려에 와서 무역하였다는 사실을 실증적으로 연구한 것이다. 배를 타고 큰 바다를 건너는 일은 지금도 어렵고 위험한 일이다. 그래서 요즘 사람들도 바다는 더 이상 갈 수 없는 곳, 배는 위험한 것이라는 이미지를 떠올리게 된다. 실제로 그러한 의식은 다음의 대중가요 가사 속에 잘 드러나고 있다.

얼마나 멀고 먼지 그리운 서울은
파도가 길을 막아 가고파도 못갑니다.
바다가 육지라면 바다가 육지라면
배 떠난 부두에서 울고 있지 않을 것을
아아 바다가 육지라면
눈물은 없었을 것을
　　　　　　　　　　　　　　　　　　<바다가 육지라면>의 1절

당신과 나 사이에 저 바다가 없었다면
쓰라린 이별만은 없었을 것을
해 저믄 부두에서 떠나가는 연락선을
가슴 아프게 가슴 아프게 바라보지 않았으리
갈매기도 내 마음 같이 목메어 운다
　　　　　　　　　　　　　　　　　　<가슴 아프게>의 1절

두 곡의 소재는 모두 남녀의 이별인데, 바다와 배 때문에 그러한 일이 일어났다는 뉘앙스를 풍기고 있다. 이별을 슬퍼하는 사람은 임과 함께 배를 타고 가도 되고, 다음에 오는 배를 타고 육지로 나가면 될텐데, 굳이 따라가지 않고 애꿎은 바다와 배 탓을 하고 있다. 헤어진 사람은 임을 따라 갈 수 없게 했다고 바다를 원망하지만, 정작 원망의 대상은 사랑하는 사람을 두고 떠난 임이 되어야 할 것이다. 이처럼 논리적으로 잘 맞지 않는 가사는 육상교통에 익숙한 현대인들의 바다와 배에 대한 부정적인 인식을 표현하고 있다. 작사가의 애절한 노랫말은 바다는 걸어서 갈 수 없는 단절된 곳이라는 대중들의 정서를 반영한 것이다.

그런데 운송수단이 발달하지 않았고, 교통망이 정비되지 않았던 고려시대 사람들의 바다와 배에 대한 인식은 지금과 크게 달랐다. 송에 가는 사신이 되어 1081년 4월에 方物을 바치고 송의 황제가 醫藥을 내려준 것을 謝禮하러 가던 崔思齊가 배 위에서 지은 시는 그것을 잘 보여준다.

하늘과 땅에 어찌 경계를 그으리오만,	天地何疆界
산과 강물에는 스스로 같고 다름이 있도다.	山河自異同
그대는 송나라가 멀다고 말하지 말라,	君毋謂宋遠
고개를 돌리면 한 돛 바람에 가네	回首一帆風
	『補閑集』 권상

최사제는 서해 건너 편에 있는 송나라가 먼 곳에 있는 것이 아니라 한 돛 바람에 가는 곳에 있다고 하였다. 고려 사람들은 국내를 여행할 때도 배를 편리하게 이용하였다. 배를 타고 목적지와 가장 가까운 곳까지 간 뒤, 배에서 내려서 말을 타거나 걸어서 원하는 곳까지 갔다. 당시에는 물길이나 바닷길은 다소 위험하지만 幹線이었고 뭍의 길은 그것을 연결하는 支線이었다고 해도 과언이 아니었다. 그러므로 일상적인 교통수단이었던 배를 타는 최사제가 큰 두려움을 느끼지 않았던 것은 당연하다.

최사제가 송에 갈 때 탔던 배를 운항해준 사람은 고려 海商이 아니라 고려를 왕래하던 송상이었다. 송상은 고려와 무역을 위해 왕래하면서 양국을 오가는 사절이나 인물을 태워주고 대가를 받기도 하였는데 최사제 일행은 송상의 배를 이용한 고객이었다. 이처럼 송상들의 활동이 활발해서 많은 송상이 자주 고려를 찾아왔다는 것은 선학의 연구에 의해 널리 알려졌고, 거의 모든 교과서나 개설서에 그러한 사실이 실려 있다.

이 책은 이러한 성과를 기본적으로 계승하여 '더 많은' 송상이 '아주 이른 시기'부터 '매우 자주' 고려에 왔다는 점을 증명하였다. 그리고 거기서 더 나아가 매해 송상이 고려에 와서 항상 송상이 고려에 있었다는 것을 규명하였다. 송상이 많이 왔다는 것과 송상이 더 많이 자주 왔다는 것은 송상왕래의 양적인 차이에 불과하지만, 고려에 언제나 송상이 있었다는 것은 송상왕래의 질적인 차이를 의미한다. 그것이 사실이라면 고려시대 무역사에 대한 기존의 견해는 상당히 수정되어야하며, 다음과 같이 생각해볼 수도 있다.

고려가 성종대 이후 고려인들의 해상 무역을 금지하면서도 송상의 고려 무역을 규제하지 않았다. 그래서 송상이 자주 고려에 오게 되고 그들이 항상 고려의 禮成港과 唐商館이라고도 불리던 開京의 客館에서 활동하게 되자, 東女眞·西女眞·黑水靺鞨·日本·耽羅──고려에 복속되기 전──와 같은 주변 국가와 민족들이 고려를 찾아오게 되었다. 그들은 고려 국왕에게 官階나 武散階를 수여받고 回賜品을 얻는 것 뿐 아니라 자신들이 머물던 객관 바로 옆에 있던 송상의 객관에서 교역할 수 있었다. 그들은 고려와의 외교를 통해 정치적 권위와 경제적 이익을 얻었고, 아울러 송상과 무역하였다.

이에 고려를 비롯하여 송·흑수말갈·동서여진·일본·탐라가 연결되는 동북아 지역 交易網이 이루어졌다. 고려 상인들이 해외에 나가 무역하는 것을 금지하는 고려의 정책으로 인해 송상에게 서해 해상무역의 주도권을 빼앗기게 되었지만, 송상이 고려에 자유롭게 와서 무역하는 것을 허용하므로써 고려는 동북아 무역의 중심지가 되었던 것이다.

한편 예성항은 租稅와 貢物을 실은 漕運船과 각 지방에서 생산하여 개경에서 소비되는 物品을 실은 배가 모이는 곳이다. 이곳에 송상이 있었다면, 그 배의 선원들은 일을 마치고 지방 사람들이 필요한 물품을 송상과 교역하여 되돌아갈 수 있었다. 송상은 굳이 여러 곳을 돌아다니지 않고 예성항에 있는 것만으로도 고려 국내 상업망의 한 가운데에서 핵심적인 역할을 했던 것이다.

또한 송상이 고려 사람들에게 판매한 것은 화려한 비단, 높은 수준의 예술품, 불교와 유교의 典籍 등이었다. 이것들이 고려에 수입되는 것은 곧 당대의 최고 기술과 지식이 전해지는 것을 의미했다. 고려 사람들이 세계적 문화유산인 고려 청자와 대장경과 같은 것을 만들 수 있었던 것은 송상을 통해 상시로 세계 최고 수준의 송나라 인쇄술과 자기를 접하고 있었기 때문이다.

이러한 가설은 차후 사료를 통해 충분히 실증이 되어야할 과제인데, 가장 기본적인 전제는 송상이 고려에 항상 있었다는 것이다. 그래야만 국내외 교역이 모두 필연이 된다. 그렇지 않다면 그것은 우연적 교환이어서 교역이 활성화되기 어렵다.

이제 보잘 것 없는 책을 내면서 고마움을 전할 이들이 있다. 그 동안 高麗時代 對宋關係史의 연구는 宋나라 時期의 방대한 문헌 자료를 보기 어려워서 거의 대부분 송대사 전공자에 의해서 이루어졌다. 그런데, 최근에 『宋代麗史資料集錄』(張東翼, 서울대출판부, 2000)과 『十至十四世紀中韓關係史料匯編』(楊渭生等編著, 學苑出版社, 2002) 등의 고려와 관련된 송대사 자료집이 발간되면서 한국사 전공자들도 사료를 직접 볼 수 있게 되었다. 특히 필자는 중국어 해독 능력이 부족해서 전자의 도움을 크게 받았다. 이 사실을 밝혀두는 것이 공부하는 사람으로서의 도리일 것 같다.

아내 朴胤珍은 원고를 작성할 때마다 좋은 조언으로 완성도를 높여주었고, 미술과 역사를 좋아하는 딸 李東疇는 연구에 집중할 수 있도록 도와주었다. 고려대 대학원 고려시대사 전공 학생들은 사료에 대한 꼼꼼한 교정으로 이 책에 실린 사료의 신뢰도를 높이는데 커다란 기여를 하였다. 경인문화사의 문영주씨는 책을 잘 꾸며주었을 뿐 아니라 복잡한 교정 지시 사항을 완벽하게 이행해주었다.

이 모든 이들과 더불어 무역사 연구의 계기를 마려해준 재단법인 해상왕 장보고기념사업회, 연구를 지원해준 한국연구재단, 표지 사진을 제공해준 국립해양문화재연구소 등에도 감사드린다.

2011년 9월

저자

목 차

출 처

제1장 : <『동아시아 국제관계사』(김준엽선생기념서편찬위원회 편), 2010년
11월>
2절에서 5절까지를 중심으로 각주를 대부분 생략한 채 105매 분량으
로 서술된 것을 본서를 만들면서 6절과 7절을 추가하고, 내용도 대폭
수정하였으며 전거의 각주를 새로이 달았다.

제2장 : <『九州大學 韓國硏究センター年報』5, 2005년 3월>

제3장 : <『歷史敎育』104, 2007년 12월>

제4장 : <『年報 朝鮮學』12, 2009년 5월 日本語>.
* 제목은 학술지에 발표할 때와 달리 송상왕래와 여송외교의 순서를
바꾸었다.

제5장 : <『年報 朝鮮學』13, 2010년 5월 日本語>

제6장 : <『民族文化』36, 2010년 12월>

제7장 : 新 稿

제8장 : 新 稿

제1장
序說

1. 머리말

고려시대에 宋商往來가 많았다는 것은 잘 알려져 있다. 그러한 사실은 『高麗史』와 『高麗史節要』에 기록된 다수의 宋商 來獻—渡來와 進獻—기사를 통해 확인된다.[1] 그리고 직접 송상이 왔다고 하는 기사 이외

1) 고려시대에 많은 송상이 왕래하였다는 것은 1930년대부터 주목을 받아 연구되었고, 최근까지 송상의 내헌 기사를 근거로 무역이 활발하였다는 주장은 계속되고 있다. 그와 관련된 논문은 다음과 같다.

金庠基(a), 1937, 「麗宋貿易小考」 『震檀學報』 7 ; 1948, 『東方交流史論攷』, 乙酉文化社.

白南雲, 1937, 「商業及商業資本」 『朝鮮封建社會經濟史(上)』, 改造社.

金庠基(b), 1959, 「高麗前期의 海上活動과 文物의 交流—禮成港을 중심으로—」 『국사상의 제문제』 4 ; 1974, 『東方史論叢』, 서울대출판부.

森克己, 1956, 「日本・高麗來航의 宋商人」 『朝鮮學報』 9 ; 1975, 『續日宋貿易의 研究』, 國書刊行會, 341쪽.

金渭顯, 1978, 「麗宋關係와 그 航路考」 『關大論文集』 6 ; 1985, 『遼金史研究』, 裕豊出版社, 206쪽.

宋晞, 1979, 「宋商在宋麗貿易中的貢獻」 『中朝關係史論文集』 1, 從徐福到黃遵憲, 時事出版社.

倪士毅・方如金, 1982, 「宋代明州與高麗的貿易關係及交其友好往來」 『杭州大學學報(哲學社會科學版)』 12-2.

黃寬重(a), 1983, 「南宋與高麗關係」 『中韓關係史國際研究討論論文集』(中華民國韓國研究學會編).

黃寬重(b), 1991, 「宋・麗貿易與文物交流」 『震檀學報』 71・72합.

林士民, 1995, 「論宋元時期明州與高麗的友好交往」 『海交史研究』 28.

朴眞奭, 1996, 「11-12世紀宋與高麗的貿易往來」 『長白叢書 中朝關係史研究論文集』, 吉林文史出版社.

朴玉杰, 1997, 「高麗來航 宋商人과 麗宋의 貿易政策」 『大東文化研究』 32.

에도 고려와 송의 교류와 관련된 기록을 분석해보면 송상이 왔다고 이해할 만한 자료들이 적지 않다. 최근 필자는 기존에 알려지지 않은 상당수의 새로운 송상왕래의 증거를 찾아냈다.2) 그것은 그 동안 알고 있던 것보다 더 많이 왔다는 것을 증명한 것이지만, 송상의 잦은 왕래가 있었다고 해서 고려의 무역이 매우 활발했다는 통설이 획기적으로 바뀌는 것은 아니다.

그런데 고려시대 송상왕래는 이러한 빈도의 차이를 넘어서, 매년 수 척의 송나라 商舶이 고려를 왕래하였고, 수 백 명의 송상들이 예성항과 개경에3) 장기간 머물며 무역을 하다가 돌아갔던 것 같다. 만약 그것이 사실이라고 한다면 고려의 대외 무역은 다음과 같은 몇 가지 점에서 완전히 새롭게 해석되어야 한다.

楊渭生, 1997, 「宋與高麗: 複雜微妙的'三角'政治關係」『宋麗關係史研究』, 杭州大學出版社.

楊渭生, 1997, 「宋與高麗: 民間貿易與商人的作用」『宋麗關係史研究』, 杭州大學出版社.

2) 필자는 송상왕래와 관련된 주제로 다음과 같은 논문을 발표하였다.

李鎭漢, 2005, 「高麗前期 對外貿易과 그 政策」『九州大學 韓國研究センター年報』 5 ; 본서 제2장.

李鎭漢, 2007, 「高麗時代 宋商 貿易의 再照明」『歷史教育』 104 ; 본서 제3장.

李鎭漢, 2009, 「高麗時代における宋商の往來と麗宋外交」『年報 朝鮮學』 12 ; 본서 제4장.

李鎭漢, 2010, 「高麗時代における宋人の來投と宋商の往來」『年報 朝鮮學』 13 ; 본서 제5장.

李鎭漢, 2010, 「高麗 武臣政權期 宋商의 往來」『民族文化』 36 ; 본서 제6장.

이진한, 2010, 「송상왕래 연구 서설」『동아시아 국제관계사』(김준엽선생기념서편찬위원회) ; 본서 제1장의 일부.

3) 예성항은 송상이 고려에 무역하기 위해 정박하는 항구이고, 송상은 개경의 객관에 머물며 고려의 사람들과 무역을 하였으며, 강화천도기에는 강화도의 포구에 와서 강도의 객관을 이용하였을 것이다. 그러므로 예성항과 개경 및 강도의 포구와 객관이라고 하는 것이 정확한 표현이지만, 천도 시기는 40년 정도에 불과하므로 송상이 고려를 왕래한 모든 시기에 대해서도 강도를 생략하고 예성항과 개경이라고 할 것이니 이해하기 바란다.

첫째, 고려시대에 송상이 매년 왔다면 고려의 무역상들은 항상 송상과 교역하기 위해 준비할 것이고, 상인이 아닌 일반인들도 개경의 객관이나 예성항에 머물고 있는 송상을 찾아가 원하는 물품을 살 수 있었을 것이다. 고려인들과 송상의 교역은 필연인 셈이다. 반면에 송상이 불규칙하게 고려를 왕래할 때 이루어지는 무역은 우연적일 수 밖에 없다. 고려 상인은 송상왕래를 예측하지 못하기 때문에 그들과의 무역에 대비하기 어렵고, 보통 사람들도 운좋게 송상이 왔을 때 해외의 珍寶를 사들일 수 있을 뿐이다. 이러한 상황에서 사치 풍조가 일어나기 어렵다.

둘째, 송상의 정기적인 고려 왕래는 서해 지역의 상업과 무역에도 큰 영향을 미쳤을 것이다. 『高麗圖經』에 따르면 서긍이 탄 배는 서해를 횡단한 후 흑산도, 군산도, 마도 등에 정박하여 물과 음식을 제공받고 휴식을 하였다.[4] 송상들도 비슷한 여정을 거쳤을 것이다. 다만 사신이 아니었기 때문에 그들은 필요한 것을 얻기 위해 고려인들과 교역하였을 것이다. 송상이 매년 2회 이상 규칙적으로 왕래했다면, 송상의 배가 왕래하며 머무는 곳에는 정기적인 교역장이 형성되었을 것이다. 그러나 송상왕래 빈도나 횟수가 매우 불규칙했다면, 섬 지역에서 교역이 이루어져도 계획성 없는 단순한 교환만이 있었을 것이고, 송상과의 교역을 통한 지방상업의 발전을 생각하기 어렵다.[5]

셋째, 송상왕래가 매우 잦았고, 송상이 교대되면서 늘 고려에서 무역을 하였다면 송상의 고려 무역을 私獻貿易이라는 독특한 형식으로 규정

---

4) 『高麗圖經』권34, 「海道」1부터 권39 「海道」6까지에 徐兢 일행의 高麗 往來 旅程이 자세히 기록되어 있다.
5) 1123년에 송의 弔慰使·祭奠使 일행은 임무를 마치고 예성항을 출발하여 송으로 귀국할 때 풍랑으로 자연도에서 6박, 군산도에서 14박과 6박을 하였다고 한다(『高麗圖經』권39, 「海道」6). 그렇다면 송상의 배들도 고려를 왕래하다가 악천후로 인해 섬에서 오랜 기간 머문 사례가 많았을 것이다. 그로 인해 송상의 정박지에 있는 상인들에게는 교역의 기회를 제공했을 뿐 아니라 그들에게 필요한 식수와 음식을 제공하고 송상의 물품을 받는 방식으로 이익을 남길 수 있었을 것이다.

하던 것도6) 바뀌어야 한다. 이 견해는 송상이 가끔 고려를 찾아오고 주로 국왕을 만나 무역을 했다는 전제가 있다. 즉, 송상이 고려에 와서 최대 교역 상대인 국왕에게 '헌상'과 '하사' 형식의 무역을 하고 오래지 않아 송으로 귀국했다는 것이다. 말 그대로 송상은 사헌무역을 위해 고려에 왔다고 해야 할 것이다. 하지만 송상이 고려 국왕에게 바쳤던 것은 주로 珍寶였으며, 그 후 오랜 기간 머물며 교역을 하다가 떠났고 다른 송상이 또 왔다. 이처럼 송상이 자주 고려를 왕래했고 항상 송상이 고려에 있었다면, 송상의 고려국왕에 대한 사헌은 부차적이고 말 그대로 무역의 편의를 승인받기 위한 절차에 불과할 것이다.7) 그러므로 송상의 상시적인 왕래는 사헌의 의미를 줄어들게 할 것이며, 개경과 예성항에서 송상이 거의 常住하며 무역했다고 할 경우, 송상 전체 무역 가운데 왕실과 관청의 무역이 차지하는 비율은 낮았고 사무역 비중은 높았다고 할 수 있다.

넷째, 송상왕래는 고려와 송 간의 인물왕래와 문물교류를 이해하는데도 영향을 끼치게 된다. 매년 송상이 고려를 왕래했다면, 양국 사람들은 원하는 때에 언제든지 송상의 배를 이용하여 상대방의 나라로 갈 수 있었고, 불교와 예술 등의 문물교류 역시 거의 '실시간' 전파가 가능하였을 것이다. 고려와 송 사이에 서해라는 큰 바다가 교통의 장애가 되었지만, 송상의 배로는 송의 명주에서 고려 예성항까지 16일 남짓 밖에 걸리지 않았다.8) 송 명주에서 고려 예성항까지의 시간적 거리는 명주에서 바

---

6) 森克己, 1959,「日・宋と高麗との私獻貿易」『朝鮮學報』14 ; 1975,『續日宋貿易の硏究』, 國書刊行會.

7) 山內晋次, 2003,「東アジア・東南アジア海域における海商と國家」『奈良平安期日本とアジア』, 吉川弘文館, 199쪽.

8) 서긍이 고려에 올 때는 명주 정해현에서 바다로 나와 예성항까지 16일 정도 소요되었고, 예성항을 출발하여 송으로 귀국할 때는 42일만에 도착하였는데, 풍랑으로 배가 움직이지 못한 날이 26일이었으므로 순수하게 항해한 날은 16일이다(조동원 외, 2005,「『선화봉사』해제」『고려도경』, 황소자리, 16~18쪽). 다른 송상의 배

다나 강에서 멀리 떨어진 송의 내륙보다 가깝다고 할 수 있다. 특히 남송대에는 송의 수도인 臨安과 명주가 매우 가까워서 선진문물이 고려에 들어오기에 좋은 조건이었고, 실제로 그것이 송상을 통해 고려에 전달되었다.

이와 같이 고려시대 송상왕래가 매년 정기적 또는 상시적이었는지, 그렇지 않았는지는 고려의 대외 무역과 국내 상업의 성격 및 고려와 송의 인물왕래 및 문물교류에 대한 이해가 크게 달라지는 중요한 문제였다. 그러나 현재의 연구 성과는 송상이 많이 와서 고려의 대외무역이 활발했다는 수준에 그치고 있다.

따라서 본서는 송상왕래와 관련된 다양한 분야의 기사를 정밀하게 분석하여 궁극적으로 송상이 거의 매년 고려에 왔었다는 사실을 밝히고자 한다. 그것을 위해 먼저 고려의 대외무역 정책을 검토하여 고려초에 활발하던 대중국 무역이 성종대 이후 크게 위축되었으며, 결국 고려의 대외무역을 송상이 독점하게 되는 과정을 서술할 것이다. 그리고 고려시대의 문집이나 중국의 문헌을 통해 송상왕래가 더 많았다는 것을 찾아내어 송상 무역이 기존의 견해보다 훨씬 활발했음을 고찰할 것이다. 아울러 무신정권기에도 송상의 무역은 계속되었지만, 국왕을 대신하여 송상무역에 대한 관리를 무신집정자가 함에 따라 상대적으로 내헌 기사가 줄어들게 되어 적어진 것처럼 보였을 뿐이었다는 점을 설명하고자 한다.

다음으로 문헌 사료에 송상이라는 표현이 포함되지 않아도 실제로는 송상이 왔었다고 이해되는 사례를 찾아보았다. 문종대 이후 고려와 송의 사절이 여러 차례 양국을 오갔는데, 그들은 송상의 배를 타고 그들의 도움을 받아 왔다. 송상 스스로 외교 사절의 역할을 한 적도 있으며, 고려의 표류민을 돌려보낼 때도 역할을 했다. 이들 사례 모두 송상왕래와 관련된 것이었음을 증명할 것이다. 그와 더불어 송나라 사람들이 고려에

가 고려에 오는 데 소요되는 시간도 대체로 이와 유사했을 것이다.

내투하는 것도 송상의 배를 타고 왔으므로 그 자체로 송상왕래에 포함되어야 한다. 특히 고려초에 내투한 사례는 송상왕래가 일찍부터 시작되었음을 알려준다.

이어서 송상이 왕래하였다는 간접적이며 정황적인 증거를 활용하여 송상왕래가 얼마나 많았는지를 확인하고자 한다. 먼저 비교적 송상이 적게 왔다고 알려진 무신정권기의 송상왕래를 검토할 것이다. 『東國李相國集』·『湖山錄』 등에 있는 여·송 양국사람들의 교류에 대한 기록을 새롭게 제시하고, 『高麗史』와 송대의 문헌에 있는 송상왕래 기사를 재해석할 것이며, 그 성과를 바탕으로 통설과 달리 이 시기에도 송상왕래가 결코 적지 않았음을 밝히겠다.

더 나아가 송의 건국에서 멸망에 이르기까지 약 320여년 간에 걸친 송상왕래를 정리하여 <송상왕래표>로 만들고, 그것을 통해 내헌 기사를 중심으로 구성하였던 기존의 견해보다 훨씬 많은 왕래가 있었음을 보여주고자 한다. 또한 송사의 왕래, 외교문서의 전달, 고려사절의 왕래, 난민의 送還, 여송 양국 사람들이 상대국을 오갔던 것, 송인이 고려에 투화하는 것 등 소위 송상왕래의 간접 증거들이 표에 포함되는 이유를 설명할 것이다. 제시한 사례들의 일부가 송상의 내헌 기사와 시기적으로 겹치는 경우도 있지만, 대체로 그것과 별개의 일로 구분되는 것은 간접 증거들이 송상왕래의 훌륭한 자료임을 알려준다.

마지막으로 실제 사례를 들며 고려시대에 송상왕래가 많았다는 것을 확인해도, 여전히 송상이 오랫동안 오지 않았던 공백기를 완전히 채울 수 없으므로 그 한계를 넘어서기 위해 『高麗史』에 실린 송상의 내헌 기록의 사료적 가치와 완전성을 살펴보려고 한다. 그리고 송상왕래가 적어도 1년에 한 번 이상 있었을 개연성을 암시하거나 송상의 배가 잇달아 왔다는 기사 등을 정밀하게 분석하겠다.

이를 통해 송상의 고려 왕래는 양국의 정치·군사적인 상황의 변화에 거의 영향을 받지 않고 상시적으로 이루어지고 있음이 확인될 것이다. 그런 점에서 고려시대 송상 무역의 성격이나 구조는 기존의 견해와 다르게 이해해야만 한다.

이상과 같이 전개되는 본고의 각 장별 문제 제기와 주요 내용을 개략적으로 소개하면 다음과 같다.

2. 高麗初 對外貿易 政策의 變化와 宋商往來[9]

고려시대에 예성항은 개경의 관문으로서 송을 비롯한 외국의 배가 와서 무역하는 곳이었다. 하지만, 개설서나 교과서는 이것을 잘못 이해하여 아라비아 상인들이 거의 전시기에 걸쳐 자주 왔던 것처럼 독자들이 오해할 만한 서술을 하고 있다.

그 근거는 무신정권기 이규보가 지은 <또 樓閣 위에서 潮水를 보며 同僚 金君에게 주다>라는[10] 시의 '배가 꼬리와 머리를 물어 서로 잇대었다'라거나 '한 낮이 못되어 남만 하늘에 도착한다'는 표현이었다. 그런데, 大食國의 상인이 왔다는 기록은 현종대에서 정종초에 걸쳐 세 차례일 뿐이고,[11] 回回人이 등장하는 것은 원간섭기이므로 11세기에서 13

---

9) 이 글은 대체로 각 장의 문제 제기와 서술 내용을 요약하여 정리한 것이다. 그러나 본서 제2장의 내용은 처음 논문을 발표할 때와 현재의 생각이 많이 변화했을 뿐 아니라 전체 주제인 송상의 고려왕래와 약간 동떨어져 있다. 그러므로 제1장의 제2절에서는 고려시대 송상왕래와 관련하여 고려의 무역 정책변화에 따라 고려 해상 활동이 위축되는 대신 송상이 서해 무역을 주도하는 과정을 설명하기 위해 제2장의 제목과 내용을 달리하였다.

10) 김상기가 이 시를 해상무역에 활용한 이후(金庠基, 주 1)b 논문, 461쪽) 여러 학자들이 같은 방식으로 이용하고 있다.

11) 『高麗史』 권5, 「世家」 顯宗 15년 9월.
   『高麗史』 권5, 「世家」 顯宗 16년 9월 신사.

세기 중반까지 대식의 상인이 고려에 자주 왔을 가능성은 거의 없다. 따라서 그 시의 문제되는 부분을 정밀하게 분석하고 올바른 의미를 찾아서 고려의 해상 무역에 대한 정확한 실체를 파악해야 한다.

다음으로 고려인의 해외 무역에 대한 오해를 바로 잡고자 한다. 논란의 여지가 있는 사료를 이용하여 멀리 대식국의 상인들이 자주 왔다고 한 것처럼 고려인들의 해외 무역도 약간은 과장된 듯하다. 934년 7월과 10월에 고려의 배가 중국에 가서 무역했다는 기록이 있고,[12] 982년에 최승로가 "交聘의 사절에게 무역을 겸하여 행하게 하고 그 나머지는 모두 금하자"는 건의를 통해서도[13] 그 이전에 고려의 해상이 송에 가서 무역하였음이 확인된다. 그와 더불어 고려의 海船이 자주 明州·登州에 표착했다는 기사가 『宋史』「高麗傳」에 실려있다는 것,[14] 남송 말경에 이르러 明州 지방에서는 다른 외국 선박에 대해서 1/15을 入口稅로 징수했지만 고려의 상선에 대해서 1/19을 세율로 하였다는 기사 등은[15] 고려 해상의 활동이 후대까지 오랫동안 진행되었다는 것[16]을 보여준다며 고려초부터 무신정권기까지 고려의 해상들이 활약하였다는 주장이 있다. 그러나 표류한 고려의 해선이 반드시 해상 무역의 배라는 결정적 증거가 없으며, 남송대 명주에 왔던 고려 상인은 고려의 국적을 얻은 송상일 수도 있다. 후자의 사례로는 『高麗史』에는 송상으로 기록되었지만, 송대의 기록에는 고려 강수로 기록된 서덕영 등이 있다.[17] 그러므로 성

『高麗史』 권6, 「世家」 靖宗 6년 11월 병인.

12) 『册府元龜』 권999, 外臣部 互市 後唐 末帝 靑泰(太) 元年 7월.

13) 『高麗史』 권93, 崔承老傳.

14) 『宋史』 권487, 高麗傳.

15) 『寶慶四明志』 권6.

16) 金庠基, 주 1)b 논문, 460쪽.

17) 송대에 기록된 고려 상인은 고려초에 송에 오던 고려 사람 뿐 아니라 고려를 왕래하던 송상을 뜻한다. 예를 들어 徐德榮은 송대자료에 高麗國 綱首였다고 하는데 (『建炎以來繫年要錄』 紹興 32년 윤2월) 『高麗史』에는 송 도강으로 나타난다(『高麗史』 권17, 「世家」 毅宗 3년 추7월). 두 사람이 같은 인물이 분명하므로 송의

종대 이후 고려인들의 해외 무역에 관한 기록을 전면적으로 재검토하여 사실 관계를 확인해야 한다. 고려는 요 및 금과의 국경 무역도 원칙적으로 허락하지 않았고, 그것은 해상 무역에도 적용되었다.

이처럼 고려 海商들의 무역 활동은 위축되어 간 반면에 송상의 활동은 더욱 활발해져갔는데, 그 계기는 고려의 국내적인 요인과 대외적인 요인이 혼재되어 있는 것 같다. 다음의 기사를 검토해보자.

A1. 時王求言 承老上書曰 … 我太祖情專事大 然猶數年一遣行李 以修聘禮而已 今非但聘使 且因貿易 使价煩夥 恐爲中國之所賤 且因往來 敗船殞命者 多矣 請自今 因其聘使兼行貿易 其餘非時買賣 一皆禁斷[18]

A1은 982년 崔承老의 時務策 가운데 무역에 관계된 부분이다. 여기서 언급된 무역의 상대국은 당시 고려와 외교관계를 맺고 있던 송일 것이다. 그는 "고려 太祖가 뜻을 오로지 事大하는데 두었다고 해도 수 년에 한 번 사신을 보내 교빙의 예를 닦았을 뿐이었는데, 지금은 교빙 사절 뿐 아니라 인하여 무역까지 하니 사신이 번거롭고 많아서 중국이 천하게 여기는 바가 될 것입니다. 또 왕래로 인하여 배가 부서져 殞命하는 사람도 많습니다. 청컨대 지금부터는 그 교빙하는 사신편에 겸하여 무역을 행하고 그 나머지 수시로 매매하는 것은 일체 금지하십시오"라고 건의하였다. 그는 사신간의 왕래 기회에 이루어지는 官貿易이나 사신이 개인자격으로 하는 교역인 附帶貿易[19] 외에는 어떠한 형태의 무역도 금지

정부가 고려를 왕래하는 상인을 高麗國 강수라고 하였던 것이다. 한편 송상으로 고려에 와서 투화하고도 계속 왕래하는 자들도 있었는데(李鎭漢, 2010, 「高麗時代における宋人の來投と宋商の往來」『年報 朝鮮學』13) 송 지방 정부는 이들도 고려인으로 인식하였을 것이다. 그것은 日本 博多에 거주하며 日本과 宋을 왕래하는 宋商을 博多綱首라고 한 것과 같다(榎本涉, 2007, 「宋代日本商人の再檢討」『東アジア海域と日中交流―九～十四世紀―』, 吉川弘文館).

18) 『高麗史』권93, 崔承老傳.
19) 全海宗, 1977, 「中世 韓中 貿易 小考」『大丘史學』12・13합, 355～361쪽.

시키고자 했던 것이다.[20)]

최승로는 그 동안 교빙 사절과 무역 사절이 따로 송에 가서 무역을
할 수 있었던 것을 사신이 가는 편에 무역을 하는 것만 허용하도록 건의
하였다. 만약 그대로 받아들여졌다면, 진봉이나 하례를 위한 공식 사절
이 파견될 때에만 겸행무역만을 하게 되므로 그 밖의 목적으로 송에 가
는 일반 무역 또는 사무역은 크게 위축될 수 밖에 없었을 것이다.[21)]

최승로의 건의가 실행되었다고 해도 고려 해상이 무역할 여지는 남아
있었다. 고려의 사신이 중국에 갈 때에 고려 해상의 도움을 받아야 서해
를 건널 수 있었기 때문에 송과의 외교가 지속되는 한 고려의 해상들도
일정하게 무역에 참여하여 사행의 주체인 왕실이나 사신들과 더불어 이
익을 공유할 수 있었다. 그런데 거란과의 1차 전쟁을 치른 이후 거란의
압력에 의해 고려와 송의 외교가 단절되면서 고려 해상들은 그마저도 어
렵게 되었다.

즉, 고려가 송과 해상무역을 하기 위해서는 송과 외교가 지속되어야
했는데, 최승로의 상서가 있은 지 불과 12년이 지난 993년에 거란과 1차
전쟁을 치른 뒤 事大의 대상이 宋에서 契丹으로 바뀌게 되었다. 다음 기
사를 보자.

　　B1. (成宗 13年) 始行契丹年號[22)]
　　B2. (成宗 13年 夏4月) 遣侍中朴良柔 奉表如契丹 告行正朔 乞還俘口[23)]
　　B3. (成宗 13年) 六月 遣元郁 如宋乞師 以報前年之役 宋以北鄙甫寧 不宜輕
　　　　動 但優禮遣還 自是與宋絶[24)]

---

20) 李基白 외, 1993, 『崔承老上書文硏究』, 一潮閣, 104쪽.
21) 白南雲, 주 1) 책, 763～764쪽.
　　蔡雄錫, 1988, 「高麗前期 貨幣流通의 기반」 『韓國文化』 9, 115～120쪽.
　　안병우, 1994, 「고려시대 수공업과 상업」 『한국사』 6, 한길사, 125쪽.
22) 『高麗史節要』 권2, 成宗 13년.
23) 『高麗史節要』 권2, 成宗 13년 하4월.
24) 『高麗史節要』 권2, 成宗 13년.

B1은 994년에 비로소 契丹의 연호를 사용하였다는 것이다. B2는 같은 해 4월에 侍中 朴良柔가 표를 받들고 契丹에 가서 거란의 正朔을 행하고 있다는 것을 알리고 잡혀간 고려의 포로를 되돌려달라는 요청을 했다는 내용이다. B3은 역시 같은 해 6월에 元郁을 宋에 보내 거란을 칠 군사를 청하며 前年의 전쟁을 보고하였는데, 송은 북쪽 변방이 겨우 안정되었으니 마땅히 가벼히 움직일 수 없다며, 고려 사신을 우대하여 되돌려 보냈고, 이로부터 宋과의 외교가 단절되었다고 한다.[25]

이 내용을 정리하면, 고려가 거란의 연호를 사용하였다는 것은 거란을 사대하겠다는 뜻이고, 그 시기는 고려의 사신이 거란에 가서 보고한 994년 4월 이전이었으며, 같은 해 6월에 고려는 송에 사절을 보내 군사를 요청하며 고려와 송이 연합할 것을 제의하였으나 거절당하자 비로소 송과의 외교관계를 끊었다는 것이다.

994년 4월에 고려가 거란과의 사대를 결정하고 사신을 보냈지만, 당장 송과의 외교를 단절하지 못하고 6월에 송에 사신을 보내 고려를 도와줄 수 있는지에 대해 송의 의중을 확인했던 것은 고려가 대송 외교를 유지하여 무역을 지속하고자 했던 것이다. 이후 거란과 전쟁을 치르면서도 고려 사신이 여러 차례 송에 가고, 1016년에는 송의 연호를 사용하는 등 친송 정책을 취했던 것도 같은 의도였다. 어쨌든 고려와 송의 외교가 단절되고, 고려가 거란과 사대관계를 맺게 됨에 따라 고려 해상은 송에

---

25) 고려와 송의 외교에 대해서는 다음의 글이 참고된다.

金庠基, 1961, 『高麗時代史』, 東國文化社, 61～65 · 134～164쪽.

李丙燾, 1961, 『韓國史(中世編)』, 震檀學會, 乙酉文化社, 385～402쪽.

丸龜金作, 1961 · 1962, 「高麗と宋との通交問題(1)(2)」『朝鮮學報』 17 · 18.

全海宗(a), 1974, 「對宋外交의 性格」『한국사』 4, 국편위.

全海宗(b), 1977, 「高麗와 宋과의 關係」『東洋學』 7.

羅鍾宇, 1995, 「5대 및 송과의 관계」『한국사』 15, 국편위.

朴龍雲, 1995 · 1996, 「高麗 · 宋 交聘의 목적과 使節에 대한 考察」『韓國學報』 81 · 82 ; 2002, 『高麗社會의 여러 歷史像』, 신서원.

갈 수 있는 외교적 명분이 없어지면서 그들의 대외무역은 더 이상 불가능하게 되었다.

한편 성종초 최승로의 겸행무역 건의와 성종대말 대송외교의 단절은 송상이 고려에 많이 오는 계기를 마련해준 것 같다. 고려 해상들의 무역활동이 어려워졌지만, 고려의 송 무역품에 대한 수요는 여전하였다. 최승로가 상서문의 다른 곳에서 '庶人은 土產이 아닌 文彩 있는 옷을 입지 못하도록 할 것과, 車馬 · 衣服의 제도는 土風대로 할 것'을 주장한 것도[26] 자신이 건의한 무역에 대한 규제가 실현될 경우에 송의 물산이 들어오지 못하는데 따른 영향을 줄이고자 했던 것이었다. 이와 같이 무역품 수요는 있었으므로 송과의 무역은 이루어져야 했다. 그 결과 고려 해상을 대신하여 송상의 고려 왕래가 더욱 증가하기 시작했다.

송의 개국 이후 고려를 왕래하던 송상이 현종대 이후 더욱 늘어난 것은 고려의 이러한 해상 무역 정책과 대외 관계의 변화가 원인이었다. 시간이 흐를수록 송에 가는 고려의 상인은 적어졌고, 반대로 고려에 오는 송상의 수는 점점 많아졌다.[27] 마침내 11세기 중엽에는 송상이 고려와 송 간의 해상 무역을 완전히 주도하기에 이르렀다고 생각된다.

1058년 8월에 문종이 耽羅와 靈岩의 木材를 벌채하여 큰 배를 만들고 송과 통교하려 하였을 때 內史門下省이 거란과의 분쟁이 생길 것이라는 외교적인 이유와 더불어 "하물며 우리 나라에는 文物 · 禮樂이 행한 지 이미 오래되었으며 商舶이 연이어 내왕하여서 값진 보배가 날마다 들어오므로 중국과 교통하여도 실제로 이익이 없을 것입니다"라며 반대하였는데,[28] 여기서 연이어 내왕하는 '商舶'은 송상의 배였다. 따라서 내사

---

26) 『高麗史』 권93, 崔承老傳.
27) 고려의 민간상인이 송에 도항하여 무역을 행했다는 사료가 거의 보이지 않는다는 것은 고려 상인의 활약이 부진했다는 것을 뜻한다고 한다(森克己, 주 6) 논문, 554쪽). 아마 고려의 대송외교가 단절되어 해상들이 송에 갈 명분이 없어지면서 고려인의 해상무역은 급격히 위축되었을 것이다.

문하성의 의견은 송상에 의존하던 당시 해상 무역의 현실을 보여주고 있다. 최승로의 건의가 실현되고, 대송 외교가 단절과 회복을 반복하다가 1030년 이후 완전히 중단되고 오랜 기간을 거치면서 서해를 왕래하며 무역하던 고려 海商은 점점 사라지고 송상이 그 빈자리를 채워갔던 것이다.

거란과의 1차 전쟁을 마치고 고려가 거란을 사대의 대상으로 삼았는데, 이후에도 여러 차례 송에 사절을 보내 외교를 지속하려고 노력했다는 점에서 약간의 고려 해상들이 송에 갔을 가능성은 있다. 그러나 거란과의 3차전쟁을 마친 이후 고려가 오직 거란만을 사대 대상으로 삼은 뒤에는 고려의 해상이 사절들과 함께 송에 갈 기회마저 없어지자 고려 해상은 점차 줄어들다가 마침내 소멸되었고, 송상이 서해 해상 무역을 독점하게 되었다. 따라서 1030년 이전 양국의 교류에 대해서는 기본적으로 고려와 송의 해상이 활약했을 가능성을 열어두지만, 1030년 이후의 교류는 거의 전적으로 송상과 관련되었다고 여겨진다.

3. 宋商貿易의 再照明

고려시대 송상의 무역이 활발했다는 것은 『高麗史』「世家」또는 『高麗史節要』의 도래 및 來獻 기사를 근거로 설명해 왔다. 하지만 송상의 내헌 기사 이외에도 고려 왕래와 관련된 송상의 기사를 더 찾을 수 있다. 의천은 송상을 통해 淨源法師의 명성을 듣고 송에 유학할 것을 결심하였고 1085년에 송상 林寧의 배로 송에 건너갔다. 다녀온 이후에도 정원을 비롯한 많은 송의 승려들과 서신 및 경전 등을 교환하였는데,[29] 양국

---

28) 『高麗史節要』권5, 文宗 12년 8월.
29) 金庠基, 1959, 「大覺國師義天에 대하여」『국사상의 제문제』3 ; 1974, 『東方史論叢』, 서울대출판부, 212쪽.

을 오가며 그것을 전해준 송상은 洪保,30) 李元積,31) 陳壽,32) 徐都綱,33) 郭都綱34) 등이었다.35) 이 가운데 이원적은 1081년 8월에,36) 홍보는 1098년 11월에 각각 고려에 왔었는데37) 서신에는 그 보다 훨씬 많은 왕래 기록이 남아있다. 그것은 『高麗史』 등에 헌상의 기록을 남기지 않은 송상왕래가 더 많았음을 알려준다.

그리고 1054년 한식날에 고려 국왕이 송상 葉德寵 등 87인을 오빈관에서, 黃拯 등 105인을 영빈관에서, 黃助 등 48인을 청하관에서, 탐라국 수령 高漢 등 158인을 조종관에서 각각 향연을 베풀어 주었다고 하며,38) 1148년 8월에 송 도강 郭英 등 330인이 왔다고 했던 것 등은39) 복수의 상단이 동시에 고려에 와서 함께 활동했던 사례이다. 이처럼 많은 상단이 동시에 오는 경우가 많아서 중국의 상인들을[商旅] 대우하기 위해 4개의 객관을 두었다.40) 송상왕래 기록은 한 달에 두 개의 상단이 잇달아 오거나, 때로는 수년에 한 번 왔다고 하였지만, 그 기록과 무관하게 더 많은 상단이 개경의 객관에 상주하였다는 의미일 것이므로 상세한 고

崔柄憲, 1991, 「大覺國師 義天의 渡宋活動과 高麗・宋의 佛教交流」 『震檀學報』 71・72합, 360~371쪽.
30) 『大覺國師外集』 권3, 「大宋沙門淨源書」 五首 第一 등.
31) 『大覺國師文集』 권10, 「上淨源法師書」 四首 第一 등.
32) 『大覺國師外集』 권7, 「大宋沙門行端書」 二首 第一 등.
33) 『大覺國師文集』 권11, 「上大宋淨源法師書」 三首 第一 등.
34) 『大覺國師外集』 권7, 「大宋傳賢首教沙門智生書」 등.
35) 原美和子, 1999, 「宋代東アジアにおける海商の仲間關係と情報網」 『歷史評論』 592, 4~6쪽.
原美和子, 2006, 「宋代海商の活動に關する一試論―日本・高麗および日本・遼(契丹)通交をめぐって―」 『考古學と中世史研究3―中世の對外交流 場・ひと・技術―』, 高志書院, 130쪽.
36) 『高麗史』 권9, 「世家」 文宗 35년 8월 무진.
37) 『高麗史』 권11, 「世家」 肅宗 3년.
38) 『高麗史』 권7, 「世家」 文宗 9년 춘2월 무신.
39) 『高麗史』 권17, 「世家」 毅宗 2년 8월.
40) 『高麗圖經』 권27, 「館舍」 客館.

찰이 필요하다.

한편 기존의 견해는 송상의 내헌 기사가 무신정권기에 크게 줄어들기 때문에 송상왕래가 매우 적어졌다고 설명하고 있다. 그러나 고려의 예빈성이 송 慶元府에 보낸 첩에 의하면 몽고군을 탈출한 송나라 사람을 강수 范彦華·兪珝 등의 배편에 귀환시켰고,[41] 1258년에 송의 관인은 명주에서 고려에 가는 배가 1년에 3척씩이었다고 했으며,[42] 「三都賦」에는 강도에 장삿배[商船]와 공물을 실은 배[貢舶]가 만리에 돛을 이어 배가 오간다고 하였다.[43] 이러한 사료들은 송상이 무신정권기에도 정기적이고 대규모로 오갔다는 것을 알려준다.

이와 같이 무신정권기에 송상왕래는 여전했는데도 내헌 기사가 급격하게 줄어들었던 것은 무신정권기 이전에는 고려에 온 송상이 국왕을 알현하고 내헌하였으므로 국왕과 관련된 儀式으로서 『高麗史』와 『高麗史節要』에 기록이 남게 되었으나 무신정권기에는 국왕을 대신하여 송상을 무신집정자가 직접 관리하고 무역의 이익을 차지하게 되면서 『高麗史』에 적은 기록을 남길 수 밖에 없었다는 점을 설명하겠다.

고려시대 송상이 많이 왔다는 것에 대한 가장 명확한 증거는 송상의 내헌 기록이지만, 그에 더하여 『대각국사문집』 등 새로운 사료를 발굴하거나, 중국 문헌에서 송상의 고려 왕래와 관련하여 해석할 수 있는 사료를 찾아낸다면, 송상의 무역이 매우 활발했던 사실이 재조명될 것이다.

---

41) 盧明鎬 외, 2000, 『韓國古代中世古文書研究(上)』, 서울대출판부, 448~449쪽.
    黃時鑒, 1997, 「宋-高麗-蒙古關係史에 관한 일고찰―「收刺麗國送還人」에 대하여―」 『東方學志』 97.
42) 『許國公奏議』 권3, 「奏曉諭海寇復爲良民及海關防海道事宜」.
43) 『東文選』 권2, 「三都賦」

4. 高麗・宋의 外交와 宋商往來

그 동안 송상왕래를 연구하면서 '송상'이란 표현이 있는 것에 한정해서 고찰하는 경향이 있었다. 그러나 당시에 송상의 배가 고려와 송을 연결하는 유일한 교통 수단이었다는 점을 생각하면, 송상왕래와 관련된 다양한 사례들을 찾을 수 있다. 그 가운데 하나가 고려와 송의 외교를 송상왕래와 연계시켜 새롭게 해석하는 것이다.

송의 冊封使, 國信使, 弔慰使, 祭奠使 등은 관인으로서 황제의 임명을 받아 사신의 임무를 수행하는 '공식 사절'이므로 그들이 타고 오는 배도 일정한 권위를 갖출 필요가 있었다. 그러므로 1071년에 고려와 송이 의교를 재개하고, 1078년에 송이 처음 고려에 국신사를 보내기로 결정한 뒤 使節을 태우기 위해 神舟를 만들었다. 신종 때에는 그 명칭을 '凌虛致遠安濟神舟'와 '靈飛順濟神舟'라고 하였고, 徽宗 때에는 '鼎新利涉懷遠康濟神舟'와 '循流安逸通濟神舟' 라고 하였다. 그 운행은 고려를 왕래하던 해상들이 맡았으며,[44] 神舟가 없었던 그 이전에는 海商들의 배를 빌어 장식하고 창고와 방을 개조하여 사절의 배로 사용하였다.[45]

신주가 만들어지기 이전과 이후에 사절을 태우는 배의 운항과 운영에 차이는 있었지만, 어느 경우이든 송의 사절이 고려에 오기 위해서는 고려를 왕래하던 송상의 도움이 필요했던 것은 분명하다. 비정기적으로 고려에 파견되는 송의 사절을 위해 운항의 전담자를 두는 것보다는 서해의 항로에 익숙한 해상들의 활용이 훨씬 효율적이었을 것이다.

그런데 사절의 운송이라는 공적인 목적을 띠고 온 송상들은 사신들이 고려에서 머무는 동안 시간은 충분하지 않아도 무역을 할 수 있었으며, 그들이 국가를 위한 의무로 강제 노역을 한 것이 아니라면 무역선을 운

---

44) 『高麗圖經』 권34, 「海道」 1, 神舟.
45) 『高麗圖經』 권34, 「海道」 1, 客舟.

영하지 못한 것에 대한 일정한 대가를 받았을 것이므로 송상 무역의 일환이었다고 여겨진다. 특히 송의 사절 왕래가 송상왕래와 관련하여 중요한 것은 송상왕래가 없었다고 하는 광종대에서 성종대에 걸쳐 송의 책봉사가 여러 차례 고려에 왔다는 점이다. 그것은 송상왕래가 송의 건국 직후부터 있었음을 확인해주는 결정적 단서의 하나이다.

관인이 임명되는 공식 사절과 달리 송상이 사신의 역할을 임시로 맡아서 고려에 보내는 여러 가지 문서를 전달하는 비공식 사절이 있었다. 1078년 4월에 宋이 明州教練使 顧允恭에게 牒을 주어 宋 皇帝가 사신을 보내 通信하겠다는 뜻을 고려에 전했고,[46] 1085년에 宋의 密州가 황제의 崩御와 皇太子의 즉위를 알려주었다는[47] 등의 기사에서 문서를 전달한 사람은 황제가 임명한 관인 출신의 사절이 아니었다. 그것을 확인시켜주는 구체적인 사례로는 송상 許立을 들 수 있다. 1120년 7월에 宋이 파견한 承信郎 許立이 본래는 상인이었다고 하였으며,[48] 1123년 정월에 송의 사신 許立이 왔다고 하였다.[49] 이처럼 허립은 송상이면서 임시로 사신의 직무를 수행하였는데, 고려에 무역하러 가는 편에 겸하여 문서 전달이 이루어졌을 것이다.

고려를 왕래하는 송상은 송의 사절을 태워준다든지, 직접 사신이 되어 고려에 문서를 전달하는 임무를 담당하는 등 고려와 송의 외교에 핵심적 가교 역할을 하였다. 대부분의 문헌에 송상은 빠진 채 송나라 사신이 왔다거나 송나라의 소식을 전한 것만이 기록되어 있는데, 이것들도 당연히 송상왕래에 포함되어야 한다.

그 밖에 송에 표류했던 고려인들이 송상의 배를 타고 귀국하는 것도

---

46) 『高麗史』 권9, 「世家」 文宗 32년 하4월 신미.
　　『高麗史節要』 권5, 文宗 32년 하4월.
47) 『高麗史』 권10, 「世家」 宣宗 2년 3월 무술.
48) 『高麗史節要』 권8, 睿宗 15년 추7월.
49) 『高麗史』 권14, 「世家」 睿宗 15년 추7월 임술.

송상왕래와 관련하여 주목된다.

> C1. (天禧) 三年九月 登州言 高麗進奉使禮賓卿崔元信至秦王水口 遭風覆舟
> 漂失貢物 詔遣內臣撫之 十一月 元信等入見 … 明州·登州屢言 高麗海
> 船有風漂至境上者 詔令存問 給度海粮 遣還 仍爲著例50)

1019년 9월에 송 登州가 高麗 進奉使 禮賓卿 崔元信의 배가 뒤집혀
공물을 잃어버렸다는 것을 보고하였고, 이어 명주와 등주가 여러 차례
高麗 海船이 표류하여 경내에 들어오는 자가 있다고 보고하자 詔를 내
려 存問하고 바다를 건널 양식을 주어 되돌려 보내는 것을 상례로 삼았
다고 하였다. 이 기사를 보건대, 표류한 고려인들은 자신들의 배가 온전
했다면 송 정부가 주는 식량을 받아 자신의 배를 타고 되돌아왔을 것이
다. 그러나 배가 부서져버렸다면 다른 배를 타고 고려에 귀국했을 것이
다. 유사한 사례로는 1229년 2월에 宋商 都綱 金仁美 등이 濟州 飄風民
梁用才 등 28인과 함께 왔다는 것이 있다.51) 고려가 1259년 4월에 몽고
의 포로가 되었다가 탈출한 송나라 사람 升甫·馬兒·智就 등을 宋商
綱首 范彦華가 고려에서 송으로 가는 배 편에 귀국하도록 해준 적도 있
었다.52)

표류민이나 탈출한 포로의 망명과 같이 고려와 송에 어떤 難民이 발
생하였을 때, 그들이 언제든지 고국으로 돌아갈 수 있었던 것은 송상이
고려를 왕래하고 있었기 때문이다. 그러므로 1088년 5월에 宋의 明州가
高麗 羅州의 飄風人 楊福 등 23인을 돌려보냈다는 기사에53) 송상이 전

---

50) 『宋史』 권487, 高麗傳.
51) 『高麗史』 권22, 「世家」 高宗 16년 2월 을축.
52) 陳高華, 1991, 「元朝與高麗的海上交通」 『震檀學報』 71·72합, 350쪽.
   黃時鑒, 앞의 논문, 12쪽.
   盧明鎬 外, 앞의 책, 448~449쪽.
53) 『高麗史節要』 권6, 宣宗 5년 5월.

혀 포함되어 있지 않지만, 그 자체로 송상이 고려에 왔다는 정황적 증거
가 된다. 고려시대에 송에 표류한 고려사람들이 되돌아왔다는 단순한 기
사들이 적지 않은데, 이것들이 송상왕래에 더해진다면 그 횟수는 크게
늘어날 것이다.

5. 宋人의 來投와 宋商往來

고려시대에 宋人들의 來投가 많았고[54] 그들은 宋商의 배를 타고 왔
다.[55] 하지만 그것을 송상의 고려 왕래와 관련시킨 연구는 없었다. 왜냐
하면 고려시대에 송상왕래가 매우 많았다는 것이 이미 잘 알려져 있어
서, 군이 더 많이 왔다는 것을 논증할 필요가 없었을 뿐 아니라 투화인
들이 고려에 올 때는 『高麗史』에 기록된 宋商의 배를 타고 왔다고 생각
했기 때문이다. 그러나 정작 송상이 왔다는 기사와 송인의 내투 기사를
정밀하게 비교하였을 때, 『高麗史』에 기록된 송상의 배를 타고 오지 않
았음이 확실한 사례들이 적지 않다.

먼저 광종대에서 목종대에 이르기까지를 '宋商 來獻' 이전 시기라고
구분하고, 송인의 내투를 검토하였다. 이 시기는 소위 1012년 10월에
'최초'의 송상이 왔다고 하는 것보다[56] 앞서기 때문에 송상이 왔다는 것
만 증명하면 통설을 바꿀 수 있다. 내투의 사례를 보건대, 965년에 徐弼
傳에는 光宗이 投化漢人을 후대하였다고 한다.[57] 구체적으로 연도가 확
인되는 것으로 송 천주인 蔡仁範은 970년에 투화하였고[58] 이후 宋 楊州

---

54) 송나라 사람들의 고려 투화에 대한 연구는 본서 제5장의 주 9)를 참조하시오.
55) 金庠基, 주 1)a 논문, 58쪽에서 언급한 이래 이 분야에 대한 대부분의 연구가 이점
　에 대해서는 모두 동의하고 있다.
56) 『高麗史』 권4, 「世家」 顯宗 3년 10월.
57) 『高麗史節要』 권2, 光宗 16년 추7월 및 『高麗史』 권93, 徐弼傳.
58) 金龍善 편, 2005, 『高麗墓誌銘集成(第四版)』, 「蔡仁範墓誌銘」 翰林大 아시아文化

人인 劉志誠이 1000년 경에 내투하였으며,[59] 宋의 溫州 文士 周佇는
1005년(목종 8)에 來投하여 禮賓注簿를 제수받았다는 것[60] 등이 있다.

기존의 견해에서는 송상이 1012년에야 비로소 오기 시작하므로 그
이전에 송인이 내투한 것은 고려의 배를 타고 왔거나 자신이 스스로 배
를 운항하여 서해를 건너 왔어야 한다. 하지만, 그것은 사실상 불가능한
데,『高麗史』周佇傳에는 주저가 商舶을 따라 왔었고,[61] 970년에 고려
에 와서 투화했던 蔡仁範도 泉州持禮使의 배를 타고 왔다는 기록이 있
다. 이 주저의 상박이나 천주지례사의 배는 모두 송상의 것이었다. 고려
초 송인의 고려 내투는 송의 건국초부터 송상이 왕래하고 있었다는 훌륭
한 근거가 된다.

다음으로 현종대부터 송이 멸망하는 충렬왕대초까지는 '宋商 來獻'
시기이다. 이때는 송상이 고려를 왕래한 것이 분명하므로 송인이 투화하
러 고려에 올 때 타고 온 배가 송상 내헌으로 기록된 것과 중복되지 않
는지를 확인해야 한다. 예를 들어 송의 漳州人인 林完—뒤에 林光으로
改名—은 1112년(예종 7)에 商舶을 따라와서 개경에 도착하였으며
1114년에 과거에 급제하였다고 한다.[62] 그런데 임완이 고려에 왔던 해
에 宋商이 왔다는 사실이『고려사』에 기록되어 있지 않으므로[63] 임광의
내투도 송상왕래 횟수에 더해져야 할 것이다.

또한 1184년 9월에 宋 進士 王逢辰이 商舶을 따라와서 과거에 응시할

研究所, 14쪽.
  한편, 본고의 고려시대 묘지명은 모두 이 책을 인용하였으며, 이후 서술에서는 편
  의상 묘지명과 쪽수만 기록하였다.
59)「劉志誠墓誌銘」, 15쪽.
60)『高麗史』권3,「世家」穆宗 8년.
61)『高麗史』권94, 周佇傳.
62)「林光墓誌銘」, 131쪽.
63) 1112년 이전에 왔던 송상은 1110년 6월의 李榮, 같은 해 7월의 池貴 등이 있었다
  (金庠基, 주 1)b 논문, 450쪽, <宋商來航表>).

수 있도록 청하여 別賜乙科를 받았다는 것을[64] 검토해보자. 내용상 그
는 고려에 온 지 얼마되지 않아 과거에 응시한 것 같은데 그 이전에 송
상이 고려에 왔다는 기록은 1175년 8월에 송상 張鵬擧 등이 왔다는 것
이니,[65] 1184년 9월에 송인 王逢辰이 내투하여 과거에 급제했다는 기록
은 송상이 그 해 또는 그 몇 해 전에 왔었음을 알려준다. 이와 같이 송인
의 내투는 고려에 더 많은 송상왕래가 있었다는 자료로 활용될 수 있다.

　이상에서 송의 사절 파견, 송 정부의 문서 전달, 송에 표류한 고려 사
람의 송환, 송인의 내투는 송상왕래가 더 많았다는 것을 증명해준다. 기
사의 내용 자체는 송상왕래와 관련 없지만, 그러한 일이 이루어지기 위
해서는 송상왕래가 없어서는 안 되었기 때문이다. 이러한 방식으로 고려
와 송의 교류와 관계된 기사를 재해석하고 적극적으로 송상왕래에 관련
된 기사를 찾아내면 기존의 견해가 설명하지 못했던 송상왕래의 공백기
를 더욱 많이 채워나갈 수 있을 것이다.

6. 武臣政權期 宋商往來

　고려시대에 송상은 송이 멸망할 때까지 빈번하게 고려에 와서 무역을
하였는데, 무신정권기에는 상대적으로 그 이전 시기보다 송상의 來航 횟
수도 크게 줄었고, 오랫동안 오지 않았던 때도 많았다고 한다.[66] 그 근
거로 송상의 내헌 기사가 적어졌고, 고려와 송의 외교가 지속되지 않았
으며,[67] 남송대 이후 송상의 활동이 쇠퇴해졌던 것 등을[68] 들고 있다.

---

64) 『高麗史節要』 권13, 明宗 14년 9월.
65) 金庠基, 주 1)b 논문, 453쪽, <宋商來航表>.
66) 金庠基, 주 1)a 논문, 54쪽.
67) 金庠基, 1959,「高麗와 金·宋과의 關係」『국사상의 제문제』5 ; 1974,『東方史
　　論叢』, 서울대출판부, 598~599쪽.
68) 金庠基, 주 1)b 논문, 446~447쪽.

반면에 남송 孝宗代(1161~1189)부터 양국의 관계는 소원해졌지만, 사무역은 활발하게 이루어졌으므로 불교미술을 비롯한 문화적 교류가 가능했을 것이며,[69] 구체적으로 1173년에 송의 明州進士 沈忞이 바쳤던 『三國史記』는 당시 양국의 외교 관계가 없어서 책이 전해진 경로는 商人들에 의하여 이루어졌을 것이라는[70] 주장도 있다.

이러한 상반된 견해가 있게 된 것은 전자가 『高麗史』의 송상 내헌 기록을 중심으로 왕래의 다과를 따졌던 데 비해, 후자는 그것에서 벗어나 미술사의 교류 흔적이나 중국문헌의 송상 관련 자료를 활용하여 송상왕래를 추정했기 때문이다. 그러므로 무신정권기에 발간된 문집에서 새로운 사료를 찾아내고 고려와 송의 문물 교류를 재해석한다면 송상왕래에 관한 이해도 달라질 수 있을 것이다.

예를 들어 『東國李相國集』에 이규보가 지은 시가 송에 전해져 賞讚되었다고 하며,[71] 송의 승려 祖播와 고려의 空空上人이 고려를 왕래하던 송상 歐陽伯虎의 도움으로 시문을 교류하였다는[72] 것을 들 수 있다. 또한 1250년대 말에서 1260년대 초 사이에 송의 延慶寺와 고려의 眞靜國師 사이에 佛敎 典籍과 記文의 교류가 여러 차례 있었는데,[73] 양국을 오가며 그것을 전해준 사람은 다름 아닌 송상이었다.

그와 더불어 이 시기에 송상이 고려를 왕래하고 있었다는 포괄적인 규정을 담은 기록이 있다. 寶慶 연간(1226~1228)에 만들어진 명주의 지방지 『寶慶四明志』에는 '本府―慶元府―가 고려의 禮賓省과 文牒으로 서로 상대하는 것은 모두 賈舶으로써 通한다'고 하였다.[74] 이어 1259년

---

69) 鄭炳模, 1997, 「寧波佛畵와 高麗佛畵의 比較硏究」 『講座美術史』 9, 136~137쪽.
70) 南權熙, 2002, 『高麗時代 記錄文化 硏究』, 淸州古印刷博物館, 697쪽.
71) 『東國李相國後集』 序.
72) 『東國李相國後集』 권3, 「次韻宋朝播禪老寄空空上人 幷序」
73) 『湖山錄』 권3; 許興植, 1995, 「眞靜國師와 湖山錄」, 民族社, 198쪽.
74) 張東翼, 2000, 「高麗・五代 王朝에 관한 記事」 『宋代麗史資料集錄』, 서울대출판부, 102쪽.

경에 만들어진 『開慶四明續志』는[75] 송상왕래를 추정할 수 있는 표류한 고려 사람의 증언을 담고 있다.[76]

그리고 1261년 6월에 고려의 세자 일행이 원에 갔을 때 몽고의 재상이 고려가 송인과 通好하고 있는 지를 물었는데, 이장용은 "商舶이 왕래하고 있을 뿐이다"라고 명확히 답하였다.[77] 1271년 정월에는 樞密院使 金鍊이 蒙古에 가서 세자의 청혼을 하고, 日本・南宋과 交通한 것을 해명하였는데, 일찍이 송의 상선이 왕래하다가 최근 10년전부터 오지 않았다고 했으나 그 전해에 배 한 척이 오자 몽고의 관리들이 "종전처럼 송상이 연이어 왕래했다"고 오해할 것을 두려워했다고 한다.[78] 이와 같은 고려 관리의 증언은 1270년에도 송상이 왔을 뿐 아니라 그보다 10년전인 1260년대에는 매우 많이 왔다는 것을 웅변해준다.

결국 무신정권기 송상의 내헌 기사와 더불어 송인의 내투, 문물교류 등의 기사를 포함하고, 당시의 송상왕래 관련 기사를 정밀하게 재해석한다면, 通說과는 달리 송상왕래가 적지 않았음이 확인될 것이다.

7. 宋商往來의 類型과 〈宋商往來表〉

그 동안 송상왕래 연구에서 다루지 않았던 송인의 내투, 표류민의 송환 등 송상왕래가 없이는 이루어질 수 없는 정황 증거가 대거 추가되면서 무신정권기에 송상왕래가 통설보다 많아졌다. 그와 같은 방식을 송의 건국 이후 멸망 때까지로 시기를 확대하고 송상이 매우 자주 고려를 왕래했다는 것을 보여주고자 <宋商往來表>를 만들었다. 이것은 선학이

---

75) 張東翼, 2000, 「高麗・宋의 政治・外交에 관한 記事」『宋代麗史資料集錄』, 서울
    대출판부, 335~336쪽.
76) 『開慶四明續志』 권8, 「收養麗人」.
77) 『中堂事記』 卷下.
78) 『高麗史』 권27, 「世家」 元宗 12년 춘정월.

송상의 내헌 기사를 중심으로 정리했던 <宋商來航表>의 기록을 모두 넣고 송상왕래와 관련된 간접 증거들을 더하였으며 그것과 구별된다는 것을 표시하여 기존의 견해보다 훨씬 많은 송상왕래가 있었음이 쉽게 확인되도록 하였다.

송상왕래의 유형은 말 그대로 직접 송상이 왕래했다는 표현이 없어도 송상왕래가 분명한 것들을 몇 개의 범주로 나눈 것이다. 그것을 다시 세분하면 고려와 송의 외교와 관련하여 송상왕래를 추정할 수 있는 유형으로 宋使往來, 入麗通知, 麗使入宋・麗使歸國, 入宋通知, 難民—표류민, 탈출포로, 망명인—의 송환 등이 있고, 고려와 송의 민간 교류와 관련된 송상왕래의 유형에는 人物往來, 宋人의 來投, 민간의 문물교류 등이 있으며, 기타 유형으로는 大食來獻, 宋商在麗, 往來推定・宋商規定 등이 있다.[79]

이 가운데 송사왕래나 송인의 내투, 표류한 고려민의 송환 등에 관해서는 이미 상세한 고찰을 했으므로 간단하게 서술하였다. 그것을 제외한 여사입송, 입송통지는 필자의 선행연구에서 다루지 않은 것이다. 여사입송은 고려의 사절이 송에 들어갔다는 뜻이다. 문종의 대송통교 이후 고려의 사절이 송상의 배를 타고 갔던 적이 있으므로[80] 하나의 유형으로 삼았다. 입송통지는 고려의 사절이 송에 들어간다는 것을 사전에 알린 것을 말하는데, 이것을 송상왕래와 관련시킨 연구는 없지만 송대의 문헌에 그러한 정황을 담고 있는 기록들이 있어서 하나의 유형으로 정하였다.

한편 '송상이 내헌했다'는 기록은 송상이 왔다는 것인데, 송상의 배에 고려에 내투할 사람과 표류했다가 귀환하는 고려 사람을 태우고, 송의

---

79) 송사왕래, 여사입송과 같은 유형의 명칭은 역사적 용어가 아니라 <송상왕래표>에 넣기 위해 필자가 임의로 만든 것이다.

80) 金庠基, 주 1)a 논문, 71쪽.
   金庠基, 주 1)b 논문, 445쪽.
   近藤一成, 2001,「文人官僚蘇軾の對高麗政策」『史滴』23, 6쪽.

외교 문서를 가져와서 고려에 전했다면 여러 사건들이 겹쳐서 많이 왔을 것 같지만, 송상왕래의 횟수로는 1회에 지나지 않는다. 그런데, 본서의 목적이 송상왕래가 얼마나 많았는지 증명하는 것이므로 송상왕래의 간접증거들이 다른 송상왕래와는 별도로 이루어졌음을 확인하는 것도 중요하다.

그 한 사례로 1133년 2월의 입송통지를 들 수 있다. 1133년 2월에 韓惟忠 등을 송에 보내 사은하게 하였으나, 배가 홍주 바다에 이르러 조난을 당하여 공물이 훼손되자 사행을 포기하고 되돌아 왔는데, 구체적인 내용은 배가 거의 뒤집힐 뻔하였고, 조공품을 담은 바구니가 젖어버렸기 때문에 송에 도달하지 못하고 되돌아왔다고 한다.[81] 이와 관련된 내용이 송대 기록에는 고려 사절이 온다는 소식을 듣고 法惠寺를 객관으로 삼아 맞이하게 하였지만, 고려 사절이 홍주 바다에서 바람에 배가 부서져 결국 이르지 못했다고 되어 있다.[82]

이처럼 1133년에 고려 사절이 송에 간다는 것과 송에 가다가 홍주에서 조난을 당하여 가지 못하였다는 사실이 중국의 기록에 남아 있는 것은 고려를 왕래하는 송상들이 그 사실을 송에 알렸기 때문일 것이다. 하지만 1133년을 전후하여 고려에 왔던 송상은 1131년 4월의 卓榮과 1136년 9월의 陳舒만 있으므로[83] 그것을 알린 것은 기록에 남아있지 않은 어떤 송상이었음을 암시한다. 따라서 1132년 홍이서와 1133년에 한유충이 잇달아 송에 가는 것에 실패한 사건을 통해 적어도 3차례 이상의 기록되지 않은 송상왕래가 더 있었다는 것을 알 수 있다. 아울러 다른 유형들도 송상내헌 또는 다른 송상왕래의 간접증거와 중복되지 않는지를 검토하였다.

---

81)『高麗史』권16,「世家」仁宗 11년 2월 및『高麗史節要』권10, 仁宗 11년 2월.
82)『建炎以來繫年要錄』권63, 紹興 3년 2월 경인.
83) 金庠基, 앞의 논문, 452쪽, <宋商來航表>.

마지막으로 송상왕래의 간접증거를 추가하여 만들어진 <송상왕래
표>가 송상 내헌 기록을 중심으로 정리된 <송상내항표>와 어떤 차이
가 있는지를 파악하기 위해 시기별로 왕래 연도와 횟수를 비교할 것이
다. 이어서 여러 차례의 송상왕래가 한 기사에 담겨있다든지, 1회에 여
러 척의 배가 왔던 것들을 찾아서 같은 해에 고려를 찾았던 송상이 단지
한 척에 그치지 않았음을 설명할 것이다.

8. 結—宋商의 常時 往來—

송상이 고려를 왕래했던 간접 증거를 포함하여 이전의 연구결과보다
훨씬 많았다는 것을 분명해졌으나, 여전히 10세기 후반과 무신정권기에
는 송상왕래의 기록이 없는 해가 많았고, 그 기간도 꽤 길다. 그런 점에
서 구체적인 왕래의 기록을 찾는 방식으로는 송상왕래의 공백기를 완전
히 채울 수 없다. 이러한 한계를 극복하고 송상의 상시 왕래를 증명하기
위해서는 사례 찾기의 방식이 아니라 송상왕래 기록 그 자체에 대한 재
검토가 필요할 것 같다.

『高麗史』와『高麗史節要』는 조선 문종대에 고려 왕조와 관련된 여러
자료들을 정리하여 편찬한 책이므로 수록의 원칙에 맞는 중요한 것들만
이 기록되었을 것이다. 실제로 사서에 반드시 기록해야 했던 사신의 파
견과 같은 외교적 사실조차도 누락된 것이 있다. 그 사례가 1138년 정월
에 고려국 王楷—인종—가 위위소경 李仲衍을 보내 표를 받들어 하정하
였다는 것이다.[84] 이 내용은 우리 문헌에는 없고 송대의 사서에만 있다.
사신을 보낸 것이 제외되었다는 것은 송에서 오는 외교 사절에 준하는
대우를 받았던 송상에 관한 기록도 충분히 그럴 수 있음을 의미한다.

---

84)『建炎以來繫年要錄』권118, 紹興 8년 춘정월 을묘.

다음으로 송상의 기록에 대해 검토해 볼 것이다. 고려에 와서 내헌했던 최초의 송상으로부터 5번째까지가 모두 다른 인물이었다는 것을 사료 그대로 이해한다면 매년 새로운 송상이 고려를 찾았고, 한 번 왔던 송상은 다시 오지 않았다는 뜻이 될 것이다. 그러나 2회 이상 고려에 왔던 송상이 많았으며,[85] 3회 이상도 7명이 있었고 郭滿과 徐德榮 등은 5회의 기록이 있을 뿐 아니라[86] 송상 徐成은 140일만에 다시 왔다는[87] 기록을 남기고 있다. 게다가 송상이 특정 국가만을 왕래하며 전문적인 무역했다는 점을 고려한다면,[88] 그들은 여러 차례 고려를 왕래했다고 여겨진다. 사서에 남아있는 것은 송상이 왕래했던 것의 극히 일부였으므로 송상의 내헌은 훨씬 더 많았고, 내헌의 횟수 이상으로 송상왕래도 더욱 활발했을 것이다.[89]

끝으로 항상 고려에 송상이 있었다고 추정할 수는 있는 기사를 고찰해보았다. 『高麗史』에는 1040년에 송상이 팔관회 때 진헌 의례에 참여하는 것이 상례화되었다고 하므로,[90] 송상은 행사에 참여하기 위해 매년 고려에 왔을 것이며,[91] 그러한 원칙은 의종대에 詳定된 八關會 규정

---

85) 陳高華・吳泰, 1981, 「宋元時期 海外貿易的活動狀況」『宋元時期的海外貿易』, 天津人民出版社, 37쪽.

86) 全海宗, 1989, 「高麗와 宋과의 交流」『國史館論叢』 8, 18쪽.

87) 全海宗, 앞의 논문, 17쪽.

88) 森克己, 주 1) 논문, 341쪽.
　和田久德, 1959, 「東南アジアにおける初期華僑社會(990~1279)」『東洋學報』, 42-1, 81쪽.
　石井正敏, 1992, 「10世紀の國際變動と日宋貿易」『新版 古代の日本—アジアからみた古代日本—』, 角川書店, 359쪽.

89) 충남 태안 마도 부근에 침몰된 송상의 배는 송상의 고려 왕래가 많았음을 알려주는 고고학적인 증거이다(국립해양문화재연구소, 2010, 『800년 전의 타임캡슐』, 28쪽).

90) 金庠基, 주 1)b 논문, 454쪽.
　朴玉杰, 주 1) 논문, 32쪽.

91) 金庠基, 주 1)b 논문, 454쪽.

에도 그대로 유지되어 포함되었다.[92] 또한 1058년에 내사문하성이 문종의 대송통교를 반대하면서 송상왕래가 연이어 계속되고 있다고 했으며,[93] 1270년대의 기록에는 고려의 관리들이 10여년 전처럼 송상이 연이어 왔을 것이라고 몽고가 오해할 것을 걱정하고 있다.[94] 이러한 기사들은 고려에 송상이 해마다 그침없이 왔음을 알려준다.

그와 더불어 중국의 기록에도 해마다 송상의 배 두 척 이상이 고려에 가서 1년간 머물다가 돌아왔다는 11세기 후반 송대의 규정이 있었으며,[95] 1년에 3척이 고려에 가고 다시 다음해 같은 수의 배가 고려에 가면 먼저 갔던 배가 되돌아 오는 방식으로 송상이 고려를 왕래했다는 13세기 중엽의 송대 관인이 남긴 기록이 있다.[96] 이것들은 모두 송상의 배가 매년 2~3척씩 고려를 왕래했다는 것을 알려준다.

요컨대 송상왕래에 관한 직간접의 기사를 모두 합하여 매년 왔다는 것을 완벽하게 증명할 수 없다고 해도, 송이 건국된 960년경부터 송이 멸망한 1279년까지 송상은 거의 매년 고려에 왔다는 것이 사실에 부합하는 합리적인 해석이다. 송상이 매년 와서 예성항과 개경의 객관에 있어서 왕실과 국가기관을 포함한 개경과 그 주변의 사치품 수요자들은 언제나 수 백 명의 송상과 무역하였을 뿐 아니라 때로는 필요한 물품을 주문하여 그 다음번에 수령하는 방법으로 구매하기도 했다. 그와 더불어 고려와 송의 인물들이 오랜 기다림이 없이 양국을 왕래하였고, 양국의 문물이 거의 '실시간'으로 교류될 수 있었던 것이다.

---

92) 奧村周司, 1979,「高麗朝における八關會的秩序と國際環境」『朝鮮史硏究會論文集』16, 73~74쪽.

93) 『高麗史』권8,「世家」文宗 12년 8월.

94) 『高麗史』권27,「世家」元宗 12년 춘정월.

95) 『續資治通監長編』권296, 神宗 元豊 2년 춘정월 병자.

96) 『許國公奏議』권3,「奏曉諭海寇復爲良民及海關防海道事宜」.

제2장

高麗前期 對外貿易과 그 政策

1. 머리말

高麗와 朝鮮 두 왕조는 정치·경제·사회·문화 등 여러 방면에서 대비되는 점이 많았다. 상부구조로는 정치제도나 운영 방식이 달랐고, 하부구조에 해당하는 가족제도 역시 적지 않은 차이가 있었으며, 국가 이데올로기는 고려가 불교였고, 조선이 성리학이었다. 이처럼 두 왕조 사이에는 비교되는 점이 많지만, 무역이나 무역정책만큼 확연히 대조되는 것도 없다고 생각된다. 즉, 고려는 예성항을 중심으로 활발한 대외무역과 교류를 하는 등 개방적인 정책이었고, 조선은 중국이나 일본을 제외한 외국과의 해상왕래를 단절하는 소위 '鎖國政策'을 폈다고 알려져 있기 때문이다.

이런 점은 일찍이 식민지 시대부터 주목되었고, 해방 이후에도 일본의 한반도 강점을 경험한 한국사 연구자들은 일제에게 강점된 이유의 하나를 조선왕조의 폐쇄성에서 찾고 그에 대해 비판적이었다. 반면 고려의 海上貿易에 대해서는 우호적이어서 한국사 개설서[1] 뿐만 아니라 중고등

---

[1] 그 대표적인 개설서 두 편의 서술 내용은 다음과 같다.
"게다가 宋과 성히 무역을 하고 있던 大食(아라비아)人들의 商船까지 開京의 海上門戶인 禮成港에 출입하며 水銀·香料·藥品 등의 물자를 들여왔다. 이리하여 禮成港은 당시에 국제적인 商港으로서 번성을 극하게 되었다"(李基白, 1976, 『韓國史新論(改訂版)』, 一潮閣, 157쪽).
"이 때 예성강구의 벽란도는 송의 상인뿐만 아니라 멀리 대식국의 상인까지도 출입하는 국제항구로 성황을 이루었다"(邊太燮, 1988, 『韓國史通論(改訂版)』, 三英社, 219쪽).

학교 교과서에서도 비교적 자세히 수록되어 있다.[2] 이와 같은 서술은 어느 정도 역사적 사실에 근거를 둔 것이었는데, 고려의 대표적인 항구인 예성항에 宋·日本·大食國 등 여러 나라의 상선이 찾아와 활발하게 무역했던 것은 분명하기 때문이다.

그러나 고려의 무역이 조선시대와 견주어지면서 지나치게 과장된 측면도 없지 않다. 고려의 해상 무역에 대한 긍정적인 평가는 조선의 그것이 침체되었던 것에 비해 상대적으로 돋보였던 데 따른 것이었다. 그러므로 본고는 禮成港 무역 및 고려인들의 해상 활동에 대한 기존의 견해를 재검토하여 어느 정도까지 사실인지를 확인할 것이다. 이어 고려시대 변경 지대 및 해상 무역에 대한 정책을 검토하고, 예성항 무역을 제외하고는 대체로 금지하는 입장이었다는 사실을 밝히고자 한다. 이 연구가 소기의 성과를 거둔다면, 고려시대 해상 무역에 대한 새롭고 객관적인 평가가 가능해질 것이다.

---

2) 중학교 국사 교과서는 한 걸음 더 나아가 활발한 무역을 개방적인 대외 정책 때문이었다고 확대 해석하고 있으며, 반면 고등학교 교과서는 그보다 훨씬 절제된 서술을 하고 있다.
"한편 고려는 대외 무역을 장려했으므로 멀리 아라비아 상인들까지 무역을 하러 고려에 왔다. 예성강 입구의 벽란도는 당시에 국제 무역 항구로서 크게 번성하였다. 우리 나라가 '코리아'라는 이름으로 서방 세계에 처음으로 알려진 것도 고려 왕조의 이러한 개방적인 대외 정책에서 비롯되었다"(교육인적자원부편, 2002, 『중학교 국사』, 100쪽).
"예성강 어귀의 벽란도는 대외 무역의 발전과 함께 국제 무역항으로 번성하였다. … 한편 대식국인이라고 불리던 아라비아 상인들도 고려에 들어와서 수은, 향료, 산호" 등을 팔았다. 이들을 통하여 고려의 이름이 서방 세계에 널리 알려지게 되었다"(교육인적자원부편, 2002, 『고등학교 국사』, 156~157쪽).

2. 禮成港 貿易 繁盛論에 대한 비판

1) 禮成港과 高麗의 海上貿易

해상무역이 번성했다고 알려진 고려에서 중국 등의 해외로 통하는 항구로는 禮成港, 武州의 會津·昇平, 羅州, 康州, 全州의 臨陂郡·喜安縣, 貞州 등이 있었다. 이 가운데 회진·승평·나주·강주·임피·희안 등의 경우는 후삼국 고려초에 중국을 왕래할 때 이용되었고, 정주는 의천이 송에 갈 때 송상의 배를 이용했다는 기록이 유일하다.[3] 따라서 고려시대 대표적이고 거의 유일한 항구는 예성항이었다고 해도 과언이 아니다.

예성항은 '禮成'이란 명칭의 유래가 송에 조회하러 갈 때에 모두 여기에서 배를 띄웠기 때문이었다는[4] 데서 알 수 있듯이, 고려의 대중국 항해의 출발점이자 회귀점이었다. 실제로 송나라 사절의 일원으로 고려에 왔던 徐兢의 기록에 의하면, 1123년(인종 1) 송의 사신단을 실은 '神舟'가 정박하고 영접을 받은 곳이 예성항이었고, 그후 宋에 갈 때 출발한 곳도 같았다.[5]

예성항이 고려의 문호 역할을 하게 된 것은 고려의 수도였던 개경과 가깝기 때문이다. 본래 예성강 지역은 신라의 변방이었으나 고려를 건국한 王建의 선대가 이 지역을 배경으로 해상 무역에 종사하면서 대중국 무역 중심지의 하나로 성장하였다. 조선후기 개성 지방의 邑誌인 『中京誌』에 의하면 예성강에는 碧瀾渡·錢浦·梨浦·東方浦·昌陵浦·領井浦·昇天浦·祖江渡·唐頭浦 등 많은 포구와 나루가 있었는데,[6] 그 보

---

3) 金澈雄, 2004, 「高麗와 宋의 海上交易路와 交易港」 『中國史研究』 28, 119~121쪽.
4) 『新增東國輿地勝覽』 권4, 開城府 上 山川條.
5) 『高麗圖經』 권39, 「海道」 6 禮成港.
6) 『中京誌』 권3, 山川條.

다 앞서 편찬된『新增東國與地勝覽』에서는 벽란도·전포·이포를 예성
강의 대표적인 포구로 들고 있으며,7) 전포는『編年通錄』을 인용한「高
麗世系」에 唐 肅宗이 下船한 곳이었다고 전해질 만큼 오래된 항구였
다.8) 이와 같이 예성강에는 여러 항구와 포구가 있었지만, 예성항은 벽
란도를 가리킨다. 고려의 王城에서 약 40리 떨어진 곳에 위치한 이곳은
송의 사신을 맞이하는 碧瀾亭이 있었다고 한다.9)

    고려시대 禮成港은 해외로 통하는 관문 역할을 했으나 조선시대에 국
제 항구로서의 기능은 없어지고 한양에서 개성을 거쳐 황해도 白川으로
가는 나루터로 바뀌어 관원으로 종9품 渡丞이 배치되었다.10) 조선후기
에 면리제가 실시되면서 開城府 西面 碧瀾里가 되었고,11) 식민지 시대
에는 京畿道 開城郡 西面이 되었다. 해방 이후 38선 이남 지역으로 대한
민국의 영토였으나 한국전쟁 이후 북한의 영역이 되었다. 현재는 북한의
개성직할시 開豐郡에 속하며 예성강을 건너 황해남도 白川郡을 마주하
고 있다.

    고려가 멸망한 뒤 국제 항구로서의 면모를 잃고 단지 강을 건너는 작
은 나루로 변해버린 예성항이 식민지 시기부터 사학자들의 주목을 받은
것은 망국의 원인 가운데 하나였던 조선시대의 쇄국고립 정책과 달리 고
려시대에는 문호를 개방하여 중국·일본·대식국 등 여러 나라와 활발
히 교류하였으며, 예성항이 바로 이러한 해상 교류의 중심지였기 때문이
다. 예를 들어 대표적인 민족주의 사학자였던 安在鴻은 조선의 역사가
退嬰되어 결국은 망하기에 이른 이유를 설명하면서 예성항에 대해 다음
과 같이 언급하였다.

---

7)『新增東國與地勝覽』권5, 開城府 上 山川條.
8)『高麗史』「高麗世系」
9)『高麗圖經』권39,「海道」6.
10)『世宗實錄地理志』권148, 舊都開城留後司.
11)『中京誌』권2, 部坊.

新羅의 領域이 동남에 치우쳐서 慶州의 서울이 동해안에 다가붙었으되,
東으로 日本의 各港과 西로 渤海 黃海와 支那海인 唐의 諸港灣에는 왕성하게
그 商船이 출입하였고, 惠超의 五天竺 巡歷을 최고봉으로 印度 왕래의 學僧
들은 長安의 유학생과 함께 新舊가 빈번히 교대하였으니, 新羅의 聯唐政策이
民族史上 심대한 罪過로 되었으나 오히려 內剛自衛의 實을 나타내었다. 高麗
의 시대가 또한 그러하여 宋과의 교통통상이 松京으로 國際都市化하였을 뿐
아니라 禮成江口에는 멀리 사라센의 交易船까지 맞이하여 인도양을 건너오는
西方의 文物에 영향된 바 많았으니 밖으로는 국제적 접촉이 그 宗國意識을
쉴새없이 깨우침 있고, 안으로 國風派的의 긍지는 그 自立魂의 警勵가 오히
려 埋沒됨 없어, 거푸거푸 닥쳐오는 침략에서 오히려 百戰抗爭의 氣魄을 드
날린 것입니다. 이에 비하면 漢陽朝의 鎖國孤立과 尊明自安의 政策이 얼마나
民과 國에 蟲毒되었을 것은 可謂 생각이 반이 넘은 것입니다.[12]

　안재홍은 쇄국고립과 존명자안의 태도를 조선 멸망의 원인으로 들었
으며, 그와 상대되는 고려는 신라에 이어 문호를 열어서 松京은 국제도
시를 이루고 멀리 사라센—아라비아—의 교역선이 드나들만큼 무역이
번성하고 서방의 문물을 받아들이는 개방적인 나라였다는 점을 강조하
고 있다. 그와 더불어 거의 같은 시기 대표적인 사회경제사학자인 白南
雲도 송나라 배가 남송이 멸망하기까지 거의 300여 년에 걸쳐 끊임없이
개경의 관문인 예성항을 방문했다는 점을 비중있게 서술하였다.[13] 이처
럼 당시에는 학문적인 경향을 불문하고 고려의 해상 활동은 긍정적으로

---

12) 民世安在鴻選集刊行委員會編, 1983, 「退嬰의 由來와 經緯(2)」『民世安在鴻選集』
　　1, 知識産業社, 489쪽.
　　이 글의 바로 뒷부분은 "이와 같이 國際事情과는 전혀 담싸고 돌아앉은 色盲的인
　　처지에서, 中國 이외에 문명한 世界없고 朱子學 이외에 다시 學問없고 膏盲에 든
　　병은 자신을 因循한 속에서 스스로 빼칠 수 없이 졸연 급격한 國際勢力에 다다치
　　매, 措手의 겨를도 없이 낭패하는 體勢가 灰色的인 覆沒의 局을 짓고 만 것이며
　　이 웅대한 悲劇 …'이라고 하였다"(같은 책, 490쪽).
　　또한 民世는 이 글의 筆者後記에서 "新羅 高麗 兩朝 700년간 오히려 왕성하던
　　海外交通조차 딱 끊어버리고 鎖國 孤立에서 생겨난 固陋한 宗派主義의 惡習을
　　집어내고, 永續的인 自滅의 길을 밟아오던 由來를 드러내었다"라고 하였다.
13) 白南雲, 1937, 「商業及商業資本」『朝鮮封建社會經濟史(上)』, 改造社, 768~769쪽.

이해되었다.

고려의 해상 무역은 해방 이후 식민주의 사관의 극복과 우리 민족사의 복원 차원에서 이루어진 金庠基의 한국 고중세의 해상활동과 무역에 대한 일련의 연구를 통해 더욱 많은 것이 알려졌다.[14] 그는 실증적인 연구자로서 자료를 광범위하게 수집하고 정밀하게 다루었다. 현재의 학계에서 그의 견해가 대부분 수용되어 고려의 해상 무역이 개설서와 교과서에서 빠지지 않고 실리게 되었던 것도 그의 영향력이라고 해도 과언이 아니다. 또한 이와 같은 경향은 고려의 해상 무역을 강조하는 북한의 역사학계도 마찬가지이다.[15]

그런데, 고려의 해상 무역이 발달했다는 것을 부각시키는 것이 좋은 것만은 아니다. 왜냐하면 해상 무역의 번성이 그 다음 왕조인 조선에까지 계승되지 못하므로 결국은 조선의 퇴영성만 더욱 부각되기 때문이다. 이러한 논리적인 문제점 이외에도 이 분야의 연구에 대한 실증적인 검토의 여지가 충분했지만, 그것이 우리 민족사의 자긍심을 높이는 한 부분을 훼손하는 것이어서 연구자들이 의도적으로 회피한 측면도 있다고 생각된다.

---

14) 金庠基, 1959, 「高麗 前期 海上 活動과 文物의 交流—禮成港을 중심으로—」『국사상의 제문제』 4, 국편위 ; 1974, 『東方史論叢』, 서울대출판부, 459~460쪽.

15) 과학백과사전종합출판사, 1994, 「배무이 및 항해 기술」『조선기술발전사(고려편)』, 118쪽.
   무역사를 서술한 홍희유는 고려의 수도 개경에는 오빈관·영빈관 등 10개의 상관(商館)이 있었고, 여기에 송나라·여진·아라비아·금나라 등 여러 나라 사람들이 머물며 무역을 하는 국제도시인 것처럼 서술하면서 고려 무역의 번성을 강조하였다(홍희유, 1989, 「고려시기 상업과 화폐유통의 장성」『조선상업사(고대·중세)』, 과학백과사전출판사, 111쪽). 그러나 이와 같은 활발한 외국 상인들의 방문은 오히려 고려 상인들의 해외 진출을 제약하는 요소로 작용하는 것이다.

2) 예성항의 對아라비아 貿易에 대한 再檢討

그 동안 한국사 연구자들이 고려시대 예성항 무역을 주목했던 것은 멀리 아라비아 지역에 있었던 大食國의 상인이 직접 찾아왔다는 점에 있었다. 특히 고려의 무역 상대가 동아시아를 벗어난 국가였다는 것은 식민주의 사관에 의해 왜곡되고 정체되었다고 인식되던 韓國史像을 바꿀 수 있는 중요한 근거가 되었으므로 단순한 해상 문호 개방 차원을 넘는 역사적 의미를 부여했던 것이다.

그러나 공교롭게도 아라비아 상인들이 예성항에 와서 무역했던 것은 현종대와 정종대에 걸쳐 세 차례일 뿐 그 이후의 기록은 전혀 없다.[16] 그런데 지금까지 학계에서는 고려 전시기에 걸쳐 그들과 무역이 이루어졌고 그 과정에서 예성항은 송·일본 등의 배 뿐 아니라 멀리 아라비아의 배조차도 수없이 드나들었던 것처럼 이해하였는데[17] 그 중요한 근거는 「또 누각 위에서 潮水를 보고 동료 金君에게 주다」라는 이규보의 시였다.

이 내용은 해상 무역에 대해 많은 연구를 남겼던 선학이 적극적으로 해석한 이후[18] 북한의 상업사 연구에서도 거의 비슷하게 서술되고 있다.[19] 그 밖에 최근의 연구 성과에서도 고려 무역의 융성함을 설명하면

---

16) 『高麗史』 권5, 「世家」 顯宗 15년 9월.
   『高麗史』 권5, 「世家」 顯宗 16년 9월 신사.
   『高麗史』 권6, 「世家」 靖宗 6년 11월 병인.
   이후에는 대식국의 상인이 왔다는 더 이상의 기록이 없는데, 이것은 자료의 누락이라기보다는 실제 오지 않았던 사정의 반영일 것이다. 왜냐하면 고려는 외국에서 무역하러 온 상인들을 마치 조공하러 온 것처럼 가장하여 왕권을 높이고 있어서 대식국과 같이 먼 곳에서 온 상인의 기록을 남기지 않았을 가능성은 매우 적기 때문이다.

17) 고려후기에 고려에서 활동한 西域人들은 元 帝國에서 활동하다 입국한 자들이었기 때문에 무역과는 별개의 일이다.

18) 金庠基, 앞의 논문, 461쪽.

19) 홍희유, 앞의 논문, 84~88쪽.

서 이 시를 제시하고 있다.[20] 하지만 그들의 주장처럼 이 시에 아라비아 무역선이 많다는 표현이 있는지, 나아가 그것을 예성항 무역이 번성했다고 주장할 수 있는 증거로 삼을 수 있는지 살펴볼 여지가 있다. 사실 확인을 위해 그 시를 직접 검토해보자.[21]

<또 樓閣 위에서 潮水를 보며 同僚 金君에게 주다>

潮水는 밀려왔다 밀려가고
오고가는 배는 머리와 꼬리를 물어 서로 잇대었더라[來船去舶首尾銜相連].
아침에 이 다락[樓: 누각] 밑을 떠나면
한 낮이 못되어 돛대는 南蠻 하늘에 이르도다.
사람들은 배를 가리켜 물위의 驛馬라 하니
나는 바람 쫓는 駿馬의 굽도 이에 비하면 오히려 더디다 하리.
만약 돛단배 바람 속에 달리듯 한다면
순식간에 蓬萊 仙境에 도달하니
어찌 구구하게 달팽이의 뿔과 같은 좁은 곳[蠻觸界]에서 작은 일로 다투겠는가[22]
이 목도(木道: 배)를 빌리면 어느 곳이든 거슬러 이르지 못하리.[23]

이 내용을 보건대, 작자인 李奎報가 예성항의 한 누각에서 바다를 직접 보고 시를 지었다는 것을 알 수 있다. 그리고 '오고가는 배가 꼬리와 머리를 물어 서로 잇대었다'라는 것은 예성항에 배가 많았다는 표현이

---

20) 김한규, 1999, 「契丹과 女眞이 遼東과 中國을 統合한 시기의 韓中關係」『한중관계사 I』, 아카넷, 423쪽.
21) 이 시의 번역은 金庠基, 앞의 논문, 461쪽과 민족문화추진회, 1968, 『국역 동국이상국집』 III의 내용을 모두 참고하였다.
22) 金庠基는 '蠻觸界'를 남만의 지경으로 해석하였다(金庠基, 앞의 논문, 461쪽). 그러나 蠻觸은 숙어로서 '蝸角之爭'과 같은 뜻이며, 조그마한 일로 싸우는 것을 비유한다. 諸橋轍次『大漢和辭典』10, 126쪽 蠻條. 그것은 뒷 연에서 배를 빌려 넓은 바다를 거슬러 가는 것과 대구가 된다는 점에서 그의 해석이 잘못되었다고 생각된다.
23) 『東國李相國集』 권16, 「又樓上觀潮贈同寮金君詩—予以公事往來數月」.

며,24) '한 낮이 못되어 남만 하늘에 도착한다'거나 배를 가리켜 '물위의 역마'라고 하는 것은 그 배의 빠름을 나타낸다. 그 가운데 '남만 하늘'은 중국 四夷의 하나인 남쪽의 蠻族이 있는 곳이어서, '바다 건너 남방의 異國'의 뜻이 된다. 그러므로 이것들을 종합하여 고려의 배가 먼 곳까지 항해해 나갔다는 것으로 유추하였다.25) 결국 이 시에서 해상 무역의 융성함을 보여주는 요소는 배가 많다는 것과 그 배가 남만에 간다는 것이었고, 그것이 확대 해석되어 남만에 가는 배가 많으니 아라비아와의 해상 무역이 성했음을 알려준다는 것이 되었다.

하지만, 이 시를 정밀하게 검토하면 그와 같이 이해될 수 있는지에 대해 의문이 드는 점이 적지 않다. 먼저 '아침에 이 다락[樓] 밑―예성항―을 떠나면 오시(午時: 11시~13시)가 못되어 중국 남쪽 바다인 남만에 도착한다'라고 했는데 과연 그렇게 빠른 배가 있을 수 있었는지의 여부이다. 물론 시라는 특성상 과장된 표현이 포함되기도 하겠지만,26) 지나치다는 점만은 분명하다. 그리고 남만이 중국 남방의 먼 나라라고 하면 그 배는 遠洋을 다니는 것이기 때문에 규모가 컸을 것인데, 孤舟와 같은 뜻의 孤帆―돛단배―으로 표현되어 있다.

설령 남만을 항해할 배라고 하더라도 그런 배가 꼬리를 잇대어 있을 만큼 고려의 해운이 발달하지는 않았으며, 이규보가 이 시를 짓던 시기인 최씨정권기에 예성항을 드나들던 무역선도 적었다.27) 이 무렵 송의

---

24) 예성강 주변에 배가 매우 많았다는 점은 1088년(선종 5) 5월 갑술일 밤에 "비바람이 갑자기 일어나 海水가 범람하여 강가에 살던 집과 배들이 떠내려 갔으며 물에 빠진 사람과 전복되고 파괴된 배들을 이루 헤아릴 수 없었는데 禮成江이 더욱 심하였다"는 기사를 통해서도 확인된다(『高麗史』 권53, 「五行志」 1 水 宣宗 5년 5월 갑술).

25) 金庠基, 앞의 논문, 461쪽.

26) 金庠基, 앞의 논문, 461쪽.

27) 『高麗史』 등의 여러 자료에 의하면 1012년(현종 3)에서 1278년(충렬왕 4)에 이르기까지 고려에 온 송상은 모두 120회로, 평균 2.21년에 한 번 꼴이었으며, 이규보

明州 지방의 기록에서는, 고려가 강화로 천도했을 때 고려를 왕래하는
宋나라 상선의 운영 방식은 乙番 3척이 고려에 도착하면 이미 와 있던
甲番 3척이 무역을 마치고 귀환하였으며 丙丁의 방식도 같았는데 배의
규모는 약 2~300명이 탈 수 있었다고 한다.[28]

　송의 상선이 정기적으로 계속하여 고려에 왔던 정황은 1058년 8월에
문종이 耽羅와 靈巖에서 목재를 구하여 큰 배를 만들고 장차 송과 외교
를 재개하려고 하자 內史門下省이 반대하면서 "상선들의 왕래가 끊이지
않고 날마다 귀중한 보배가 들어오고 있으니[商舶絡驛不絶 珍寶日至]
중국에서는 실로 도움을 받을 것이 없습니다"라는 주장에서도[29] 알 수
있다. 상선의 왕래가 끊이지 않았던 것은 송나라 상선의 운영이 번을 나
누어 다음 차례의 상선이 예성항에 도착하면 이미 와 있던 배는 宋으로
귀환하는 방식으로 이루어졌음을 의미할 뿐이며, 배의 수가 많았다는 것
은 아니다.

　또한 靖宗 즉위년 이후 아라비아 상인이 왔다는 기록이 없었으므로
이 무렵 예성항을 드나들던 배는 송의 商船과 간헐적으로 오던 일본의
배뿐이었다. 따라서 송의 상선은 대략 3척 정도가 항상 예성항에 머물렀
으며 일시적으로 다음 차례의 배가 와서 갑을이나 병정 순번의 배가 동
시에 정박한 경우에만 6척 정도가 된다. 여기에 泉州 등 明州 이외의 中
國 상선이나 日本의 배가 왔다고 해도 무역선이 '머리와 꼬리를 잇대어
가는' 상황은 있을 수 없었다.

　이와 더불어 '南蠻'이란 용어가 중국 남쪽이나 나아가 아라비아 지역
과 연결시키기 어렵다는 것은 고려 俗樂 「風入頌」을 통해 알 수 있다.

　의 활동 시기였던 희종에서 고종 연간에는 세 차례에 불과하다(金庠基, 앞의 논
　문, 447~454쪽). 다만, 무신정권기의 송상 왕래 자료는 매우 부정확하다는 점을
　참고해야 할 것이다.
28)『許國公奏議』권3,「奏曉諭海寇復爲良民及海關防海道事宜」.
29)『高麗史』권8,「世家」文宗 12년 8월 을사.

그 내용을 보면 "外國이 직접 찾아와 모두 歸依함에, 四境이 편안하고 깨끗하여 무기를 버리니 … 四海가 昇平하고 有德하여 모두 堯임금 때보다 낫도다. 邊廷에 아무 일도 없어 장군의 寶劍은 휘두를 일 없네. 南蠻과 北狄이 스스로 來朝하여 백가지 寶를 우리 天子 섬돌 아래 드리네"라고 되어 있는데,[30] 여기서 南蠻과 北狄은 고려에 土産物을 進獻하는 등 고려보다 하위에 있거나 그렇게 될 집단이나 민족이고, 외국은 그보다 높은 격으로 대우되는 국가일 것이다.[31]

그렇다면 北狄은 遼가 멸망되기 전인 1120년경까지 고려에 와서 朝貢 형식의 교역을 하던 여진이었을 것이다.[32] 그에 반해 남만은 고려 남쪽에 있으면서 교류했던 어떤 집단을 의미하며, "四海가 昇平하다"거나 "邊廷에 아무 일도 없어 장군의 보검을 휘두를 일이 없다"라고 했으므로 묘사된 시기가 거란과의 전쟁이 있었던 현종대는 아니었다. 따라서 비슷한 시기에 예성항을 찾았던 大食國은 남만이 될 수 없다.

지리적 위치로 보건대, 남만은 고려의 남쪽에 있었던 일본이나 탐라가 될 것이다. 그런데 이 속악에서 표현된 비슷한 형식의 일들을 「仲冬八關會의 의례」에서 동서번과 탐라가 행하고 있었다. 즉, 宋商과 동서번·탐라국은 팔관회에 방물을 바치고 자리에 앉아 의례를 관람하는 것을 常例로 삼았다고 한다.[33] 그들은 팔관회에 참여하여 宋의 綱首 다음 차례로 東西番과 탐라가 동시에 축하하고 공물을 바쳤다.[34] 이 때 동서번은 동서여진을 의미하므로 북적에 해당되고, 탐라는 남만이 될 것이다. 탐라는 고려 태조대부터 고려에 복속하여 조공을 바쳤고,[35] 宋商도

---

30) 『高麗史』 권71, 「樂志」 2 俗樂 風入松.
31) 盧明鎬, 1999, 「高麗時代 多元的 天下觀과 海東天子」 『韓國史研究』 105, 10쪽.
32) 盧明鎬, 1997, 「東明王篇과 李奎報의 多元的 天下觀」 『震檀學報』 83, 306쪽.
33) 『高麗史』 권6, 「世家」 靖宗 卽位年 11월 경자.
34) 『高麗史』 권69, 「禮志」 11 仲冬八關會儀.
35) 고려와 탐라의 조공 및 책봉 형식의 교류는 고려 초부터 시작되어 1105년에 탐라가 독립적인 지위를 잃고 고려의 耽羅郡으로 편입될 때까지 지속되었다. 탐라와

고려에서 무역하기 위하여 왕에게 여러 가지 물품을 바치는 私獻을 하였기 때문에,36) 宋商·女眞·耽羅와 고려의 전통적인 관계를 팔관회 의식의 한 부분으로 포함시켜 국왕의 권위를 높이고자 했던 것이다.37)

이런 점에서 고려와의 朝貢關係도 성립되지 않았음은 물론이고 정식 외교조차도 없었으며, 고려에 찾아온 횟수도 그다지 많지 않았던 일본보다는 탐라가 남만에 더욱 적합한 대상이었다고 생각된다. 따라서 고려 俗樂 「風入頌」에서의 남만은 탐라였으며, 이규보 시의 '(배가) 아침에 이 다락 밑을 떠나서 한 낮이 못되어 돛대는 南蠻 하늘에 이르도다'라는 표현에서 '南蠻' 역시 아라비아보다는 탐라로 해석하는 것이 훨씬 합리적이다.補)

다음으로 이규보가 시에서 읊었던 누의 아래를 떠나던 배의 정체를 생각해보자. 그 해결의 실마리는 이규보가 예성항에 왜 갔는지에서 찾아야 할 것 같다. 이 시는 이규보가 '公務'로 예성항에 갔다가 지은 것이지

고려의 교류는 해마다 또는 몇 년에 한 번씩 이루어졌다. 현종대에는 왕의 生月인 7월과 重陽節을 축하하기 위해 6~9월에 많이 왔으며, 그 이후는 八關會와 燃燈會가 각각 열리는 11월과 2월에 집중되었다고 한다(김창현, 1998, 「高麗의 耽羅에 대한 정책과 탐라의 동향」『韓國史學報』5, 311~317쪽).

36) 森克己, 1959, 「日·宋の高麗との私獻貿易」『朝鮮學報』14.

37) 奧村周司, 1979, 「高麗における八關會的秩序と國際環境」『朝鮮史研究會論文集』16.

그 밖에 八關會의 참가를 비롯하여 宋商이 고려에서 수행했던 여러 가지 活動은 山内晋次, 1999, 「東アジア海域におけるにおける海商と國家─10~13世紀を中心とする覺書─」『歷史學研究』681 ; 2003, 『奈良平安期の日本とアジア』, 吉川弘文館에 자세히 설명되어 있다.

補) 이 글을 학술지에 발표할 때만 해도 무신정권기에 송상의 왕래가 많지 않았다고 알고 있었기 때문에 '남만'에 송상이 포함될 수 없다고 생각하였다. 그러나 무신정권기의 송상왕래를 정밀하게 재검토하여 그것이 적지 않았음이 밝혀진 이상 굳이 남만에서 송상을 제외할 필요는 없는 것 같다. 특히 泉州, 明州, 福州 등 고려에 오던 송상의 出航地는 송과 고려의 남쪽에 해당되며, 팔관회에도 참여하였으므로 남만은 송상을 지칭했을 개연성이 있다.

만,38) 무엇을 했는지는 기록되어 있지 않다. 그러나 일찍이 이규보가 千牛衛錄事兼軍事로서 漕運船을 맡아 예성항에 있었다는39) 점이 주목된다. 그 시기는 1212년(강종 1) 정월에서 6월까지로40) 조운이 이루어지던 2월에서 5월까지와41) 거의 일치한다. 이규보는 바다와 관련된 해군을 포함하는 千牛衛錄事兼軍事로서 開京에서 禮成港에 파견되어 조운선 감독 임무를 수행하였다. 이런 상황을 참고할 때 이규보의 '공무'는 조운선의 감독이었으며, 그 과정에서 예성항과 배에 대해서 잘 알고 있었으리라 생각된다.

한편 이규보는 「을유년 大倉泥庫의 上樑文」에서 곡식을 싣고 배가 오가는 것을 묘사하기도 하였는데, 배가 많음을 나타내는 상당히 유사한 표현이 있다. 즉 '우리 國家는 萬世의 都邑을 정하고 四方의 貢稅를 받는다. 먹을 것이 제일 중요하니 천 칸이나 되는 곳집[庫]을 지어 여기에 저장하게 되었다. (조세로 거둔 곡식을) 수로로 옮겨서 해안에 정박하는

---

38) 『東國李相國集』 권16, 「又樓上觀潮贈同寮金君詩—予以公事往來數月」
39) 『東國李相國集』 권13 「禮成江上偶吟二首—予以千牛兼軍課漕船」.
　　竹繞淸江課漕船　篙工羅拜白沙邊　海軍擁後猶吹角　鷗鷺驚驚飛不自前
　　江鷺飛時吟正快　海潮來後語還雄　偶然傳寫江湖景　錯認年來壯物工
　　이 시를 번역하면 다음과 같다(민족문화추진회, 1968, 『국역 동국이상국집』 II, 227~228쪽의 번역을 참조하였다).
　　대나무가 둘러싸인 맑은 강가에서 조운선을 맡으니
　　백사장가에서 사공들이 죽 늘어서서 절하네.
　　수군들이 뒤를 옹위하여 화각소리 요란하니
　　갈매기들이 놀라 내 앞에 오지 못하네.
　　해오라기 날아갈 때 시읊는 운치 상쾌하고
　　조수 들어오자 말하는 소리도 웅장하다
　　우연히 강호의 경치를 그려내니
　　근래에 글짓는 솜씨 늘었는가봐.
40) 『東國李相國集』 「年譜」, 壬申年.
41) 고려는 각 州郡의 조세를 추수 후 일시적으로 여러 창고에 수송하였다가 그 다음 해 2월에 조운하여 가까운 곳은 4월, 5월까지 京倉으로 수송하도록 하였다(『高麗史』 권79, 「食貨志」 2 漕運).

것이 배의 꼬리를 서로 물었다[水轉而泊岸者舟尾相銜]'42)고 하였던 것
이다. 그에 비해 예성강에서 읊은 시에서는 '오고가는 배는 머리와 꼬리
를 서로 물어 잇대었더라[來船去舶首尾銜相連]'고 하였다.

후자의 묘사가 조금 더 자세하고, 하나는 항구에 배를 대는 것이고
다른 것은 오고 가는 것이었다는 차이는 있지만, 전체적으로 배가 많았
다는 것은 양자가 같다. 그런데 예성강에서 읊은 시의 배도 조운선이었
을 가능성이 높은 것은 그 수가 적지 않았기 때문이다. 고려의 11개 해
창에는 세곡을 나르는 哨馬船이 각각 6척씩이 있었으며,43) 보통 한 척이
4차례 정도 운항했다고 한다.44) 조운의 시기에 각 지역에서 출발한 배가
거의 동시에 예성항에 도착하면 시적인 표현으로 충분히 배의 꼬리와 머
리가 잇대었다고 읊을 수 있다.

그리고 '바다 위의 역마'라는 표현도 육지에서 운영되는 공적 교통·
통신 수단인 역마와 비견되는 바다에서의 공적 운송 수단인 조운선과 어
울린다. 아울러 '아침에 떠나 午時가 되기 전에 남만에 도착한다'는 것
도 예성항에 세곡을 내리고 다시 되돌아 가는 배를 표현한 것으로 볼
수 있다.

또한 '이 木道를 빌리면 어느 곳이든 거슬러 이르지 못하리'45)에서
'거슬러 이르다[洄沿]'는 것도 연안이나 강을 운행하는 조운선이나 작
은 어선과 적합하며, 蠻觸界를 남만의 지경이라고 한 해석도 달팽이의
뿔과 같은 좁은 곳[蠻觸界]이라고 해야 더욱 적당한 것 같다. 결국 남만으
로 가는 배는 무역선이라기보다는 조운선이라고 보는 것이 더 합리적이다.

---

42) 『東國李相國集』 권19,「乙酉年大倉泥庫上樑文」.

43) 『高麗史』 권79,「食貨志」2 漕運.

44) 崔完基, 1993,「漕運과 漕倉」『한국사』14, 국편위, 407~408쪽

45) 潮來復潮去 來船去舶首尾銜相連 朝發此樓底 未午棹入南灣天 人言舟是水上驛 我
導道追風駿足較此猶遷延 若使孤帆一似風中去 焂忽想倒蓬萊仙 何況區區蠻觸界
假此木道何處不洄沿(『東國李相國集』 권16,「又樓上觀潮贈同寮金君詩—予以公
事往來數月」)

이규보가 예성강의 누각에서 읊은 다른 시에서는 백사장 머리에 빽빽
이 모인 배들이 썰물을 만나 떠나는 것을 표현하면서, 누각 위에 있는
자신과 배 위에 있는 고기잡이 늙은 이[漁叟]를 대비한 적이 있었다. 이
것은 간접적으로 백사장의 많은 배들이 고기잡이에 이용되는 것이었음
을 알려주는 것이다.46) 이 역시 무역선과는 무관하다.補)

이상에서 이규보 시의 '만촉계로 가는 배'는 해외로 떠나는 무역선이
아니었음을 논증하고, 그것은 조운선이거나 어선이었을 가능성을 제기
하였다. 아마 전자였을 것이다. 어쨌든 이 시를 근거로 고려의 해상 활동
이 활발했다고 하는 것은 분명히 지나친 해석이다. 왜냐하면 당시 고려
의 형편상 무역하러 항구를 떠나 바다로 나가는 배가 머리와 꼬리를 잇
대어 있을 수 없었으며, 예성항에서 조운선을 감독했던 이규보가 멀리
해외로 나가는 배를 구별하지 못했을 리도 없기 때문이다. 고려시대의
예성항은 정기적으로 송의 상선이 드나들던 것 외에도 시기에 따라 일

---

46) 백사장 머리에 빽빽이 모인 배
　　썰물에 모두 떠나는구나
　　바다에 뜬 나그네는 풍랑을 시름겨워 하지만
　　바라보기엔 한가히 노는 듯하니 어찌하랴
　　고기잡는 늙은이 노를 멈추고 자주 돌아보는구나
　　묻노니 그대는 무슨 일로 머무는가
　　배에서는 누각의 낙을 부러워하지만
　　누각에 있는 사람은 도리어 너의 놀이를 부러워하노라
　　才看畫鷁簇沙頭 趁得廻潮摠不留 海客自愁風浪苦 望中無奈似閑遊
　　漁叟停橈屢轉頭 問渠何事故成留 舟中應羨樓中樂 樓上人還羨爾遊
　　(『東國李相國集』 권16, 「禮成江樓上次板上諸公韻」).

補) 2005년경에 이 논문을 발표할 때에 필자는 고려 무신정권기에 송상왕래가 활발
해서 매년 왕래할 정도는 아니므로 예성항에서 이규보가 읊은 꼬리와 머리를 물
고 남만으로 가는 배를 조운선일 것이라고 하였다. 그러나 다시 한 번 언급하지
만 6년 동안 송상왕래를 고찰하고 이 책을 내면서 남만은 중국 장강 이남을 뜻하
고, 그 배가 송상의 것일 수도 있다고 생각하게 되었다. 왜냐하면 고려를 왕래하
는 송상의 주요 출신 지역이 중국과 고려의 남쪽에 해당되며, 이규보의 시에서
'순식간에 봉래 선경에 도달한다'는 내용의 봉래도 역시 중국에 있기 때문이다.

본, 아라비아 등도 찾아와 무역을 한 개방된 항구였으나, 언제나 외국의
선박이 꼬리를 잇대어 오가는 곳은 아니었다.

3. 高麗의 海外貿易에 대한 再檢討

이제까지의 고려시대 해상무역에 대한 연구에서 고려에 찾아오는 상
선들에 대해 과장된 평가를 한 것처럼 고려인들이 배를 타고 해외에 나
간 무역에서도 그러한 점이 엿보인다. 즉, 고려 상인들의 대외무역이 활
발했다는 점은 선학의 해상활동에 관한 글 이후 아무런 의심이 없이 받
아들여졌는데, 그 근거의 하나는 송대에 고려의 海船이 자주 明州·登
州에 표착했다는 기사가 『宋史』「高麗傳」에 실려있다는 것이다.[47] 명주
와 등주는 고려와의 교통 및 무역에 있어 중요한 항구로서 唐代로부터
신라의 상선이 출입하던 곳이다. 그러므로 그 곳에 漂着했다는 고려의
선박은 상선으로 해석되며 송은 동남 연안의 중요한 항구에 市舶司를
두어 징세와 海舶에 대한 검찰이 엄하였던 관계로 양국 민간 사이에는
밀무역이 성했다고 한다.[48]

또한 1170년에 금의 30만 군대가 남하하여 역대 제왕의 陵寢을 발굴
하여 옮기려한다는 첩보가 있어 송나라 전체가 흉흉할 때 해박 수백 척
이 도착했다는 보고가 있었으나 결국은 고려 상인의 배가 표착한 것으로
판명되었다는 기록도 있는데,[49] 이것은 고려 상인들이 수십척의 선단을
이끌고 송과 무역하고 있음을 보여주는 자료라고 한다.[50]

---

47) 등주·명주 이외에도 台州·溫州·福建 등의 지역에 고려인들의 漂着이 자주 발
　　생하였으며 송 정부는 이들의 구휼에 노력하기도 했다고 한다(張東翼, 2000,「高
　　麗·宋의 文物 交流에 관한 記事」『宋代麗史資料集錄』, 서울대출판부, 427쪽).
48) 金庠基, 앞의 논문, 459~460쪽.
49) 『誠齋集』권120,「宋故左丞相節度使雍國公 … 虞公(允文)神道碑」.
50) 張東翼, 2000,「高麗·宋의 交易에 관한 記事」『宋代麗史資料集錄』, 서울대출판

하지만 고려인의 표착을 직접적으로 무역과 연관시키기는 어렵다. 왜냐하면 『宋史』「高麗傳」에 표류해온 고려 사람들을 돌려보낸 기사에서 그들을 상인이었다고 표현하지 않았기 때문이다. 만약 그러했다면 적어도 한두 기록에서는 그것을 밝혔을 것이다. 아울러 이들이 표착한 배를 밀무역을 위한 상선이었다고 했는데, 밀무역을 위한 배가 등주나 명주로 가다가 그곳에 표착하기 위해서는 거의 다 간 상태에서 표류해야 한다. 왜냐하면 서해를 가로 질러가던 중에 풍랑을 만났다면 서쪽 방향이 아닌 훨씬 남쪽이나 북쪽의 엉뚱한 곳으로 표류해 갈 것이기 때문이다. 그러므로 표착의 사례는 고려 상인의 활동을 알려주는 증거가 되지 못한다. 설령 그것이 상선이라고 해도, 밀무역이라고 했으므로 고려나 송 정부의 공식적인 허가를 얻지 못한 것이서 고려의 대외무역이 활발했다는 주장과 어울리는 것은 아니다.[51]

물론 고려 상선의 존재를 추측할 수 있게 해주는 자료가 없는 것은 아니다. 남송 말경에 이르러 明州 지방에서는 다른 외국 선박에 대해서는 1/15을 入口稅로 징수했지만 고려의 상선에 대해서는 1/19을 세율로 하였다는 기사가 있다.[52] 이는 당시 명주가 고려와의 교통 무역에 중심적인 항구였던 만큼 출입이 빈번하던 고려 상선에 대하여 특혜를 베풀었던 것이라고 한다.[53] 이 기사가 사실이라면 고려의 배가 명주에 드나들

부, 346~349쪽. 그러나 씨가 지적한 바처럼 수 백 척이라는 것이 그 자체로 과장이며, 도착한 정확한 지점이나 보고한 관원도 없어 자료의 신빙성이 의문된다. 당시 宋의 백성들이 金에 대한 공포심으로 공황상태에 있었을 때, 우윤문이 당황하지 않고 침착하게 대응했음을 알리기 위해 삽입되었을 것이다.

51) 한편 "일본국이 우리 나라의 풍랑으로 표류한 상인 安光 등 44인을 돌려보냈다"(『高麗史』 권9, 「世家」 文宗 33년 9월)는 기사도 고려의 해상 활동이 활발했다는 근거가 되고 있다. 하지만 이 내용을 자세히 검토해보면 단순히 배를 타고 가던 상인 안광이 표류한 것인지, 아니면 안광이 배를 타고 무역을 하러 가다가 표류하게 되었는지 분명하지 않은 채, 다만 안광이 상인이었다는 사실만 확인된다.

52) 『寶慶四明志』 권6.

53) 金庠基, 앞의 논문, 460쪽.

었다는 점을 인정하지 않을 수 없다. 그러나 그 시기가 寶慶 연간(122
5～1227)이어서 무신란 이후 상당 기간이 지난 이후였으므로 고려 전시
기로 확대하기 위해서는 더 많은 자료와 설명이 필요하다.

게다가 이 기사의 앞부분에는 고려의 무역선이 많지 않았다는 내용이
있다. 즉 "무릇 중국의 상인과 고려와 일본 및 여러 藩人으로 중국에 이
르는 자는 오직 慶元府―明州―를 통해서만 오고 갈 수 있었는데, 1227
년에 稅率을 정하여 細色은 1/5로 하였고 組色은 1/7.5로 하였으나 후에
舶商이 오지 않아 戶部에 더욱 혜택을 베풀도록 하여 세색과 조색을 구
분하지 않고 고려·일본선에 대해 1/19을 거두고 그 나머지 船客은 1/15
을 거두게 했다"는 것이다.54) 고려의 선박에 대한 세율을 1/19로 낮추었
던 까닭은 고려나 일본 상인들의 배가 오지 않았기 때문이었다. 오히려
이것을 전체적으로 이해하면 당시 고려에서 宋의 명주로 향하던 무역선
이 거의 없었다는 사실을 알려주고 있다.55)

그러나 무역을 위해 중국을 오가던 고려 상인을 완전히 부정하기는
어렵다. 그들이 고려초에 중국을 왕래하며 무역했다는 것은 崔承老의 상
서문에서도 언급되었기 때문이다.

　　　我太祖情事大 然猶數年一遣行李 以修聘禮而已 今非但聘使 且因貿易 使
　　价煩黟 恐爲中國之所賤 且因往來 敗船殞命者 多矣 請自今 因其聘使兼行貿易

----

54) 『寶慶四明志』 권6, 叙賦下.
55) 그밖에 송의 법에서 포괄적으로 금지하는 대상으로서 고려의 상인이 언급되었던
　　것이 있다(張東翼, 2000, 「高麗·宋의 政治·外交에 관한 記事」『宋代麗史資料
　　集錄』, 서울대출판부, 175쪽). 예를 들어 兩浙市舶司에서 고려 상인들이 銅器를
　　판매할 때 세를 거두어들일 것을 요청한 것(『建炎以來繫年要錄』 권183, 紹興 29
　　년 추7월 무오)이나 1199년 5월에 고려 상인이 銅錢을 구매하여 가지 못하도록
　　한 조치(『兩朝綱目備要』 권5, 寧宗 慶元 5년 7월 갑인) 등이다. 여기서 賈人이나
　　商旅는 중국을 왕래하는 고려의 상인을 염두에 둔 것이라고 해석할 수 있으나 반
　　대로 그것과는 무관하게 만일 그러한 일이 있을 것에 대비한 예비적인 조치라고
　　도 볼 수 있다.

其餘非時買賣 一皆禁斷[56]

이 글의 내용은 태조가 오직 사대에 힘썼고, 수 년에 한 번 사신이 가서 交聘의 禮를 닦았을 뿐이데, 지금은 비단 교빙의 사절 뿐 아니라 무역으로 가는 사절도 많아서 중국이 천하게 여기는 바가 될까 우려되며 왕래로 인하여 배가 부서지고 죽는 자가 많으므로 이제부터는 교빙의 사절 때에만 겸하여 무역하고 그 나머지 외교와 관련없이 이루어지는 매매는 일절 금하자고 한다는 것이었다. 특히 최승로가 문제로 지적한 것은 외교와 무관한 무역만을 위한 왕래였다.

다만, 그들을 '使价'라고 했던 것으로 보아 고려의 허가를 받고 중국에 가서 무역을 하던 자들이었을 것이다. 그것은 934년 7월에 고려의 배 1척이 登州에 도착하여 管押將 盧昕 이하 70인이 州에 들어와 무역하였다는 것과, 그 해 10월에 고려에서 靑州에 사람을 보내 市易했다는 기록과 거의 일치한다.[57] 왜냐하면 管押將이라는 것은 배를 거느리고 온 고려인의 官人的인 성격을 알려주며, '遣人'이라는 표현도 고려에서 공식적으로 파견했다는 뜻을 담고 있기 때문이다.

그런데, 최승로는 이들로 인해 중국으로부터 천하게 여기는 바가 되고 배의 난파로 인한 인명 손실이 적지 않음을 들어 그 폐해를 시정하기 위해 교빙의 사절이 무역을 겸하게 하고, 외교적 명분없이[58] 무역만을 위해 가는 것은 없애자고 하였다.[59] 이 내용을 보건대, 최승로의 건의가 받아들여졌는지는 알 수 없으나 고려 태조대 이후 성종초에 이르기까지 고려에서 관청의 허가를 받고 중국과 무역을 하는 배가 적지 않았음이

---

56) 『高麗史』 권93, 崔承老傳.
57) 『册府元龜』 권999, 外臣部 互市 後唐 末帝 靑泰(太) 원년 7월.
58) 非時를 백남운은 수시로 해석하였으나 내용을 보면 그것은 외교를 목적으로 한 것이 아닌 때를 의미하므로 '외교적 명분 없이'의 뜻으로 해석하는 것이 옳은 것 같다.
59) 白南雲, 1937, 「商業及商業資本」 『朝鮮封建社會經濟史(上)』, 改造社, 763쪽.

분명하다.

이처럼 고려초 대외 무역이 활발했기 때문인지, 대중국 무역을 수행했던 무역 상인으로 高麗 舶主 王大世와[60] 더불어 포괄적이지만 중국에 갔던 것이 분명한 '고려의 舶人으로 판매하기 위해 이른 자',[61] '고려 船人'[62] 등도 확인된다. 그러나 그 이후에 중국에 갔던 고려의 무역상이나 무역선에 관한 구체적인 자료를 찾을 수 없었던 것은 고려 해상의 활동이 크게 위축되었다는 사실과 관련된다.[63]

그런 점에서 고려의 해상 활동이 소극적이었다는 지적에 주목할 필요가 있다.[64] 무엇보다도 고려 해상들의 활동에 대해 적극적으로 평가하기 어려운 것은 당시 송상이 서해 무역을 활발히 하던 시기에 고려의 해상들이 그들과 경쟁하며 충분히 실리를 취할 수 있었는지에 대한 의문이 들기 때문이다. 송은 한 때 고려와 私貿易을 하지 못하도록 하였으나 그것을 근절할 수 없게 되자, 1079년부터 고려에 드나들던 상인 가운데 財本이 5천緡 이상인 자를 명주에 그 성명을 등록하게 하며, 해마다 허

---

60) 『淸異錄』 권61, 「說郛」.
   張東翼은 王大世에 대해서 國籍 및 人的 事項을 알 수 없으나 그가 高麗舶主라고 되어 있는 점으로 보아 고려 상인일 가능성이 있다고 한다(張東翼, 2000, 「高麗·五代 王朝에 관한 記事」『宋代麗史資料集錄』, 서울대출판부, 89쪽).

61) 『鷄林志』.

62) 또한 일본측 자료에서 중국에 있던 高麗船人이 나타난다(『參天台五臺山記』(日本·成尋) 권1, 年久 4년 4월 23일).
   이 자료는 成尋이 탄 송 상인의 배가 항주 부근의 바다에 정박해 있을 때, 고려 선인으로 표현된 고려인들이 찾아와 성심의 일행과 접촉한 것을 기록한 것이다. 이들은 송에 진출한 상인으로 추측되며, 일본어를 알고 있다는 점에서 중국 및 일본 지역을 오가면서 국제 무역에 종사하고 있었던 인물로 추측된다(張東翼, 2004, 『日本 古中世 高麗資料研究』, 서울대출판부, 190쪽).

63) 森克己, 앞의 논문, 554~555쪽

64) 震檀學會編, 1991, 「제3회 環黃海 韓中交涉史研究 심포지움—高麗時代 韓中交涉史의 諸樣相—」『震檀學報』71·72합, 400~401쪽. 高柄翊의 발표에 대한 洪承基의 질문.

가를 받은 2척씩 출발하여 고려에 가서 교역하되 금하는 물품이 없도록 하고 그 다음해 즉시 돌아오게 하였으며, 허가없이 간 자들은 盜販法에 의거하도록 하였다.[65]

그리고 1058년에 문종이 탐라와 영암의 거목들을 벌채하여 큰 배를 만들고자 했던 것을 통해[66] 당시 고려에는 서해를 건너는 원양선이 없었음을 알 수 있다. 고려는 항해술의 획기적인 발전을 이루지 못하였고 해외통교에 그다지 적극적이지 않았으나 해협을 운항할 정도의 선박에 대한 신속하고 착실한 건조 능력은 갖고 있었다.[67]

대몽항쟁 시기 고려의 조선술과 航運 능력에 대해 宋의 吳潛은 "高麗는 배를 만들만한 松杉木이 없고 雜木만이 있으며 釘鐵 마저 없으니 다만 그 나라 경계에 가까운 곳만을 왕래하며 매매할 뿐이지 능히 큰 바다를 멀리 넘나들 수 있겠는가"라고 하였다.[68] 그것이 정확한 견문에 의한 것인지는 알 수 없지만, 이처럼 고려의 기술을 평가절하하게 된 것은 그 당시 송을 왕래하는 고려의 무역선이 많지 않았다는 점과 무관하지 않을 것이다.

반면에 송의 상선들은 상인들의 재력이 일정 규모 이상이었으며 왕래도 정기적이었다. 11세기말 義天은 송에 유학했다가 귀국한 뒤에 송의 승려 淨源과 서신 왕래를 한 것이 매우 많아 일일이 지적하기 어려울 정도였다. 그 밖에도 佛敎典籍을 보내고 그가 있던 사찰인 慧因院에 경제적 후원을 하였다. 바다로 격해 있던 양국의 승려가 수많은 서신을 주고 받으며 교류를 할 수 있었던 것은 徐戩·李元積 등의 송상들이 도와

---

65) 『續資治通監長編』 권296, 神宗 元豊 2년 춘정월 병자.
66) 『高麗史』 권8, 「世家」 文宗 12년 8월 을사.
67) 高柄翊, 1991, 「麗代 東아시아의 海上交通」 『震檀學報』 71·72합, 302~303쪽. 그는 서긍이 고려의 선박들이 별로 대수로울 것 없음에 놀라워했음을(『高麗圖經』 권33 舟楫) 지적하고 있다. 다만 고려의 선박 건조 기술 자체는 훌륭하여 일본 원정 때 명성을 떨쳤다고 한다.
68) 『許國公奏議』 권3, 「奏曉諭海寇復爲良民及海關防海道事宜」.

주었기 때문이며, 전적이나 경제적 후원금의 전달은 그들의 배편을 이용
하였던 것이다.[69] 그리고 무신정권기에도 고려와 송은 양국의 현안 문
제를 처리하는 과정에서 사신을 파견하지 않은 채 송상을 통해 연락을
주고받고 있었다.[70]

요컨대, 송에 가서 무역을 한 고려의 상인이 고려초에만 있고 그 이후
에는 잘 드러나지 않을 뿐 아니라, 송의 상선이 활발하게 고려를 왕래하
며 무역하는 가운데 고려의 무역 상인들이 독자적인 선단을 운영하며 그
들과 경쟁하여 수익을 거두기는 매우 어려웠다고 판단된다. 이러한 이유
에서 고려의 해외 활동과 해상 무역이 활발했다는 견해는 조선시대와 비
교하여 상대적으로 개방적이었다고 평가할 수 있겠지만 지나친 의미 부
여는 삼가는 것이 옳다.

4. 高麗前期의 貿易政策

이상에서 고려의 해상 무역은 대외 진출보다는 외국의 상인들이 고려
를 찾아와 무역하는 것에 훨씬 큰 비중이 있었음을 알 수 있었다. 그렇
다면 무역에 대한 고려의 정책은 그러한 사실과 어떻게 부합하는지 혹은
모순되었는지 살펴보겠다. 다만 요·금과의 무역은 국경무역이었고, 송
과의 그것은 해상 무역이었으므로 구분하여 고찰하고자 한다.

1) 遼·金과의 國境 地域 貿易에 대한 政策

고려와 遼의 무역에서 논란 거리가 되는 것이 요의 각장 설치 문제이

---

69) 崔柄憲, 1991, 「大覺國師 義天의 渡宋活動과 高麗·宋의 佛敎政策」『震檀學報』
   71·72합, 368~370쪽.
70) 張東翼, 2000, 「高麗·宋의 政治·外交에 관한 記事」『宋代麗史資料集錄』, 서울
   대출판부, 291쪽

다. 각장은 국경을 맞대고 있는 양국의 백성들이 필요한 물품을 교역하는 互市場이다.[71] 1005년(목종 8)에 요는 국경 지역 振武軍과 保州에 각장을 설치하였으나[72] 1010년(현종 1)에 요의 침입으로 폐쇄하였다가[73] 1014년 遼가 保州와 靜州를 취하고 각장을 설치하였고,[74] 이것은 遼의 3차 침입으로 기능을 상실하였다.[75]

그 뒤 1086년(선종 3)에 압록강변의 보주에 각장을 설치하려 하자 고려는 여러 차례 사신을 보내 그 부당함을 지적하였다. 가장 중요한 골자는 994년에 요와 고려가 맺은 협정에서 保州를 고려의 영토로 인정했기 때문에 그곳에 각장이 설치되어서는 안 된다는 점이다.[76] 왜냐하면 고려의 입장에서 그 동안 영토 분쟁이 되어 왔던 보주에 각장이 서고 그곳에서 거래하도록 하는 것은 사실상 요의 영토임을 승인하는 결과를 가져오기 때문이다.[77] 이러한 이유에서 고려는 강력하게 반발하였고, 여러 명의 사신을 보내 집요하게 遼 당국자를 설득하여 사태가 발생한지 3년이 지난 1088년에 각장의 설치를 포기하겠다는 공식적인 통보를 받아내기에 이르렀다.[78]

그런데 문제는 이 기사를 바탕으로 각장이 설치되어 기능했다고 그대로 믿어버린다는[79] 점이다. 더 나아가 각장의 설치를 고려가 반대한 것은 교역의 주도권을 지키려 했기 때문이라거나,[80] 각장의 설치로 인해

---

71) 고려시대 각장의 기능에 대해서는 다음의 논문이 참고된다.
　　이미지, 2003, 「高麗 宣宗代 榷場 문제와 對遼 관계」『韓國史學報』14, 78~84쪽.
72) 『遼史』권60, 「食貨志」下 統和 23년.
73) 丸龜金作, 1937, 「高麗と契丹・女眞との貿易關係」『歷史學研究』5-2, 64~65쪽.
74) 『遼史』권38, 「地理志」2 東京道 保州 宣義軍.
75) 이미지, 앞의 논문, 96~97쪽.
76) 『高麗史』권10, 「世家」宣宗 5년 9월.
77) 이미지, 앞의 논문, 92~94쪽.
78) 『高麗史』권10, 「世家」宣宗 5년 11월.
79) 丸龜金作, 앞의 논문.
　　이정희, 1997, 「高麗前期 對遼貿易」『지역과 역사』4, 18~19쪽.

고려와 여진의 무역이 막히는 정치·경제적 위기를 타개하기 위해 철폐했다는[81) 설명을 하기도 한다. 내용의 차이는 약간 있겠지만, 모두 각장이 호시로서의 역할을 했다는 것을 전제로 하는 견해이다.

각장이 국가간의 호시장으로 요의 국경에 설치된 것은 분명하다. 그러나 호시는 말 그대로 상호간에 이루어지는 것이어서 요가 아무리 대규모의 각장을 설치했다고 하더라도 고려가 그것을 인정하지 않고 무역에 응하지 않으면 전혀 기능할 수 없다.[82) 또한 현실적인 원인으로 경제적으로나 문화적으로 뒤떨어진 요와의 무역을 통하여 얻을 수 있는 것이 별로 없었다고 한다.[83) 요가 3차례나 각장을 설치하였다가 모두 실패하는 까닭은 그 때문이다.[84)

고려가 변방에서 사적인 무역을 허락하지 않았다는 것은 다음의 기사를 통해 확인된다. 1108년(예종 3)에 여진의 공격을 받아 포위되고 식량이 떨어진 요의 장수가 손해를 보면서까지 자신들의 재화와 고려의 쌀을 바꾸자고 했을 때 변방의 수령은 백성이 서로 매매하는 것을 금지하였다.[85) 뒤에 고려가 都兵馬錄事 邵億을 파견하여 쌀 1,000 석을 보내자

---

80) 이미지, 앞의 논문.
81) 金在滿, 1964, 「契丹絲考─東西 間接交易과 直接交易의 形態(下)─」『歷史敎育』 8, 148~149쪽.
82) 박한남은 각장의 설치를 반대한 또하나의 이유로, 각장을 구실로 거란인들이 자주 왕래함으로써 압록강 지역을 농토화한다면 이 지역에 대한 고려의 영토는 실질적으로 축소될 가능성이 높아서 이를 사전에 봉쇄하고자 했기 때문이라고 하였다(朴漢男, 1996, 「12세기 麗金貿易에 대한 검토」『大東文化硏究』31, 112~113쪽).
83) 홍희유, 앞의 논문, 106쪽
84) 고려가 각장의 설치를 반대한 것은 강동 6주 문제로 수차례의 침입을 경험한 거란과 영토 분쟁의 소지를 없애기 위한 것이었다. 한편 고려의 대외무역은 송과의 경제 교류에서 상당한 부분 채워졌기 때문에 거란과의 각장 무역은 중요하지 않았다는 견해가 있다(朴漢男, 1993, 『高麗의 對金外交政策 硏究』, 成均館大 博士 學位論文, 14~42쪽).
85) 『高麗史』 권97, 金黃元傳.

요나라 來遠城의 統軍이 사양하고 받지 않았다고 한다.86)

　두 기사가 연관이 된 것은 분명하다. 고려 변방의 수령은 요의 다급한 사정으로 인해 막대한 이익을 얻을 수 있는 상황에서도 매매를 금지하였고, 대신 정부는 무상으로 쌀 1000석을 보내고 있다. 이것은 차라리 많은 이익을 포기하고 무상으로 원조하는 한이 있더라도 일반 개인들에게 국경 무역을 하지 못하도록 하겠다는 고려의 전통적인 입장을 보여준다. 고려가 이러한 정책을 견지하는 한, 요가 각장을 설치했다고 해서 성공할 수 없었다. 따라서 고려와 요 사이의 각장 문제는 영토 분쟁의 측면과 더불어 변경 무역의 금지 원칙을 지키려는 고려의 정책을 이해해야 한다.

　변경에서 국경 무역을 금하는 고려의 정책은 각장 사태가 있었던 이후 약 1세기가 지난 뒤 金에 대해서도 그대로 적용되었다. 13세기초에 金의 宣撫使 蒲鮮萬奴가 요동에서 반란을 일으켜 大眞을 건국하였다. 이로 인해 쌀이 부족해진 金은 고려에 두 차례 牒을 보내 쌀을 팔아줄 것을 요청하였으나 고려는 변방의 관리에게 거절하게 하였다. 이에 1215년(고종 3)부터 금나라 사람들이 兵亂과 물자 고갈로 인하여 다투어 珍寶를 가지고 義州・靜州의 關外에 와서 米穀을 매매하였다. 이때 은 1錠에 쌀 4~5석을 바꾸었으므로 상인들이 다투어 많은 이익을 바래서, 비록 국가—고려—가 엄한 형벌을 하고 물화를 몰수하였지만, 탐욕하고 부정하는 것을 꺼리지 않아 몰래 매매하는 것이 끊어지지 않았다고 한다.87)

　고려가 금의 미곡 매매 요청에 대해 응하지 않자, 의주와 정주의 관밖에서 쌀의 교역이 이루어졌다. 그 이전에 금과 고려 사이에는 각장이 있었는데 그것이 기능하지 못하였는지,88) 고려의 매매 금지 규제를 피

---

86) 『高麗史』 권14, 「世家」 睿宗 11년 3월 을미.
87) 『高麗史』 권22, 「世家」 高宗 3년 윤7월 병술.

하기 위해 고려 영토 바로 밖에서 미곡의 호시가 이루어졌다. 이처럼 국경지역의 개인적인 무역을 금지하겠다는 고려의 정책은 요에 대해서와 거의 같았다.

다만 국왕의 명령이 있을 경우에는 수령의 주도 하에 일시적으로 국경 무역이 이루어졌던 것 같다. 그러한 사례로는 1185년에 명종이 內府의 貯藏이 모두 없어지자 西北面兵馬使가 되어 부임 인사하러 온 李知命에게 "義州에서 비록 두 나라의 무역을 금하고 있으나 龍州 창고의 苧布를 가져가서 契丹絲와 무역하여 바치라"고 명령하였고, 이지명은 임지에 가서 그 일을 실행하여 契丹絲 5백 束을 바쳤다는 것에서 찾을 수 있다.[89] 이것은 전근대 사회에서 국왕이 법의 규제를 받지 않았을 뿐 아니라 왕실 재정이 국가 재정과 구분되지 않았으므로 충분히 이해할 수 있는 것이었다.

2) 海上貿易에 대한 政策

주지하는 바와 같이 고려를 건국한 왕건은 서해 무역을 통해 성장한 해상 세력의 후손이었다. 왕건이 弓裔王에게 귀부한 뒤 여러 차례 해군 지휘관으로서 西南海 정벌 과정에서 큰 공을 세웠던 것도 先代의 배경과 관련되었다.[90] 그러나 정작 고려 시기에는 바다를 건너오는 송상인

---

88) 요가 여러 차례 고려와의 국경에 각장을 설치하고 무역을 하려려 했으나 고려 측이 응하지 않아 사실상 기능을 하지 못하였으나, 고려와 금 사이에는 일시적으로나마 각장이 설치되고 실제 교역이 이루어졌다. 고려의 변경 지역에 각장이 있었다는 것은 12세기 후반 무렵에 의주에 수령으로 부임하였던(『新增東國輿地勝覽』 권53, 平安道 義州牧 名宦條) 金克己가 지은 각장이라는 시를 통해 확인할 수 있다(『東文選』 권6, 榷場).

89) 『高麗史節要』 권13, 明宗 15년 춘정월.

90) 日野開三郎, 1960, 「羅末三國の鼎立と對大陸海上交通貿易(4)」 『朝鮮學報』 20. 朴漢卨, 1965, 「王建 世系의 貿易活動에 대하여―그들의 出身究明을 중심으로―」 『史叢』 10.

에 대해 예성항을 개방하였지만, 고려인이 해외로 나가 무역하는 것에 대해 장려한 것 같지는 않다.

　이처럼 왕건과 고려의 역대 왕들이 자유롭게 해외 무역을 하지 못했던 것은 이미 선학들이 지적한 바와 같이 사무역을 방치할 경우 또 다른 해상 세력이 등장하여 왕권을 위협할 가능성이 있었기 때문이다. 신라하대에는 청해진에 해상 제국을 건설하고 왕권에 도전했던 張保皐가 있었고, 아울러 나말여초에도 晋州의 王逢規, 金海의 金仁匡과 蘇忠子・蘇律熙 형제, 壓海縣의 能昌, 興禮府의 朴允雄 등 강력한 해상세력이 있었다.91) 무엇보다도 왕건 자신이 해상 무역을 기반으로 정치적 세력을 성장하여 마침내 고려를 건국하고 국왕에 올랐다. 따라서 건국 이후 추진된 중앙집권화에 장애가 되는 해상 세력—제2의 장보고나 왕건—이 등장하지 못하도록 해상 무역을 통제해야 했던 것이다.92)

　이와 더불어 토지 중심의 농업 진흥책이 무역에 영향을 끼쳤다. 고려 경제 운영의 근간이 되는 제도는 전시과였고, 그것은 당시 부의 원천이었던 토지를 분급하는 체제였다.93) 따라서 국가의 재정이 충실해지고 고려 사회가 안정되기 위해서는 전시과 제도가 잘 운영되어야 하고 그러

---

91) 나말여초 해상 세력에 대해서는 다음과 같은 논문이 참조된다.
　　日野開三郎, 앞의 논문.
　　金庠基, 1960,「羅末 地方群雄의 對中交通—특히 王逢規를 中心으로—」『黃義敦先生古稀紀念論叢』; 1974,『東方史論叢』, 서울대출판부.
　　朴漢卨, 1989,「羅末麗初 西海岸交涉史 研究」『國史館論叢』7, 국편위.
　　鄭淸柱, 1991,「新羅末・高麗初의 羅州豪族」『全北史學』14 ; 1996,『新羅末高麗初 豪族研究』, 一潮閣.
　　具山祐, 1992,「羅末麗初의 蔚山地域과 朴允雄」『韓國文化研究』5.
　　李貞信, 1994,「고려시대의 상업—상인의 존재형태를 중심으로—」『國史館論叢』59, 국편위, 109～110쪽.
92) 森克己, 1959, 앞의 논문, 555쪽.
　　蔡雄錫, 1988,「高麗前期 貨幣流通의 기반」『韓國文化』9, 116～117쪽.
93) 姜晋哲, 1980,『高麗土地制度史研究』, 高麗大出版部.

기 위해서는 농업생산이 잘 이루어져야 했기 때문에 국가적으로 농업 진흥을 위한 여러 가지 정책을 펴게 되었다. 그에 반하여 상인은 농민처럼 土地에 緊縛되지 않고 자유로이 이동하면서 생업을 영위하므로 국가는 抑商政策을 취하게 마련이다.

고려초의 국왕들은 해상 무역의 허용이 잠재적으로 왕권을 위협할 수 있다는 것을 역사적 경험을 통해 알고 있었거니와, 자급자족하는 농업 사회를 지향하게 되자, 개별적인 해상 무역은 물론 국가의 공인된 무역 조차도 규제하는 방향으로 나아가게 되었다. 최승로의 주장은 이와 같은 사회 분위기 속에서 제시된 것이다. 그의 상서문에 나와 있는 "交聘의 使節에게 무역을 겸하여 행하게 하고 그 나머지 외교적 명분 없는 매매 [非時賣買]는 하나같이 모두 금하십시오"라는 주장은 오직 무역만을 목적으로 한 배의 왕래를 제한하자는 뜻이었다. 그는 아울러 土産이 아닌 文彩있는 옷과 주름진 비단을 庶人들이 입지 못하게 하자고 하였다. 이것은 중국에서 생산되는 좋은 옷감을 庶人들에게 사용하는 것을 금하여 옷에 의한 귀천의 구분과 사치스러운 풍조를 막자는 뜻으로 왕에 의해 받아들여진다면 무역상에 큰 영향을 끼치는 사안이었다. 이어 상서문의 다른 곳에서 군주가 정사와 공덕을 쌓는 데에는 天時에 순응하고 그 때에 맞춰『禮記』「月令編」의 時令을 행해야 한다고 지적하였다. 이것은 그의 천시와 정령의 상관관계에 대한 이해와 더불어 중농적인 입장을 보여주는 것이다.[94]

그런데 성종은 중농이념을 표현하는 籍田親耕・雩祀 등을 고려왕조에 들어와 최초로 거행하였으며, 본격적으로 수령에 대해 권농업무를 부과한 국왕이었다.[95] 이처럼 성종이 농업 진흥을 꾀하였다면 농업과 상

---

94) 韓政洙, 2004,「高麗前期 儒教的 重農理念의 確立」『高麗時代 重農理念과 農耕儀禮』, 建國大學校 博士學位論文, 69~70쪽.
95) 李正浩, 1994,「高麗前期 勸農政策에 관한 一考察」『史學研究』46 ; 2002,『高麗時代 勸農政策 研究』, 高麗大 博士學位論文, 35~38쪽.

대적인 관계에 있는 무역을 장려하는 정책을 동시에 추진하기는 어려웠을 것이다.

이런 점에서 무역을 제한하자는 최승로의 주장은 받아들여졌을 가능성이 높으며, 그로 인해 고려인 해상활동은 더욱 위축되지 않을 수 없었다. 하지만 왕실이나 귀족들의 사치품에 대한 수요는 있었는데, 그것을 해결해준 것이 송상들이었다. 1058년 8월에 문종이 송과 通交하려 할 때 "송 상선들의 왕래가 끊이지 않고 날마다 귀중한 보배가 들어오고 있어 중국에서는 실로 도움을 받을 것이 없다"라는 內史門下省의 주장 속에서[96] 그 당시의 무역 현실을 파악할 수 있다. 즉, 고려인이 송으로 배를 타고 가서 무역하는 것이 아니라, 거의 전적으로 송의 배가 고려를 왕래하는 것에 의존하고 있으며, 내사문하성도 그러한 현실의 변화를 바라지 않고 있는 것이다.[97] 초기의 무역 정책을 그대로 유지하려고 하고

---

96) 『高麗史』 권8, 「世家」 文宗 12년 8월 을사.
97) 森克己는 고려가 예성항을 개방하는 대신에 해외 진출에 소극적이었던 반면에 같은 시기 일본은 여러 지역 세력을 중심으로 활발히 해상활동을 하였다고 주장하였다. 이러한 차이가 있게 된 것은 첫째, 고려는 중앙집권적 국가로서 富力이 중앙에 집중하므로 인해 지방관이나 자립한 지방정권이 독자적으로 해외에 선박을 파견하여 무역활동을 할 여지가 없었다는 점, 둘째 일본은 사회경제가 화폐부활의 단계였으나 고려는 아직도 자연경제에 있었다는 점, 셋째 이 시기 무역을 송과 일본의 상인이 주도하였으므로 고려의 상인이 파고들 여지가 없었다는 점 등을 들고 있다(森克己, 앞의 논문, 555～556쪽).
이러한 견해는 고려의 경제 발전 단계가 일본보다 낮았다는 정체성론과 관련하여 비판의 여지가 있다. 당시 고려는 발해의 유민 문제, 거란의 침입 등 북방민족과의 관계가 더욱 중요했기 때문에 해상 진출을 막았다. 더 나아가 장보고의 해상세력화를 경험한 왕건 이하 고려의 역대 왕들은 고려인들의 해외교역을 장려하지 않고 사실상 금지하는 정책을 시행하였다. 대신 고려는 송상이나 일본 규슈지역의 상인을 팔관회에 참여시켜 고려를 중심으로 한 하나의 세계관을 형성하면서 교역을 시도했다고 한다(이병로, 2000, 「11세기 한일 양국의 대외교섭에 관한 일고찰」 『大丘史學』 59, 105～106쪽). 고려는 이미 중세로 접어들어 토지 중심의 경제가 안정화되어 농업 진흥에 장애가 되는 해외 무역을 제한한 데 반하여, 일본은 아직 그러한 수준에 이르지 못했던 데서 양자의 차이가 비롯된 것이다. 森克己

있음을 보어준다.

요컨대, 고려시대 대외 무역은 원칙적으로 금지하는 것이었으며, 그 배경에는 중앙집권화에 잠재적인 위협 요소가 되는 해상 세력의 등장을 막기 위한 측면과 고려의 농업 사회 지향이라는 점이 동시에 작용하고 있었다. 이것은 기록상으로나 실제적으로 고려인들의 요·금을 상대로 한 국경무역이나 대송 해상 무역이 부진했었던 사실과 부합한다. 아마 무역 정책이 대외 무역을 위축시키는데 큰 영향을 끼쳤다고 생각된다. 다만 예성항에서는 송상을 비롯해서 일본과 아라비아 상인들까지 찾아와 무역하였던 것은 분명하다. 고려 전기의 무역정책은 고려인의 해외 진출은 제한하는 대신에 외국 상인들에게 수도에 인접한 예성항을 개방했던 것이었다.

5. 맺음말

고려시대 예성항이 개방되고 여러 나라의 무역선이 드나들었던 것은 분명하지만 아라비아의 상인들은 1034년 이후 고려에 온 적이 없고 일본 상인의 방문도 매우 적었으며, 송나라 상인이 가장 많이 왕래하며 무역하였다. 그들의 배는 계절에 따른 바람을 활용하여 양국간의 공간적 거리를 좁혔으며, 예성항에 도착한 이후 일정한 기간 동안 무역하다가 다음 무역선이 도착하면 송나라로 돌아가는 방식이었으므로 고려와 송 사이에는 사실상 상설적인 무역이 이루어졌던 것이다.

이런 점은 조선의 폐쇄적인 대외 정책과 비교되는 것이었으나, 예성항에는 멀리 아라비아의 무역선이 잇달아 드나들 정도였다고 하거나 고려 상인들이 예성항을 출발하여 해외로 나가 활발히 무역했다는 것은 사

가 말한 화폐경제의 부활이라는 것이야말로 일본이 중세로 진입하지 못하고 있었음을 알려준다.

료를 잘못 이해한 것이었다. 실제 그 근거로 이용되었던 「또 樓閣 위에서 潮水를 보며 同僚 金君에게 주다」라는 李奎報의 시 내용 중 '오고가는 배는 머리와 꼬리를 물어 서로 잇대었더라'라는 표현에서의 '배'는 여러 가지 증거로 볼 때, 무역선이 아니라 조운선이나 작은 어선이었을 것이라고 판단된다.

한편 고려의 무역 정책을 보면, 북방 지역 요·금 국경지역 무역에 대한 정부의 입장은 원칙적으로 私貿易을 금지한다는 것이었다. 비록 12세기에 잠시 고려와 금나라 사이에 権場을 두고 무역을 한 바 있으나, 그것을 제외하고는 상대 국가가 위기에 처하여 구원을 요청하는 상황에서도 무역을 허락하지 않을 만큼 원칙이 준수되었다.

그것은 해상 무역에서도 마찬가지였다. 고려초의 국왕들은 해상 무역을 자유롭게 허용할 경우 그들이 정치세력화하여 중앙집권화에 부정적인 영향을 끼칠 것이라는 것을 역사적 경험을 통해 알고 있었다. 또한 무역 자체가 상업이었고, 토지 긴박을 전제로 하는 토지 중심의 중세 농업 경제와 배치되었으므로 개별적인 해상 무역을 제한했던 것이다. 성종대 이후에는 국가의 허락을 받고 사절의 형태로 중국에 가는 방식의 무역조차도 제한되기 시작했던 것 같다.

이러한 해상 무역의 쇠퇴 현상이 있었다고 해서 고려가 신라에 비해 역사적으로 후퇴했다고 해석해서는 안 된다. 오히려 보편사적으로 보건대 고려왕조가 자급자족적인 자연경제를 특징으로 하는 중세 사회로 진입하였음을 알려주는 증표의 하나로 이해되어야 할 것이다.

이상에서 고려시대 대외무역과 정책을 검토하였다. 고려시대 무역이 번성했다고 알려져 있지만, 실제로는 요·금 등과의 국경지역 무역은 통제되었고 해상 무역은 고려를 찾는 외국 상인에게 개방하였을 뿐이며, 정책도 역시 무역을 제한하고자 하는 것이었다. 따라서 무역은 오직 예성항과 개경에서만 이루어졌으며, 그 무역 상대도 거의 송상이었다고 해도 과언이 아니다.

　이처럼 고려가 폐쇄적인 무역정책으로 고려인들의 대외 무역을 규제하자 서해를 왕래하던 고려 해상들은 급격히 감소하였고, 그 빈자리를 채워나간 것이 송상이었는데, 그들이 얼마나 많이 왕래했는지를 규명하는 것이 차후 과제이다.[補]

補) 끝부분은 본서의 논지전개와 일치시키기 위해 조금 바꾸었다. 학술지에 발표된 글에서는 "이제 남은 과제는 전반적인 무역의 규제 속에서도 왜 예성항을 개방하여 외국 상인들을 불러들인 원인과 구체적인 무역의 과정과 양상을 찾아내는 것이다. 즉, 고려정부가 왕실과 귀족들의 사치품 수요를 채우고자 하는 목적 이외에 어떤 경제적인 이익을 거두었으며, 예성항에서 외국 상인과의 무역을 통해서 새로운 해상 세력이 등장할 여지에 대한 대책은 어떻게 마련하였는지 등에 대한 구체적인 고찰이 필요하다. 이에 대해서는 後考에서 서술하고자 한다"라고 하였다. 참고하기 바란다.

제3장

宋商貿易의 再照明

1. 머리말

高麗의 對外貿易은 조선의 후진성과 폐쇄성을 강조하는 식민주의 사관을 극복하기 위해 일찍부터 주목되었고, 그 결과 무역항인 禮成江의 碧瀾渡에는 송과 일본의 상인과 더불어 멀리 아라비아의 배가 찾아와 활발하게 교역을 하였다는 사실이 밝혀졌다.[1] 이어 해방 이후에 더욱 정치한 연구가 진행되어 고려 무역이 번성했다는 구체적인 사실이 확인되었으며,[2] 그것은 고려의 개방성을 보여주는 사례로 자주 이용되었다. 그러나 이러한 연구의 영향으로 아직도 고려시대 해상 무역에 대한 잘못된 이해가 많이 남아 있는 것 같다. 예를 들어 예성항에서 활발하게 무역이 이루어졌기 때문에 고려 조정이 대외무역에 적극적이었다고 주장하였지만, 실제로 성종대 이후 고려에서 해외로 나간 상인은 거의 보이지 않고, 예성항을 드나드는 배도 일정한 수였으며, 요 및 금과의 국경 무역에 대해서도 매우 소극적이었다.[3] 그런 점에서 고려 무역에 대한 평가는 그 비교 대상 시기가 신라 통일기인지 또는 조선시대인지에 따라 달라지는

1) 金庠基, 1937, 「麗宋貿易小考」『震檀學報』7 ; 1948, 『東方文化交流史論攷』, 乙酉文化社.
   白南雲, 1937, 「商業及商業資本」『朝鮮封建社會經濟史(上)』, 改造社.
2) 金庠基, 1959, 「高麗前期의 海上活動과 文物의 交流—禮成港을 중심으로—」『국사상의 제문제』4 ; 1974, 『東方史論叢』, 서울대출판부.
3) 李鎭漢, 2005, 「高麗前期 對外貿易과 그 政策」『九州大學 韓國研究センター年報』5 ; 2006, 『장보고와 한국 해양네트워크의 역사』(최덕수 외), 재단법인 해상왕 장보고기념사업회 ; 본서 제2장.

상대적인 것이라고 할 수 있다.

반면 송상무역에 대해서는『高麗史』「世家」의 진헌과 渡來 기사를 중심으로 설명하였으므로 그 활발했던 실상을 제대로 파악하지 못하는 한계가 있었다.[4] 송상에 관한 기사를 정리하여 왕래의 횟수, 왕래 기간, 상인의 수 등을 통계 내고 역사적 의미를 설명하는 것은 좋은 방법이 될 수 있으나, 자료의 누락이 많다면 그 학술적 가치는 떨어진다. 이에 본고는 고려시대 문집과 중국의 문헌 자료를 이용하여, 송상의 무역을 재조명하고자 한다. 송상들은 거의 정기적으로 고려에 와서 1년 가까이 머물렀으며 상단의 규모도 꽤 컸기 때문에 고려사람들은 개경과 예성항 에서 만큼은 언제나 그들과 무역을 할 수 있었다.

아울러 고려전기에는 국왕이 송상의 진헌을 통해 정치적 권위를 높이 고 무역상의 이익을 얻는 대가로, 그들에게 무역의 여러 가지 편의를 제 공하였지만 무신정권이 등장한 뒤에는 武臣執政이 그러한 일들을 대신 하였음을 확인하겠다. 이러한 사실은 무신정권 이후『高麗史』「世家」에 송상에 관한 기사가 급격하게 줄어든 원인이 송상무역이 쇠퇴했기 때문 이 아니라 송상을 감독하는 권력이 변화했기 때문임을 알려줄 것이다.

---

4) 중국과 대만에서도 송상에 관한 연구가 이루어졌지만, 한국학계의 수준을 뛰어넘 는 새로운 자료나 견해의 제시는 거의 없는 것 같다.

宋晞, 1979,「宋商在宋麗貿易中的貢獻」『中朝關係史論文集』1, 從徐福到黃遵憲, 時事出版社.

倪士毅·方如金, 1982,「宋代明州與高麗的貿易關係及交其友好往來」『杭州大學 學報(哲學社會科學版)』12-2.

黃寬重(a), 1983,「南宋與高麗關係」『中韓關係史國際研究討論論文集』, 中華民國 韓國研究學會編.

黃寬重(b), 1991,「宋·麗貿易與文物交流」『震檀學報』71·72합.

林士民, 1995,「論宋元時期明州與高麗的友好交往」『海交史研究』28.

朴眞奭, 1996,「11~12世紀宋與高麗的貿易往來」『長白叢書 中朝關係史研究論文 集』, 吉林文史出版社.

2. 高麗前期 宋商貿易과 國王

1) 宋商貿易의 再檢討

일찍이 고려시대 송상무역에 대해 주목한 선학은 고려에 온 송상에 관한 여러 기록을 정리한 뒤, 고려 현종 때부터 충렬왕초에 이르기까지 약 260년 동안 120여 회에 걸쳐 5,000여 명이 왔으므로 무역이 왕성하였다고 하였다.[5] 그리고 송상은 경제적인 이익을 목적으로 했기 때문에 외교나 정치적 상황과 무관하여, 한 때 송에서 고려와의 무역을 전면적으로 금지하고자 했으나 그것에 큰 영향을 받지 않고 왕래했다는 견해도 있었다.[6]

한편 최근의 연구는 고려에 온 송상에 관한 135건의 사례를 찾아내고 확인 가능한 수만 따져도 4,976명이었으며, 미상인 것까지 추산하면 7천 명이 넘는 방대한 숫자가 된다고 하였다. 더욱이 『高麗史』나 『高麗史節要』에 송상과 관련 가능성이 높은 기사들이 자주 발견되기 때문에 고려에 내항한 송상인의 총인원 수는 훨씬 많았을 것으로 추정하였다.[7] 이어 연도별 특징에 대해 11세기에는 거의 매년 빠짐없이 내항했으며, 간혹 간격이 있었다 해도 1~2년, 길어야 5년을 넘지 않았다고 하였다. 그러나 1107년에서 1279년까지의 기간에는 5~30년 이상의 공백 기간이 있

---

5) 金庠基, 주 1) 논문, 59~65쪽과 金庠基, 주 2) 논문, 447~453쪽.
　森克己는 송이 해외 무역에 대한 금지 정책을 시행하기는 했지만, 약 115회에 걸친 고려 渡航이 있었다고 하였다(森克己, 1956, 「日本・高麗來航の宋商人」『朝鮮學報』 9, 224쪽).
6) 徐炳國, 1973, 「高麗・宋・遼의 三角貿易考」『白山學報』 15, 90~91쪽.
　黃寬重, 주 4)a 논문, 71쪽.
　崔永好, 2007, 「고려시대 송나라와의 해양교류——송나라 출신 전문인력의 입국과 활동을 중심으로—」『역사와 경계』 63, 202쪽.
7) 朴玉杰, 1997, 「高麗來航 宋商人과 麗宋의 貿易政策」『大東文化研究』 32, 36~42쪽.

었던 것이 11차례나 있었고, 무신정권기에는 송상에 관한 기사도 거의
발견되지 않아 그 이전에 비해 현저한 차이가 있다고 하였다.[8]

이러한 최근 연구가 선행 연구의 자료상 한계를 지적하고, 송상의 더
많은 도래 가능성을 제기한 것은 매우 옳은 일이었다. 하지만, 송상의
내헌 기사를 중심으로 한 자료의 활용은 여전히 송상의 활동을 충분히
부각시키지 못하고 있다. 송상의 도래에 관한 통계에서 사용한 것들은
현재까지 알려진 것에 지나지 않아서 매우 불완전한 것이기 때문이다.

따라서 송상의 연구를 한단계 진전시키기 위해서는 그들에 관한 새로
운 기록을 이용하고 그 동안 간과했던 사실을 찾아내야 할 것이다. 그런
점에서 의천은 송상과 많은 관련이 있어 주목된다. 그는 貞州에서 송상
의 배를 타고 송에 갔고,[9] 귀국 후에도 송상의 배를 통해 송의 승려들과
서신을 주고 받았다.[10]

A1. 往年 行者顔顯到來 曾辱手敎 不勝銘佩 是時 聞蘇牧斷截商船 特書往復
    者 俱罹非法之誅 是以未敢裁答 非怠故也 兼蒙寵貺六題一冊 披閱已來
    暫不釋手 珍感珍感[11]

A2. 某啓 一從睽別 幾涉星霜 慕戀之誠 朝昏罔替 近者 客帆至止 特辱芳緘
    存記之情 良多感佩 兼蒙附至大不思 議論二十卷 雖拙人所欲 漸邃於本
    心 而大土相成 極煩於注意 更有餘卷 切託不忘 來春便舟[12]

A3. 淨源三月內附都網洪保書一封 鑪拂 絶句一首 必達檢收 近李元積至 伏蒙
    殿下親筆[13]

---

 8) 朴玉杰, 앞의 논문, 43~44쪽.
 9) 金澈雄, 2004,「高麗와 宋의 海上交易路와 交易港」『中國史硏究』28, 119~121쪽.
    대각국사 이외에 高達寺 元宗大師, 覺淵寺 通一大師, 玉龍寺 洞眞大師 등 중국에
    유학하러 가는 승려들이 송상의 배를 이용하여 왕래하였다(黃寬重, 주 4)b 논문,
    341쪽).
10) 金庠基, 1959,「大覺國師義天에 대하여」『국사상의 제문제』3 ; 1974,『東方史論
    叢』, 서울대출판부, 212쪽.
11)『大覺國師文集』권11,「上大宋淨源法師書」三首 第三.
12)『大覺國師文集』권11,「與大宋淨因法師書」二首 第一.
13)『大覺國師外集』권2,「□□□□□」六首 第六.

A1은 의천이 송나라 정원법사에게 보낸 글이다. 정원이 보낸 행자 편에 편지와 『六題』라는 책을 받았다고 한다. 이어 답장을 보내지 못한 이유로, 杭州牧使 蘇軾이 상선의 왕래를 금하였으며, 서신을 전달하는 것을 불법으로 삼았기 때문이라고 해명하였다. 이는 당시 상선을 통해 고려와 송 사이에 서신의 왕래가 매우 잦았다는 것을 알려준다.

A2는 의천이 정인에게 보낸 글이다. 客帆이 오는 편에 편지를 받았으며 『大不思議論』20권을 받은 것에 대해 고마워하며 나머지 책도 내년에 오는 배 편에 보내줄 것을 청하고 있다. 이 기사에서 객범이 송상의 배를 뜻한다는 것은 「請入大宋求法表」에서도[14] 동일하게 표현하고 있는 것을 통해서 확인된다. 『大覺國師文集』과 『大覺國師外集』에서는 서신의 전달자로서 泉商[15] 海客,[16] 海商,[17] 商客,[18] 行商,[19] 商船,[20] 舶賈[21] 등과 더불어 배 편[22]이라는 다양한 표현이 사용되었다.

A3은 송의 정원법사가 의천에게 보낸 글이다. 도강 洪保 편에 서신과 함께 향로·拂子 등을 보냈고, 이원적의 편에 보낸 의천의 친필을 잘 받았다고 하였다. 이 기사의 홍보는 6차례 서신을 전달한 인물로 大將 홍보 또는 綱首 홍보라고도 기록되었으며[23] 1098년 11월에 고려에 온 송

---

14) 『大覺國師文集』 권5, 「請入大宋求法表」

15) 『大覺國師文集』 권10, 「上淨源法師書」 四首 第四.

16) 『大覺國師文集』 권11, 「答大宋元炤律師書」.

17) 『大覺國師外集』 권5, 「大宋沙門道亭書」, 三首 第二.

18) 『大覺國師外集』 권6, 「大宋沙門守長書」, 같은 책 권7, 「大宋沙門從諫書」 四首第三, 같은 책 권12, 「高麗國五冠山大華嚴靈通師贈諡大覺國師碑銘」.

19) 『大覺國師外集』 권7, 「大宋傳賢首敎沙門智生書」 二首 第二.

20) 『大覺國師外集』 권7, 「大宋傳賢首敎沙門智生書」.

21) 『大覺國師外集』 권12, 「高麗國五冠山大華嚴靈通師贈諡大覺國師碑銘」.

22) 『大覺國師外集』 권2, 「□□□□□書」 六首 第五(舟附), 같은 책 권3, 「與大宋淨因法師書」 二首 第一(便舟), 같은 책 권5, 「□□□□□」 三首 別幅(便風), 같은책 권5, 「大宋沙門慧淸書」 二首 第一(通大舶聿來).

23) 『大覺國師文集』 권11, 「與大宋淨因法師書」 二首(洪大將), 『大覺國師外集』 권2, 「□□□□□書」 六首 第一, 第二, 第四, 第六(洪保), 같은 책 권3, 「大宋沙門淨

상인 洪保와[24] 동일한 인물로 추정된다. 李元積도 모두 네차례 서신의
전달자로 언급되었고[25] 1081년에 고려에 왔던 李元績과[26] 漢字의 차이
가 있지만 같은 인물일 가능성이 높다. 그 밖에 의천과 송의 승려간 서
신 및 물품 왕래에는 陳壽와[27] 더불어, 이름을 알 수 없는 徐都綱과[28]
郭都綱[29] 등도 나온다.

　　고려를 자주 드나들던 송상은 『高麗史』의 기록에서도 찾을 수 있다.
1162년 3월에 송의 명주에 하례 사절을 보내겠다는 고려의 뜻을 전달한
고려 강수 徐德榮은[30] 『高麗史』에만 5차례 왔다는 기록이 있으므로[31]

　　源書」五首 第一(大將 洪保), 같은 책 권7, 「傳祖敎學徒希仲狀」二首 第二(綱首
　　洪保).
　　송상의 우두머리에 대한 호칭의 경우 고려에서는 都綱이, 송에서는 綱首라는 용
　　어가 더 많이 사용되었다.
24) 『高麗史』권11, 「世家」肅宗 3년 11월 경술.
25) 『大覺國師文集』권10, 「上淨源法師書」四首 第一, 『大覺國師外集』권2, 「□□
　　□□□書」六首 第二(이상 李元積).
　　『大覺國師外集』권5, 「□□□□□」三首 第二, 『大覺國師外集』권2, 「□□□
　　□□書」六首 第六(이상 李綱首).
26) 『高麗史』권9, 「世家」文宗 35년 8월 무진.
27) 『大覺國師外集』권7, 「大宋沙門行端書」二首 第一(陳壽都綱), 같은 책 권7, 「大
　　宋傳賢首敎沙門智生書」(陳二郞).
28) 『大覺國師文集』권11, 「上大宋淨源法師書」三首 第一 및 『大覺國師外集』권3,
　　「大宋沙門淨源書」五首 第二.
　　徐都綱의 이름은 알 수 없으나, 협주화엄경을 조판하고, 정원법사를 제사하기 위
　　해 송에 가는 의천의 제자들을 태워준 綱首 徐戩일 가능성이 높다(金庠基, 주 10)
　　논문, 213쪽). 1089년에 의천은 송에 있는 스승 진수가 입적했다는 소식을 듣자,
　　제자 壽介 등에게 금탑과 제문을 주어 송에 보냈는데, 이들을 태우고 간 송상이
　　바로 徐戩이었다(鮑志成, 1995, 「蘇東坡와 高麗」『한중문화교류와 남방해로』(조
　　영록 편), 국학자료원, 97쪽). 이처럼 서전이 의천과 밀접한 관계를 갖고 중요한
　　일을 함께 하였던 것은 그 동안 자주 왕래하며 의천에게 신뢰를 쌓았기 때문일
　　것이다.
29) 『大覺國師外集』권7, 「大宋傳賢首敎沙門智生書」.
30) 『宋史』권487, 高麗傳 紹興 32년 3월.
31) 朴玉杰, 주 7) 논문, 46쪽.

이것을 보태면 모두 6회로 늘어난다.[32] 그밖에 郭滿, 林寧 등이 5회, 陳
誠 등이 4회에 걸쳐 왔다고 하였으며, 그밖에 3회 왔던 도강은 5명, 2회
는 18명이 있었다.[33] 이것은 의천의 서신에서 반복적으로 언급되던 도
강처럼, 고려를 자주 드나드는 전문적인 상단이 있었다는 뜻이다.[34]

　그리고 의천과 송의 승려 사이에 있었던 서신에 많은 물품이 오갔던
기록이 눈에 띈다. 의천은 정원법사가 『華嚴科鈔略』을 간행하는 일을
알고 銀 2백냥을 보낸 바 있고,[35] 서도강의 편에 銀盒, 盛茶, 水□珠 3顆
가 전달되기도 하였다.[36] 또한 의천은 송나라의 승려 辯眞에게 고려의
李顗가 지은 『夾注金剛經』 1책과 『斷疑金剛經』 1책, 『金剛經集解』 1책,
『敎藏總錄』 2책, 『唯識論單科』 3책 및 붉은 가사와 마납가사 각 1벌을
보냈으며,[37] 行端에게는 도강 진수 편에 銅磬 4枚, 人蔘 2斤, 銅盂 2筒
등을 보냈다.[38] 물론 송나라의 승려들도 의천의 부탁을 받고 『遺敎經』
·『梵網經』 등 여러 경전과 『淨土論』 등 각 10부와 『判敎辨祖儀圖』·『淸
志書』·『錦堂記』 등 10본을 배 편에 부쳐주기도 하였다.[39]

---

32) 金庠基는 『宋史』 권487 고려전의 고려 강수 卓榮과 서덕영은 송상으로 고려에
　　귀화한 자들이라고 하였다(金庠基, 주 1) 논문, 85쪽, 주 10)과 주 11)). 그러나
　　1162년 3월에 송나라 명주에 하례 사절을 보내겠다는 고려의 뜻을 전달한 고려
　　강수 서덕영은 이 일이 있은 직후인 1162년 6월(『高麗史』 권18, 世家, 毅宗 16년
　　6월)을 비롯, 1163년 7월(같은 책, 毅宗 17년 추7월)에 잇달아 송상으로 고려에
　　왔으므로 서덕영은 宋人이었으며, 탁영도 마찬가지였을 것이다.
33) 朴玉杰, 주 7) 논문, 46쪽.
34) 그밖에 소식의 글에서 송상으로 徐戩·王應昇·李球 등이 기록되었다(『蘇軾文集』
　　권31, 奏議 「乞禁商旅過外國狀」). 자료를 조사하면 할수록 송 도강은 더 많이 나
　　올 것이라는 점에서 매우 불완전한 자료에 근거한 송상의 통계는 어떤 경향성을
　　보여준다는 것 이외에 특별한 의미를 찾기 어렵다.
35) 『大覺國師文集』 권10, 「上大宋淨源法師書」 三首 第一.
36) 『大覺國師外集』 권3, 「大宋沙門淨源書」 五首 第二.
37) 『大覺國師外集』 권5, 「□□□□書」 三首 第二.
38) 『大覺國師外集』 권7, 「大宋沙門行端書」 二首 第一.
39) 『大覺國師外集』 권2, 「□□□□書」 六首 第五.

의천이 보낸 가장 큰 규모의 물품은 진수법사에게『紺紙金泥華嚴經』
3부 170권과 더불어 慧因寺에 화엄경각을 지어 그것을 보관하도록 하고
자 희사한 금 2000냥이었다.[40] 또한 송의 승려 辯眞은 경전을 인쇄할
판목 20권을 만들어 100개의 條文으로 묶었지만 믿음성 있는 시주를 만
나지 못했다고 하면서, 의천에게 그 비용을 요청했다.[41] 이와 같이 다량
의 금은, 佛經, 銅磬, 人蔘 등의 귀한 선물들을 맡기기 위해서는 그 중개
자인 송상들에 대한 신뢰가 있어야 하며, 그것은 송과 고려를 자주 왕래
해야만 가능한 것이었다.

한편 泉州 상인 徐戩이 먼저 고려에 가서 錢物을 받고 杭州에서『夾
注華嚴經』을 雕造하였고,[42] 고려에 팔 생각으로 경판 2,900여 편을 새
겨서 배에 싣고 가서 은 3,000냥씩을 받았던 일이 있었다.[43] 당시 송에
서 가장 인쇄가 번성했던 항주에서[44] 책을 만들어 판 徐戩이라는 상인
은 일찍이 해상의 고려왕래를 금지하자고 주장했던 知杭州事 蘇軾에 의
해 구금되기도 했던 인물이다[45] 그가 거액을 투자하여 불경을 인쇄하고
고려에 가져왔던 것은 고려에서 팔릴 것이라는 확신이 있었기 때문이다.
고려인들이 송상을 신용하여 선금을 주는 것이나, 송상이 큰 비용을 들
여 경전을 만들고 고려에 가서 그것을 파는 것 등은 송상이 자주 양국을

---

40) 이로 인해 송나라 사람들은 혜인사를 '高麗寺'로 불렀다고 한다(鮑志成, 주 28)
   논문, 103쪽).
41) 『大覺國師外集』 권3, 「大宋沙門淨源書」 五首 第三.
42) 『蘇軾文集』 권6, 奏議, 「論高麗進奉狀」.
   金庠基, 주 10) 논문, 213쪽 및 宋晞, 주 4) 논문, 165쪽.
43) 『蘇軾文集』 권31, 奏議 「乞禁商旅過外國狀」.
44) 倪士毅·方如金, 주 4) 논문, 89쪽.
   당시 항주에는 유명한 인쇄소가 20여 곳 있었으며, 이 가운데 진씨 인쇄소는 刻
   工 수십명을 두고 당대 이래 뛰어난 인물의 문집과 소설을 100여 종을 인쇄했다
   고 한다(신채식, 1999, 「宋·麗의 文化交流에 관하여」『梨花史學研究』 25·26
   합, 5쪽).
45) 金庠基, 주 10) 논문, 212쪽.

왕래하지 않고서는 생각할 수 없다.

이처럼 송상이 정기적으로 왕래해야만, 고려 사람들도 물품을 주문하여 살 수 있었을 것이다. 또한 官府의 허가를 받고 고려를 왕래하며 무역을 하는 송상으로서는 고려 사람들의 수요를 파악하여 판매하므로 손해의 위험을 줄이고 더 많은 이익을 낼 수 있었을 것이다. 다음의 사료는 송상이 정기적으로 고려에 왔다는 구체적인 정황을 알려준다.

> B1. 詔舊明州括索 自來入高麗商人 財本及五千緡以上者 令明州籍其姓名 召
>   保識 歲許出引發船二隻 往交易 非違禁物 仍次年卽回 其發無引船者 依盜
>   販法 先是 禁私販高麗者 然不能絶 至是 復與中國通 故立是法[46]

B1은 송 神宗代 송상의 고려무역을 알려주는 기록이다. 明州는 고려를 왕래하는 상인을 통제하기 어렵게 되자, 자본이 5천민 이상인 자는 관청에 등록하게 하고, 해마다 2척이 가서 교역하고 다음해에 즉시 돌아오게 하였으며, 다만 금하는 물품을 팔거나 사지 않도록 했다는 것이다. 지방관인 명주가 일정한 자본을 갖춘 송상에게 법을 지킨다는 전제 하에 정식 허가를 내주어 고려와 무역하도록 허락한 것이다.[47] 이 기사에 의하면 명주에 등록된 상인들은 해마다 2척씩 고려에 왔으며, 지속적으로 왕래하였다고 하였으므로 수 년 동안 『高麗史』 등에 송상의 진헌 기록이 없다고 해서 그대로 믿어서는 안 된다는 것을 알려준다.

더욱이 5천민 이상을 등록한 송의 무역상만이 고려에 갈 수 있었는데,

---

46) 『續資治通監長編』 권296, 神宗 元豐 2년 춘정월 병자.
47) 명주는 고려·일본행 무역선의 출발지로 지정되어, 송상은 이곳의 市舶司에서 公
    憑을 받았으며, 귀국 때에도 같은 곳에서 귀환수속을 받게 되었다.(森克己, 주 6)
    논문, 224쪽). 특히, 남송과 고려의 무역은 사실상 명주에서 담당하였다고 해도
    과언이 아니다(林士民, 주 4) 논문, 30쪽). 초기에 고려로 가는 무역선은 산동반도
    의 登州·密州에서 출발하였으나, 금의 영역이 확대되고 송이 南遷한 뒤 명주는
    송의 對高麗 무역 中心港이 되었던 것이다(祁慶富, 1995, 「10~11세기 한중 해상
    교통로」 『한중문화교류와 남방해로』(조영록편), 국학자료원, 166~176쪽).

소정의 자본을 갖추고 국가에 허가를 받은 상인들이 한 번 왕래하고 그만두었다고 보기 어렵다. 무역의 상대를 바꾸는 것은 위험이 크기 때문에 고려를 오가는 공인된 전문 상인으로서 활동하는 것이 유리하였을 것이다. 실제로 송의 강수들 사이에서도 고려와 일본의 무역은 서로 다른 사람들이 담당하였다고 한다.[48] 다시 말해 고려만을 왕래하는 상인들이 따로이 있었다는 것이다. 무역은 서로 모르는 외국인 간의 매매인데, 왕래가 한 번에 그친다면 그 상인에 대한 신뢰가 없어서 매매하기 쉽지 않다. 그러므로 같은 상단이 자주 왕래했다고 이해된다.

慧素가 국왕으로부터 받은 白金을 송 상인에게 주고 그가 좋아하는 설탕[砂糖]을 샀던 이야기도 송상의 정기적인 왕래를 암시하고 있다. 혜소는 다음해 봄에 商舶이 오지 않을 것을 우려하여 100병이라는 많은 설탕을 한꺼번에 사들였는데, 사람들이 그가 진솔하다며 웃었다고 한다.[49] 한 번 배가 송으로 돌아가면 다시 오지 않을 것이라는 기우에 대한 일종의 비웃음인 것이다. 그렇다면 당시 보통 사람들은 혜소와 같은 상황에 처했다 해도 그렇게 많은 설탕을 사지 않았을 것이다.

송상왕래와 관련된 자료를 검토한 결과, 고려를 왕래하는 송상은 『高麗史』에 기록된 것 보다 훨씬 많았으며, 예성항에는 항상 송상의 배가 정박해 있었다. 아울러 1079년 이후 宋의 明州에서 2척의 배가 고려에 왔다는 기록이 있으며, 심지어 송 상인들은 해외 진출을 금하는 명령을 어기고 고려를 왕래하였다.[50] 이들은 여러 차례 고려를 왕복하면서 의천과 송 승려 사이에 서신을 중개했을 뿐 아니라 불경 등의 서적을 운반하고, 귀중한 물품을 전달해주기도 하였다. 이러한 일들은 기본적으로 송 상인에 대한 신뢰를 바탕으로 한 것이며, 지속적으로 고려를 오갔

---

48) 森克己, 주 5) 논문, 228쪽.
49) 『破閑集』 권중, 西湖僧慧素.
50) 宋晞, 주 4) 논문, 161쪽.

다는 전제에서 이루어질 수 있는 일이었다. 이제까지 송 상인의 고려국 왕에 대한 헌상 기사에 근거하여 그들의 출입이 단발적이었다고 하는 견해는 실제와 많은 차이가 있다.

다음으로 한 번에 오는 송 도강이 얼마나 되었는지를 규명하는 것도 송상의 실체를 파악하기 위해 꼭 필요한 것이다. 『高麗史』에는 대체로 한 명의 都綱 이름과 더불어 무엇을 進獻했다는 기사가 많아서, 한 배에는 보통 하나의 상단만이 왔다고 알고 있으나, 아래의 자료는 그렇지 않았다는 점을 보여준다.

C1. (文宗 9年 春2月) 戊申 寒食饗宋商葉德寵等八十七人 於娛賓館 黃拯等一百五人 於迎賓館 黃助等四十八人於淸河館 耽羅國首領高漢等一百五十八人 於朝宗館.51)

C2. (毅宗 2年 8月) 是月宋都綱郭英莊華黃世英陳誠林大有等三百三十人來52)

C1은 1055년(문종 9)에 한식을 맞이하여 宋商과 탐라국 수령 등에게 향응을 베풀었다는 내용이다. 여기서 탐라국 수령보다 앞서 기록된 葉德寵·黃拯·黃助 등은 상단의 대표인 도강일 것인데, 언제 왔는지는 불분명하지만 향응을 받고 있다.53) 이 연회에 참여했던 도강들 가운데 黃助는 2회,54) 葉德寵과55) 黃拯이56) 각각 1회 더 고려에 와서 국왕에게 헌상하였던 기록이 있다. 그런데 이 기사 속에서 향응을 받은 송나라의

---

51) 『高麗史』 권7, 「世家」.
52) 『高麗史』 권17, 「世家」.
53) 丸龜金作, 1961, 「高麗と宋との通交問題(二)」 『朝鮮學報』 18, 63~64쪽.
　　또한 예종의 생일인 8월 17일을 咸寧節이라 하여, 장경전에서 公族·貴臣·近侍들을 크게 모아 잔치를 베풀었고, 객관에 있는 중국 상인들에게도 관인을 보내 잔치를 베풀었다고 하였다(『高麗圖經』 권6, 「宮殿」 2 長慶殿).
54) 『高麗史』 권7, 「世家」 文宗 8년 9월 경오 및 『高麗史』 권8, 「世家」 文宗 14년 추7월 을사.
55) 『高麗史』 권8, 「世家」 文宗 11년 8월 정미.
56) 『高麗史』 권7, 「世家」 文宗 10년 11월 신사.

商團이 3개였다는 점이 관심을 끈다. 그것은 1055년 2월에 개경의 객관
에 머물던 상단이 적어도 3개 이상이었다는 의미이다. 즉, 複數의 상단
이 개경에서 무역을 하고 있었으며, 규모도 모두 달랐던 것이다.

C2에서는 1148년(의종 2) 8월에 宋都綱 郭英·莊華·黃世英·陳
誠·林大有 등 330인이 왔다고 하였다. 문장의 구조상 5명이 도강이므
로 5개의 상단이 왔을 것이다. 이처럼 두 개 이상의 상단이 왔던 사례도
적지 않아서, 1175년 8월에 張鵬擧·謝敦禮·吳秉直·吳克忠 등 4인[57]
1089년 10월에 李珠·楊甫·楊俊 등 3인,[58] 1094년(헌종 즉위) 8월에
歐保·劉及·楊保[59] 등 3인의 도강이 왔다는 기록이 있다.

C1~2는 3명 또는 5명의 도강이 왔던 기사이며, 도강의 수는 상단의
수를 의미하는 만큼 고려에 복수의 상단이 무역하고 있었음을 뜻한다.
B1에서 해마다 배 2척이 왕래했다고 했으며, C2에서 한 번에 330명이
왔다는 기사는 그보다 작은 규모로 왔다고 하는 많은 사례들이 정확한
것이 아니었음을 증명한다.

아울러 개경에 있던 객관의 수도 많은 상단이 왔음을 알려준다.『高
麗圖經』에는 중국의 상인들을[商旅] 대우하기 위해 4개의 객관이 있었
으며,[60] 娛賓館·迎賓館·淸河館도 객관일 가능성이 높다.[61] 보통 송에
서 하나의 상단만이 왔다면, 이처럼 많은 객관이 필요 없었을 것이다.
왜냐하면 상단별로 각기 다른 객관에 머물도록 하였을 것이기 때문이다.

---

57)『高麗史』권19,「世家」明宗 5년 8월 기유.
58)『高麗史』권10,「世家」宣宗 6년 동10월.
59)『高麗史』권10,「世家」獻宗 즉위년 8월 갑술.
60)『高麗圖經』권27,「館舍」客館.
   일찍이 백남운은 객관에서 이루어지는 송상과 고려인의 무역을 주목하여 '客館貿
   易'이라고 표현하였다(白南雲, 1993,「商業과 商業資本」『朝鮮封建社會經濟史
   (上)』(하일식역) 2, 이론과 실천, 359쪽).
61) 홍희유, 1989,「고려 시기 상업과 화폐유통의 장성」『조선상업사(고대·중세)』,
   과학백과사전출판사, 111쪽.
   朴玉杰, 주 7) 논문, 52쪽.

2개 이상 5개까지의 상단이 동시에 왔을 때, 그들의 무역의 편의를 위해 상단별로 객관을 배정한다면 최대 5개는 필요했다. 그것은 확인되는 객관이 적어도 4개 이상이 되었다는 것과 어울린다.[62] 따라서 고려에 오는 송상은 반드시 하나의 상단만은 아니었으며, 복수의 상단이 동시에 와서 함께 활동했던 경우가 많았다고 여겨진다.

고려에 왔던 송상들이 얼마나 오래 머물다갔는지를 파악하는 것도 그들의 무역을 이해하는데 중요하다. B1의 기사에서 "해마다 2척을 發하여 다음해 돌아오게 하였다"고 한 것으로 보아 고려에 온 뒤에는 적어도 해를 넘기며 무역을 하다가 돌아갔음을 알 수 있다. 또한 고려에서 몽고를 탈출한 남송 사람을 보낼 때 이용했던 강수 范彦華의 배는 1258년에 3월에 왔다가 이듬해 3월까지 만1년을 머물다가 송으로 돌아갔다고 한다.[63] 그로 인해 송상들은 고려에 처를 두었고 다음과 같은 일화를 남기게 되었다.

> D1. 金右丞敦時 少年時 隨一僧 有唐商舘 有一商與妻有釁 欲棄去適誰家 時方冬忽雨 金遽索紙書一絶云 東韓地勝飲寒威 瑞雪飜爲瑞雨飛 應是巫山神女術 故關賓舘不教歸 商見之 感歎之垂淚終不去妻 彼中朝人雖庸賈 見好詩感動如此 況士大夫乎[64]

위 기사는 金敦時의 어렸을 적 경험을 기록한 것으로 시기는 예종이나 인종대로 추정된다. 그 내용은 어느 겨울날 송상과 그 처가 헤어지려 하였는데, 마침 그것을 본 김돈시가 재치있는 시를 지어 그것을 막았다

---

62) 지배권력에 의한 舘舍・食料의 제공은 교역상의 편의를 제공하는 것이고 동시에 그 지역 지배층에 의한 海商의 身柄 및 그들의 교역을 철저히 관리한다는 측면이 있다고 한다(山內晋次, 2003, 「東アジア・東南アジア海域における海商と國家」 『奈良平安期日本とアジア』, 吉川弘文館, 199쪽).

63) 黃時鑒, 1997, 「宋−高麗−蒙古關係史에 관한 일고찰—「收刺麗國送還人」에 대하여—」 『東方學志』 97, 12쪽.

64) 『補閑集』 권상, 金右丞敦時.

는 재미있는 일화이다. 당상관은 송 상인의 객관일 것이며, 송상이 처와
이곳에서 동거하였음을 알 수있다. 그리고 송상이 처와 틈이 생겼다는
것은 이미 오랜 동안 부부였으며, 김돈시의 시에 감동하여 헤어지지 않
기로 했으므로 이후에도 혼인 관계는 지속되었다고 여겨진다.

그 밖에도 송상이 처를 두었다는 기록은 宋有仁이 宋商 徐德彦의 妻
와 혼인한 바가 있었다는 것,[65] 수우각을 사오지 못한 송 도강의 처를
가두었다는 것[66] 등이 있었다. 송상이 고려 여인을 妻로 삼은 것은 고려
에서 머무는 기간이 길었으며, 자주 왔기 때문이었다.

요컨대, 정치적 사정이나 국가적 금령에 따라 항해와 무역의 여건에
다소 차이는 있었겠지만, 송상은 한 번 또는 불규칙하게 오가는 그런 상
인들이 아니었다. 송상들은 반복해서 고려를 왕래하였으며, 한 번에 여
러 상단이 동시에 오는 경우도 적지 않았다. 아울러 이들은 고려가 제공
하는 객관에서 해를 넘겨 머물렀기 때문에 妻를 두는 都綱들도 있었다.
고려 사람과 송상의 무역은 예성항 또는 개경의 객관에서 거의 언제나
가능했고, 그들에게 필요한 물품을 부탁하여 다음 번 올 때 받을 수도
있었다. 그 만큼 고려 사람들은 송상들과 대면할 많은 기회를 가지면서
왕성한 무역을 했던 것이다.

2) 宋商貿易과 高麗 國王

송상은 고려 사람들과 무역을 하러 왔고, 한 번 오면 오랫동안 무역을
해야했다. 그런데 송상에게는 고려가 외국이어서 무역을 하는데 여러 가
지 불리하고 불편한 점도 있었을 것이다. 이에 송상은 권력의 도움을 받
고자 우두머리인 都綱을 중심으로 선단을 이루고 고려에 와서 국왕에게
헌상품——토물·방물 등——을 바쳤다.[67]

---

65) 『高麗史』 권128, 鄭仲夫傳附 宋有仁.
66) 『高麗史』 권21, 「世家」 熙宗 원년 8월.

宋商이 고려에 온 뒤 方物과 珍貴한 물품을 고려 조정에 進獻하였던 것은 일종의 入貢貿易 형식으로 고려 국왕의 하사품으로 보수를 받으며 다른 한편으로는 고려 조정의 환심을 사는 데 효과가 있었다.[68] 이와 같은 관례는 중국의 소위 呈樣에 해당하는 것으로 송대에도 외국 商舶이 항구에 들어온 후에는 그들이 가져온 화물을 선택하여 官府 또는 朝廷에 진헌하는 것이 상례로 되어 있었다고 한다.[69]

송상의 고려 국왕에 대한 方物 헌상에 대해 '이러한 貢獻이 국가간에 행해진 경우는 조공이지만, 개인의 경우는 소위 私獻이다'라고 하여 私獻貿易이라는 용어를 사용하기도 하였다.[70] 그러나 최근 고려 왕권 측의 해상·대외교역에 대한 적극적인 간여를 상정하는 연구자에 따르면 이것은 적절한 용어는 아니며 사실상의 조공과 하사였다고 한다.[71]

고려 국왕에 대한 송상의 進獻은 팔관회 의례의 하나로 발전하였다. 1034년(정종 즉위) 11월 팔관회를 열어 신봉루에서 백관에게 연회를 베풀고 다음날 大會 때에 서경·동경과 東北兩路兵馬使·4都護·8牧은 각각 표를 올려 하례하며 송의 상인과 동서번·탐라국이 방물을 바치면 자리를 주어 음악을 함께 보게 하였고, 이후에는 常例로 하였다.[72]

중국 이외에 고려의 정치적 영향권 안에 있는 주변의 나라와 민족을 변방으로, 자신을 중심으로 인식함에 따라 만들어진 의례가 팔관회였

---

67) 예를 들어 다음과 같이 표현되어 있다.
　　朔 宋泉州商都綱林藹等五十五人 來獻土物(『高麗史』 권5, 「世家」 德宗 2년 8월 갑오). 宋商陳諒等六十七人 獻土物(『高麗史』 권6, 「世家」 靖宗 2년 추7월 신사).
68) 金庠基, 주 1) 논문, 67쪽. 이에 대해 貢獻은 자의가 아니라 거의 타의에 의한 것이므로 貢獻에 대한 賜與品이 있을 리도 없고 또 그것을 바래서 獻送할 성질이 못된 것 같다는 견해가 있다(金渭顯, 1978, 「麗宋關係와 그 航路考」 『關大論文集』 6 ; 1985, 『遼金史研究』, 裕豊出版社, 206쪽).
69) 金庠基, 주 1) 논문, 72쪽.
70) 森克己, 1959, 「日·宋の高麗との私獻貿易」 『朝鮮學報』 14, 556쪽.
71) 山內晋次, 주 62) 논문, 204쪽.
72) 『高麗史』 권69, 「禮志」 11 嘉禮雜儀 仲冬八關會儀 德宗 3년 10월.

다.[73] '고려의 독자적 천하관'에[74] 입각한 이 의례는 백성들이 보는 가운데 外官들과 더불어 고려 영역 밖에 있는 송상, 여진, 탐라 등에서 방물을 바치는 의례를 행하게 하여 정치적 효과를 극대화하고자 하였던 것이다.[75] 특히 外交와 무관했던 송상들은 무역상의 이익을 얻기 위해 고려 왕권이 설정한 華夷秩序의 중요한 구성 분자로서 役割을 하였던 것이다.[76] 그와 더불어 고려 국왕이 중국 황제의 하사품이나[77] 송상과 일본이 바친 귀중한 물품을 왕실 창고에 보관하다가 연회 때에 신하들에게 나누어 주는 것은[78] 외국인이 헌상한 것을 이용해 국왕의 권위를 과시하기 위한 것이었다.

이와 같이 송상의 고려 국왕에 대한 진헌을 통해 고려 국왕은 상당한 정치적 목적을 성취했고 송상도 무역상의 편의라는 實益을 가졌던 것은 분명하다. 하지만, 진헌의 형식 속에는 구매자로서 고려 국왕이 있었기 때문에 송상과 고려 국왕간의 무역이라는 점에 초점을 맞춰 살펴야 본질에 접근할 수 있을 것이다.

> E1. 長齡殿 … 每中朝使者欲行 前期必有先書介紹 至則於此受之 賈人之至境
>   遣官營勞 舍館定然後 於長齡 受其獻 計所直以方物數倍償之[79]

---

73) 奧村周司, 1979, 「高麗における 八關會的秩序と國際環境」『朝鮮史研究會論文集』 16.
　　奧村周司, 1992, 「高麗の外交姿勢と國家儀式」『歷史學研究』 別册.
74) 金基德, 1997, 「高麗의 諸王制와 皇帝國體制」『國史館論叢』 78.
　　盧明鎬, 1999, 「高麗의 多元的 天下觀과 海東天子」『韓國史研究』 105.
75) 추명엽, 2002, 「고려전기 '번(蕃) 인식과 동·서번의 형성」『역사와 현실』 43, 23~35쪽.
76) 山內晋次, 주 62) 논문, 216쪽.
77) 『高麗圖經』 권3, 「城邑」 貿易.
　　『高麗史』 권96, 金仁存傳; 『高麗圖經』 권6, 「宮殿」 2 延英殿閣; 『東文選』 권64, 「清燕閣記」.
78) 『高麗史』 권19, 「世家」 毅宗 23년 춘정월.
79) 『高麗圖經』 권6, 「宮殿」 2 長齡殿.

E2. 運 仁賢好文 內行飭備 每賈客市書至 則潔服 焚香 對之[80]

E3. 昔睿王時 畵局李寧尤工山水 爲其圖附宋商 久之 上求名畵於宋商 以其圖
   獻焉 上召衆史示之 李寧 進日此臣所畵天壽寺南門圖也 折背觀之 題誌甚
   詳 然後知其爲名筆[81]

E4. 癸亥 宋商來獻大平御覽 賜白金六十斤 仍命崔詵校讎訛謬[82]

E1에서는 송의 상인들이 장령전에서 물품을 헌납하였으며, 고려의 국
왕은 그들에게 수 배의 가치로 대가를 치렀다고 한다. 고려 국왕이 장령
전에서 송상이 바치는 물건을 받지만 그에 대한 대가를 치렀다고 하므로
실상은 송상과 고려 국왕이 무역을 했던 것이다.

E2에서는 선종이 책을 팔러온 송상[賈客市書]을 맞이하면서 예의를
갖추어 깨끗한 옷을 입고 향을 피우고 그들을 대하였다고 하였다.[83] 송
상이 고려의 국왕을 만나는 것이므로 책을 바치러[獻] 왔다고 표현되어
야 하지만, 『高麗圖經』은 의례적인 것을 빼버리고 본질인 무역을 사실
대로 적고 있다.

E3은 『破閑集』의 내용이다. 송상은 이영으로부터 「天壽寺南門圖」를
구하여 갔고, 뒤에 고려 국왕이 송상에게 명화를 구해줄 것을 부탁하자,
송상은 그 그림을 바쳤다.[84] 회화는 서책과 더불어 송상의 주요 무역품
에 들만큼 중요한 것이었다.[85] 그런데 이 기사에서 송상이 고려의 그림
을 가져간 것과 고려의 국왕이 필요한 물품을 송상에게 부탁했다는 점이
흥미롭다. 왜냐하면 송상이 고려 국왕에게 헌상했던 것은 스스로 고른

---

80) 『宋史』 권487, 高麗傳.

81) 『破閑集』 권중, 昔睿王時.

82) 『高麗史』 권20, 「世家」 明宗 22년 8월 계해.

83) 문종 역시 송상을 맞이할 때 體貌가 있었다고 하는데, 그들을 외교 사절에 준하여
   상대했기 때문이다(『高麗圖經』 권2, 世次 王氏).

84) 비슷한 내용의 기사가 『高麗史』 권122, 李寧傳에 있으며, 인종대 일어난 일이라
   고 하였으므로 『破閑集』의 국왕은 인종이었을 것이다.

85) 朴眞奭, 주 4) 논문, 88쪽.

것이 아니라 고려 국왕이 원했던 것이기 때문이다. 이 기사는 송상의 왕
래나 국왕에 대한 대면이 1차례로 끝나지 않았다는 사실을 알려준다.

E4는 송상이 『太平御覽』을 바치자 백금 60근을 하사했다는 것으로
송상의 진헌 기사 가운데 하나이다. 여기서 진헌[獻]과 하사[賜]라는
의례적인 修辭를 벗겨내면 송상이 『太平御覽』이라는 책을 팔고, 고려
국왕이 백금 60근을 주고 그것을 샀던 사실만이 남는다. 이것은 송상과
고려 국왕 간의 무역이라고 볼 수 있으며, 국왕의 지시에 따라 곧바로
인쇄된 것으로 보아 이 책은 사전에 고려 조정이 송상에게 구입을 부탁
했을 가능성이 높다.

E1~4를 종합하건대, 송상이 고려 국왕을 알현하고 방물을 바치는 것
이 의례적인 형식으로 기록되었지만, 내용은 고려와 송상 사이의 무역이
었음을 확인하였다. 또한 헌상할 물품은 중국의 특산물이나 아라비아 상
인의 교역품 등 고려에 무역하러 가져오는 것 가운데,[86] 진귀한 것이었
고, 다른 사람에 비해 먼저 그것을 갖게 되는 국왕은 상대적으로 우월한
지위를 드러낼 수 있었다.

고려 국왕이 송상의 가장 크고 중요한 무역 상대이기 때문에 송상은
고려 국왕에게 진기한 것들을 가져다 주었다. 실제로 예종대에 궁궐의
서남쪽에 두 개의 화원을 설치하자 환관들이 그곳을 꾸미기 위해 민가의
화초를 빼앗고 그것도 모자라 송상에게 구매하면서 內帑의 金幣를 많이
소모하였다고 하였다.[87] 환관들이 송상에게 사들인 것은 희귀하고 화려
한 화초였을 것이며, 그 대가는 왕실의 창고인 內帑에서 지급되었다. 결
국 궁궐의 일부를 가꾸기 위한 화초를 송상에게 구입하면서 왕실 재정을
소모하였다는 것이다. 이와 같이 송상이 고려에 가져오는 진귀한 물건의
가장 큰 구매자는 국왕이었기 때문에[88] 그들이 가장 먼저 만나고, 예우

---

86) 金庠基, 주 2) 논문, 455쪽.
87) 『高麗史』 권13, 「世家」 睿宗 8년 2월 경인.

를 해야할 대상은 국왕일 수밖에 없다.[89] 송상의 진헌 배경에는 무역의
편의를 보장받는 것 이외에 상업적 목적도 담겨 있었던 것이다.

　그와 더불어 송상과 고려의 무역에 국왕이 그 중심에 있었다는 점이
중요하다. 송상이 고려 국왕을 알현하고 물품을 바쳤던 것, 그들에게 일
정한 대가를 하사하고 국가가 운영하는 객관에 장기간 머물며 무역할 수
있게 해준 것 등에서 드러나듯이 고려 국왕은 송상과의 무역에 직간접적
으로 영향력을 행사하고 있었던 것이다. 그런데 1058년 8월에 文宗이
배를 만들어 송과 외교를 재개하려 하자 內史門下省은 고려의 문물과
禮樂이 흥성하였으며, 상선들이 계속해서 귀중한 보배를 들여오고 있으
니 굳이 정치적 부담을 감수하고 송과 사절을 교환해서는 안 된다고 반
대하였다.[90] 내사문하성의 반대 논거에는 생략된 여러 가지가 있지만,
문화적으로 고려의 문물과 예악이 흥성했다는 점과 더불어 송상무역이
고려인의 경제적인 욕구를 채우고 있다는 점을 거론한 것은 송과 외교를
재개하여 이와 같은 목적을 거두려고 했던 문종의 의도를 간파하고 제시
한 반박이었다.[91]

　송상은 993년(성종 12) 이후 고려와 송의 국교가 단절된 이후에[92] 송

---

88) 고려의 국왕이 진완물과 서화를 좋아하였고, 그 상당 부분을 외국인들—특히 송
　상—의 진헌을 통해 구하였으며, 반드시 그에 대한 사례를 했다는 것은 1165년
　(의종 19)에 내시좌우번이 임금께 공헌하는 것으로 경쟁하는 기사를 통해 확인할
　수 있다(『高麗史』 권18, 「世家」 毅宗 19년 하4월).

89) 동아시아・동남아시아 海域 각 지역의 國家와 王權에게 中國海商은 두가지 점에
　서 중요하였다고 한다. 경제적으로 국가와 왕권에 따르는 지배층들에게 매력적인
　異國의 産物을 가져오는 교역자들이고, 그 교역을 독점적으로 統制・管理하고
　지배 영역내의 交易品의 재분배를 장악하는 것에 의해 국가 왕권은 스스로 위신
　을 지킬 수 있었고, 혹은 關稅的인 수입에 기대하는 경우도 있었을 것이다(山內晋
　次, 주 62) 논문, 220쪽). 고려의 경우 이국의 산물을 가져오고, 교역을 독점적으
　로 통제・관리했다는 점은 유사했지만, 교역품의 재분배나 관세 수입에 대한 구
　체적인 기록은 찾을 수 없다.

90) 『高麗史』 권8, 「世家」 文宗 12년 8월.

91) 金庠基, 주 1) 논문, 47쪽.

의 선진 문물을 고려에 전하고 고려 왕실과 귀족들의 귀중품 수요를 충
족시켜주는 문화적 기능을 충실히 하고 있었던 것이다. 송의 선진 문물
을 가장 먼저 접할 수 있는 것이 국왕이고, 禮樂은 전근대 사회에서 규
범을 잡는 것이다. 이러한 것들도 국왕이 송상의 왕래로 얻는 여러 가지
이익 가운데 하나였다.

요컨대, 송상에 관한 기사에 고려 국왕이 자주 등장한다는 것 자체가
양자의 밀접한 관계를 보여준다. 고려 국왕은 송상이 헌상하는 의식을
통해 고려 국왕의 권위를 높였고, 송상은 국왕에게 진귀하거나 원하는
물품을 가져다주고 그 대가를 받는 賣買를 통해 경제적인 이익을 얻었
다. 게다가 고려와 송의 외교가 단절된 상태에서 송상왕래를 통해 선진
문물의 수용에 대한 고려인들의 욕구를 해소할 수 있었고, 국왕은 사적
인 사치를 누릴 수 있었다. 이처럼 송상으로부터 다양한 혜택을 받았던
것은 국왕이 그들의 후원자이자 보호자의 역할을 할 수 있는 권력을 갖
고 있었기 때문이다.

3. 武臣政權期 宋商貿易과 武臣執政

1) 武臣政權期 宋商貿易의 持續

1170년(의종 24)에 鄭仲夫·李義方·李高 등이 쿠데타를 일으켜 정
권을 잡은 뒤, 1271년에 林惟茂 정권이 붕괴될 때까지 약 100여 년간
무신정권이 지속되었는데 공교롭게도 이 시기에 『高麗史』와 『高麗史節

---

92) 고려와 송의 외교에 대해서는 많은 논문이 있는데 다음의 글이 비교적 자세하다.
　　金庠基, 1959, 「고려와 금(金)·송(宋)과의 관계」 『국사상의 제문제』 5, 국편위;
　　1974, 『東方史論叢』, 서울대출판부.
　　朴龍雲, 1995·1996, 「高麗·宋 交聘의 목적과 使節에 대한 考察」 『韓國學報』
　　81·82 ; 2002, 『高麗社會의 여러 歷史像』, 신서원.

要』등에 송상에 관한 기록이 크게 줄었다. 이에 대해 先學은 "남송의 고종대(1127~1162)에 벌써 고려와의 통교를 꺼려하며 고려의 사신에 대하여도 금나라의 간첩의 구실이나 하지 아니하는가 오해하기 이르러, 麗宋의 공적 通交가 점차로 두절케 되었거니와 그의 영향은 다시 민간 무역 위에도 나타났던 것이다. 여송 양국의 정치적 관계가 성그러지고 남송의 세력이 쇠퇴함에 따라 송상의 활동도 점점 줄어졌던 것이다. 남송은 겨우 강남 한 구석에서 殘命을 이어 가다가 마침내 몽고에 망하였으므로 송상의 무역은 忠烈王 4年 馬曄이 건너온 것을 최후로 그들의 자취는 사라지고 말았던 것이다"[93]라고 하였다.

최근에는 그 원인으로 첫째, 1127년에 일어난 靖康의 變을 계기로 북송시대가 끝나고 남송시대가 시작되는 동아시아 국제 정세의 변화가 있었고, 둘째 고려에서는 1126년 이자겸의 난과 1135년 妙淸의 난으로 政情이 어지러워졌으며, 1170년 이후 100년간 무신정권이 지속되고 1231년에 몽고의 침입을 받게 됨에 따라 생겨난 고려의 불안한 내부 사정 등을 들었다[94]

두 견해 모두 기본적으로 『高麗史』등의 송상에 대한 기록을 신뢰하면서, 양국의 政治外交的인 사정을 들어 그 이유를 설명하고 있다. 그러나 그들이 제시한 송상에 대한 기록이 매우 불완전한 것이어서, 그것을 근거로 한 서술은 견강부회이다. 그런 점에서 송상에 관한 새로운 사료의 제시와 해석은 기존의 견해를 극복하는 바탕이 될 것이다.

> G1. 高麗國禮賓省牒 上大宋國慶元府 當省準 貴國人 升甫馬兒智就等三人 久被狄人捉拏 越前年正月 分逃閃入來勤加館養 今於綱首范彥華愈昶等 合綱船放洋還國 仍給程糧三碩 付與送還 請照悉具 如前事 須牒大宋國慶元府照會施行 謹牒 己未 三月 日 謹牒[95]

---

93) 金庠基, 주 2) 논문, 446~447쪽.
94) 朴玉杰, 주 7) 논문, 43~44쪽.

G2. 今高麗雖臣屬於韃 然每有畏韃賊之心遷都海島 防其侵犯 … 常有販高麗
　　者 大率甲番三隻到麗國 必乙番三隻回歸 丙丁亦如之 今慶元人見有在彼
　　國仕宦者 邵緣此等船隻 皆屬朝廷分司 制司不可得而察其往來之迹 此間
　　之舟一隻 可以載二三百人 萬一彼有異之 併吾甲乙兩番之舟 並行拘奪
　　以渡韃賊 則亦意外之過慮也96)

G3. 願聞江都之說 大夫曰 … 涯淩葉擁 渚岬枝附 麗其枝葉而沙散碁布者 江
　　商海賈漁翁鹽叟之編戶也 … 內據摩利穴口之重匝 外界童津白馬之四塞
　　出入之誰何 則岬華關其東 賓入之送迎 則楓浦館其北 … 大夫曰 城市卽
　　浦 門外維舟 … 商船貢舶 萬里連帆 蟻重而北 棹輕而南 檣頭相續 舳尾
　　相銜 一風頃刻 六合交會 山宜海錯 靡物不載 … 爭來泊而纜碇 候街塡而
　　巷隘 顧轉移之孔易 何馱負之賽俉 爾乃手挈肩擔 往來跰步 堆積于公府
　　流溢於民戶 匪山而巍 如泉之溥 菽粟陳陳而相腐 孰與大漢之富饒97)

G4. (元宗 11年 12月) 乙卯 世子諶與蒙古斷事官不花孟祺等來 王出迎于郊
　　詔曰 … 如前年 有人言 高麗與南宋日本交通 嘗以問卿 卿惑於小人之言
　　以無有 爲對 今年却有南宋商船來 卿私地發遣 迨行省致詰始言不令行省
　　知 會是爲過錯98)

G1은 고려 예빈성이 탈출한 송의 포로를 돌려보내면서 송의 경원부
—明州—에 보낸 牒으로, 綱首 范彦華·兪昶 등의 合綱船이 송으로 돌
아가는 편을 이용하고 있다. 고려 禮賓省이 송의 경원부로 첩을 보낸 것
은 표류민의 거주지이기 때문이 아니라 송상이 그곳으로 되돌아가기 때
문이었다. 이와 반대로 1229년 2월에 宋商 都綱 金仁美 등이 濟州 飄風
民 梁用才 28인과 함께 왔다는99) 기록이 있다. 어느 경우든지 송상의
배를 이용하여 본국으로 송환되었던 것이다. 그렇다면 송에서 1174년 8

---

95) 『開慶四明續志』 권8, 「收剌麗國送還人」.
　　이에 대한 자세한 설명은 노명호 외, 2000, 『韓國古代中世古文書硏究(上)』, 서울
　　대출판부, 448~449쪽 및 黃時鑒, 주 63) 논문이 참조된다.
96) 『許國公奏議』 권3, 「奏曉諭海寇復爲良民及海關防海道事宜」.
97) 『東文選』 권2, 「三都賦」; 민족문화추진회, 1968, 『국역 동문선』 I, 64~65쪽의
　　국역을 참고하였다.
98) 『高麗史』 권26, 「世家」 元宗 11년 12월.
99) 『高麗史』 권22, 「世家」 高宗 16년 2월 乙丑.

월에 張和 등 5인과[100] 1186년 5월에 李漢 등 6인을 돌려보냈던 것,[101] 송나라 吳潛이 1258년(고종 45년; 송 寶祐 6년) 11월에 고려 선박에 타고 있다가 송의 해안에 표착한 張小斤三·金光正·金安成·金萬甫·盧善才·金惠和 등을 돌려보냈던 것[102] 등도 모두 송상의 배를 이용한 것으로 추정된다.

표류민이나 탈출 포로의 발생은 불시에 일어나는 것이며, 이러한 경우 고려와 송을 막론하고 송상의 배를 통해 표류민을 보냈던 것은 가장 신속하게 일을 처리할 수 있었기 때문일 것이다. 예빈성 첩에 의하면 몽고에서 도망한 송의 포로는 약 1년 4개월 전에 고려 진영으로 탈출하였다.[103] 그런 점에서 당시에 송상의 배가 수년에 한 번씩, 또는 수십 년에 한 번 씩 고려를 왕래했다면 송상의 배로 보낼 생각은 하지 못하였을 것이다. 그러므로 송의 강수 범언화·유창이 온 것은 우연이 아니라 일상적인 왕래를 하던 것이었고, 그들이 송으로 돌아가는[放洋還國] 편에 몽고 진영을 탈출한 포로를 되돌려 보냈다고 이해된다. 이 기사는 송의 상선이 자주 왕래하고 있었음을 알려준다.

G2는 강도 시기 고려를 다니던 송상의 왕래에 대한 자세한 정보를 알려주는 기사이다. 고려가 몽고와의 항쟁을 위해 천도하였을 때, 송상의 배가 1회 3척씩 고려에 가면 고려에 있던 배는 교대하여 되돌아 오는 방식으로 운항하였으며, 한 배에 타는 인원은 약 2~300명 정도까지 가능했다고 한다.[104]

이 기록을 그대로 믿는다면, 대몽항쟁기에 강도에 오는 배는 해마다

---

100) 『高麗史』 권19, 「世家」 明宗 4년 8월.
101) 『高麗史』 권20, 「世家」 明宗 16년 5월.
102) 『開慶四明續志』 권8, 「收養麗人」 寶祐 6년 11월.
103) 黃時鑒, 주 63) 논문, 12쪽.
104) 송상의 입장에서 고려에 가는 비용을 줄여 이익을 늘리기 위해서는 배의 규모에 맞게 가능한 많은 상인과 재화를 싣고자 했을 것이다.

3척이고 최소 600명에서 최대 900명까지의 상인이 올 수 있었다. 물론 화물의 양에 따라 인원이 달라졌다. 현재 알려진 통계에서는 한 도강의 상단이 100명 이하인 경우가 대부분이므로 1회 왕래하는 3척 정도의 배에는 5·6개의 상단이 함께 올 수 있는 것이다. 이것은 전기와 크게 다를 바 없으며, 오히려 2척 정도가 왔다고 하는『宋史』고려전의 기록보다 1척이 많았다.

G3은「三都賦」에서 강도를 설명한 부분으로 배, 상인, 매매와 관련된 언급들이 많다.[105] 이 기사를 통해 유추하건대, 예성항을 대신하여 송상들이 드나들었던 항구는 外賓을 맞이하거나 보내는 곳이었다고 하는 楓浦關이었을 것이다. 商船은 조세와 貢賦를 운반하는 공적 성격의 貢舶에 대비되는 사적인 장사 배이며, 닻을 내리고 매매하는 '뭇배'는 주로 일반 상인들의 것들이 많았겠지만, 송상의 배도 일부 포함되었을 것이다. 이와 더불어 "(구입한 물건을) 어깨에 메고 몇 걸음 안 걸어서 公府에 쌓여지고, 민가에 흘러 넘친다"는 것은 개경과 예성항의 거리가 40여 리나 떨어져서 소나 말을 이용해 힘들게 다녔던 것에 비해 江都는 항구와 가까워서 매우 편리해졌음을 말하고자 한 것이었다. 또한 비록 몽고와의 전쟁 중이었는데도 '한나라 시기의 부유함에 비교될' 만큼 풍요로웠다면 진귀한 물품에 대한 수요는 여전하였을 것이므로 송상이 계속 오는 것은 당연하다.

G4에서는 고려가 남송 및 일본과 교통을 한다는 몽고 황제의 힐책에 대해 고려는 처음에 그 사실을 부인하였으나, 행성이 잇달아 따지자 그것을 인정하였다고 한다.[106] 이 시기는 몽고에 대한 충성을 맹세하고 출

---

105) 江商은 강도에서 가까운 예성강·한강 일대에서 활약하는 상인일 것이다. 海賈는 海商과 같은 말로 바다를 무대로 한 상인일 것이므로 무역상을 뜻하며, 송상이 포구 가까운 곳에 거처를 마련하였다고 이해할 수도 있다. 다만 그들의 집이 언덕 위에 올망졸망하며 漁翁·鹽叟의 집들과 함께 있다는 것은 송상과 어울리지 않다.

류환도를 결정한 때였지만, 송상의 무역선이 여전히 江都를 드나들고 있었다.

이상의 자료를 보건대, 무신정권기에 송상들이 정기적이고 대규모로 오갔다는 점은 그 이전과 크게 다르지 않았다. 따라서 주로『高麗史』의 기록에 근거하여 명종대 이후에 거의 오지 않았다고 보는 견해는 재고되어야 할 것이다.[107] 고려에서 무신정변이 일어나 무신정권이 등장하고 몽고의 침입이 있는 등 정치·사회적인 변화는 있었지만, 송상이 해마다 고려를 오가는 방식은 그 전과 같았으며 배의 수는 그 전보다 늘어났다. 특별히 이 시기에 송상의 고려 무역이 크게 위축되었다고 이해할 이유는 없다.

2) 宋商과 武臣執政

무신정권기에 송상이 왔다는『高麗史』「世家」의 기사가 크게 줄었든 것은 분명한 사실이다. 그러나 그것이 곧 송상의 무역이 거의 행해지지 않았다는 근거는 되지 못한다. 이 시기 송상무역과 관련된 변화 가운데 눈에 띄는 것은 송상이 포함된 기사에 무신집정자가 함께 나타난다는 점이다. 다음의 기사는 그러한 상황을 알려주는 것이다.

H1. (熙宗 元年) 八月 宋商船將發禮成江 監檢御史安琬行 視闌出之物 得犯禁 宋商數人笞之 太甚 忠獻聞之 罷琬 又論不擇遣御史 罷侍御朴得文[108]

H2. (高宗) 十六年 初國家 授宋商人布令 買水牛角來 至是宋商買綵段以來 國家責違約 宋商曰 我國聞汝國 求水牛角 造弓 勑禁買賣 是以不得買來

---

106) 李康漢, 2007,『13~14세기 高麗-元 交易의 전개와 성격』, 서울大 國史學科 博士學位論文, 58~59쪽.

107) 백남운은 송 상인의 상박은 남송이 멸망하기까지 300년간 끊임없이 왔다고 하였다. 실증을 한 것은 아니지만, 송상 무역의 실체를 파악한 탁견이었다(白南雲, 앞의 책, 359쪽).

108)『高麗史』권21,「世家」, 熙宗 원년.

怡囚都綱等妻 取所買綵段剪裁 還與之 後宋商 獻水牛四頭 怡給人蔘五
十斤 布三百匹 怡私造御輦 以進輦 飾金銀錦繡覆以五色氈 窮極侈麗 王
嘆賞不已 賜監造大集成鞍馬衣服紅鞓 王以輦 駕水牛 道路爭觀[109]

H3. (元宗 元年) 冬十月 甲寅 宋商陳文廣等 不堪大府寺・內侍院侵奪 道訴
金仁俊曰 不予直而取綾羅絲絹六千餘匹 我等將垂槖而歸 仁俊等不能
禁[110]

H1에서는 예성항에 파견된 監檢御史 安琬이 고려를 떠나는 송상의
배를 조사하여 나라 밖으로 나가서는 안 되는 물품을 찾았으므로 해당자
들에게 벌을 주었으나 오히려 파면되었다. 안완은 감검어사로서 자신에
게 주어진 직무를 수행하고, 죄를 지은 송상에게 형벌을 가하였다. 그렇
지만 최충헌이 안완을 파직하고, 더 나아가 그를 지명해서 보낸 시어사
박득문까지 책임을 물은 것에서, 그의 막강한 권력이 확인된다.

그런데, 그가 이와 같이 원칙에 맞지 않는 인사조치를 취한 데는 송상
과 일정한 관련이 있었기 때문일 것이다. 즉, 송상이 금지된 물품을 가져
가도록 최충헌이 묵인하고 있었거나, 규정을 어긴 송상들이 최충헌의 비
호를 받고 있던 자들이었을 것이다. 하지만, 안완이 함부로 그들에게 태
형을 가했으므로 최충헌이 안완과 박득문에 대해 응징하였다고 생각된
다. 이러한 조치를 보고난 뒤 예성항에 새롭게 파견되었던 감검어사는
최충헌을 의식하면서 임무를 수행했을 것이다. 이 사건은 송상의 고려
무역에 최충헌이 영향을 끼치고 있음을 알려준다. 만약, 그 이전부터 그
러했다면, 그의 영향력은 더욱 커졌을 것이고, 그렇지 않았다 해도 이
사건을 계기로 송상들은 무역에서 편의를 얻기 위해 최충헌의 도움을 받
으려 했을 것이다.

H2에서는 布를 주고 水牛角을 사오라는 고려의 요구를 들어주지 않
은 송상에 대해 무신집정자인 崔怡가 보복을 행하고 있다. 송상으로서는

---

109)『高麗史』 권129, 崔忠獻傳附 怡.
110)『高麗史』 권25,「世家」元宗 원년 동10월 갑인.

수우각이 자국에서 금지한 물품이기 때문에 가져올 수 없는 것이었지만, 崔怡는 그러한 사정을 알고서도 그의 처를 가두고 수우각 대신 가져온 채단을 가위질해 버리는 강경한 조치를 했고, 결국 송상은 수우를 구하여 바치고[獻] 그 대가로 인삼 등을 받았다.

이 사료의 내용에서, 고려가 송상에게 포를 주고 수우각을 사오라고 했다거나, 송상이 수우 4두를 바치고 인삼과 포를 대가로 받는 것은 전형적인 무역의 과정이었다.[111] 전기에 송상의 국왕에 대한 진헌이 실제는 매매였던 것과 같이, 崔怡에 대한 헌상도 역시 비슷한 형식이었다. 다만 바치는 대상이 고려 국왕에서 崔怡로 바뀌었을 뿐이다. 그것은 송상을 위협했던 사람이 바로 崔怡였다는 점과 일맥상통하는 것이다. 송상이 崔怡의 위협에 굴복했던 것은 그렇지 않을 경우 고려에서 지속적으로 무역하기 어렵기 때문이었을 것이다. 고려에서의 원만한 무역을 위해서는 崔怡의 도움이 반드시 필요했던 것이다. 이 사건은 송상의 무역을 보호해주는 주체가 국왕에서 무신집정으로 바뀌었음을 보여준다.

H3에서는 1260년(원종 1) 송상 陳文廣 등이 무신집정인 金仁俊에게 값을 치르지 않고 綾羅·絲絹 6천여 필을 가져간 大府寺·內侍院의 侵奪에 대해 해결해줄 것을 호소하고 있다. 먼저, 송상이 두 官府에 6천여 필이라는 다량의 綾羅·絲絹을 침탈당했다는 점이 주목된다.[112] 이것은 송상이 가져온 물품의 일부였으므로 그들이 한 번에 가져오는 물품이 매우 많았다는 것을 알려준다. 그리고 大府寺·內侍院에 綾羅·絲絹 등의 값을 받지 않고 준 것은 관청을 믿었기 때문으로 송상 진문광 등이 고려에 자주 왔다는 사실과 관련된다. 이 기사는 1260년에도 송상의 무역이 활발하게 지속되었다는 근거가 될 수 있을 것이다.

---

111) 처음에 약속을 지키지 않아 최우의 보복을 받은 송상은 뒤에 송에 다녀와서 수우 4마리를 바치고 인삼 50근과 포 300필을 받으므로써 적지 않은 이익을 얻게 되었다(홍희유, 주 61) 책, 110쪽).

112) 金庠基, 주 1) 논문, 55쪽.

무신집정과 송상과의 관계에서 흥미로운 것은 송상들이 김인준에게 억울함을 호소하고 있다는 점이다. 고려의 官府가 막대한 양의 옷감을 송상으로부터 사들이고 그 값을 치르지 않아 송상들이 경제적으로 큰 손해를 보게 되자 힘있는 사람에게 호소해서 문제를 해결하려 한 것은 당연하다. 大府寺는 財貨廩藏을 관장하는 관청이었고[113] 내시원은 국왕을 근시하는 내시들의 관서였으니[114] 두 기관 모두 직간접으로 고려 국왕과 연결되어 있었다. 따라서 송상은 고려 국왕을 찾아가야 했지만, 그렇게 하지 않고 무신집정 김인준을 만나 문제를 해결하려 하고 있다. 이것은 송상들이 자신들이 처한 곤란한 처지를 풀어줄 사람은 국왕이 아니라 김인준이었다고 생각했기 때문이다.

무신정권기에도 여전히 송상의 고려 무역은 계속되고 있었다. 그러나 그 이전에 송상과 관련된 가사에서 국왕이 자주 등장하던 것과 달리 이 시기에는 무신집정이 중심 인물로 기록되어 있다. 송상들은 고려에서 무역상의 편의를 제공받기 위해서 권력에 의지하지 않을 수 없었던 만큼 무신정변 이후 새로운 후원자로서 무신집정자를 선택할 수 밖에 없었다. 무신집정들은 그들의 무역을 보호해주는 대신, 의례를 통해 권위를 높이는 효과와 무역의 우선권 및 그 이익 등과 같은 그 이전에 국왕이 누려왔던 實益을 가질 수 있었다. 무신정권기에 왕권이 위축되었을 뿐만 아니라 무역에 관한 권한도 무신집정에게 내주었던 것이다.

한편 무신들이 무역상의 이익을 추구하는 데 적극적이었다는 것은 아래의 사례에서 찾을 수 있다.

---

113) 『高麗史』 권73, 「百官志」 1 大府寺.
　　安秉佑, 2002, 「財政構造의 成立」 『高麗前期의 財政構造』, 서울대출판부, 33
　　~34쪽.
114) 金甫桃, 2002, 「高麗前期 內侍의 構成과 役割」 『韓國史學報』 13.
　　金載名, 2002, 「高麗時代의 內侍—그 別稱과 構成을 중심으로—」 『歷史敎育』
　　81.

I1. (宋有仁) 進叅知政事 舊例 宰相奉使如金 其傔從有定額要市利者賂使銀數
　　斤然後得行內侍郞中崔貞爲生日回謝使有仁囑一奴令帶去時貞以貨得者已
　　滿數不能補奴恃主勢遂行金人檢還之貞還坐免[115]

I2. (明宗 13年 8月) 是月 兩府宰樞奏 每歲奉使如金者 利於懋遷 多齎土物 轉
　　輸之弊 驛吏苦之 夾帶私憤 宜有定額 違者奪職 詔可 居無何 將軍李文
　　中・韓正修等 使金恐失厚利 請復舊例 王又許之 王柔而寡斷 政令無常
　　朝出暮改 類多如此[116]

I1은 1178년 경의 기사이다. 참지정사가 된 송유인이 금에 가는 사신
인 내시낭중 최정의 傔從으로 자신의 노를 포함시키고자 하였지만, 이미
정원을 채워 갈 수 없게 되자 불법으로 노를 사행에 참여시켰는데, 금이
확인하여 그 노를 되돌려 보냈다는 내용이다. 금에 파견되는 사행은 사
신과 수행원 모두에게 막대한 이익이 보장된 것이었다.[117] 송유인은 무
반 출신이며, 이 시기에 그는 정중부의 인척으로서 당시의 실세였다. 그
는 자신의 노를 사신의 겸종으로 보내어 무역의 이익을 얻고자 했으나
실패하였다. 그가 무반 출신으로서 무신정권 이전에는 상상할 수조차 없
는 참지정사에 오르고 많은 녹봉과 전시를 받게 되었지만, 여전히 이익
을 얻기 위해 자신의 노를 사행 무역에 참여시키고자 했으며 뜻대로 되
지 않자 불법적으로 사행에 참여시켰던 것이다.

I2에서는 1183년 8월에 兩府宰樞가 금에 사절로 가는 자가 너무 많은
짐을 가져가는 폐단을 없애고자 정해진 액수 이상을 가져가지 못하게 할
것을 건의하였다. 하지만, 將軍 李文中・韓正修 등이 사신이 되자 자신
들이 얻을 이익이 적어질 것을 염려하여 예전의 방식대로 돌아갈 것을
청하여 허락을 받았다. 사신으로 적합하지 않은 무반 관인의 사신 임명
은 무신정권기에 나타난 새로운 현상이었다. 그들이 사신으로 가려고 했

---

115) 『高麗史』 권128, 鄭仲夫傳附 宋有仁 및 『高麗史節要』 권12, 明宗 8년 3월.
116) 『高麗史』 권20, 「世家」 明宗 13년 8월.
117) 朴漢男, 1995, 「북방민족과의 관계」 『한국사』 15, 국편위, 365쪽.

던 것은 사행을 통해 많은 이익을 얻고자 해서였다. 무신정변이 성공한지 13년이 지난 李義旼 정권하에서, 구례로 회복해달라는 장군 李文中·韓正修의 요청은 국왕에게 큰 부담이 되었을 것이다. 이 기사는『高麗史』찬자가 명종의 우유부단함과 과단성 없음을 비판하기 위해 넣은 것이지만, 정작 흥미를 끄는 것은 정해진지 얼마되지 않은 왕의 명령을 바꿀 수 있었던 무신들의 힘과 그들이 무역의 이익을 얻는 일에 관심을 갖고 있었다는 점이다.

I1에서는 송유인이 자신의 노를 금에 가는 사행의 겸종으로 참여시켜 무역의 이익을 얻으려 했고, I2에서는 사신으로 결정된 장군 李文中·韓正修 등이 국왕에게 물품 휴대의 제한을 풀 것을 요구하여 더 많은 이익을 얻고자 하였다. 방식은 다소 다르지만 공통적으로 무신정권기의 무신들이 사행 무역에 참여하여 경제적 이익을 얻으려 했음을 보여준다. 장군 이문중·한정수 등은 불리해진 규정을 바꾸기도 하였다. 이러한 행동이 무신들의 속성이라고 할 수 없으나, 그들이 무역에 관심이 많았다는 것만은 확실하다.

이러한 상황에서 武臣執政은 무역상의 가장 큰 이권의 하나였던 송상에 대한 권리를 가졌던 것 같다. 외국에서 무역을 하는 송상들의 입장에서는 해당 국가 권력자들의 도움이 필수적이었다.[118] 고려전기에는 국왕이 송상을 보호해주고, 그 대가로 정치적 권위와 경제적 이익을 얻었지만, 무신정변이 일어난 뒤 어느 시기부터 무신집정이 국왕을 대신하여 그러한 역할을 하고, 국왕이 누려왔던 특권을 차지하게 되었다.

이와 같은 변화로 명종 이후『高麗史』의 기록에서 '송상이 왔다'거나 '송상이 진헌했다'는 기사가 갑자기 줄어들게 된 것 같다. 進獻과 渡來 기사가 기록되었던 「世家」는 기본적으로 국왕과 관련된 것이 중심이었다. 의종대까지는 송상들이 고려에 와서 최고 권력자인 국왕을 만나고

---

118) 山內晋次, 주 62) 논문, 204쪽.

때로는 진귀한 물품을 진헌하였으므로 「世家」에 많이 기록될 수 있었다. 그러나, 무신정변 이후에도 송상은 그 이전처럼 고려를 오갔지만, 송상들이 더 이상 그들을 보호해주지 못하는 국왕을 자주 만나지 않았기 때문에 송상의 기록도 적어질 수 밖에 없었던 것이다. 무신정권기 송상 기록의 급격한 감소는 송상의 보호자가 국왕에서 무신집정으로 바뀐 데 따른 것이므로, 그들의 활동이나 왕래가 적어졌던 것이 원인이라고 설명해서는 안 될 것이다.

4. 맺음말

『高麗史』와 『高麗史節要』에는 송상이 고려에 와서 국왕에게 진헌한 일 등이 많이 기록되었다. 이것은 송상들이 예성항과 개경을 중심으로 활발한 무역을 했다는 사실을 알려주는 주요한 근거임이 분명하다. 그러나 이와 같은 불완전한 송상에 관한 기록을 토대로 왕래 횟수와 상인의 수 등에 대한 통계를 낸 뒤 그러한 일이 있게 된 원인과 역사적 배경을 설명하는 것은 옳지 못하다.

실제로 송상에 관한 고려시대 문집과 중국의 사료를 검토한 결과, 『高麗史』에 기록되지 않은 수 많은 宋商의 都綱을 찾을 수 있었으며, 그들은 거의 정기적으로 고려를 왕래했다는 사실이 확인되었다. 그리고 배의 승선인원과 상단의 평균 인원을 고려할 때 상단은 둘 이상이 왔을 가능성이 높으며, 송상은 고려가 제공한 객관에서 해를 넘길 만큼 장기간 체류하다가 다음 상인들과 교대하였다. 고려 사람들은 적어도 개경에서 만큼은 언제든지 송상과 무역할 수 있었고, 때로는 원하는 물품을 주문하는 방식으로 구매할 수도 있었다. 따라서 송상의 고려 무역은 기존의 견해보다 훨씬 왕성했던 것으로 평가해야 한다.

송상은 고려에 와서 외국인으로서 무역하는 것이었기 때문에, 그들의 매매를 보호해줄 권력이 필요했다. 무신정권 이전에 송상이 고려 국왕을 만나고 진헌하는 것은 국왕의 권위를 높여주는 것일 뿐 아니라 물품을 주고 대가를 치르는 매매의 한 방식이기도 했다. 이 시기에 송상과 관련된 일에 고려 국왕이 자주 등장하는 것은 최고 권력자로서 국왕의 위상과 더불어 그가 바로 송상의 보호자이자 후원자였음을 보여주는 것이다.

그런데 무신정변이 일어난 뒤 『高麗史』에 송상에 관한 기사가 크게 줄어든 것을 근거로 무역이 위축되었다고 하는 견해는 송상이 반복적이고 지속적으로 고려를 오갔다는 것을 알려주는 기록들이 적지 않으므로 올바른 이해가 아니다. 이 시기에 고려가 정치적 혼란과 전쟁을 겪고 심지어 강도로 천도한 위기 상황이었지만 송상의 무역은 이전과 다름없이 여전히 계속되고 있었다. 다만, 송상과 권력의 관계는 이전과 달리 국왕이 아니라 무신집정과 더욱 밀접해졌다. 정권을 잡은 무신집정이 송상을 보호해주는 대가로 생겨나는 利益을 갖게 되었던 것이다. 명종대 이후 『高麗史』「世家」에 '송상이 왔다'거나 '송상이 진헌했다'는 기사가 거의 없었던 것은 그들이 오지 않았던 것이 아니라 무신정권기에 국왕이 송상으로부터 소외되었던 사정 때문이었다.

제4장
高麗·宋의 外交와 宋商往來

1. 머리말

高麗時代에 宋商의 배는 南宋이 멸망하기까지 3백여 년간에 걸쳐 거의 끊임없이 開京의 관문인 禮成港을 찾아왔다고 한다.[1] 그것을 증명하는 것이 『高麗史』와 『高麗史節要』에 기재된 수많은 송상들의 來獻 기사이다.[2] 아울러 송상들은 그들의 본업인 무역 이외에도 公文書의 傳達 등 외교적 활동을 하였다. 가장 대표적인 사례로 宋 神宗의 명령을 받은 羅拯·黃愼 등의 泉州 상인들이 고려와 송이 외교 관계를 재개하는데 큰 역할을 했던 일을 들 수 있다.[3]

1) 白南雲, 1937, 「商業及商業資本」『朝鮮封建社會經濟史』, 改造社.
2) 『高麗史』 등의 宋商에 관한 사료를 정리하여 <宋商來航表>를 만들고 宋商의 活動을 설명하는 것은 1930년대 金庠基에 의해 처음 시도된 이후 많은 연구자들이 같은 방식의 연구를 하여왔지만 若干의 事例를 더했을 뿐이며, 대체로 최초의 성과와 크게 다르지 않았다. 이 장에서는 편의상 선학의 대표적 연구만을 제시하였다. 그밖에 송상에 관한 연구는 본서 제1장 주 1)을 참조하기 바란다.
   金庠基(a), 1937, 「麗宋貿易小考」『震檀學報』7 ; 1948, 『東方文化交流史論攷』, 乙酉文化社, 59~64쪽.
   金庠基(b), 1959, 「高麗前期의 海上活動과 文物의 交流—禮成港을 중심으로—」『국사상의 제문제』4 ; 1974, 『東方史論叢』, 서울대출판부, 447~453쪽.
3) 宋商의 외교적 활동에 대해서도 金庠基가 처음 지적한 이래 많은 宋商의 연구자들이 비슷한 언급을 하였으며, 그 가운데 宋晞와 山内晋次의 연구가 비교적 잘 정리되어 있다.
   金庠基, 주 2)a 논문, 51~52쪽.
   金庠基, 주 2)b 논문, 442쪽.
   宋晞, 1979, 「宋商在宋麗貿易中的貢獻」『中朝關係史論文集』1, 從徐福到黃遵憲, 時事出版社, 247~250쪽.

이와 같이 송상이 자주 왕래했다는 것과 양국의 외교에 송상이 기여했다는 것을 밝혀낸 것은 고려시대 貿易史 및 外交史에 중요한 연구 성과였으나, 양자를 구별하여 연구하였으므로 송상의 활동에 대한 더 많은 사실을 놓치게 되었다는 점이 아쉽다. 그 까닭은 지나치게 '宋商'이라는 문구에 매달려 직접적으로 송상들에 의해 使節의 교환이나 외교적 문서 전달이 이루어진 것만을 송상의 외교적 활동에 포함했기 때문이다. 중국 동북지역에 遼·金 王朝가 있어서 고려와 송의 사람들이 상대국에 갈 때 육로 통행 불가능했고 오직 배를 타고 서해를 건너야 했다면, '宋商'이라는 기록의 유무에 관계 없이 바다를 건너는 일은 당대에 해상 무역을 주도하던 송상의 도움을 받거나 그들의 배를 이용했을 것이라고 생각한다.

따라서 본고는 양국을 왕래한 공식 사절과[4] 外交文書의 傳達, 漂流民

倪士毅·方如金, 1982,「宋代明州與高麗的貿易關係及交其友好往來」『杭州大學學報(哲學社會科學版)』12-2, 87쪽.

朴眞奭, 1996,「11~12世紀宋與高麗的貿易往來」『長白叢書 中朝關係史研究論文集』, 吉林文史出版社, 124~125쪽.

山內晋次, 1996,「東アジア·東南アジア海域における海商と國家―10~13世紀を中心として覺書―」『歷史學研究』681 ; 2003,『奈良平安期日本とアジア』, 吉川弘文館, 206~208쪽.

4) 본고에서 使臣보다는 使節이라는 용어를 자주 사용한 것은 송의 國信使와 고려의 進奉使 등이 많은 일행과 함께 왕래했기 때문이며, 내용상 '사절단'이라는 표현이 더 정확하겠지만 편의상 사절로 서술할 것이다. 아울러 서술 과정에서 公式 使節과 非公式 使節이라는 표현을 사용하였다. 이러한 용어를 사용한 先學들도 그에 대한 명확한 개념적 정의는 하지 않았는데(黃時鑒, 1997,「宋-高麗-蒙古關係史에 관한 일고찰―「收刺麗國送還人」에 대하여―」『東方學志』97, 2~3쪽 및 申泰光, 2000,「北宋變法期의 對高麗政策」『東國史學』37, 95쪽), 本稿의 2장에서 주로 서술할 公式 使節은 皇帝의 임명을 받아 詔書나 下賜品을 고려 국왕에게 전하는 國信使·弔慰使·祭奠使·册封使·册命使와 고려의 朝貢使·進奉使·謝恩使 등을 포괄한다. 송의 사절이 오면 고려의 국왕은 송 황제의 조서를 받는 성대한 의례를 행하였다. 반면 주로 3장에서 서술할 非公式 使節은 고려나 송이 양국의 소식을 전하거나 漂流民과 포로를 送還하는 경위를 담은 牒을 전달하는 등

의 送還에 송상의 배가 활용된 것을 확인하고, 거기서 더 나아가 송상이
라고 기재되어 있지 않는 유사한 사례와도 비교하여 그 역시 송상과 깊
은 관계가 있었음을 밝히고자 한다. 그 결과는 이제까지 찾아냈던 것보
다 훨씬 많은 송상이 고려에 왔다는 사실을 설명해줄 것이다. 송상왕래
에 대한 史料의 해석은 엄격해야 하지만, 때로는 정황적 증거를 통해 폭
넓게 이해하는 것이 실체를 파악하는 데 유용한 방법이 된다.

2. 宋·高麗 使節의 往來와 宋商

고려와 송은 962년에 國交가 개시되었고 이후 거란의 압력에 의해 단
교되었다가 1071년에 다시 復交가 이루어졌다. 외교관계가 지속되는 동
안에는 양국의 많은 사절들이 외교적 임무를 띠고 상대국으로 파견되었
다.5) 그런데, 양국의 사절은 배를 이용해 서해를 건너가야만 했으므로
사신의 파견이 결정되면 국가는 배를 준비하고 그것을 運航할 뱃사람들
을 모집하였다. 宋 使節의 일원으로 1123년에 고려에 왔던 徐兢은 그러
한 과정을 자세히 기록해놓았다.

A1. 臣側聞神宗皇帝 遣使高麗 嘗詔有司 造巨艦二 一曰凌虛致遠安濟神舟 二
   日靈飛順濟神舟 規模甚雄 皇帝嗣服 羹墻孝思 其所以加惠麗人 實推廣熙
   豐之績 爰自崇寧 以迄于今 荐使綏撫 恩隆禮厚 仍詔有司 更造二舟 大其
   制而增其名 一曰鼎新利涉懷遠康濟神舟 二曰循流安逸通濟神舟 巍如山
   嶽 浮動波上錦帆鷁首 屈服蛟螭 所以暉赫皇華 震懾夷狄 超冠今古 是宜
   麗人 迎詔之日 傾國聳觀 而歡呼嘉歎也6)

단순한 일을 하기 위한 사절이기 때문에, 高麗 國王의 迎接 儀禮도 간소하게 치러
졌을 것이다.
5) 고려와 송의 사절왕래에 관해서는 다음의 연구가 가장 자세하다.
   朴龍雲, 1995·1996, 「高麗·宋 交聘의 목적과 使節에 대한 考察」『韓國學報』
   81·82 ; 2002, 『高麗 社會의 여러 歷史像』, 신서원.

A2. 舊例 每因朝廷遣使 先期委福建兩浙監司 顧募客舟 復令明州 裝飾略如神
舟 具體而微 其長十餘丈 深三丈 闊二丈五尺 可載二千斛粟 其制 皆以全
木巨枋 搓疊而成 上平如衡 下側如刃 貴其可以破浪而行也 其中分爲三處
前一倉 不安艎板 唯於底安竈與水櫃 正當兩檣之間也 其下 卽兵甲宿棚
其次一倉 裝作四室 又其後 一倉謂之廎屋 高及丈餘 四壁施窗戶 如房屋
之制 上施欄楯 采繪華煥 而用帟幕增飾 使者官屬 各以階序分居之[7]

A3. 宣和 四年 壬寅 春三月 詔遣給事中路允迪 中書舍人傅墨卿 充國信使副
往高麗 秋九月 以國王俁薨 被旨 兼祭奠弔慰而行 遵元豐故事也 … (宣
和) 五年癸卯春二月十八日壬寅 促裝治舟 … 夏五月三日乙卯 舟次四明
先是 得旨以二神舟 六客舟兼行 十三日乙丑 奉禮物入八舟[8]

A1은『高麗圖經』의 神舟에 관한 기사이다. 宋은 고려에 보낼 사절을
태우기 위해 신주를 만들었다. 신종 때에는 그 명칭을 '凌虛致遠安濟神
舟'와 '靈飛順濟神舟'라고 하였으며, 徽宗 때에는 '鼎新利涉懷遠康濟神
舟'와 '循流安逸通濟神舟'라고 하였다.

A2는 舊例에 매양 송의 朝廷이 사신을 보낼 때 먼저 福建·兩浙의
監司에 위임하여 客舟를 모으고, 다시 明州에 명령하여 장식하게 하는데
대략 神舟와 같으나 具體는 조금 작아서 가히 2千斛의 粟을 실을 정도였
다고 한다. 그리고 그 배의 倉庫와 房은 개조되어 무기를 두고 使者의
官屬 등이 지내도록 만들었다.

A3은 송의 사절단이 황제의 명령을 받아 고려로 출발하는 과정을 기
록한 것이다. 1122년 3월에 給事中 路允迪과 中書舍人 傅墨卿을 각각
國信使와 副使로 고려에 가게 하였으나 9월에 고려 예종이 薨하자 元豐
故事에 준하여 祭奠·弔慰使를 겸하게 하였다. 그 후 1123년 2월에 裝
備를 재촉하고 배를 꾸몄으며, 5월 3일에 배가 四明에 머물렀다. 이에
앞서 황제의 旨를 받아 神舟 2척과, 客舟 6척이 겸행하였으며, 13일에

---

6)『高麗圖經』권34,「海道」1, 神舟.
7)『高麗圖經』권34,「海道」1, 客舟.
8)『高麗圖經』권34,「海道」1, 招寶山.

禮物을 배에 실었다고 하였다. 1123년에 고려에 왔던 송 사신의 일행은 신주를 포함해 모두 8척의 배로 왔다. A1~3의 기사를 통해서 송의 사절단이 탈 신주와 객주의 크기와 구조, 그것을 운행할 海商들의 모집과 준비 등을 알 수 있다.

그 가운데 주목되는 것은 皇帝의 공식 사절이 타는 신주의 운행을 송상이 담당하였다는 점이다. 神舟는 황제의 사절을 태우는 배로 송과 고려가 외교를 재개한 이후 처음으로 송에서 고려에 가는 國信使인 安燾 일행을 태우고 갈 배로 宋 神宗 元年인 1078년에 처음 만들어졌다.[9] 그것은 송 황제의 특명에 의해 건조된 대형선박으로 중형 객주 약 3배 크기의 거대한 목선이었다.[10] 특히 국신사 일행을 태우기 위해 만들어졌다든지, 규모가 거대했다든지 하는 것은 神舟가 특별한 배였다는 것을 알려준다. 신주는 자주 운행하지 않아서 전문적인 선원이 배정되지 않았을 것이며 國信使・祭奠使・弔慰使 등 황제의 공식 사절이 고려에 가게 될 때 임시로 선원을 모집하였다. 그와 더불어 해상들의 배를 꾸며 객주로 만들었으며, 운행은 그 배의 주인이 담당하였을 것이다.

송의 공식 사절이 고려를 왕래하기 위해서는 송상들의 도움이 없어서는 안되었다. 무역을 위해 송과 고려를 왕래하던 송상만큼 海路를 잘 알고 있는 자들이 드물었기 때문에 그들을 활용하는 것은 지극히 당연한 일이었다. 그런데, 『高麗圖經』의 내용에 의하면, 신주의 운행에 참여하는 송상은 노역을 하고, 무역을 할 수 없어서 손해를 보는 것처럼 보인다.

하지만, 송상도 공식 사절의 일행에 참여함으로써 이익이 되는 점도 있었다. 예를 들어 國信使 安燾 일행은 1078년 6월 甲寅日에 禮成港에

---

9) 『續資治通鑑長編』 권289, 神宗 元豊 元年 3월 정해.
10) 申採湜, 1997, 「10~13세기 東아시아의 文化交流─海路를 통한 麗・宋의 文物交易을 中心으로─」『中國과 東아시아世界』, 국학자료원, 72쪽.

도착하였다가 같은 해 7월 乙未日에 귀환하여 총 42일간 머물렀고,[11]
1123년에 고려에 왔던 송의 사절은 6월 12일에 예성항에 도착하고 7월
15일에 출발하여[12] 한 달 넘게 체류하였다. 이처럼 오랜 기간 사신이
고려에서 임무를 수행하는 동안 송상은 고려 사람들과 무역할 수가 있었
다. 1078년에 신주를 만들고 國信使 일행을 運送할 사람들을 모집하자
福建과 兩浙의 해상들이 뇌물을 써서 참여하고자 했다는[13] 기사는 그들
에게 유리한 점이 많았음을 알려준다. 또한 1123년에 신주 2척과 객주
6척에 타고 왔던 송상들이 동시에 예성항에 정박하여 무역을 했던 것은
宋 都綱의 來獻 貿易과 비교하여 상상하기 어려운 매우 큰 규모였다.

송상들이 고려에 가는 송나라 사절의 운항에 참여하였다는 사실은 다
음의 기사를 통해서도 확인된다.

> B1. 哲宗 元祐 元年 二月 丙午 詔祭奠弔慰高麗國王所管句舟船客人 船主梢
> 工虞際 與三班借職 盛崇・李元積 與大將[14]

B1에서 1086년 2월에 宋 哲宗은 詔書를 내려 高麗國王─文宗─의
祭奠・弔慰使를 管句했던 舟船 客人인 船主梢工 虞際에게는 三班借職
을[15] 주고 盛崇・李元積에게 大將을 주도록 하였다.[16] 褒賞으로 관직을

---

11) 『高麗史』 권9, 「世家」 文宗 32년 6월 갑인.
    『高麗史』 권9, 「世家」 文宗 32년 추7월 을미.
12) 『高麗圖經』 권39, 「海道」 6, 禮成港.
13) 『續資治通鑑長編』 권289, 神宗 元豐 元年 5월 갑신.
14) 『續資治通鑑長編』 권369, 哲宗 元祐 元年 윤2월 병오.
15) 三班借職은 송의 무반 최하위직의 하나였다(『宋史』 권169, 「職官志」 9, 武臣三班
    借職至節度使敍遷之制).
    三班은 五代 이래 하위 武官들을 지칭하는 말로, 供奉官・殿直・承旨를 통칭한
    것이다. 이들은 唐 중기 이래 생긴 供奉官・殿直・承旨에 宦官이 임명되어 외부
    의 군대에 파견되어 감독하는 역할 등을 수행하였는데, 五代에는 환관 대신 황제
    와 가까운 藩鎭 출신 등 인물이 임명되고 황제 측근인 樞密使의 아래에서 군대
    감독 등의 임무를 수행하여 황제의 독재체제 확립과 관련해 중요시되었다. 이후

받은 세 명의 海商들은 1084년 8월에 고려에 도착했던 祭奠使 左諫議大夫 楊景略과 弔慰使 右諫議大夫 錢勰 일행이 타고 왔던 배를 운항하였다.[17] 이 기사는『高麗圖經』에서 徐兢이 설명한 것처럼 황제의 사신과 그 일행이 타는 神舟와 客舟를 운영하는데 해상들이 참여하고 있었다는 사실을 확인시켜 준다. 그리고 이원적은 고려에 자주 왔던 도강이었으므로[18] 虞際·盛崇 등도 都綱이었을 것이며, 그밖에 泉州商人 郭敵도 확인된다.[19] 이 때에 많은 도강이 참여했던 것으로 보아 신주 이외에 객주도 많이 왔을 것이다. 이처럼 弔慰使와 祭奠使 일행의 운행에 참여한 宋商의 도강들에게 송 조정이 官爵을 주는 것은 일종의 노역에 대한 대가였다. 고려에 사절을 싣고왔던 송상들은 예성항에서 무역하는 기회를 얻는 것과 더불어 고려와의 外交에 기여한 공을 인정받아 송 조정의 官爵을 받는 영광을 누리기도 했다.

어쨌든 1071년에 송과 고려의 외교가 재개된 뒤, 고려에 오는 송의 공식 사절은 송상의 배를 모집하여 신주를 운항하고 객주로 꾸며 이용하였다. 그러므로 송의 공식 사절이 왔다는 것은 송상이 왔다는 것이다. 그것도 송의 배 가운데 매우 큰 배인 신주를 포함해 객주가 함께 왔으므

송대에는 內諸司로 승진하는 武官 寄祿官의 최하부로서 內殿承制(정8품 상당)에서 三班借職(종9품 상당)에 이르는 10階의 三班使臣을 형성하였다. 송초에 供奉官 이상은 內殿崇班, 殿直 이상은 각각 左右侍禁이 두어지고, 殿前承旨는 三班奉職으로, 借職承旨는 三班借職 등으로 바뀌었다(梅原郁, 1985,「宋代の武階」『宋代官僚制度研究』, 同朋舍, 105~120쪽 및 友永植, 1983,「唐·五代三班使臣考」『宋代の社會と文化』, 汲古書院 ; 友永植, 2005,「五代內官考」『史學論叢』35, 38쪽).

16)　近藤一成, 2001,「文人官僚蘇軾の對高麗政策」『史滴』23, 18쪽.

17)　『高麗史』권10,「世家」宣宗 元年 추8월 갑신.

18)　李元積은『高麗史』에 3차례 왔던 기록이 있으며(朴玉杰, 앞의 논문, 46쪽), 대각국사 義天과 宋 僧侶 淨源의 서신에 등장하는 宋商이었다(崔柄憲, 1991,「大覺國師 義天의 渡宋活動과 高麗·宋의 佛敎交流」『震檀學報』71·72합, 360~361쪽).

19)　『續資治通監長編』권350, 神宗 元豊 7년 12월 정해.

로 이들이 왔을 때 고려의 禮成港에는 많은 배가 머물면서 교역을 했다
고 여겨진다.

11세기 후반 이후에 송상이 고려에 파견되는 송의 사절이 탄 배를 운
항했음이 분명하다. 그런데, 이러한 사실이 문종의 대송통교 이전 사절
의 왕래에도 적용될 수 있는지를 살펴보자.

C1. 光宗 13年 冬 遣廣評侍郎李興祐 如宋 獻方物[20]
C2. (光宗 14年) 冬12月 宋遣册命使時贊來 在海遇風 溺死者九十人 贊獨免
王特厚勞之[21]

D1. 開寶 九年 佃遣使趙遵禮 奉土貢 以父沒當承襲 來聽朝旨 授佃檢校太
保・玄菟州都督・大義軍使 封高麗國王[22]
D2. (景宗 元年) 冬十一月 宋遣左司禦副率于延超 司農寺丞徐昭文 册王 爲光
祿大夫 檢校太傅・使持節玄菟州諸軍事・玄菟州都督・大順軍使・食邑
三千戶[23]

C1은 962년 겨울에 고려의 사신 廣評侍郎 李興祐가 宋에 가서 方物
을 바쳤다는 것이다. C2는 그에 대한 答訪으로 宋이 册命使 時贊을 보냈
으나 바다에서 바람을 만나 90여명이 익사했다는 내용이다.[24]

D1에서는 976년 9월에[25] 景宗이 즉위하고 使臣 趙遵禮를 보내 土貢
을 바치면서, 아버지—光宗—가 죽고 자신이 承襲하였으므로 朝旨를 내
려줄 것을 청하자 송은 경종을 檢校太保・玄菟州都督・大義軍使・高麗
國王으로 册封하였다. D2는 976년 11월에 宋이 左司禦副率 于延超와
司農寺丞 徐昭文을 보내 경종을 光祿大夫・檢校太傅・使持節玄菟州諸

---

20) 『高麗史節要』 권2, 光宗 13년.
21) 『高麗史』 권2, 「世家」 光宗 14년 동12월.
22) 『宋史』 권487, 高麗傳.
23) 『高麗史節要』 권2, 景宗 元年 동11월.
24) 『高麗史』 권2, 「世家」 光宗 14년 동12월.
25) 정확한 年月은 朴龍雲, 앞의 논문, 151쪽에 의거한 것임.

軍事·玄菟州都督·大順軍使·食邑三千戶에 책봉했다는 것이다.

C와 D의 사료는 각각 光宗代와 景宗代 고려·송 사절의 왕래를 보여준다. 두 사례를 통해 고려가 사신을 보내 册命을 청하면 송은 사절을 보내 책봉을 하는 형식으로 외교가 진행되었음이 확인된다. 당시 거란이 요동지역을 점령하고 있었으므로 양국의 사신들은 해상의 배를 이용하여 서해를 횡단하였을 것이다. 송 황제와 그의 명령을 받들어 고려에 가는 사절의 권위를 과시하기 위해 만든 신주는 1078년에 비로소 만들어졌으므로 그 이전에는『高麗圖經』의 객주 기사와 같이 해상의 배를 잠시 빌려서 황제의 사신이 타고 가는 배로 꾸며서 갔다고 생각된다.

이미 羅末麗初 한반도와 중국의 여러 국가에서 사절을 파견할 때는 使舶을 쓰는 대신에 商舶에 편승시켰던 적이 있고, 또 國書의 전달을 商舶에 의탁했던 적도 있다.[26] 송이 중국을 통일했다고 해서 갑자기 사절의 왕래 방식에 변화가 있었을 것 같지는 않다. 그렇다면 963년부터 993년까지 10차례에 걸쳐 고려에 파견된 송의 사신은[27] 송상의 배를 타고 왔거나 적어도 宋商의 도움을 받아 왔을 것이다. 이것은 송상이 10세기 후반에도 여러 차례 고려에 왔다는 증거가 될 것이다. 이 시기에도 고려를 왕래하던 송상이 고려에 가는 송의 사절에게 배를 제공하고, 바다를 건너는 데 도움을 주었다고 이해된다.

참고로 900년에서 1150년에 이르기까지 日本에 왔던 中國 海商을 정리한 연구에 의하면, 중국의 해상은 五代와 宋의 잇따른 왕조 교체에 약간은 영향을 받았지만 지속적으로 일본에 왔다고 한다.[28] 상식적으로

---

26) 日野開三郎, 1960,「羅末三國の鼎立と對大陸海上交通貿易(一)」『朝鮮學報』16 ; 1984,『日野開三郎 東洋史學論集―北東アジア國際交流史の研究(上)―』, 三一書房, 52쪽.

27) 金庠基, 주 2)a 논문, 69~70쪽.
   朴龍雲, 앞의 논문, 161~162쪽.

28) 山內晋次의 <900~1150年 中國海商의 來航狀況表>에 의하면, 중국 海商이 왔다는 기록은 900年代에 總 27回가 남아있는데, 가장 오랜 간격은 959年에서 979

이 시기에 日本을 자주 왕래하던 송상이 있었는데 특별히 지리적으로
일본보다 가까운 고려를 기피해서 왕래하지 않았을 리 없다. 그런 점에
서 1012년 10월에 "南楚人 陸世寧 등이 와서 方物을 바친" 것을[29] 宋商
이 고려에 처음 왔다고 이해하는 것은[30] 재고되어야 한다. 그것은 현재
남아 있는 기록상의 가장 오래된 것일 뿐이며[31] 실제로는 그 보다 오래
전부터 송상이 고려를 왕래하였을 것이다.

　한편, 고려의 사절도 송상의 배로 중국에 가는 사례가 있었다. 蘇軾이
고려와의 외교를 반대하는 글 가운데에서 고려 사절이 閩商 徐積의 舶
船을 따라 왔다고[32] 한 것과 같이 고려의 사절이 송상의 배를 이용한
경우가 많았다.[33] 예를 들면, 1071年의 金悌가 黃慎의 嚮導로 송에 도착
했고,[34] 1080年에 柳洪과 朴寅亮이 탄 배도 중국의 배였다고 하며[35]
1090년 7월에 고려의 사신 李資義[36] 등이 고려에서 장사하고 송으로 되

　　年까지 20年間이었다(山內晋次, 1989,「莊園內密貿易說に關する疑問—11世紀
　　を中心として—」『歴史科學』117 ; 2003,『奈良平安期日本とアジア』, 吉川弘
　　文館, 142～147쪽).
29)『高麗史』권4,「世家」顯宗 3년 동10월 병오.
30) 金庠基가 1012년에 宋商이 최초로 渡來했다고 주장한 이래 거의 모든 학자들이
　　이에 동의하고 있다(金庠基, 주 2)a 논문).
31) 顯宗 때부터 宋商의 來獻 기사가 나타나는 것은 거란의 2차 침입 때 契丹軍이
　　京城을 함락하고 宮闕에 불질러 서적이 모두 타버렸고, 그후 黃周亮이 조서를 받
　　들어 訪問하고 採撥하여 太祖에서 穆宗에 이르는『七代事跡』36卷을 撰集하여
　　바쳤다는 사실과 관련될 것 같다(『高麗史』권95, 黃周亮傳). 목종 이전에 宋商의
　　왕래 기사도 함께 滅失되었으며, 後代에 黃周亮이『七代事跡』을 편찬할 때 상대
　　적으로 중요도가 떨어지는 송상에 관한 기사를 생략했을 가능성이 있다.
32)『蘇軾文集』권34,「論高麗買書利害箚子」.
33) 金庠基, 주 2)a 논문, 71～72쪽.
34) 山內晋次, 주 3) 논문, 208쪽.
　　近藤一成, 앞의 논문, 6쪽.
35) Michael C. Rogers, 1991,「Notes on Koryo's relations with Sung and Liao」『震檀
　　學報』71・72합, 321～322쪽.
36)『高麗史』에는 1090년 7월에 戶部尙書 李資義와 禮部侍郎 魏繼廷이 謝恩兼進奉
　　을 위해 송에 갔다는 기록이 있다(『高麗史』권10,「世家」宣宗 7년 추7월 계미).

돌아가던 商人 李球의 배를 이용하여 송에 갔다.[37]

이와 관련하여 宋은 1085년 9월에 勅을 내려 諸蕃으로 송상의 배에 附隨하여 入貢하거나 商販을 원하는 경우에 허락하도록 하였다.[38] 諸蕃에는 고려도 포함되었을 것이므로 고려의 사신 일행이 송상의 배를 타고 송에 가는 것은 합법적이었다. 일찍이 1058년에 문종이 大船을 만들어 송과 通交하려다가 內史門下省의 반대로 중단한 바가 있었는데,[39] 1071년에 對宋通交 이후 고려는 직접 배를 만들어 서해를 건너는 것보다는 송상의 배를 활용하는 것이 더 유리하다고 판단하여 송상의 배를 자주 이용했던 것 같다. 다만 983년(성종 2)에 交聘의 사절에게 무역을 겸하게 하고 外交的 名分 없이 貿易만을 위해 가는 것을 없애자는 崔承老의 건의를[40] 보건대, 高麗初期 사신들은 고려의 배로 왕래했을 것이다.

요컨대, 1071년에 송과 고려의 외교가 재개된 이후에 송 황제의 使節團은 신주와 더불어 객주를 타고 고려에 왔고, 그것을 운행하는 사람들은 고려를 왕래하던 해상들이었으며 객주는 해상들의 배를 직접 운항하는 것이었다. 그들은 예성항에 도착한 뒤 사절이 사명을 수행하는 동안 고려 사람들과 무역에 종사했을 것이며, 여러 배가 동시에 왔으므로 무역의 규모도 컸을 것이다. 그리고 송상이 고려에 가는 송 사절에게 배를 제공하고 운항의 책임을 맡는 일은 10세기 후반에도 마찬가지였을 것이다. 사료상 분명한 증거는 없지만, 그 때는 신주가 없어서 송상의 배를 황제의 사신이 타고 갈 배로 바꾸는 일이 가장 효율적일 뿐 아니라 서해 해로에 익숙한 그들의 전문성을 활용하는 일이었기 때문이다. 또한 10세기 후반에 고려에 왔던 송의 공식 사절이 송상의 도움을 받아 왔다면,

---

37) 鮑志成, 1995,「蘇東坡와 高麗」『한중문화교류와 남방해로』(조영록편), 국학자료원, 92쪽.
38) 『蘇軾文集』권31,「乞禁商旅過外國狀」.
39) 『高麗史節要』권5, 文宗 12년 8월.
40) 『高麗史』권93, 崔承老傳.

송의 사절이 왔다는 기록은 송상왕래를 증명하는 정황적인 증거가 된다. 그것은 현재 알려진 것보다 훨씬 일찍부터 宋商이 고려를 왕래했음을 알려준다.

3. 宋·高麗의 外交 文書 傳達과 宋商往來

1071년에 高麗와 宋이 외교를 재개하는데 송상이 중요한 역할을 했다는 사실은 잘 알려져 있다. 특히 송의 執權 新法黨과 연결된 羅拯·黃愼 등 천주 상인이 크게 활약하였으며,[41] 그 이전에 문종의 송에 대한 우호적인 태도를 송의 조정에 전하여 송 神宗이 고려에 通交를 제의하는 계기를 만든 것도 송상이었다.[42] 이처럼 고려를 왕래하는 송상들은 무역 이외에 외교 사절의 역할을 하기도 했다.

그런데 우리 나라와 중국의 문헌에는 非公式 使節들의 왕래 기록이 많이 남아 있다.[43] 만약 그들의 활동이 송상의 배를 이용했다면 송상의 왕래에 관한 더 많은 자료를 찾을 수 있게 된다. 따라서 양국 외교 사절의 왕래를 宋商과 관련하여 정밀하게 추적해볼 필요가 있다. 먼저 송상과 관계 없어 보이는 비공식 사절의 왕래를 검토해보자.

E1. (文宗 32年 夏4月) 辛未 宋明州敎練使顧允恭賚牒來報 帝遣使通信之意 王曰 敢期大朝降使外域 寡人一喜一驚 凡百執事 各揚爾職館待之事 罔有闕遺 勤謹著能者 當行超擢怠劣 有過者 別論貶黜[44]

---

41) 鄭修芽, 1995,「高麗中期 對宋外交의 再開와 그 意義—北宋 改革政治의 수용을 중심으로—」『國史館論叢』61, 111쪽.

42) 李鎭漢, 2008,「高麗 文宗代 對宋通交와 貿易」『歷史學報』200, 255쪽.

43) 山內晋次는 宋商의 정치외교적 활동에 대해 송 황제의 詔旨 전달, 둘째 송의 정치 정보 전달, 송의 군사정보 전달, 공문서의 전달, 고려 사절의 搭載 및 嚮導, 고려 정부의 注文品 조달 등으로 정리하였다(山內晋次, 주 3) 논문, 206~209쪽).

44)『高麗史』권9,「世家」文宗 32년 하4월 신미.

E2. (文宗 32年) 6月 甲寅 宋國信使 左諫議大夫安燾 起居舍人陳睦等 到禮成江[45]

F1. (宣宗 2年 3月) 戊戌 宋密州報 帝崩 皇太子卽位[46]

F2. (宣宗 10年 2月) 甲寅 宋明州報信使 黃仲來[47]

G1. (睿宗 16年 3月) 宋遣姚喜來[48]

G2. (睿宗 17年(仁宗 卽位年) 6月) 丁未 宋持牒使進武校尉姚喜等六十九人 來[49]

E1은 1078년 4월에 宋의 明州敎練使 顧允恭이 牒을 가져와서 송 황제가 사신을 보내 通信하겠다는 뜻을 전하자, 문종이 기뻐하며 맞을 준비를 잘 할 것을 지시했다는 내용이다. 이어 E2에서는 그해 6월에 宋의 國信使인 左諫議大夫 安燾와 起居舍人 陳睦 등의 일행이 禮成江에 도착하였다. 1078년 4월에 宋이 明州敎練使를 보내 송의 國信使가 올 것이라고 알린 것은 고려에서 송의 사신을 맞을 준비를 할 여유를 주려는 뜻이었다. 송 사절이 고려에 갈 때는 登州 또는 明州 지방의 관리가 報牒使 혹은 商船便으로 고려에 사정을 전달하였던 것이다.[50]

송이 國信使 등 공식 사절을 파견하면서 그 전에 별도의 비공식 사절을 보내 그 事情을 통지하는 것이 보편적이었다면, 國信使를 제외한 弔慰使・祭奠使・册封使와 같은 다른 사절을 보낼 때도 같은 절차를 거쳤을 것이다.[51] 그러므로 공식 사절이 왔던 기록을 근거로 비공식 사절의

『高麗史節要』 권5, 文宗 32년 하4월.
45) 『高麗史』 권9, 「世家」 文宗 32년 6월 갑인.
46) 『高麗史』 권10, 「世家」 宣宗 2년 3월 무술.
47) 『高麗史』 권10, 「世家」 宣宗 10년 2월 갑인 및 『高麗史節要』 권6, 宣宗 10년 춘2월.
48) 『高麗史節要』 권8, 睿宗 16년 3월 및 『高麗史』 권14, 「世家」 睿宗 16년 3월 을사.
49) 『高麗史』 권15, 「世家」 仁宗 卽位年 6월 정미.
50) 金庠基, 주 2)a 논문, 69~70쪽.
51) 송의 황제가 임명한 國信使, 弔慰使, 祭奠使 등은 公式的인 使命이 있으며, 사신

왕래를 추정할 수 있다.

F1은 1085년에 송의 密州가 황제의 崩御와 皇太子의 즉위를 알려주었다는 내용이다. F2는 1093년 2월에 송의 明州報信使 黃仲이 왔다는 기사이다. 報信이 '소식을 알린다' 또는 '通信'의[52] 뜻이 있으므로 E1의 '通信之意'를 전하러 왔던 사신과 같이 報信使는 송에서 고려에 알릴 문서를 가져왔다고 생각된다. 때문에 密州와 明州에서 왔던 두 사신은 황제가 보낸 공식 사절처럼 높은 지위는 아니었을 것이다.

G1은 1121년 3월에 송이 姚喜를 고려에 보냈다는 기사이고, G2는 1122년에 宋의 持牒使 進武校尉 姚喜 등 69인이 왔다는 것이다. 두 해에 걸쳐 연이어 고려에 왔던 姚喜는 進武校尉였으며, 이 관직은『宋史』「職官志」에 의하면 紹興 以後 武散階 가운데 최하위의 하나였다.[53] 姚喜가 武散階와 더불어 持牒使라는 職衛을 가졌으므로 관인이었던 것은 확실하지만, 그 지위는 매우 낮았다.

F와 G의 사료는 송에서 明州敎練使, 報信使, 持牒使 등이 왔다는 기록인데, 公式 使節에 비해 사신으로서의 지위가 낮았다. 이들이 國信使가 이용했던 신주를 탈 수는 없었으므로 신주와 함께 왔던 객주처럼 송상의 배를 사절이 타는 배로 꾸며 왔다고 이해된다. 신주를 타고 왔다고 해도 배의 운항은 송상의 도움을 받았을 것이다. 그러므로 송의 비공식 사절이 왔다는 기사도 송상의 왕래와 관련되었다고 할 수 있다.

그런데 송상의 배를 이용했다거나 송상의 도움을 받았던 것 이상으로

의 관직은 중앙의 고위직이었다. 그런 점에서 1079년 7월에 文宗의 風痺를 치료할 약을 가져왔던 閤門通事舍人 王舜封 등이나(『高麗史』 권9,「世家」文宗 33년 추7월 신미) 1084년 8월에 왔던 祭奠使 左諫議大夫 楊景略과 弔慰使 右諫議大夫 錢勰 등이 오기 전에 사전에 통지하는 사절이 왔을 것이다(『高麗史』 권10,「世家」宣宗 元年 추8월 甲申). 그리고 公式 使節이 神舟를 타고 고려에 왔다는 것은 1079년의 國信使와 1123년의 祭奠使・弔慰使의 파견에서 확인된다.

52) 諸橋轍次, 『大漢和辭典』(3卷), 219쪽, 土部 9劃 '報'.

53) 『宋史』 권169,「職官志」 9, 紹興以後階官.

송상이 외교에 역할을 했던 사례가 있다. 다음의 기사는 송상이 직접 사신이 되어 고려에 왔던 사례를 보여준다.

H1. (睿宗 15年 秋7月) 宋 遣承信郎許立 進武校尉林大容等來 及還 王欲許階上祭見 起居注韓冲·左司諫崔巨麟·侍御史崔洪略等 諫曰 今詔使 本商人 嘗到我國 與市井人販賣 而又秩卑 於傳詔日拜階上 已是過謙 今宜拜階下 從之[54]

H2. (仁宗) 元年 春正月 宋使許立來[55]

H1은 1120년 7월에 宋이 파견한 承信郎 許立과 進武校尉 林大容 등이 고려에 왔다는 것이다. 그가 돌아갈 때 睿宗이 階上에서 祭見할 것을 허락하고자 했으나 起居注 韓冲·左司諫 崔巨麟·侍御史 崔洪略 등이 "지금의 詔使는 본디 商人으로 일찍이 우리 나라에 도착하여 市井人과 더불어 販賣하였고 또 官秩도 낮으므로 詔書를 전하는 날에 階上에서 拜했던 것은 이미 지나치게 겸손했던 것이니 이제는 마땅히 階下에서 拜하게 하소서"라고 諫하자 왕이 따랐다고 한다.[56] H2는 1123년 7월에 송의 사신 許立이 왔다는 기사이다.

韓冲 등의 간언에 의하면 1120년에 왔던 許立은 그 이전에 고려에 와서 무역을 하던 宋商 出身이었음이 분명하다. 송이 고려를 왕래하는 해상이었던 許立에게 사명의 임무를 맡기고 承信郎이라는 最下位 武散階를[57] 제수하여 권위를 부여하고자 했던 것 같다. 그러나 韓冲 등은 그의 본 출신이 상인이며 官秩이 낮은 것 등을 들어 階上에서 拜하는 것을 반대하였다. 고려에 사신으로 왔던 허립은 본래 송상이었으며, 그가 무

---

54) 『高麗史節要』권8, 睿宗 15년 추7월.
55) 『高麗史節要』권9, 仁宗 元年 춘정월.
56) 한편 「世家」에는 宋이 보낸 承信郎 許立·進武校尉 林大容 등이 왔다는 것만 기록되었다(『高麗史』권14, 「世家」睿宗 15년 추7월 임술).
57) 승신랑은 政和武臣寄祿格階官으로 舊官의 三班借職에 해당하는 최하위 관계의 하나였다(『宋史』권169, 「職官志」9, 政和武臣寄祿格階官).

산계를 제수받았다고 해도 이후에 송상으로 활약하였을 것이다. 이와 같이 송상이 직접 송의 사신 역할을 했던 것은 몇 사례가 더 있다.

I1. (仁宗 6年) 三月 丁亥 宋綱首蔡世章 賫高宗卽位詔來[58]

I2. (仁宗 16年 3月) 宋商吳迪等六十三人 持宋明州牒來報 徽宗皇帝及寧德皇后鄭氏崩于金[59]

I3. (毅宗 16年 3月) 宋都綱侯林等 四十三人來 明州牒報云[60]

I4. (毅宗 17年 秋7月) 乙巳 宋都綱徐德榮等 來獻 孔雀及珍翫之物 德榮 又以宋帝密旨 獻金銀合二副 盛以沈香[61]

I1은 1128년 3월에 宋의 綱首 蔡世章이 高宗의 卽位 詔書를 가져왔다는 기사이다.[62] I2는 1138년 3월에 宋商 吳迪 등 63인이 왔고 宋 明州의 첩을 가져와 徽宗皇帝 및 寧德皇后 鄭氏가 金에서 崩하였음을 알려왔다는 것이다.[63] I3에서는 宋 都綱 侯林 등 43인이 왔으며 明州가 보낸 牒報를 전하고 있다. I4는 1163년 7월에 宋都綱 徐德榮 등이 孔雀 및 珍翫之物을 바쳤고, 徐德榮이 宋 皇帝의 密旨로 沈香을 담은 金銀合 2副를 바쳤다고 한다.[64]

I1~4는 송상이 사신으로서 고려에 왔던 사례이다. 특히 그들은 고려와 송의 외교관계가 단절된 상황에서 비공식적으로 외교 업무를 수행하여 양국의 우호적인 관계를 유지시키는 데 기여하였다.[65] 사신의 임무를 띠고 온 송상은 대체로 綱首 또는 都綱이었으며, 송의 사절이 고려에

---

58)『高麗史』권15,「世家」仁宗 6년 3월 정해.

59)『高麗史』권16,「世家」仁宗 16년 3월.

60)『高麗史』권18,「世家」毅宗 16년 3월.

61)『高麗史』권18,「世家」毅宗 17년 추7월 을사.

62) 金庠基, 주 2)a 논문, 51~52쪽.

63)『高麗史』권16,「世家」仁宗 16년 3월.

64) 須田英德, 1997,「高麗後期における商業政策の政策—對外關係を中心に—」『朝鮮文化研究』4, 29쪽.

65) 黃時鑒, 앞의 논문, 2~3쪽.

가는 것을 돕는 것이 아니라 스스로 사신이 되어왔던 것이다. 아울러 그
들이 했던 임무에 대해 '賚高宗卽位詔來', '持宋明州牒來報', '明州牒報'
등으로 표현된 것은 F~G기사의 '持牒使'나 '報信使'의 내용과 거의 같
기 때문에 그 사신들도 송상이었을 가능성이 높다. 고려를 왕래하는 송
상이 외교 사신의 역할을 하거나 문서 전달의 일을 수행했다는 점은 아
래의 기사를 통해서도 확인된다.

> J1. 神宗 元豊 7년 10월 癸未 密州商人平簡爲三班差使 以三往高麗 通國信
>   也[66]
> J2. 本府 與其禮賓省 以文牒相酬酌 皆賈舶通之[67]

  J1에서는 1074년 10월에 密州 商人 平簡을 三班差使로 삼았는데, 세
번 고려에 가서 國信을 통했기 때문이라고 한다.[68] 密州는 산동반도 남
쪽에 있으며 登州와 더불어 北線航路의 주요 항구로서 北宋 時期에 자
주 이용되었다.[69] 관직을 받은 平簡은 密州를 근거로 고려를 오가던 海
商의 都綱이었을 것이다. 三班差使는 流外官이 일정 기간 奉職後 임명되
는 最下位 官職의 하나였으며,[70] 그에게 관직을 제수한 까닭은 세 번이
나 고려를 오가며 國信을 통했기 때문이었다. 해상이 외교적 활동에 기
여하였고, 황제는 그것을 포상하여 관직을 주었다. 사후에 송상에게 관

---

66) 『續資治通鑑長編』 권349, 神宗 元豊 7년 10월 계미.

67) 『寶慶四明志』 권6, 市舶.

68) 森克己, 1959, 「日宋麗連鎖關係の展開」 『史淵』 41 ; 1975, 『續日宋貿易の硏究』,
    國書刊行會, 398~399쪽.
    陳高華・吳泰, 1981, 「各貿易港口的發展狀況」 『宋元時期的海外貿易』, 天津人民
    出版社, 102~103쪽.
    近藤一成, 앞의 논문, 18쪽.

69) 倪士毅・方如金, 앞의 논문, 86쪽.

70) 『宋史』 권169, 「職官志」 9, 流外出官法.
    三班差使는 紹興 年間 以後의 進武校尉에 해당하는 것으로, 三班借職(종9품 상
    당) 다음의 品外職이다(梅原郁, 앞의 논문, 109쪽).

직을 제수했던 것은 조정의 일을 도와준 것에 대한 褒賞이었으며, 앞서
武散階 등을 지니고 왔던 경우는 사신의 임무를 원만하도록 돕기 위해
사전에 준 것이다. 하지만, 어느 경우이든지 進武校尉·承信郎·三班借
職·三班差使 등의 최하위 관계와 관직을 제수한 것은 그들이 상인이었
다는 점을 감안한 것이었다.

J2는 南宋 때 明州인 慶元府에 관한 기록으로[71] '慶元府는 高麗의 禮
賓省과 文牒으로서 주고 받는데 모두 賈舶으로서 통한다'고 하였다.[72]
賈舶은 운송의 객체를 표현한 것이고, 그것을 운행하는 주체는 송상의
우두머리인 도강이었으므로 고려를 왕래하던 宋 都綱이 兩國의 文牒을
고려의 예빈성과 명주에 각각 전달하였던 것이다. 이 기사에 따르면, 일
상적으로 일어나는 외교적 사안에 대해 양국이 송상을 이용하여 업무를
처리하였음을 알 수 있다. 그것은 사서에 남아있지 않은 많은 외교적 일
들이 송상을 통해 해결되었다는 뜻이다.

그밖에 송이 보내는 官人이 송상의 배를 타고 왔던 일도 있었다. 다음
의 기사는 그러한 내용을 담고 있다.

K1. (文宗 28年 6月) 宋楊州醫助敎馬世安等八人來[73]

K2. 故登仕郎檢校大醫少監李君 諱坦之 世爲益陽人 少習蕭相法律 比壯頗
曉醫藥 會中國名醫官 隨商舶 至東土 主上下制 簡擇名家子 往習其術
公亦預其選 而深得其妙焉 越著雍困敦歲 適有北狄來侵境土 … [74]

---

71) 張東翼, 2000,「高麗·宋의 政治·外交에 관한 記事」『宋代麗史資料集錄』, 서울
대출판부, 120~124쪽.

72) 宋晞, 앞의 논문, 165쪽.
陳高華·吳泰, 1981,「海外貿易與宋元時期中外友好聯系及文化交流」『宋元時期
的海外貿易』, 天津人民出版社, 226쪽.
近藤一成, 앞의 논문, 13쪽.

73)『高麗史節要』권5, 文宗 28년 6월.

74)「李坦之墓誌銘」, 127쪽.

K1은 1074년 6월에 宋의 楊州醫助教 馬世安 등 8인이 왔다고 하였다. 송은 문종의 風痺를 치료하기 위하여 통교 이후 많은 醫官을 보냈는데 1072년 6월에 醫官 王愉·徐先이 왔고,[75] 1079년 7월에 宋의 閣門通事舍人 王舜封과 翰林醫官 邢慥·朱道能·沈紳·邵化 등 88인이 와서 藥을 주었다.[76] 그후 馬世安은 1080년 7월에 다시 왔으며,[77] 1081년 7월에 宋 皇帝의 節日을 맞아 문종은 마세안이 머무는 館에서 잔치를 베풀고 그에게 致賀와 禮幣를 내려주었다.[78] 송의 公式 使節과 非公式 使節 왕래에 송상의 배가 이용되었던 것과 같이 馬世安도 분명히 배를 타고 왔을 것이다.

K2의 檢校大醫少監 李坦之(1086~1152)의 묘지명은 馬世安을 비롯한 송의 의관들이 宋商의 배를 타고 왔음을 보여준다. 李坦之는 어려서 蕭相의 法律을 익혔고, 조금 자라서는 의약에 자못 밝았는데, 마침 中國의 名醫官이 商舶을 타고 東土에 이르자 主上이 명령을 내려 名家의 자제를 간택하고 가서 그 의술을 배우게 하였고, 그도 거기에 뽑혀 그 신묘함을 깊이 체득하였다고 한다. 그가 의술을 배운 시기는 1108년(著雍困敦歲: 무오년, 예종 3년) 이전이었을 것이다.

李坦之에게 의술을 가르친 중국의 의관은 商舶을 타고 왔다고 하였으니, 1072년 6월에 왔던 王愉·徐先도 같았다고 추정할 수 있다. 왜냐하면 그 때는 神舟가 없어서 상선을 타고 오거나 아니면 상선을 임시로 황제 사절의 배로 개조한 客舟를 타고 왔을 것이기 때문이다. 같은 이유로 醫官 馬世安도 송상의 배를 타고 왔을 것이다. 아울러 1110년 6월에 예종이 乾德殿에 납시어 宋 明州가 보낸 女樂 2인을 召見하였다고 하였는데,[79] 예종이 만난 女樂도 역시 고려에 올 때는 송상의 배편에 함께

---

75) 『高麗史節要』 권5, 文宗 26년 6월.
76) 『高麗史節要』 권5, 文宗 33년 추7월.
77) 『高麗史節要』 권5, 文宗 34년 추7월.
78) 『高麗史節要』 권5, 文宗 35년 3월.

왔을 것이다.

이상에서 논증한 바에 의하면 송에서 고려에 왔던 非公式 使節 및 지위가 낮은 관인 등이 모두 송상의 배를 타고 왔으며, 송상이 사신의 역할을 한 때도 많았다. 이러한 사례를 모두 송상의 왕래로 보고 송상의 내헌 기사와 함께 헤아릴 경우에 송상왕래 횟수는 크게 늘어나게 될 것이다.

한편 고려가 송에 사신을 보내거나 문서를 전달하고자 했을 때 송상이 도움을 주었음은 다음의 기사를 통해 알 수 있다.

L1. (神宗 熙寧 8年 3月) 丙午 江淮發運使羅拯言 泉州商人傅旋持高麗禮賓省帖 乞借樂藝等人上批 … 80)
L2. (睿宗 8年) 9月 遣西頭供奉官安稷崇 如宋 禮賓省移牒 明州曰 去年 六月進奉使金緣 回諭 來歲 又當禋祀 申覆國王 遣使入朝 以觀大禮 已今 有司備辦 忽母后薨逝 未遑遣使 以達情禮81)
L3. (紹興 6年 冬10月 壬辰) 高麗將入貢 先遣持牒官金稚圭 · 劉待擧來 朝廷懼其共與金人爲間 是月 詔賜稚圭等銀帛各百匹兩 及衣帶器幣而遣之 于是稚圭至明州而反82)
L4. (紹興) 三十二年 綱首徐德榮至明州言 本國欲遣賀使 有旨令守臣韓仲通許之 …83)

L1은 1075년 3월에 江淮發運使 羅拯은 泉州商人 傅旋이 樂人 · 藝人 등을 보내줄 것을 청하는 高麗 禮賓省의 帖─牒─을 가져왔다고 말했다고 한다. L2에서 1113년 9월에 西頭供奉官 安稷崇이 송에 가서 예빈성의 첩을 明州에 전달하였는데, 그 내용은 갑자기 母后가 薨逝하여 송 황제가 초청한 고려의 사신을 보낼 수 없게 되었다는 것이었다. 安稷崇이

---

79) 『高麗史節要』 권7, 睿宗 5년 6월.
80) 『續資治通鑑長編』 권261, 神宗 熙寧 8년 3월 병오.
81) 『高麗史節要』 권8, 睿宗 8년 9월.
82) 『建炎以來繫年要錄』 권53, 紹興 6년 동10월 임신.
83) 『寶慶四明志』 권6.

叅外職인[84] 西頭供奉官으로 송에 갔던 것을 보아 공식 사절은 아니었고, 태후의 상을 당해 사신을 파견할 수 없게 된 사정을 명주에 알리러 갔던 것으로 여겨진다.

L3은 高麗가 장차 송에 入貢하기 위해 먼저 持牒官 金稚圭·劉待舉를 송에 보냈으나, 송 조정이 금과 틈이 벌어질 것을 우려하여 허락하지 않고 銀帛 각 100필 등을 하사하여 보냈고, 金稚圭는 명주에서 되돌아왔다고 한다.[85] 金稚圭는 고려가 공식 사절을 보낼 것이라는 첩을 전하러 갔으므로 그다지 지위가 높지 않았을 것이다.[86] L4는 1162년에 綱首 徐德榮이 송이 강토를 회복한 것을 하례하는 사절을 고려가 보내고자 한다는 뜻을 알렸고, 守令 韓仲通이 조정의 旨를 받고 허락하였다는[87] 것이다.[88]

L1~4까지의 내용은, 고려가 송에 알릴 것이 있을 때 예빈성이 명주에 첩을 보냈고, 비교적 낮은 지위의 관인이나 송의 상인들이 첩을 가져갔다는 사실을 보여준다. 고려의 安稷崇과 金稚圭, 송상 傅旋과 徐德榮 등이 했던 일은 고려에 왔던 송의 持牒使나 報信使와 비슷하다. 그런데 송상이 첩을 가져간 것은 제외하고, 安稷崇과 金稚圭 등이 명주에 첩을

---

84) 이 때 安稷崇은 宋의 皇帝가 睿宗에게 下賜한 大晟新樂을 받아 돌아왔고, 뒤에 權知閣門祗候로 승진하였다(「安稷崇墓誌銘」, 59쪽).
85) 『高麗史』에 이와 관련된 상세한 기록이 있는데, 대략적인 내용은 다음과 같다. "金稚規·劉待舉를 宋의 明州에 보내 첩에 이르기를 '요즘 商客 陳舒가 公憑을 가져와 고려가 송과의 외교에 대해 어떻게 생각하고 있는지를 물어 오라 했는데 고려는 금과의 원한을 맺지 않고 송과의 우호도 유지하고 싶다'라고 하였다. 이에 明州가 고려에 첩을 보내서 '송이 병사를 일으켜서 고려의 길을 빌려 금을 치고자 하는 것은 吳敦禮의 개인적인 의견에 불과하니, 금의 의심을 살만한 일을 하지 말라'고 하였다"(『高麗史』권16, 「世家」仁宗 14년 9월 을해).
86) 그의 관직이 기록되지 않은 것도 그의 낮은 지위와 깊은 관련이 있을 것이다.
87) 그러나 고려에서 사신을 보내려는 계획은 반대가 있어 이루어지지 않았다(姜吉仲, 1990, 「南宋과 高麗의 政治外交와 貿易關係에 대한 考察」『慶熙史學』16·17 합, 174~176쪽).
88) 張東翼, 앞의 책, 339쪽.

전하러 갔을 때 어떤 배를 이용했는지 분명하지 않다. 李資義 등 고려의 공식 사절이 송상을 이용했으므로 그 보다 격이 낮은 사절들은 별도의 배를 운항하기 보다는 송상의 배에 편승해서 갔을 것이다. 왜냐하면 송상의 배를 타고 다녀오는 것이 훨씬 안전하고 편리하며 경제적이었기 때문이다.[89] 송상 가운데는 기록상 郭滿과 徐德英(榮)과 같이 5차례나 왕래한 자도 있고, 黃助와 徐成은 각각 160일과 140일만에 고려에 다시 왔다.[90] 이러한 점을 고려하건대, 굳이 고려의 사절이 별도의 배를 준비할 이유가 없었던 것이다.

요컨대 송과 고려의 비공식 사절들이 모두 송상의 배를 이용했다고 할 경우, 송상왕래 횟수는 더욱 많아지게 된다. 게다가 상당수는 송상의 來獻 때와 비공식 사절이 왕래한 때가 겹쳐지지 않아서, 그 만큼 왕래 횟수는 더욱 많이 늘어나게 될 것이다. 그것은 이제까지의 來獻 기사를 중심으로 송상왕래를 연구하는 것이 매우 한계가 많은 것임을 알려준다.

4. 宋의 高麗 漂流民 送還과 宋商往來

고려와 송 사이의 漂流民 送還은 해상의 활동과 관련된 중요한 기사이다. 고려 무역사의 선구적 업적을 남긴 선학은 상선으로 추정되는 배가 송의 주요 貿易港인 登州와 明州에 표류한 기사가 많다는 점을 고려인의 海上活動이 활발했다는 근거로 제시하였다.[91] 그러나 표류한 고려인이 무역상이었다는 직접적인 표현이 없으며, 명주에 漂着하는 경우가 많았던 것은 해류에 의한 것일 뿐 고려 해상의 활동이라고 보기는 어렵다는 비판이 제기되기도 하였다.[92] 그러나 본고의 관심은 표류민이 어

---

89) 『寶慶四明志』 권6.
90) 全海宗, 1989, 「高麗와 宋과의 交流」 『國史館論叢』 8, 17~18쪽.
91) 金庠基, 주 2)b 논문, 459~460쪽.

떤 사람이었는지가 아니라 그들이 어떻게 고려에 귀환하였는지에 대한 것이다. 다음의 기사는 표류한 고려 사람들에 대한 송의 구호 조치와 더불어 귀환의 방법을 보여준다.

M1. (咸平 3年 冬10月) 庚午 … 時明州又言 高麗國民池達等八人 以海風壞船 漂至鄞縣 詔付登州給資糧 俟便遣歸其國[93]

M2. (紹興 4年 秋7月) 辛未 高麗羅州島人光金與其徒十餘人泛海 詣泉州 風折其檣 泊泰楚州境上 詔付沿海制置使郭仲荀養贍 伺便舟還之[94]

M3. (眞宗 天禧 4年) 2月 丙午 明州言 高麗夾骨島民闊達 以風漂 舟至定海縣岸 詔本州存問 給渡海糧遣還 自今有此類 準例給遣訖以聞[95]

M4. 臣竊惟自中興南渡 聲敎與西北罕接 惟麗倭二國 介于東南海隅 猶知向慕本朝 至今通商 … 又有高麗境內船隻 忽遇惡風 時亦飄至台溫福建慶元界分 萬里流落 尤爲可念 臣兩歲之間一再見之 遂從有司每名日給白米二升 其倭人則俟同綜船隻之回載與同歸 麗人則俟此間商人入麗 優給錢米使歸其國 無非所以廣朝廷之仁心 仁聞於遠人也 但自本司行之 終恐難繼此來欲望朝廷行下市舶司 立爲定例 … [96]

M1은 1000년 10월 경에 高麗國民 池達 등 8人이 해풍에 배가 부서져 明州 鄞縣에 표류해오자, 조서를 내려 그들을 登州로 옮겨 資糧을 주고 배 편을 기다려[俟便] 歸國하게 하였다는 것이다. M2는 1134년 7월에 高麗 羅州 사람 光金과 그 무리 10여인이 바다를 건너 泉州에 오다가 바람에 돛대가 부려져 泰州와 楚州의 경계에 도착하자, 조서를 내려 沿海制置使 郭仲荀이 먹을 것을 주고 배편을 엿보아[伺便舟] 돌아가도록 했다는 것이다.

M1과 M2는 모두 배가 부서진 채 고려 사람만이 중국 해안에 표착한

---

92) 李鎭漢, 2005,「高麗前期 對外貿易과 그 政策」『九州大學 韓國硏究センタ―年報』 5, 86~87쪽; 본서 제2장.

93)『續資治通鑑長編』권47, 咸平 3년 동10월 경오.

94)『建炎以來繫年要錄』권78.

95)『續資治通鑑長編』권95, 眞宗 天禧 4년 2월 병오.

96)『許國公奏議』권4,「奏給遭風倭商錢米以廣朝廷 柔遠之恩亦於海防密有關係」

것이며, 먹을 것을 주어 소생시키고 배편을 기다려 귀국시키고 있다. 이러한 방식은 남송의 曾鞏이 明州를 맡았을 때 고려 託羅國 사람 崔擧 등이 바람으로 인해 배를 잃고 표류하여 泉州界에 표착한 뒤 구조되고 명주로 이동하여 배편을 기다려 고려로 귀국하도록[候有便船 却歸本國]하였다는 것과 일치한다.[97] 배를 잃고 표류한 고려인에게 양식 등을 주어 생명을 구한 뒤, 배편을 기다려 그들이 귀국하도록 한 것이다.

M3의 사례는 배가 온전한 채 표착한 경우에 대한 송의 구조 조치이다. 1020년 2월에 명주가 "高麗 夾骨島 사람 闊達이 바람으로 漂流하여 定海縣 해안에 이르렀다"고 보고하자 조서를 내려 明州가 存問하고 바다를 건너는데 필요한 양식을 주어 돌려 보내도록 했으며, 지금부터 이와 유사한 일이 있으면 예에 따라 양식을 지급하고 그 일을 마친 후 보고하도록 하였다. 역시 비슷한 사례로 1016년 10월에 명주에 명령을 내려 飄風 때문에 해안에 도착한 新羅舟를 存撫하고 사람들에게 양식을 주며, 바람이 순해지기를 기다려 되돌려 보내도록 하였다는 기사가 있다.[98] 1016년에 신라는 이미 고려에 통합되었으므로 新羅舟는 고려의 배를 뜻한다. 배와 사람이 함께 표류한 때에는 구호 양식을 주고 본국으로 돌아가게 하는 것이 보통이었던 것 같다.

결국 표류한 고려 사람들이 귀국하는 방법은 두 가지인데, 하나는 고려에 가는 해상의 배를 타고 귀국하는 것이고, 하나는 자신이 타고 왔던 배로 귀국하는 것이었다. 전자는 배를 잃은 사람들에게 해당되고, 후자는 배가 무사한 때에 적용되었는데, M4의 자료에 모두 담겨있다. 이 기사의 출전은 남송의 재상 吳潛(1196~1262)이 1231년부터 1258년 사이에 올렸던 각종 건의를 정리한 『許國公奏議』의 일부로 沿海制置大使判 慶元府를 지내며 경험한 표류민에 관한 건의를 싣고 있다.[99] 고려와 왜

---

97) 『曾鞏集』 권32, 「存恤外國人請著爲令箚子」.
98) 『宋大詔令集(眞宗)』 「令明州存撫新羅舟飄風至岸者詔」 大中祥符 9년 2월 무오.

두 나라가 동남의 海隅에 介在해 송을 向慕하여 지금까지 通商을 하고
있는데, 고려 경내의 船隻이 갑자기 惡風을 만나 台州·溫州·福建·慶
元의 지역에 漂流한 것을 두 해 동안 한두 번 보았고,[100] 그러한 일이
생기면 有司로 하여금 매 1명당 하루에 白米 2升을 주고, 고려 사람들은
상인이 고려에 들어갈 때를 기다리거나[俟此間商人入麗] 또는 錢米를
주어 귀국하게 했다고 한다.

원양항해의 경험이 없는 표류민이 자신의 배를 타고 가도록 하는 것
은 위험한 일이었지만, 귀중한 재산인 배를 버리고 갈 수는 없기 때문에
귀국하는 동안에 필요한 식량을 주어 되돌려 보내는 것이 합당하다.[補]
반면에 배가 부서진 채 표류한 사람은 어쩔 수 없이 다른 사람의 배 편
에 의지해 고려로 귀환해야 했는데, 그들이 기다렸다가 이용한 배편이
무엇이었는지를 아는데 다음의 기사가 참고된다.

N1. (高宗 16年 2月) 乙丑 宋商都綱金仁美等二人 偕濟州飄風民梁用才等二
    十八人來[101]
N2. 開慶 元年 四月 綱首范彦華至自高麗 賚其禮賓省牒 發遣被擄人升甫馬
    兒智就三名回國 … (六年) 三月 發入范彦華船 又逾年三月 船始歸 制司
    卽備申朝廷 … 高麗國 禮賓省牒上大宋國 慶元府 當省准 貴國人 升甫
    馬兒智就等三人 久被狄人捉拏 越前年正月分逃閃入來勤加館養 今於綱
    首范彦華兪昶等 合綱船放洋還國 仍給程糧三碩 付與送還 請照悉具 如
    前事 須牒大宋國慶元府照會施行 謹牒 己未 三月 日 謹牒[102]

---

99) 張東翼, 앞의 책, 335~336쪽.
100) 吳潛의 증언에 의하면 중국 서남해안에 漂流하는 고려 사람들이 꽤 많았고 그
     가운데 상당수는 고려로 되돌아왔을 것이지만 사료에 남아있는 漂流民 送還 기
     사는 매우 적다. 『高麗史』와 『高麗史節要』에 기록된 宋商의 來獻 기사가 그들
     의 모든 왕래를 기록하지 않은 것과 같이 漂流民의 送還도 더 많았으나 실제로
     는 몇 사례만이 전해지고 있다고 이해해야 한다.
補) 고려인의 배가 안전하게 귀환하기 위해서 당시에 고려를 왕래하던 송상이 항로
     를 안내했을 가능성이 높다.
101) 『高麗史』 권22, 「世家」 高宗 16년 2월 을축.

N1은 1229년 2월에 송상 도강 金仁美 등이 濟州 飄風民 梁用才 등 28인과 함께 왔다는 것이다. N2는 고려의 예빈성이 명주에 보낸 첩의 형식이다. 그 내용은 1259년 4월에 송상 綱首 范彦華가 고려에서 송으로 가는 배편에 몽고의 포로가 되었다가 탈출한 송나라 사람 升甫·馬兒·智就 등을 되돌려 보낸다는 것과, 그 동안의 탈출 경위와 그들에 대한 구호 조치 등을 담고 있다.[103] 송상 范彦華는 송나라 사람을 귀국시키는 배편을 제공했을 뿐 아니라 그와 관련한 첩을 고려에서 明州에 전달하는 역할을 수행하고 있다. 1229년에 濟州 표류민을 싣고 왔던 송상 도강 金仁美도 역시 명주가 고려 예빈성에 전하는 첩을 가져왔으리라고 생각된다.

두 사례이기는 하지만 표류한 고려 사람을 귀환시키고 蒙古軍에서 탈출한 宋人을 귀국시키는 일을 모두 송상이 하고 있다는 점이 주목된다. 앞서 고려로 귀국하기를 바라는 사람들이 배편을 기다린다는 표현이 많았는데, 그 배편은 당시에 고려를 자주 왕래하던 宋商의 배였다고 추정하는 것이 합리적이다. 고려 초기에는 고려의 무역선이 자주 중국을 갔다는 자료가 보이나 성종대 이후에는 무역선이 송에 갔다는 구체적인 증거가 거의 없기 때문이다. 그에 반해 현종 이후 송상이 고려무역을 주도하면서[104] 송상의 배는 예성항에 자주 왕래하였으므로 표류민은 오래 기다리지 않고도 고려로 무사히 귀국할 수 있었을 것이다.

표류민이나 탈출포로는 불시에 발생하는 것이며, 고려와 송이 모두 송상의 배를 통해 본국에 송환했던 것은 그것이 가장 편했기 때문일 것이다.[105] 그것을 확대 해석하면 송상이 포함되어 있지 않은 기사도 송상

---

102) 『開慶四明續志』 권8, 「收剌麗國送還人」.
103) 陳高華, 1991, 「元朝與高麗的海上交通」 『震檀學報』 71·72합, 350쪽.
　　黃時鑒, 앞의 논문, 12쪽.
　　盧明鎬 外, 2000, 『韓國古代中世古文書硏究(上)』, 서울대출판부, 448~449쪽.
104) 朴承範, 2004, 「9~10世紀 東아시아 地域의 交易」 『中國史硏究』 29, 136쪽.

왕래와 관련시켜 해석할 여지가 생기게 된다.

O1. (宣宗 5年 5月) 宋明州 歸我羅州飄風人 楊福等二十三人[106]
O2. (肅宗 4年 秋7月) 宋歸我毛羅失船人趙暹等六人[107]

O1은 1088년 5월에 송의 명주가 고려 나주의 飄風人 楊福 등 23인을 돌려보냈다는 내용이다. O2는 1099년 7월에 宋이 배를 잃고 표류한[失船人] 毛羅—耽羅—의 趙暹 등 6인을 되돌려 보냈다는 것이다. 楊福은 표현상 배에 대한 언급이 없어서 자신들의 배로 귀국했을 가능성이 있으나, 조섬 등은 배가 부서진 것이 분명하므로 다른 사람의 배를 타고 되돌아왔을 것이다. 그와 동시에 표류민의 구조와 구호의 내용을 담은 명주의 첩이 고려 예빈성에 전해졌을 것이고, 그것이 『高麗史節要』에 기록이 남게 된 계기가 되었을 것이다.

결국 문헌에 남아 있는 고려 표류민 송환에 관한 기사는 송상의 왕래를 알려주는 정황적 증거라고 할 수 있다. 더욱 중요한 것은 그 기사들이 宋商의 來獻 기사와 별도로 기록되어 있다는 점이다. 예를 들어 선종대에는 O1의 1088년 5월 기사, 1088년 7월에 耽羅 飄風人 用叶 등 10인,[108] 1089년 8월에 飄風人 李勤甫 등 24인[109] 모두 세 차례 고려의 漂風人이 귀환한 사례가 있으며, 모두 송의 明州에서 되돌아왔다. 그 시기를 宋商 來航과 비교하면, 宋商의 來獻 기사는 1087년 4월과 1089년 6월에 있었다.[110]

---

105) 李鎭漢, 2007, 「高麗時代 宋商 貿易의 再照明」『歷史敎育』 104, 71쪽 ; 본서 제3장.
106) 『高麗史節要』 권6, 宣宗 5년 5월.
107) 『高麗史節要』 권6, 肅宗 4년 추7월.
108) 『高麗史節要』 권6, 宣宗 5년 7월.
109) 『高麗史節要』 권6, 宣宗 6년 추8월.
110) 金庠基, 주 2)b 논문, 450쪽, <宋商來航表>.

송상이 고려에 와서 반드시 국왕에 헌상하고 그 기록이 모두 남았다고 가정할 때에 宋商의 來獻과 漂流民 送還은 같은 때 이루어져야 하지만, 일치하지 않는 것은 각각의 송상이 서로 다르게 출발하여 왔다는 뜻이다. 따라서 고려 표류민의 송환 기사는 그 내용에 송상이 없다고 해도 송상의 왕래 횟수에 포함시켜야 할 것이다.

요컨대, 송상은 고려와 송의 표류민과 포로 등을 귀국시키는 배편을 제공하였다. 중국에 표류한 고려 사람들이 '배편을 기다린다'는 표현은 귀환에 그다지 많은 시일이 걸리지 않았다는 뉘앙스를 갖고 있다. 송상의 왕래가 그 만큼 잦았던 것이다. 그리고 1000년에 중국에 표류했던 고려 사람 池達이 배편을 기다렸는데, 그가 宋商의 배를 타고 왔다면,『高麗史』에 宋商이 내헌했다고 하는 1012년보다 이른 시기에 송상의 왕래가 개시되었음을 알려주는 자료로 이용될 수 있을 것이다. 송이 고려 표류민을 송환한 기록이나 고려가 탈출포로를 되돌려 보냈던 기사는 모두 송상과 관계되었으므로 송상의 왕래 횟수는 더 늘어나야 할 것이다.

5. 맺음말

이상에서 고려와 송의 사이에 사절의 교환, 문서의 전달, 漂流民의 送還 등에 송상이 참여하거나 송상의 배가 이용되었으며, 그 과정에서 구체적으로 송상이라는 표현이 없다고 해도 사실상 송상이 개재되어 있으므로 송상왕래가 더 많았을 것으로 추정하였다. 다만, 논증의 과정에서 억측이 많고 정황적 증거를 많이 제시하였기 때문에 실증적 한계도 있다.

그러나 송상의 내헌 기사를 중심으로 송상왕래에 대한 통계를 만드는 것도 문제가 있다. 실제 고려를 왕래했던 송상의 이름이 있는 중국의 기록을 많이 소개했는데『高麗史』와『高麗史節要』에 기록되지 않은 사례가 적지 않다. 예를 들어 1074년에 密州 商人 平簡이 國信을 통하기 위해 고려에 세 번을 오갔다고 했지만,『高麗史』에는 한 차례의 기록도 남아 있지 않다. 그리고 1084년에 문종의 弔慰使・祭奠使와 함께 왔던 船主 虞際와 盛崇・李元積, 1085년에 고려의 禮賓省 牒을 송에 전한 泉州 商人 傅旋, 1090년에 고려 사신 李資義 일행을 태우고 송으로 귀국했던 泉州 상인 李球, 1123년에 송의 弔慰使 일행과 함께 있었던 천주 상인 郭敵, 1259년에 몽고군에서 탈출한 宋人 포로를 귀국시킨 范彥華 등과 같은 도강들의 이름은『高麗史』등에 전혀 없다. 이러한 사례를 더하면 송상왕래는 더욱 늘어날 것이다. 현재 남아 있는 송상에 관한 자료는 실제 왕래했던 것의 극히 일부분에 불과하다고 생각된다.

그런 점에서 비록 실증적인 연구에 의한 결과는 아니었지만 "송상의 배는 남송이 멸망하기까지 3백여 년간에 걸쳐 거의 '끊임없이' 開京의 關門인 禮成江을 찾아왔다"는 白南雲의 설명은 송상왕래의 實體를 정확히 파악한 것이었다고 할 수 있다. 하지만 송상의 내헌 기사를 중심으로 왕래의 경향성을 살피건대, 10세기 후반에 송상이 왔다는 구체적인 증거가 없으며, 고려 무신정권기에도 송상왕래가 매우 적었다. 북송 초기와 남송 말기가 송상왕래의 공백기였는데, 송의 사절이 송상과 함께 왔다면 10세기 후반의 공백은 더 많이 채워질 것이다. 그 밖에 본고에서 다루지 않은 불교 등의 문화 교류 및 宋人의 고려 투화에 관계된 자료를 정밀하게 검토해보면, 송상왕래를 알려주는 더 많은 자료를 찾아낼 수 있을 것이다.

제5장

宋人의 來投와 宋商往來

1. 머리말

고려시대에 宋商이 고려에 와서 禮成港을 중심으로 무역을 했다는 사실은 잘 알려져 있다. 그러므로 최근에 발간된 고려시대 개설서는 "(고려와 송) 두 나라 사이에는 무역이 본격화되는 顯宗 때부터 忠烈王 4년까지 약 260여 년 동안에 고려에 온 송나라 상인은 고려 측의 기록만 보더라도 5,000여 명이나 되며 그 회수도 120여회에 달했다는 결과를 발표하고 있어 저들의 활동이 얼마나 왕성했던가를 짐작케 하고 있다"고 서술하였다.[1] 이것은 송상에 관한 선구적인 업적을[2] 비롯해 이후 많은 연구들에서[3] 확인된 성과를 잘 정리하여 표현한 것이다.

이처럼 송상에 관한 연구는 『高麗史』와 『高麗史節要』 등의 사서에[4] 남아 있는 송상의 來獻 기사를 조사하여 통계 수치를 많이 제시하였는데,[5] 그것은 '많은' 송상이 '오랜 기간'에 걸쳐 '자주' 왔다는 것을 보여

---

1) 박용운, 2008, 『수정·증보판 고려시대사』, 일지사, 275쪽.
2) 金庠基(a), 1937, 「麗宋貿易小考」 『震檀學報』 7 ; 1948, 『東方文化交流史論攷』, 乙酉文化社.
   白南雲, 1937, 「商業及商業資本」 『朝鮮封建社會經濟史(上)』, 改造社.
   金庠基(b), 1959, 「高麗前期의 海上活動과 文物의 交流—禮成港을 중심으로—」 『국사상의 제문제』 4 ; 1974, 『東方史論叢』, 서울대출판부.
3) 본서 제1장의 주 1)에 제시된 논문을 참조하시오.
4) 朝鮮王朝의 공식기구에서 편찬되었고, 宋商往來와 宋人의 來投를 가장 많이 전하고 있는 『高麗史』와 『高麗史節要』를 서술 편의상 史書라고 표현하여, 個人的인 성격의 자료인 金石文·墓誌銘이나 中國의 사료와 구별하고자 한다.
5) 최근에 이루어진 송상의 연구는 두 사례를 더 찾아 왕래 횟수와 인원의 수를 수정하였다(朴玉杰, 1997, 「高麗來航 宋商人과 麗宋의 貿易政策」 『大東文化研究』 32,

주는 방편으로 적절한 것이다. 이와 같은 통계에 대한 설명은 고려에 왔
던 송상에 관한 기록이 현재 모두 전해지고 있다는 사실을 전제로 했을
때 의미가 있다. 그러나 송상왕래에 관한 기록이 조선초까지 전부 전해
지고 그 모든 것이 사서에 기재되었을 리가 없을 뿐 아니라 『高麗史』
가운데 太祖에서 穆宗代에 이르는 7代의 對外 關係 記錄은 누락된 것이
더욱 많다는 점에서 사료상의 한계가 있다.[6]

　물론 고려에 왔던 송상왕래에 관한 통계가 일정한 경향성을 알려준다
는 점을 부정하는 것은 아니다. 다만, 그것이 말 그대로 '기록으로 남아
지금까지 전해지는 자료'를 대상으로 얻어진 결과라는 점을 분명히 해둘
필요가 있는 것은 새로운 사료를 찾거나 그 동안 잘 알려진 기사도 새롭
게 해석하여 더 많은 사례를 찾을 수 있는 여지가 있기 때문이다. 그러
므로 필자는 선행 연구에서 그것을 증명하기 위한 또 다른 시도의 일환
으로써 고려와 송의 사절단 왕래와 송에 표류한 고려 사람의 송환에 송
상의 배 편이 이용되었으며, 그 배는 기존 연구에서 송상이 왕래하였다
는 배와 구별되는 것이므로 송상의 왕래 사례가 더 늘어날 수 있음을
밝혔다.[7]

　이러한 연구 성과는 기존의 견해보다 '더 많은' 송상이 '훨씬 이른 시
기'부터 '더욱 자주' 왔다는 것을 알려준다. 본고 역시 그와 같은 사실을
다시 한번 증명하기 위해 고려에 來投했던[8] 宋人들의 기록을 재검토하

　　36~42쪽).

　6) 1011년 契丹兵이 고려의 개경을 함락하고 宮闕과 書籍을 불태웠는데, 뒤에 黃周
　　亮이 현종의 조서를 받들어 흩어진 사료를 찾고 모아서 太祖에서 穆宗에 이르는
　　『七代事跡』36권을 지었다(『高麗史』卷95, 黃周亮傳). 그로 인해 조선초에 편찬
　　된 『高麗史』도 穆宗代까지는 내용이 부실할 수 밖에 없었으며, 특히 對外關係史
　　분야는 매우 疏略하게 전해지고 있다고 한다(姜大良, 1948, 「高麗初期의 對契丹
　　關係」 『史海』 1, 44~45쪽).

　7) 李鎭漢, 2009, 「高麗時代における宋商の往來と麗宋外交」 『年報 朝鮮學』 12 ;
　　본서 제4장

고자 한다. 고려시대에 많은 송인들이 내투하였으며[9] 그들이 송상의 배를 타고 왔다는 것은 이미 확인된 바 있다.[10] 하지만, 송인이 송상의 배를 타고 와서 내투하였다는 식의 막연한 이해로는 받아들이기 어려운 점들이 적지 않다. 예를 들어 통설과 같이 송상왕래가 1012년(현종 3) 10월에 고려에 왔던 '최초의 송상' 陸世寧으로부터[11] 시작했다고 볼 경

---

8) '來投'는 宋人들이 바다를 건너 '오는 것[來]'과 '고려인이 되고자하는 것[投]'을 모두 담고 있는 표현이며, 歸化, 投化, 歸朝 등의 용어를 사용하기도 하였다(全海宗, 1972, 「「歸化」에 대한 小考—東洋古代史에 있어서의 그 意義—」『白山學報』 13, 22~23쪽).
   본고의 題目을 來投로 했던 것은 서술하는 바와 같이 顯宗代 이후 고려에 왔던 宋人들에 대해 來投했다고 기록한 것이 많을 뿐 아니라 '來'의 의미가 宋商의 배를 타고 왔다는 것을 설명하는데 더 적합하기 때문이다. 하지만, 光宗代에는 宋을 비롯하여 중국에서 왔던 사람들에 대해 '投化'라고 한 기록이 더 많아서 장의 제목을 投化라고 하였으며, 내용의 설명도 그것을 사용하였다.
9) 고려시대 '歸化人'에 대한 연구사 정리는 아래 박옥걸 저서(1996)의 서론(16~17쪽)에 잘 정리 되어있으며, 다음 논문의 全部 또는 一部에서 이 문제를 다루었다.
   李丙燾, 1961, 『韓國史 中世編』, 震檀學會, 400~401쪽.
   權兌遠, 1981, 「高麗初期社會에 미친 歸化人의 影響에 관한 考察」『忠南大 人文科學 論文集』8-2.
   金渭顯, 1982, 「高麗의 宋遼金人 投歸者에 대한 收容策(918~1146)」『史學志』 16 ; 1985, 『遼金史研究』, 裕豊出版社.
   南仁國, 1986, 「高麗前期의 投化人과 그 同化政策」『歷史敎育論集』8.
   朴玉杰(a), 1992, 「高麗初期 歸化漢人에 대하여」『國史館論叢』39.
   羅鐘宇, 1995, 「5대 및 송과의 관계」『한국사』14, 국편위, 292~293쪽
   朴玉杰(b), 1996, 『高麗時代의 歸化人 研究』, 국학자료원.
   楊渭生, 1997, 「宋與高麗: 源遠流長的文化交流」『宋麗關係史研究』, 杭州大學出版社, 299~301쪽.
   박옥걸(c), 2004, 「고려시대 귀화인의 역할과 영향—기술적, 문화적 측면을 중심으로—」『白山學報』70.
   崔永好, 2007, 「고려시대 송나라와의 해양교류—송나라 출신 전문인력의 입국과 활동을 중심으로—」『역사와 경계』63.
10) 金庠基, 주 2)a 논문, 58쪽.
    이후에 이루어진 연구도 이점에 대해서는 모두 동의하고 있다.
11) 『高麗史』 권4, 「世家」 顯宗 3년 10월.

우,[12] '宋商 來獻' 이전 시기에[13] 송인의 내투자는 있을 수 없으며, '송상 내헌' 시기에 내투한 자들은 문헌상 송상왕래가 확인되었던 배편에 왔다고 해야만 할 것이다.[補]

그런데, 송인들의 내투 기사를 보면, '내헌 이전 시기'인 광종대에 투화했던 자들이 있었으며, '내헌 시기'에는 사서에 기재되지 않은 송상의 배를 타고 왔던 자들도 있었던 것 같다. 전자가 사실이라면 송상왕래 시점이 더욱 앞당겨져야 하며, 후자는 더 많은 송상이 왕래했었다는 것을 보여준다.

따라서 그것을 확인하기 위해 먼저 '내헌 이전 시기'에 내투자들이 송상의 배를 타고 왔는지의 여부에 대해 집중적으로 고찰할 것이다. 다음

---

12) 고려를 왕래했던 宋商에 관해 가장 먼저 관심을 가졌던 金庠基는 주 2)a, b 논문에서 『高麗史』와 『高麗史節要』의 기록에 근거하여 1012년 10월을 宋商 왕래의 시점으로 이해하였으며, 후속 연구도 그 견해를 따르고 있다.

13) 기존의 송상 연구는 1012년 10월에 송상이 처음왔다고 하였으므로 송상의 배를 타고 왔던 내투에 대해서도 그 이전과 그 이후를 다른 방식으로 서술해야할 것 같다. 따라서 광종대에서 목종대까지를 '송상의 고려 왕래' 이전 시기로, 현종대에서 충렬왕대까지를 '송상의 고려 왕래' 시기로 구분하였고, 서술 편의상 '왕래 시기' 또는 '왕래 이전 시기' 등으로 줄여서 표현하기로 하겠다. 또한 소위의 뜻으로 ' '를 사용하였는데, 그것은 본문에서 확인되는 바와 같이 실제로 송상은 1012년 이전에도 왔던 것이 분명하기 때문이다. 그런 점에서 1012년 10월에 송상이 고려 국왕에게 내헌했던 것은 기록상 남아있는 가장 오래된 것이라는 제한된 의미로 이해되어야할 것이다.

補) 이 글을 학술지에 발표할 때는 '송상의 고려 왕래' 이전 시기와 '송상의 고려 왕래' 시기로 나누어 설명하였다. 그러나 송상왕래의 연구 결과 송의 건국 직후인 960년대부터 송상이 고려에 왕래했음이 분명한 데도 본서에서 군이 송상왕래라고 하는 것은 부적절할 뿐 아니라 독자에게 혼동을 줄 수 있다고 생각된다. 그래서 선학이 1012년 송상 육세녕이 고려에 와서 방물을 바친 것을 기준으로 송상이 來航하기 시작했다고 한 것을 고려하여 그 이전을 '송상 내헌' 이전 시기로, 그 이후를 송상 내헌 시기로 용어를 바꾸었고, 이 글은 편의상 '내헌 이전 시기'와 '내헌 시기'로 줄여서 사용할 것이다. 구체적으로 내헌 이전 시기는 송의 건국에서 1011년까지이고, '내헌 시기'는 신종대 이후에는 내헌한 기사가 보이지 않지만, 송상왕래가 지속되었음이 분명하므로 1012년부터 송의 멸망까지를 말한다.

으로 '내헌 시기'에는 내투자들이 왔던 때와 송상이 왔다는 기록이 일치
하는지를 비교하여 내투자가 사서에 기록되지 않은 송상의 배를 타고 왔
다는 것을 확인하겠다. 본고가 소기의 목적을 이룬다면, 사서에 기록된
것보다 훨씬 잦은 송상의 왕래가 있었다는 것과, 송상의 무역 활동이 기
존의 견해보다 더욱 활발했던 사실을 알게 될 것이다. 아울러 사서에 전
해지는 송상왕래를 통계 내어 그 수치로써 고려시대 무역이 번성했다고
설명하는 방식의 한계도 이해할 수 있을 것이다.

2. '宋商 來獻' 이전 시기(光宗代~穆宗代) 宋人들의 投化

918년에 弓裔王을 몰아내고 고려를 건국한 왕건은 자신의 권위를 높
이기 위해 중국 왕조로부터의 책봉을 받고자 하였으므로 919년(태조 2)
에 左良尉 金立奇를 吳越에 보내 朝貢한 것을 비롯하여,[14] 五代의 여러
왕조와 잇달아 외교 관계를 맺었다.[15] 이후 오대의 마지막 왕조인 後周
를 대신하여 960년(광종 11)에 송이 건국되었는데, 2년 뒤 962년에 宋과
고려는 정식 외교를 시작하였다.[16]

---

14) 『資治通鑑』 권270, 後梁紀 均王 貞明 5년.
15) 李基白, 1959,「高麗 初期에 있어서의 五代와의 關係」『韓國文化研究院論叢』1
 ; 1981, 『高麗光宗研究』, 一潮閣, 140.
 김종섭, 2006,「五代의 高麗에 대한 인식」『梨花史學研究』33.
16) 양국의 외교는 962년에 광종이 廣評侍郎 李興祐 등을 宋에 보내 方物을 바치는
 것으로써 시작되었다(『高麗史』 권2,「世家」光宗 13年 冬). 이에 대해서는 다음
 의 논문이 참조된다.
 김상기(a), 1959,「고려 광종의 치세」『국사상의 제문제』2, 국편위.
 김상기(b), 1959,「고려와 금(金)·송(宋)과의 관계」『국사상의 제문제』5, 국편위
 ; 1974, 『東方史論叢』, 서울대출판부.
 丸龜金作,「高麗と宋との通交問題(1)(2)」『朝鮮學報』17, 18, 1961, 1962.
 全海宗(a), 1974,「對宋外交의 性格」『한국사』4, 국편위.

고려와 송의 외교적 관계는 순조롭게 오대의 그것을 계승했던 데 반해 해상 무역은 그렇지 않았던 것처럼 보인다. 왜냐하면 오대의 시기에 고려를 비롯한 후삼국과 중국의 해상들이 두 지역을 오가며 활발하게 무역을 했는데,[17] 송이 등장한 뒤에는 해상의 왕래가 끊어졌다가 1012년 10월에 '최초의 송상'이 갑자기 등장했던 것으로 이해되고 있기 때문이다. 그런데 후주에서 송으로 왕조 교체가 있었지만, 여전히 고려의 해상들이 중국을 왕래하며 무역하였을 뿐 아니라 송이 전왕조의 무역정책을 계승하여 해상의 해외진출을 장려하고 있던 상황 속에서[18] 50여년 이상 송상들이 매우 가까운 해외 무역 시장인 고려를 찾지 않았을 리 없다.

이처럼 쉽게 납득하기 어려운 '송상 왕래의 공백기'가 생겨난 이유는 '송상'이라는 표현이 있는 것으로만 좁혀서 송상을 고찰해왔던 데서 비롯되었다고 생각된다. 따라서 '송상이 왔다'는 분명한 기록이 없어도 그

全海宗(b), 1977, 「高麗와 宋과의 關係」 『東洋學』 7.

黃寬重, 「高麗與金·宋的關係」 『아시아문화』 창간호, 한림대, 1986.

朴龍雲, 「高麗·宋 交聘의 목적과 使節에 대한 考察」 『韓國學報』 81, 82, 1995, 1996; 『高麗社會의 여러 歷史像』, 신서원, 2002.

17) 羅末麗初 韓半島와 中國 사이의 海上往來에 대해서는 다음의 논문이 참조되며, 특히 日野開三郎의 것이 매우 상세하다.

金庠基, 1960, 「羅末地方群雄의 對中交通—特히 王逢規를 中心으로—」 『黃義敦先生古稀紀念史學論叢』 ; 1974, 『東方史論叢』, 서울대출판부.

日野開三郎, 1960·1961, 「羅末三國의 鼎立과 對大陸海上交通貿易」 『朝鮮學報』 16·17·19·20 ; 1984, 『日野開三郎 東洋史學論集—北東アジア國際交流史의 硏究(上)—』, 三一書房.

李基東, 1997, 「羅末麗初 남중국 여러 나라와의 交涉」 『歷史學報』 155.

18) 日野開三郎, 1962, 「唐·五代東亞諸國民의 海上發展과 佛敎」 『佐賀龍谷學會紀要』 9·10合 ; 1984, 『日野開三郎 東洋史學論集—北東アジア國際交流史의 硏究(上)—』, 三一書房, 190쪽.

한편, 宋 政府는 海商들이 함부로 고려에 가지 못하도록 하는 禁令을 내리기도 했지만, 海商들은 地方 守令의 묵인하에 고려에 왕래하였다고 한다(陳高華·吳泰, 1981, 「宋元時期 海外貿易的活動狀況」 『宋元時期的海外貿易』, 天津人民出版社, 37쪽).

러한 개연성을 추정할 수 있는 기사를 새롭게 해석하여 그러한 한계에서
벗어날 필요가 있는데, 광종대 투화한 중국인들은 송상왕래의 가능성을
알려주는 좋은 사례가 될 것이다.

A1. (光宗 10年) 周侍御淸州守雙哲來 拜爲佐丞 哲冀父也 聞冀有寵 故隨王兢
來[19]

A2. 公姓蔡 諱仁範 是大宋江南泉州人也 隨本州持禮使 (缺) 寔東達扶桑以
(缺) 光宗朝御宇之乾德八年觀我 (缺) 明庭應玆 (缺) 宗駐留便 賜官告一
通 拜爲禮賓省郎中 仍賜第宅一區 幷臧獲田莊 (缺) 諸物等凡其所湏 並
令官給[20]

A1은 959년에 後周의 侍御로 淸州 守令을 하던 雙哲이 와서 佐丞을
除拜하였다는 것이다. 그의 아들인 雙冀는 958년에 封冊使 薛文遇를 따
라 고려에 왔다가 병으로 머물렀고 병이 나은 뒤에 光宗의 권유로 고려
에 귀화하여 元甫·翰林學士에 擢用되었다. 960년에는 과거제를 건의하
고 스스로 知貢擧를 맡는 등 광종의 개혁에 핵심적인 인물로 활약하였
다. 雙哲은 아들이 광종의 총애를 받는다는 것을 듣고 王兢을 따라 왔는
데, 『高麗史』 雙冀傳에 의하면 왕긍은 後周에 갔다가 되돌아오는 사신
[回使]이었다고 한다.[21] 후주의 雙哲·雙冀 父子는 958년과 959년에
投化하였는데, 雙冀는 後周 使臣의 배를 타고 왔고, 雙哲은 고려 사신의
배편에 왔다.[22]

A2는 「蔡仁範墓誌銘」의 일부이다. 그는 송 江南 泉州人으로 本州持

---

19) 『高麗史節要』 권2, 光宗 10년.
20) 「蔡仁範墓誌銘」, 14쪽.
21) 『高麗史』 권93, 雙冀傳.
   雙冀의 아버지 雙哲이 고려에 온 것에 대해서는 『高麗史節要』 권2, 光宗 10年 是
   年條에도 비슷한 내용이 있다.
22) 광종대의 投化漢人에 대해서는 김상기, 주 16)a 논문과 李基白, 주 15) 논문이 참
   조된다.

禮使를 따라 고려에 왔으며, 광종이 재위하던 乾德 8년(970)에 고려의 조정에 배알하였다. 이에 광종이 머무르게 하고 官告 1通을 내려 禮賓省 郎中을 제수하였으며 仍하여 第宅 1區와 臧獲‧田莊을 하사하고 필요한 여러 가지 물건들을 관청이 지급하라고 하였다.[23]

蔡仁範은 송의 강남 泉州人이라고 하여 스스로 송나라 사람이라는 것을 밝히고 있으므로 실명을 알 수 있는 최초의 송나라 투화인일 것이다. 그는 '本州持禮使'와 함께 고려에 왔다고 하는데, 本州는 泉州이므로 泉州持禮使였을 것이다. 이 직함은 두가지로 해석될 것 같다. 첫째는 후대의 持牒使와 유사한 職銜으로[24] 송 조정의 명령을 고려에 전하기 위해 천주의 수령이 고려에 보낸 사절이라는 것이다. 둘째는 공적 성격이 없는 泉州의 해상들이 고려에 왕래하기 위한 명분으로써 지례사라는 직함을 임의로 사용하였을 가능성도 있다. 전자의 경우에도 배의 운항은 해상들이 했을 것이기 때문에 蔡仁範은 천주 해상의 배편 또는 그들의 도움을 받아 고려에 왔음이 분명하다.

앞에서 후주인 雙冀‧雙哲과 송의 천주인 蔡仁範의 투화 사례를 검토하였는데, 이밖에도 光宗代에 投化漢人이 적지 않았다는 것은 다음의 사료에서 확인된다.

> B1. 時光宗厚待投化漢人 擇取臣僚第宅及女 與之 一日弼奏曰 臣居第稍寬 願以獻焉 光宗問其故 對曰 今投化人 擇官而仕 擇屋而處 世臣故家 反多失所 臣愚誠爲子孫計 宰相居第非其有也 及臣之存請取之 臣以祿俸之餘 更營小第 庶無後悔 光宗怒 然卒感悟 不復奪臣僚第宅[25]

---

23) 金龍善, 2001, 「채인범(蔡仁範) 묘지명」『역주 고려묘지명집성(상)』, 한림대아시아문화연구소, 4~5쪽.

24) 李鎭漢, 2009, 「高麗時代における宋商の往來と麗宋外交」『年譜 朝鮮學』12, 8쪽 ; 본서 제4장

25) 『高麗史』 권93, 徐弼傳.
   거의 같은 내용이 『高麗史節要』 권2, 光宗 16년 추7월에도 실려 있다.

B2. 光宗 … 自卽位之年 至于八載 政教清平 刑賞不濫 及雙冀見用以來 崇
重文士 恩禮過豊 由是 非才濫進 不次驟遷 未浹歲時 便爲卿相 或連宵
引見 或繼日延容 … 於是 南北庸人競願依投 不論其有智有才 皆接以
殊恩殊禮 所以後生爭進 舊德漸衰 雖重華風 不取華之令典 雖禮華士不
得華之賢才 … 況自庚申至乙亥十六年間 姦兇競進 讒毁大興 君子無
所容 小人得其志[26]

B1은 『高麗史』 徐弼傳으로, 光宗이 投化漢人을 후대하여 臣僚의 第
宅과 딸을 취하여[27] 그들에게 주자 자신의 집을 바치겠다고 하면서 광
종의 투화인 우대책으로 인해 世臣들이 피해를 받고 있음을 비판한 것
이었다.

B2는 崔承老傳의 시무책 기사 가운데 광종대의 정사를 평가한 부분
이다. 그 내용에 의하면 "광종이 쌍기를 중용한 뒤에 南北庸人이 다투어
투화하였고 그 지혜로움과 재능이 있음을 논하지 않고 특수한 恩禮로써
대접하니 後生이 다투어 나아가고 舊德이 점차 쇠퇴하는 까닭이 되었으
며, 비록 華風을 존중하였으나 중국의 令典을 취하지 않았고, 비록 華士
를 예우하였으나 中華의 賢才를 얻지 못했다"라고 한다.

B1과 B2의 사료를 통해 광종의 후원을 받아 출세하는 投化漢人들이
많았고 정치에도 큰 영향을 미쳤다는 것을 알 수 있다. 그리고 "지금 투
화인은 관직을 골라 벼슬하고 집을 골라 살았기 때문에 世臣이 故家를
오히려 '많이' 잃게 되었다"는 표현은 投化人들이 많았음을 의미하며,
"남북용인이 '다투어' 투화하였다"는 것은 한인의 투화가 한 번에 그치
지 않고 지속적으로 계속되었음을 알려준다.

이와 같이 고려에 투화하는 중국인이 많았던 시기는 쌍기가 기용된

---

26) 『高麗史』 권93, 崔承老傳.
27) 高麗에 온 宋의 投化人은 配偶者, 집, 土地, 官職 등을 받았다고 한다.
　　白南雲, 1937, 「投化田」 『朝鮮封建社會經濟史(上)』, 改造社, 88쪽.
　　朴玉杰, 주 9)b 책, 194~200쪽.

이후인 958년 경부터 光宗의 在位가 끝나는 975년까지였다. 그런데, 960년에 趙光胤이 宋을 건국한 뒤 963년에 荊南과 湖南, 965년에 後蜀, 971년에 南漢, 975년에 南唐, 978년에 吳越, 979년에 北漢 등을 차례로 服屬하고 982년에 5대10국의 통일을 이루었으므로[28] '投化漢人', '南北庸人' '華士'로 기록된 光宗代 중국의 투화인들 가운데에는 吳越 등 十國 여러 왕조의 사람들과 함께 蔡仁範과 같은 송인이 포함되는 것은 당연하다.

그들은 羅末麗初에 중국의 문사들이 고려에 내투하거나 후삼국의 승려들이 중국에 공부하러 갈 때 해상의 도움을 받았던 것처럼[29] 송이 건국된 이후에도 고려와 중국을 오가며 무역을 하던 해상의 배를 타고 왔을 것이다. 다음은 광종대 불교 교류에 관한 기사로 양국간에 해상 왕래가 있었음을 확인해주는 기사들이다.

> C1. 杭州慧日永明智覺禪師 諱延壽 餘杭人 姓王氏 … 建隆 元年 … 著宗鏡錄 一百卷 詩偈賦詠凡千萬言 高麗國王覽師言教 遺使賫書叙弟子禮 奉金縷袈裟·紫晶數珠·金藻罐等 彼國僧三十六人親承印記歸國 各傳一方[30]
> C2. 吳越王遺使 以五十種寶 往高麗求教文 其國令諦觀來奉諸部 而智論疏·仁王疏·華嚴骨目·五百門等不復至 據此則 至海外兩國 皆曾遺使 若論教文復還中國之實 則必以高麗諦觀來奉教卷爲正[31]

C1은 禪僧 延壽에 관한 기록이다. 杭州 慧日永明智覺禪師는 建隆 元

---

28) 譚其驤 主編, 1991, 『簡明中國歷史地圖集』, 中國地圖出版社, 51～53쪽.
29) 日野開三郞, 1960, 「羅末三國の鼎立と對大陸海上交通貿易(一)」『朝鮮學報』16 ; 1984, 『日野開三郞 東洋史學論集―北東アジア國際交流史の研究(上)―』, 三一書房, 41～57쪽.
日野開三郞, 1961, 「羅末三國の鼎立と對大陸海上交通貿易(四)」『朝鮮學報』20 ; 1984, 『日野開三郞 東洋史學論集―北東アジア國際交流史の研究(上)―』, 三一書房, 181쪽.
30) 『佛祖歷代通載』 권26.
31) 『佛祖統紀』 권8, 「佛敎東土十五祖淨光尊者義寂」.

年(960)에 『宗鏡錄』 100卷을 짓고 詩偈賦詠이 무릇 千萬言이나 되었는데, 고려 국왕이 大師의 言敎를 듣고 使節에게 書信을 보내 弟子의 禮로써 서약하고 金縷袈裟·紫晶數珠·金藻罐을 봉헌하였다. 이에 大師는 고려의 僧 36인에게 親히 印記를 승계하고 귀국하게 하여 각각 一方에 그 道를 전하였다고 하였다.

C2는 고려가 오월에 불교전적을 전해준 기사이다. 오월왕은 사신을 보내 50종의 보물로써 고려에 교문을 구하자 그 나라—고려—는 961년에 諦觀으로 하여금 諸部를 받들어 吳越에 가게 하였으나[32] 『智論疏』·『仁王疏』·『華嚴骨目』·『五百門』 등은 이르지 않았다. 이에 의하면 일찍이 해외 兩國에 모두 사신을 보냈으며 만약 교문이 다시 중국에 되돌아 온 것에 대한 진실을 논할 경우에 고려 체관이 敎卷을 받들어온 것이 맞는다고 한다.[33] 두 기사를 통해 광종 재위 기간인 960년과 961년에 걸쳐 고려와 杭州·吳越 사이에 불교 교류가 있었음을 확인할 수 있다.

또한 C1에서 고려의 승려가 중국에 가서 불교를 배우고 온 것과 같이 이 시기에 法眼宗 승려 道峯 慧炬·寂然 英俊·眞觀 釋超 등이 중국에 가서 배우고 돌아왔다.[34] 더욱이 왕래의 연도가 분명한 승려도 있는데, 智宗은 959년에 중국에 갔다가 970년에 귀국하였으며,[35] 英俊은 968년에 중국에 도착하여 永明 延壽에게 수학한 뒤 972년에 고려에 돌아왔다.[36] 이들 유학생들이 해상들의 배를 타고 유학했던 것은 그것이 중국을 왕래하는 유일한 교통 수단이었다는 점도 있었지만, 위험한 바다에서 생활하는 해상들의 불교 신앙이 독실해서 승려들의 왕래를 도와 주었기

---

32) 宋太祖 建隆 2年은 961年이고 吳越王은 錢(弘)俶이었다(『佛祖統紀』 권23).
33) 김상기, 주 16)a 논문, 90쪽.
　　全海宗, 주 16)a 논문, 331쪽.
　　楊渭生, 주 9) 논문, 321~330쪽.
34) 李能和, 1918, 「高麗初多傳法眼宗」 『朝鮮佛敎通史(下)』, 新文館, 344~346쪽.
35) 金杜珍, 1994, 「불교사상의 전개」 『한국사』 16, 국편위, 38쪽.
36) 김영미, 2006, 「10세기초 禪師들의 중국 유학」 『梨花史學硏究』 33, 7쪽.

때문이다.37)

그 밖에 1015년 11월에 졸한 호부상서 張延祐의 아버지인 張儒는 신라말 吳越에 피란하였다가 華語를 익히고 돌아왔고, 광종이 여러 차례 벼슬을 주어 客省이 되었으며, 중국의 사신이 이르면 張儒에게 빈객을 접대하도록 했다고 한다.38) 광종에게 관직을 제수받았다고 한 것으로 보아 그가 오월에서 귀국했던 시기는 광종대였을 것이다.

이처럼 광종대 양국 간의 잦은 불교 교류와 인물의 왕래는 海商의 활동이 활발했음을 알려준다. 주목할 만한 것은 C2에서 吳越王이 사신을 보내 '50種의 寶物'로써 불교 전적을 구한 것을 다르게 표현한 기록이 있다는 점이다. 즉, 唐僧 智顗가 撰述한『法華言句』20권이 五代의 병란으로 없어졌는데, 吳越王 錢俶이 고려에 그 책이 있다는 소식을 듣고 후한 賂物로써 賈人을 통해 求得하였으며, 뒤에 그것이 江浙 지방에 널리 퍼지게 되었다는 것이다.39)

이 기록에 의하면 吳越王 錢俶이 사신을 파견하여 典籍을 구하고 광종이 諦觀을 보내어 그 책을 보내주었다는 것은 매우 공식적인 외교절차에 따라 이루어진 것 같지만, 그 이면에는 賈人 즉 海商이 개재되어 있었음을 알 수 있다. 그 海商은 吳越王이 원하는 책이 고려에 있다는 것을 알려주고, 五十種의 寶物과 함께 책을 구하러 가는 사절을 태워 고려에 갔으며, 결국 고려를 설득하여 그것을 받아 諦觀과 함께 오월로 왔을 것이다.

중국과 고려의 불교 교류가 해상의 도움으로 이루어졌던 것처럼, 중국인이 고려에 투화하는 것도 海商이 없었으면 애당초 불가능했을 것이다. 해상들은 광종이 개혁정책의 일환으로 投化漢人을 우대한다는 소식

---

37) 日野開三郎, 주 18) 논문, 213쪽.
38) 『高麗史節要』권3, 顯宗 6년.
39) 『郡齋讀書志』後志2, 釋書類, 「法華言句 二十卷」.

을 중국 문사들에게 전하고 투화의 뜻이 있는 자들을 고려까지 태워다
주었으며, 아마 운임도 받았을 것이다. 杭州와 吳越은 광종대 말에서 경
종대에 비로소 송에 복속되었기 때문에 그 해상들이 모두 宋商이었다고
단정하기 어렵지만, 당시에 고려를 왕래하던 많은 중국의 海商 가운데
유독 송상만을 빼놓을 이유도 없다. 왜냐하면 송은 대외무역을 장려하는
오대의 무역 정책을 계승하여 왕조 교체와 무관하게 해상들이 계속 활약
하였기 때문이다.[40]

　　이상의 정황으로 보건대, 광종대 投化漢人 가운데 송상의 배를 타고
왔던 자도 있었을 것이다. 그러나 구체적인 사료가 없어서 단정하지 못
하였는데, 그 다음 시기에는 조금 더 명확한 사례가 나타난다.

> D1. 公諱志誠 太宋楊州人也 遷仕我朝 階至將仕郎 登仕郎 儒林郎 超授朝散
>   太夫 朝議太夫 中散太夫 官至內藏丞 禮賓注簿 閣門祗候 … 工部尙書
>   尙書右僕射職 … 以重熙八年 歲在己卯 … 生年六十有八[41]
> D2-1. 周佇 宋溫州人 穆宗時隨商舶來 學士蔡忠順知其有才 密奏留之 初授
>   禮賓省注簿 不數月 除拾遺 遂掌制誥[42]
> D2-2. (穆宗 8年) 是歲 宋溫州文士周佇來投 授禮賓注簿[43]
> D3. (穆宗 元年) 是歲 金成積 入宋 登第[44]

　　D1은 中散太夫·尙書右僕射·判閣門事·輕車都尉로서 졸한 劉志誠
(972~1039)의 묘지명이다. 그는 太宋 楊州人으로 我朝—고려—로 옮겨
벼슬하여 將仕郎, 登仕郎, 儒林郎 등의 官階와 內藏丞, 禮賓注簿, 閣門祗

---

40) 森克己, 1975, 「貿易の發展と關稅的性質の發生」 『日宋の貿易硏究』, 國書刊行
　　會, 393~397쪽.
　　石井正敏, 1992, 「10世紀の國際變動と日宋貿易」 『新版 古代の日本—アジアか
　　らみた古代日本—』, 角川書店, 360쪽.
41) 「劉志誠墓誌銘」, 15쪽.
42) 『高麗史』 권94, 周佇傳.
43) 『高麗史』 권3, 「世家」 穆宗 8년.
44) 『高麗史節要』 권2, 穆宗 元年.

候 등의 관직을 거쳐 尙書右僕射에 이르렀다고 한다. 고려에서 처음 받
은 벼슬이 다른 投化人에 비해 낮은 편인 장사랑(종9품하)·內薗丞45)을
제수받았던 것은 그가 송에서 특별한 경력이 없었기 때문일 것이며,
1034년에 禮部尙書가 되었다.46) 나이는 1039년에 68세로 졸하였으니,
1001년에 30세였고 1011년(현종 2)에 40세였다. 그의 初職과 官歷, 63세
에 예부상서가 된 것 등을 고려하면 그가 고려에 투화한 것은 대략 30세
인 1001년을 전후한 때였을 것이다.

D2-1은『高麗史』周佇傳의 내용이다. 그는 송 溫州人으로 목종대에
商舶을 따라 고려에 왔는데, 학사 蔡忠順이 그의 재능을 알아서 몰래 왕
에게 아뢰어 머물게 하고 처음으로 禮賓省注簿를 제수했으며 수 개월이
지나지 않아 拾遺를 제수하고 드디어 制誥를 맡겼다고 한다.

D2-2는 1005년(목종 8)에 송의 溫州文士 周佇가 來投하자 禮賓注簿
를 제수하였다는 것이다.47) 周佇傳에는 그가 온주인이라고 했는데,『高
麗史節要』에는 온주 문사로 되어 있다. 그리고 전자는 그가 타고 온 배
가 商舶이었다고 했고,『高麗史節要』에는 그가 온 해가 1005년으로 기
록되어 있다. 두 자료를 종합하건대, 溫州文士였던 周佇는 1005년에 商
舶을 타고 고려에 왔다고 정리할 수 있다.

D3은 고려인이 송에 갔던 기사로, 998년에 金成積이 송에 들어가 登
第했다는 것이다. 그가 송에 갔던 해에는 고려와 송의 사절이 오간 적이
없었고, 그 전후로 994년(성종 13) 6월과 999년 10월에 고려의 사절이
송에 갔었다고 한다.48) 결국 당시에 송에 가는 사절의 배가 없었으므로
그는 해상의 배를 타고 송에 갔을 것이다.

---

45) 內薗丞의 官品은 알 수 없으나 丞이라는 職銜, 함께 받은 官階 등을 고려할 때
　　8품 정도였을 것으로 생각된다.
46)「劉志誠墓誌銘」, 9쪽.
47)『高麗史』권3,「世家」穆宗 8년.
48) 朴龍雲, 주 16) 논문, 153쪽, <高麗·宋 使節 派遣表>.

D1~3의 기사는 10세기말과 11세기초에도 고려와 송을 왕래하던 해상이 있었다는 사실을 알려주는 것이다. 문제는 劉志誠과 周佇 등이 송상의 배를 타고 왔는지의 여부인데, 주저가 타고 왔던 '商舶'은 이후 고려에 내투한 송인인 劉載,[49] 林光,[50] 王逢辰[51] 등이 타고 왔다는 것과 같다. 그리고 승려 慧素가 국왕으로부터 받은 白金을 宋商에게 주고 그가 좋아하는 砂糖을 샀던 이야기에서도 송상의 배를 商舶이라고 하였다.[52] 따라서 주저가 고려에 올 때 탔던 상박은 송상의 배였을 것이다.

한편 배를 타고 왔다는 확실한 기록이 없는 劉志誠도 송상의 배를 타고 왔을 것이다. 왜냐하면 그가 고려에 왔다고 추정되는 1001년 무렵은 송이 十國을 통합한 이후여서 楊州에서 온 배도 송상의 배였을 것이기 때문이다. 이런 점에서 劉志誠과 周佇가 왔던 10세기말에서 11세기초에 이미 송상이 고려를 왕래하였다고 이해해야 할 것이다.

그런데 982년(성종 1) 崔承老의 시무책에서 중국을 왕래하던 고려 해상을 언급하였고[53] 993년 2월에 고려에 파견되는 송의 사신 祕書丞·直史館 陳靖과 祕書丞 劉式 등이 같은 해 정월에 송에 왔던 고려 進奉使 白思柔 일행의 배를 타고 왔다는 것 등을 볼 때[54] 이 시기 고려 해상들이 서해를 왕래하며 송에서 무역하였던 것은 분명하다.[55] 그들이 송상

---

49) 『高麗史節要』 권8, 睿宗 13년 3월.
50) 「林光墓誌銘」, 131쪽.
51) 『高麗史節要』 권13, 明宗 14년 9월.
52) 『破閑集』 권중, 西湖僧慧素.
53) 『高麗史』 권93, 崔承老傳.
54) 『宋史』 권487, 高麗傳.
55) 高麗 商人의 海上貿易은 太祖代부터 盛하였으나 宋商의 활동이 활발해진 이후 크게 위축되었다고 한다(주 2)a 논문, 67쪽 및 金庠基, 주 2)b 논문, 459쪽).
한편 982년에 대송 무역에 대한 폐해를 없애기 위해 修好使만이 무역을 兼行하도록 하고 일체의 私貿易은 금지하자는 崔承老의 건의가 받아들이지면서 고려의 海上貿易은 위축되었고, 대신 中國 宋商들이 무역을 掌握하고 獨占하기에 이르렀다고 한다.

의 배를 탔는지의 여부는 송상이 고려에 처음 왔던 시기를 기존의 견해
보다 앞당기는 중요한 문제이다.

　이상에서 서술한대로 고려에 내투한 송인들이 송상의 배를 타고 왔을
가능성은 높지만, 구체적인 사료가 없어서 '반드시' 또는 '모두' 그러했
다고 단정할 수도 없다.[56] 하지만 후술하는 '내헌 시기'에 송인들이 내
투하면서 송상의 배를 이용하는 것이 더욱 분명하게 나타나기 때문에,
그 이전 시기에도 그러했다고 유추하는 것도 문제를 해결하는 한 방법이
될 것 같다.

3. '宋商 來獻 시기(顯宗代～忠烈王代初)' 宋人의 來投

　송이 건국된 광종대에서 목종대에까지 약 50여 간 고려에 내투한 송
인으로 蔡仁範·劉志誠·周佇 등 3명을 확인할 수 있고, 그 가운데 蔡
仁範·劉志誠은 개인적인 기록인 묘지명에서 찾은 것이며 사서에 기록
된 것은 오직 周佇 한 사람에 불과하다. 그런데 宋商이 고려에 오기 시
작했다고 하는 현종초부터 송인 내투자들이 사서에 많이 등장하고 있다.
다음은 현종초의 내투자에 관한 기록이다.

白南雲, 1937, 「商業及商業資本」『朝鮮封建社會經濟史(上)』, 改造社, 765쪽.
　朴承範, 2004, 「9～10世紀 東아시아 地域의 交易」『中國史研究』29, 136～137쪽.
56) 고려초 漢人의 歸化 사례는 이밖에도 훨씬 더 많이 있었겠지만, 태조에서 목종에
　이르는 시기의 기록이 거란의 침입 때 불타서『高麗史』의 기록이 충실하지 못하
　다. 宋商이 顯宗代에 비로소 고려에 왔다고 기록된 것도 太祖代에서 穆宗代까지
　의 그러한 사정과 관련될 것이다.
　姜大良, 주 6) 논문, 44～45쪽.
　金成俊, 1981, 「高麗七代實錄編纂과 史官」『民族文化論叢』1 ; 1985,『韓國中世
　政治法制史研究』, 一潮閣.
　朴玉杰, 주 9)b 책, 36쪽.

E1. (顯宗 3年 3月) 宋人王福等七人 來投[57]

E2. (顯宗 3年 6月) 庚戌 宋人葉居腆·林德·王皓 來投[58]

E3. (顯宗 4年 春正月) 庚戌 宋閩人戴翼來投 授儒林郞·守宮令 賜衣物田莊[59]

E4. (顯宗 6年 6月) 宋泉州人歐陽徵 來投 尋授右拾遺[60]

E1은 1012년 3월에 송인인 王福 등 7인이 내투하였다는 것이고, E2는 같은 해 6월에 송인 葉居腆·林德·王皓 등이 來投했다는 기사이다. E3에서는 1013년 춘정월에 송의 閩人 戴翼이 내투하자 그에게 儒林郞·守宮令을 제수하고 衣物·田莊을 下賜하였다고 한다. E4는 1015년 6월에 송의 泉州人 歐陽徵이 來投하자 바로 右拾遺를 제수하였다는 것이다.

E의 기사들은 모두 1012년에서 1015년 사이에 송인들이 고려에 투화했다는 내용이다. 王福 등 7인과 葉居腆·林德·王皓 등은 내투한 사실만이 기록되었다. 그러나 戴翼은 儒林郞·守宮令의 벼슬과 衣物·田莊을 받았고, 歐陽徵은 投化하자 마자 㘣職이며 淸要職인 右拾遺를 받았다고 한다. 이들이 배를 타고 왔으리라는 점은 분명한데, 그들이 왔던 시기를 송상왕래와 관련된 사료와 비교하면 납득하기 어려운 점이 있다. 다음의 기사를 보자.

F1. (顯宗 3年) 冬十月 丙午 南楚人陸世寧等 來獻方物[61]

F2. (顯宗 8年 7月) 辛丑 宋泉州人林仁福等四十人 來獻方物[62]

---

57) 『高麗史節要』 권3, 顯宗 3년 3월.

58) 『高麗史』 권4, 「世家」 顯宗 3년 6월 및 『高麗史節要』 권3, 顯宗 3년 6월.

59) 『高麗史』 권4, 「世家」 顯宗 4년 춘정월 경술 및 『高麗史節要』 권3, 顯宗 4년 춘정월.

60) 『高麗史節要』 권3, 顯宗 6년 6월.

61) 『高麗史』 권4, 「世家」 顯宗 3년.

62) 『高麗史』 권4, 「世家」 顯宗 8년 7월.

F1은 1012년 10월에 南楚人 陸世寧 등이 고려에 와서 방물을 바쳤다는 기사이다. F2는 1017년 7월에 宋 泉州人 林仁福 등 40인이 고려에 와서 방물을 바쳤다는 것이다. F1은 宋商이 고려에 처음 왔던 기사로 잘 알려져 있고,[63] 그로부터 약 5년 후에 두 번째 宋商이 왔다고 되어 있다.

F1과 F2에서 송상은 1012년 10월과 1017년 7월에 왔고, E1∼4에서 송인의 내투는 1012년 3월과 6월, 1013년 正月, 1015년 6월 등에 있었다. 양자를 비교하건대, 1012년 3월의 송인 王福 등 7인과 같은 해 6월의 葉居腆·林德·王皓 등은 송상이 처음 왔다고 하는 1012년 10월보다 앞서 내투하고 있다. 만약 통설에 맞추어 합리화하기 위해서는 1012년 3월과 6월에 내투했던 王福과 葉居腆 등은 송상의 배를 타고 오지 않았다고 해야할 것이다. 반대로 그들이 宋商의 배를 이용했다면 E1과 E2의 기사는 1012년 10월 이전에도 송상이 왔다는 증거가 될 것이다

그리고 송상의 내헌 기사를 기준으로 두 번째 송상이 왔던 때는 1017년 7월인데, 그 사이 1013년 춘정월에 閩人 戴翼이 왔고, 1015년 6월에 泉州人 歐陽徵이 각각 來投했다고 하는 것도 생각해볼 여지가 있다. 이 경우도 1012년 10월에 왔던 陸世寧의 배를 타고 와서 고려에 머물다가 내투했다고 할 수도 있겠지만, 후술하는 바와 같이 고려에 도착한 宋商이 고려 국왕에게 내헌할 때가 내투자들이 고려의 국왕과 관인을 만나 자신의 의사를 밝힐 가장 좋은 기회였다. 이러한 점에서 1013년 춘정월에 내투한 戴翼은 그로부터 멀지않은 1012년 10월에 陸世寧의 배를 타고 왔다고 할 수 있겠는데, 1015년 6월에 내투한 歐陽徵의 경우는 1012년 10월과 시기적 차이가 너무 커서 기록에 남아 있지 않은 송상의 배를 타고 왔다고 해야 옳다.

현종대 내투한 송인에 관한 기록인 E 자료와 송상의 내헌 기사인 F의

---

63) 송상의 왕래를 연구한 주 2)와 주 3)에서 제시된 대부분의 논문은 F1의 기사에 근거하여 1012년 10월에 송상이 처음 왔던 것으로 이해하였다.

제5장 宋人의 來投와 宋商往來 151

기사를 종합하건대, 송상이 처음 왔다고 하는 1012년 10월보다 더 이른 시기에 송상이 고려를 왕래하고 있었다. 아울러 송상이 고려에 와서 내헌한 시기와 송인이 고려에 내투한 시기가 일치하지 않았던 것을 통해 기록에 남아있지 않은 송상의 배도 있었다고 여겨진다.

1012년 3월과 6월에 내투한 王福과 葉居腆 등은 그 이전 고려에 내투했던 송인들에게 벼슬과 토지를 주는 등의 우대를 하고 있다는 것을 알고 왔을 것이다. 그러한 혜택은 양국을 왕래하던 해상들이 泉州와 閩 지역에 살고 있던 사람들에게 알려주었을 것이므로 오히려 1012년 3월 이전에도 송상이 왕래했다는 정황적 근거가 된다. 이러한 설명을 蔡仁範, 劉志誠, 周佇 등에게 적용하는 경우 송상의 고려 왕래 시점은 훨씬 이전까지 올라갈 것이다.

또한 '내헌 시기'에 내투한 송인들이 송상의 배를 타고 왔다는 것을 증명하고, 그것을 근거로 '내헌 이전 시기'에도 그러했다고 추정하는 방법도 있을 것이다. 먼저 송에서 내투한 사람들이 송상의 배를 이용했던 것이 분명한 사례를 살펴보자.

G1. 王城有華人數百 多閩人 因賈舶至者 密試其所能 誘以祿仕 或强留之 終身 朝廷使至 有陳牒來訴者 則取以歸[64]

G2. (文宗 35年 夏4月) 壬午 禮賓省奏 宋人楊震隨商船而來 自稱擧子 屢試不中 請依所告 遣還本國 從之[65]

G3. (睿宗 13年) 三月 尙書右僕射劉載卒 載宋泉州人 嘗隨商舶而來 性朴素 不事生産 又能文 時人多之[66]

G4. (睿宗 6年) 八月 以左右衛錄事胡宗旦 權知直翰林院 宗旦宋福州人 嘗入大學 爲上舍生 聰敏 博學能文 兼通雜藝 遊兩浙 仍寄商船而來 王寵顧優厚 驟登淸要 然頗進壓勝之術 王不能無惑焉[67]

---

64) 『宋史』 권487, 高麗傳.
65) 『高麗史』 권9, 「世家」 文宗 35년 하4월.
66) 『高麗史節要』 권8, 睿宗 13년.
67) 『高麗史節要』 권7, 睿宗 6년.

G1은 고려의 王城에 華人 數百名이 있는데 대부분 閩人으로, 賈舶을 타고 고려에 이르렀으며, 고려가 은밀하게 그들의 능력을 시험하고 祿仕로 유혹하거나 혹은 억지로 머물게 하여 終身하기도 하였다는 것이다. G2는 1081년 4월에 禮賓省이 아뢰기를 "宋人 楊震이 商船을 따라 와서 自稱 擧子라며 여러 차례 시험을 치렀으나 합격하지 못하니 고한 바에 의거하여 本國으로 되돌려 보낼 것을 청합니다"라고 하자 따랐다는 것이다.

G3은 1118년 3월에 졸한 尙書右僕射 劉載는 송 천주인으로 일찍이 商舶을 따라 고려에 왔다는 것이다. 그가 상서우복야를 지내고 1118년에 졸하였으므로 내투한 시기는 문종대(1046∼1083) 말이었다고 생각된다. G4는 1111년 8월에 左右衛錄事 胡宗旦을 權知直翰林院으로 삼았는데, 그는 송 福州人으로 일찍이 송의 太學에 入學하여 上舍生이 되었으며, 兩浙을 유람하다가 상선을 타고 고려에 와서 왕의 총애와 후대를 받고 갑자기 淸要職을 받았다는 것이다.

송인들이 내투하기 위해 고려에 타고 왔던 배는 G1의 賈舶, G2와 4의 商船, G3의 商舶으로 기록되었으며, 그 배들의 국적이나 소속은 드러나지 않았지만 그것이 송상의 배였을 것이라고[68] 추정할 수 있는 것은 내투한 사람들이 송의 閩·福州·泉州 등에서 온 송인이기 때문이다. 그들은 자신들이 살던 지역에 많이 다니던 송상의 배를 탔다고 여겨진다.

---

68) 宋商의 배를 타고 宋人이 來投한 것에 대해서는 다음의 논문이 참조된다.
  金庠基, 주 2)a 논문, 58쪽.
  金庠基, 주 2)b 논문, 454쪽.
  朴玉杰, 주 9)a 논문, 122쪽.
  山內晋次, 1996, 「東アジア·東南アジア海域における海商と國家—10∼13世紀を中心として覺書—」『歷史學硏究』681 ; 2003, 『奈良平安期日本とアジア』, 吉川弘文館, 211쪽.
  崔永好, 주 9) 논문, 202∼207쪽.

그와 더불어 현종대 이후 양국을 왕래했던 것은 거의 대부분 송상들이어서 그들의 배를 탈 수 밖에 없었다는 점도 있을 것이다.[69] 그러므로 고려와 송의 불교교류는 송상에 의존할 수밖에 없었다. 송의 승려 淨源의 명성은 海商을 통해 고려에 알려졌으며,[70] 그의 명성을 들은 고려 文宗은 元豊 年間에 舶人에게 書信과 黃金蓮華手爐를 보내주었다.[71] 文宗의 아들 義天은 淨源을 비롯하여 辯眞·從諫·行端·法隣·希中 등 여러 송나라 승려들과 서신 및 경전 등을 교환하였는데, 양국을 왕래하며 그것을 전달해준 사람은 李元積·徐戩·洪保·陳壽·郭滿 등의 宋商이었다.[72] 문종이나 의천이 모두 송상을 통해 송의 승려에게 서신과 물품을 전하였던 것이다.

그리고 고려의 승려가 중국에 건너가 佛法을 구하거나 송의 승려가 고려에 올 때 해상이 그들을 운송해 주었다.[73] 1085년 4월에 의천이 제자 2인과 송에 求法하러 갈 때 탔던 것은 송상 林寧의 배였다.[74] 1088년

---

69) 의천에 앞서 曇眞이 1076년에 송에 들어가 3년 동안 많은 禪僧들과 만났던 바가 있었다(鄭修芽, 1994, 慧昭國師曇眞과 '淨因隨'」『李基白先生古稀紀念論叢』, 一潮閣, 621~623쪽).
70) 日野開三郞, 주 18) 논문, 252쪽.
71) 『玉岑山慧因高麗華嚴教寺志』 권8, 「宋杭州南山慧因敎院晋水法師碑」.
72) 義天과 宋 僧侶 間에 있었던 書信 交換에 대해서는 다음의 논문에서 자세히 설명되었다.
　　金庠基, 1959, 「大覺國師義天에 대하여」『국사상의 제문제』 3 ; 1974, 『東方史論叢』, 서울대출판부, 205~212쪽.
　　崔柄憲, 1991, 「大覺國師 義天의 渡宋活動과 高麗·宋의 佛敎交流」『震檀學報』 71·72합, 364~372쪽.
　　楊渭生, 주 9) 논문, 333~351쪽.
　　原美和子, 1999, 「宋代東アジアにおける海商の仲間關係と情報網」『歴史評論』 592, 3~6쪽.
　　近藤一成, 2001, 「文人官僚蘇軾の對高麗政策」『史滴』 23, 13~14쪽.
　　遠藤隆俊, 2008, 「義天と成尋─11世紀東アジアの國際環境と入宋僧─」『東國史學』 44, 107쪽.
73) 黃寬重, 1991, 「宋·麗貿易與文物交流」『震檀學報』 71·72합, 340~341쪽.

11월에 淨源이 입적하자 그 문도가 그 畵像을 가지고 船客의 배를 타고 가서 알렸고, 義天이 문도 壽介 등에게 배를 타고 송에 가서 정원을 제사지내도록 하였다.[75] 1089년 11월에 송에 도착한 壽介 등의 일행은 조문을 마친 뒤 다음해 정월에 정원법사의 사리를 가지고 귀국하였다.[76] 淨源의 입적 후 그 사실이 의천에게 알려지고, 그 문도가 송에 가서 조문을 마치고 되돌아 오는 과정이 약 1년 3개월 정도가 걸렸는데, 그들의 왕래는 송상의 배를 이용했다.[77] 또한 송의 慈恩宗 僧侶 惠珍은 1095년 4월에 宋商 黃冲과[78] 함께 왔다고 하므로[79] 惠珍이 宋商의 배를 타고 왔다는 것은 분명하다.

한편 大鑑國師 坦然도 자신이 지은 「四威儀頌」·「上堂語句」 등을 '商船' 편에 송의 四明 阿育王山 廣利寺의 禪師 介諶에게 보내 印可를 받았는데,[80] 중국의 문헌에 그 '상선'을 운항한 것은 해상 方景仁이었다

---

74) 『高麗史』 권90, 大覺國師煦傳.
75) 『續資治通監長編』 권435, 哲宗 元祐 4년 11월 갑오.
76) 『玉岑山慧因高麗華嚴教寺志』 권8, 「宋杭州南山慧因教院晋水法師碑」
77) 金庠基, 주 72) 논문, 213쪽.
　　崔柄憲, 주 72) 논문, 371쪽.
　　鮑志成, 1995, 「蘇東坡와 高麗」 『한중문화교류와 남방해로』(조영록 편), 국학자료원, 88쪽.
　　黃有福·陳景富, 1993, 『中朝佛敎文化交流史』, 中國社會科學出版社, 348쪽.
　　遠藤隆俊, 주 72) 논문, 131쪽.
　　김영제, 2009, 「宋·高麗 交易과 宋商—宋商의 經營形態와 그들의 高麗居住空間을 중심으로—」 『史林』 32.
　　특히 김영제는 義天뿐 아니라 壽介도 宋商의 배를 이용한 것은 고려 선박으로 渡航하는 것이 여의치 않았다는 것을 보여주며, 宋商은 이 같은 사정을 이용하여 고려와 송 사이를 오가면서 運送業을 하고 있었다고 한다.
78) 『高麗史』 권10, 「世家」 獻宗 元年 2월 신묘.
79) 全海宗, 주 9)b 논문, 21쪽.
　　蔣非非·王小甫 等著, 1998, 「宋·遼與高麗的政治關係」 『中韓關係史(古代卷)』, 社會科學出版社, 223쪽.
　　崔永好, 주 9) 논문, 213쪽.
80) 許興植編, 1984, 『韓國金石全文』 中世下, 「斷俗寺大鑑國師塔碑」, 亞細亞文化社.

고 한다.[81] 자료의 출처로 보건대 그는 송상이었을 것이다. 또한 예종 때 왕명을 받들고 송에 가서 遼本 大藏經 3部를 사서 돌아온 慧照國師 도[82] 송상의 배를 타고 왕래했을 것이다. 고려와 송의 불교계는 송상을 통하여 활발하게 교류하였던 것이다.[83]

이처럼 고려의 사람들은 물론 송인들도 서해를 건널 때 송상의 배를 이용하고, 양국의 문화적 교류도 전적으로 송상에 의존했다. 이것은 당 대에 양국을 왕래하던 해상이 송상 외에는 없었기 때문일 것이다. 이러한 점을 고려하건대 G1~4에서 송의 내투자들이 타고 왔다는 배는 송상의 것임에 틀림없다. 더 나아가 송이 중국을 통일한 이후에 고려에 내투했던 송인은 모두 송상의 배를 타고 왔다고 일반화해도 될 것이다. 또한 광종대부터 목종대까지 고려에 투화했던 자들도 단정할 수는 없지만 송상의 배를 타고 왔을 가능성이 높다.

송인의 내투자들이 타고온 것이 무엇이었는지가 분명해졌으니, 더 많은 송상의 사례를 찾기 위해 이제부터 송인의 내투와 송상의 來獻 시기를 비교해보고자 한다. 그 동안 연구자들은 송상이 고려에 와서 내헌한 기사들이 매우 많아서 막연히 내투자들이 송상의 배를 타고 왔을 것이라고 생각했다. 그러나 내헌한 때와 내투한 때가 서로 맞지 않는 경우가 적지 않다. 먼저 문종대 이후 내투자들은 어떠했는지 살펴보자.

H1. (文宗 6年) 六月 宋進士 張廷來 授秘書校書郎 賜衣·帶·綵段·白銀[84]

---

81) 『五燈會元』 권18, 「育王諶禪師法師」.
82) 『三國遺事』 권3, 塔像 「前後所將舍利」.
83) 金相永, 1988, 「高麗 睿宗代 禪宗의 復興과 佛敎界의 變化」 『淸溪史學』 5, 64~65쪽.
　　趙明濟, 1988, 「高麗後期 戒環解 楞嚴經의 盛行과 思想史的 意義—麗末 性理學의 수용 기반과 관련하여—」 『釜大史學』 12, 18~19쪽.
　　趙明濟, 2003, 「臨濟宗をめぐる高麗と宋の交流」 『駒澤大學佛敎學部論集』 34, 247쪽.

H2. (文宗 11年) 秋七月 壬辰 命有司 試宋投化人張琬所業遁甲三奇法・六壬
　　占 授太史監候[85]

H3. (文宗 14年 9月) 癸卯 以宋進士盧寅 有文才 授秘書省校書郞[86]

H4. (文宗 15年 6月) 以宋進士陳渭 爲秘書校書郞 蕭鼎・蕭遷爲閣門承旨 葉
　　盛 爲殿前承旨 渭有文藝 鼎等三人曉音律[87]

H5. (宣宗 8年 8月) 制曰 宋人田盛 善書札 陳養有武藝 敦請留止 且加職秩
　　以勸來者[88]

H6. (肅宗 6年 春正月) 宋人邵珪・陸廷俊・劉佷來投 王召試于文德殿 並授
　　八品官 廷俊 賜名廷傑[89]

H1은 1052년 6월에 송 진사 張廷이 와서 그에게 秘書校書郞을 제수
하고 衣帶・綵段・白銀 등을 하사하였다는 것이다. H2는 1057년 7월에
有司에게 명하여 송 투화인 張琬의 所業인 遁甲三奇法・六壬占을 시험
하고 太史監候를 除授하였다는 것이다. H3은 1060년 9월에 宋의 進士
盧寅이 文才가 있다 하여 秘書省校書郞을 주었다는 것이다.

H4는 文藝가 있는 宋進士 陳渭를 秘書校書郞으로 삼고, 音律에 밝은
蕭鼎・蕭遷을 閣門承旨로, 葉盛을 殿前承旨로 각각 임명했다는 것이다.
H5에서는 1091년 8월에 制하기를 "宋人 田盛이 書札을 잘 쓰고, 陳養은
武藝가 있으니, 머물러 있기를 돈독히 청하며, 또 職秩을 더하여 도래하
는 자에게 권장되게 하라"고 하였다고 한다. H6은 송인 邵珪・陸廷
俊・劉佷이 내투하니 왕이 文德殿에 불러 시험하고 모두 8품관을 주었
다는 것이다.

이 자료들을 내용별로 분류하면, H1을 제외하고 H2~6 사료가 모두
내투한 송인에게 시험을 거쳐 관직을 제수했다는 공통점이 있다. 그것은

---

84) 『高麗史節要』 권4, 文宗 6년.
85) 『高麗史』 권8, 「世家」 文宗 11년.
86) 『高麗史』 권8, 「世家」 文宗 14년 9월.
87) 『高麗史節要』 권5, 文宗 15년 6월.
88) 『高麗史』 권10, 「世家」 宣宗 8년 8월.
89) 『高麗史節要』 권6, 肅宗 6년 춘정월.

G2의 1081년 4월에 禮賓省이 奏하기를 "宋人 楊震이 商船을 따라 와서 自稱 擧子라며 여러 차례 시험을 치렀으나 합격하지 못하므로 告한 바에 의거하여 본국으로 되돌려 보낼 것을 청합니다"라고 하니 따랐다는[90] 기사에서도 확인된다. 고려에 내투하여 벼슬하고자 하는 자는 일단 소정의 시험을 치러야했던 것이다.[91] 따라서 H1의 송 진사 張廷도 고려에 와서 일정한 시험을 거친 뒤에 벼슬을 제수받았을 것이다.

이어 이들이 어떤 배를 타고 왔는지를 알기 위해서 고려에 온 뒤 얼마나 지나서 시험을 치렀는지를 검토하고자 한다. H1은 宋進士 張廷이 왔다['來']고 했고, H6은 宋人 邵珪·陸廷俊·劉仅이 '來投'했다는 표현을 한 것으로 보아 고려에 도착한 뒤 바로 시험을 치르고 관직을 제수받았다고 생각된다. 그것을 비슷한 시기의 송상왕래 기사와 비교해보면 張廷이 왔다고 하는 1052년 6월에는 송상이 왔다는 기록이 없고, 그 이전에는 1049년 8월에 송상이 왔으니 무려 2년 10개월 동안 송상의 내헌 기록이 없는 것이다.[92] 한편 邵珪 등이 내투했다고 하는 1101년(숙종 6) 정월보다 2개월 전인 1100년 11월에 송상이 왔다고 한다.[93]

반면에 H2에서 국왕이 有司에게 명하여 내투한 張琬을 시험하였고, H4에서 制를 내려 송인 田盛과 陳養의 職秩을 높여 머물게 하려했다는 내용으로 보건대, 이들은 고려에 와서 일정 기간이 지난 후에 시험을 치렀거나 벼슬을 받았다. 그런데 張琬과 田盛 등이 來投한 시기는 그 이전에 宋商이 왔다고 사서에 기록된 것과는 각각 8개월과 1년 5개월의 差

---

90) 『高麗史』 권9, 「世家」 文宗 35년 하4월 임오.
91) 귀화인의 등용 방식은 처음에는 천거의 절차를 거쳤고, 문종대 이후 비공개 특별 시험을 치렀으며, 1102년 이후에는 외국인에 대한 과거 응시가 제도화되었다고 한다.
    金渭顯, 주 9) 논문, 181쪽.
    朴玉杰, 주 9)a 논문, 122~127쪽.
92) 金庠基, 주 2)b 논문, 448쪽, <宋商來航表>.
93) 金庠基, 주 2)b 논문, 448쪽, <宋商來航表>.

가 있다.

〈表〉文宗~肅宗代 宋人의 來投와 宋商의 渡來 時期 比較[94]

來投者	試驗 또는 官職 除授 時期	來投者 官職 除授 以前 宋商 記錄		
		前前	直前	備考
張廷	1052년(文宗 6) 6월	1049년 8월 徐贊	1049년 8월 王易從	2년 10개월
張琬	1057년(文宗 11) 7월	1055년 9월 黃忻	1056년 11월 黃拯	8개월
盧寅	1060년(文宗 14) 9월	1060년 8월 徐意	1060년 8월 黃元載	1개월
陳渭·蕭鼎· 蕭遷·葉盛	1061년(文宗 15) 6월	上同	上同	10개월
田盛·陳養	1091년(宣宗 8) 8월	1089년 10월 李球 外	1090년 3월 徐成	1년 5개월
邵珪·陸廷俊· 劉伋	1101년(肅宗 6) 정월	1100년 9월 李琦	1100년 11월 '八關會'	2개월

이와 같이 내헌한 때와 내투한 때에 1년 이상 차가 있다는 것은 그들이 史書에 기록되지 않은 배로 왔다는 뜻이다. 왜냐하면 고려에 왔던 송상들은 무역을 하고 일정 기간이 지난 후에는 다시 본국으로 되돌아 가야했기 때문이다. 다음은 송상의 고려 체류 기간을 파악하는데 도움을 주는 기록이다.

I1. (文宗 12年) 八月 乙巳 宋商黃文景等 來獻土物[95]
I2. (文宗 13年) 夏四月 丙子 親禘于大廟 宋商蕭宗明等 乞就街路 瞻望法駕 許之 是日肆赦[96]

---

94) 備考는 來投者가 官職을 除授받은 때와 그가 오기 直前 宋商이 왔다는 時期의 差를 적은 것이며, 그 期間에 閏月이 있었는지의 與否는 고려하지 않았다. 한편, 송상에 관한 기록은 모두 김상기 주 2)b 논문, 449쪽, <宋商來航表>를 참조한 것이다.
95) 『高麗史』 권8, 「世家」 文宗 12년 8월.

I3. (文宗 13年) 秋八月 宋泉州商 黃文景·蕭宗明·醫人江朝東等將還 制 許
留宗明·朝東等三人[97]

I1은 1058년 8월에 송상 黃文景 등이 와서 토물을 바쳤다는 것이다.
I2는 1059년 4월에 국왕이 친히 大廟 禘祭를 지내려 하자 송상 蕭宗明
등이 가로에 나아가 法駕를 瞻望할 것을 청하여 허락을 받았다는 것이
다. I3에서는 1059년 8월에 송 泉州商 黃文景·蕭宗明과 醫人 江朝東
등이 돌아가려 하자 制하여 蕭宗明·江朝東 등 3인을 머물도록 허락하
였다고 한다. 宋商 蕭宗明은[98] 1059년 8월 문종의 지시가 있기 전에
1059년 4월의 기사에 보이고, 함께 귀국하려했던 黃文景은 1058년 8월
에 고려에 왔다. 따라서 蕭宗明이 고려에 와서 문종의 체류 허락을 받기
까지 머문 기간은 짧게는 4개월에서 길게는 1년여 정도 되었을 것이다.
소종명 등이 처음부터 투화를 목적으로 고려에 왔는지는 분명하지 않지
만 문종이 그의 귀국을 막고 고려에 살게 하였으며 2년 후에는 祭職을
제수하였다.[99]
  또한 G2의 상선을 따라 와서 여러 차례 시험을 치렀으나 합격하지
못했던 宋人 楊震과 같이 來投한 이후 관직을 받기까지 오랜 기간이 소
요된 사례도 있었다. 그러나 고려에 와서 오래지 않아 국왕을 알현하고
능력을 인정받아 고려의 관직에 임명되는 H1의 宋進士 張廷과 H6의 송
인 邵珪 등도 있다. 이처럼 두 가지 경우가 모두 있었겠지만 송에서 벼
슬할 생각을 하고 고려에 왔다면 아마 후자의 사례가 보편적이었을 것이
다. 그러므로 H1~5에서 내투한 송인은 사서에 기록되지 않은 송상의

96) 『高麗史』 권8,「世家」文宗 13년 하4월 병자.
97) 『高麗史』 권8,「世家」文宗 13년 추8월.
98) 蕭宗明은 그 이전 1052년 9월에 高麗에 와서 土物을 바친 바가 있었다(『高麗史』
   권7,「世家」文宗 6년 9월 임자).
99) 蕭宗明은 1061년 12월에 祭職인 權知閣門祗候를 제수받았다(『高麗史』권8,「世
   家」文宗 15년 12월 병오).

배를 타고 왔을 개연성이 있는 것이다.

마지막으로 1102년 이후에 내투한 송인들이 언제 송상의 배를 타고 왔는지에 대해 고찰하겠다. 그들을 따로 묶어 검토해야하는 것은 내투인들의 등용방식이 다소 변화했기 때문이다.[100]

> J1. (肅宗 7年) 夏四月 丁酉 御乾德殿覆試進士 … 賜康滌等及第 幷召試投化 宋進士章忱 賜別頭及第[101]
>
> J2-1. (睿宗 9年 4月) 賜白曙等三十八人·明經三人及第 又別賜宋進士林完及 第[102]
>
> J2-2. 公諱光 字彦實 初名完 西宋漳州人 政和 壬辰[103] 隨商舶 到京求仕 中 甲午年春場別賜乙科□第 直授監門衛錄事[104]
>
> J3. (明宗 14年 9月) 賜琴克儀等三十一人·明經五人 及第 時宋進士王逢辰 隨商舶而至 乞赴試 別賜乙科[105]

J1은 1102년 4월에 乾德殿에서 進士 覆試가 치러질 때 투화한 송 進士 章忱을 불러 시험하고 別頭及第를 하사하였다는 것이다.[106] 이 기사에서 章忱을 '投化 宋進士'라고 표현한 것은 그 이전 고려에 투화했기 때문이며,[107] 그것은 그가 고려에 와서 일정 기간이 지난 뒤에 科擧에 應試했음을 알려준다.

J2-1에서는 1114년 4월에 白曙 등 38인과 明經 3인에게 及第를 주

---

100) 來投者의 登用方式에 대해서는 주 91)의 인용 논문과 같다.
101) 『高麗史』 권11, 「世家」 肅宗 7년.
102) 『高麗史節要』 권8, 睿宗 9년 하4월.
103) 墓誌銘에는 宣和로 기록되었다. 그러나 宣和年間에는 壬辰年이 없으며, 林完이 科擧 及第한 해가 睿宗 9년인 것으로 보아 政和가 옳다.
104) 「林光墓誌銘」, 131쪽.
105) 『高麗史節要』 권13, 明宗 14년 9월.
106) 같은 해 6월에 章忱은 將仕郞·禮賓注簿同正을 제수받았다(『高麗史』 권11, 「世家」 肅宗 7년 6월 병오).
107) H2에서 '宋投化人' 張琬이라고 한 것은 그가 고려에 投化한 뒤 일정 기간이 지나 所業인 遁甲三奇法·六壬占의 시험을 치렀음을 알려준다.

고, 宋進士 林完에게 別賜及第를 주었다고 한다. 林完은 宋 進士의 資格으로 科擧에 應試하고, 다른 응시자와 달리 別賜及第를 받았다.

J2-2는 「林光 墓誌銘」의 일부이다. 그의 初名은 完이며, 西宋 漳州人으로 政和 壬辰年(1112: 예종 7)에 商舶을 따라와서 개경에 도착하고 벼슬을 구하였으며, 甲午年(1114) 春場에서 別賜乙科에 及第하여 곧바로 監門衛錄事를 제수받았다고 한다. 林光—林完—에 관한 기사를 종합하면, 송의 진사였던 林完은 1112년에 宋商의 배를 타고 고려에 와서 개경에서 벼슬을 구하였으나 바로 이루어지지 않고, 2년 뒤인 1114년에 과거에 응시하여 別賜及第하였다.

林光이 상박을 타고 고려에 왔던 해에는 사서에 송상이 왔다는 기록이 남아 있지 않으므로[108] 그 자체로 송상이 온 횟수에 포함되어야 할 것이다. 이것은 투화인의 기록이 사서의 송상왕래 기록과 일치하지 않을 수 있기 때문에 투화인의 사례가 송상의 왕래 횟수를 더하는 데 이용할 수 있다는 것을 알려주는 가장 좋은 사례이다.

그는 1112년 개경에 도착하자마자 벼슬을 구하였으나, 약 2년이 지나 과거에 급제하여 관직을 제수받았다. 그는 송 진사의 자격을 이용하여 고려에서 쉽게 관직에 오를 수 있었던 것을 알고 있었고, 송상이 고려 국왕에게 내헌하면서 국왕을 비롯한 많은 고위 관료를 만날 수 있었기 때문에 도착 직후부터 求仕 活動을 했던 것 같다.

그러나 예전과 같이 수시로 간단한 시험을 거쳐 관직을 제수하지 않고, 과거 設行時에 별도의 시험을 치르는 방식으로 바뀌어서 2년을 기다렸다고 생각된다. 그가 고려에 온 1112년에는 3월에 과거가 있었고 그 다음에는 1114년 3월에 시행되었으므로[109] 林光은 1112년 3월의 과거

---

108) 1112년 이전에 왔던 송상은 1110년 6월에 李榮, 7월에 池貴 등이 있었다(金庠基, 주 2)b 논문, 450쪽, <宋商來航表>).

109) 朴龍雲, 1990, 「資料: 科試 設行과 製述科 及第者」 『高麗時代 蔭敍制와 科擧制 研究』, 一志社, 365～366쪽.

에 응시할 수 없었고, 그 다음 기회인 1114년 3월의 과거에 응시하고 결국 급제하여 벼슬하게 되었다.

1102년 4월에 別頭及第한 章忱도 임광과 비슷한 과정을 거쳤다면, 그가 고려에 왔던 시기는 그 이전 과거가 치러졌던 1100년 4월 이후에서 1102년 4월 사이였을 것으로[110] 생각되는데, 그 무렵 사서에 기록된 송상의 내헌은 1100년 9월과 11월, 1101년 11월 등 세 차례가 있었다.[111] 따라서 章忱은 이들 배 가운데 하나를 타고 왔거나 기록에 남아있지 않은 어떤 배를 타고 왔다고 여겨진다.

반면에 J3의 기사는 송상의 왕래 횟수를 더할 수 있는 중요한 자료가 된다. 1184년 9월에 琴克儀—琴儀로 개명— 등 31인과 明經 5인에게 급제를 주었는데, 이 때 송 진사 王逢辰이 商舶을 따라와서 과거에 응시할 수 있도록 청하여 別賜乙科를 받았다. 1184년 9월의 과거가 시행될 때 王逢辰은 고려에 있다가 자신의 능력을 시험받기 위해 과거에 응시할 것을 요청하였다. 그가 고려에 벼슬하려고 왔던 것이 분명한데, 그 이전 사서에 기록된 宋商은 1173년 6월의 徐德榮과 1175년 8월의 張鵬擧 등이 있었다.[112] 王逢辰이 이때 왔다고 하면 적어도 9~11년 정도를 고려에 머물다가 1184년에 과거 응시를 청했다는 것이 되어서 사리에 맞지 않다. 그렇다면 그는 1184년 이전에 있었던 1176년 8월, 1177년 4월, 1178년 6월, 1180년 6월, 1182년 6월에 치러진 과거 가운데 한 번의 기회를[113] 이용했을 것이다. 그가 과거에 及第한 시기와 송상의 내헌 기록을 고려하건대 너무 오랜 차이가 있으므로 王逢辰이 타고 왔던 것은 사서에 기록되지 않은 송상의 배였다고 생각된다.

이처럼 송인의 내투가 송상의 고려 왕래 횟수를 더할 수 있다는 점은

---

110) 朴龍雲, 앞의 책, 360~361쪽.
111) 金庠基, 주 2)b 논문, 451쪽, <宋商來航表>.
112) 金庠基, 주 2)b 논문, 453쪽, <宋商來航表>.
113) 朴龍雲, 앞의 책, 391~393쪽.

1224년 12월에 崔瑀가 "고려의 文物禮樂이 하나같이 중국의 제도—華制—에 준거하였으므로 宋國에서 온 자들을 臺省·政曹 등의 淸要職에 재능에 따라 擢用하자"고 청했던[114] 것에서도 확인된다. 당시 사서에 기록된 송상왕래는 1221년과 1228년이었는데,[115] 최우의 건의는 1224년경에 송인들이 고려에 투화하여 벼슬하는 자들이 많았으며, 앞으로도 그러한 자들이 계속 있을 것이라는 점을 전제로 하고 있다. 崔氏政權期에 적지 않은 송인들이 지속적으로 고려에 내투하고 淸要職에 기용되었던 것이다. 그들이 내투하기 위해서 송상의 배를 타고 왔을 것이므로 사서에 기록되어 있는 것보다 훨씬 많은 송상왕래가 있었음이 분명하다.

요컨대 '내헌 시기'에 고려에 내투한 송인들은 송상의 배를 이용할 수밖에 없었으며, 그것은 그 이전에 고려에 왔던 송인들도 같은 배를 탔을 가능성을 높여줄 뿐 아니라 송상이 처음 왔던 시기를 목종대 이전으로 끌어올리는 논거가 될 것이다. 또한 송상의 내헌 기사와 송인의 내투 기사를 시기적으로 비교하고 사서에 기록되지 않은 송상의 배를 타고 왔던 사례를 찾아서 그 동안 알려진 것보다 송상이 더 많이 왔다는 것을 확인하였다.

4. 맺음말

고려에 내투한 송인들이 해상의 배를 타고 고려에 왔다고 이해하는 것은 당연하다. 그리고 현종대 이후 '내헌 시기'에 그 해상이 송상이었다는 것에 대해 많은 연구자들이 동의하고 있다. 그런데, '내헌 이전 시기'인 광종대에서 목종대까지 그 역할을 했던 해상이 누구였는지에 대해서는 관심을 가진 연구자가 없었다. 그 이유는 이 시기에 관련 사료가

---

114) 『高麗史節要』권21, 高宗 12년.
115) 金庠基, 주 2)b 논문, 453쪽, <宋商來航表>.

많지 않아 실체를 추구하기 어려울 뿐 아니라 송상이 왔다는 기록이 없었으며, 고려의 해상들도 중국을 오가며 무역을 하고 있었기 때문에 쉽게 추정하기 어려웠기 때문일 것이다.

그런데 이 시기에 蔡仁範, 劉志誠, 周佇 등 세 명의 송인이 고려에 와서 투화한 것이 확인되며, 그들이 고려에 올 때 송상의 배를 이용했다고 생각된다. 그 가운데 1005년에 商舶을 타고 와서 고려에 내투했다고 하는 周佇의 경우 송상의 배를 이용하였음이 확실하다. 그러므로 고려시대 송상왕래는 1012년 10월에 고려에 왔던 陸世寧부터 시작된다는 견해는 수정되어야할 것이다. 그것은 고려에 와서 내헌한 '송상'에 대한 사서의 기록상 가장 오랜 것일 뿐이며, 광종대 서해를 오가던 해상들의 활동이나 불교 교류 등의 정황으로 보건대 송의 건국 직후부터 송상이 고려에 왔다는 추정도 가능하다.

한편 '내헌 시기'에 송인의 내투와 송상의 내헌 시기를 비교한 결과 몇 명의 내투자는 사서에 기록되지 않은 송상의 배를 타고 왔다는 사실을 확인하였다. 이처럼 고려에 왔던 송상에 관한 기록이 전부 사서에 남아 있지 않아서, 현재 전하는 것은 전체 사례의 一部에 불과하며, 실제로는 더 많은 송상이 왔다고 생각된다. 그런 점에서 송상왕래에 관한 통계 수치는 송상의 출신지역, 왕래 횟수, 왕래 시기에 대한 대체적인 경향성을 알려주는 것이지, 그 자체가 완전한 사실은 아니다.

본고는 기존의 견해보다 '더 많은' 송상이 '훨씬 이른 시기'부터 '더욱 자주' 고려에 왔다는 점을 설명하였다. 특히 고려시대 송상왕래의 공백기로 보았던 광종대에서 현종초까지의 시기에도 송상이 왔었다는 점을 밝힌 것은 중요한 성과였다고 판단된다. 그러나 사서에는 1170년 무신정권이 성립된 이후 1279년에 남송이 멸망할 때까지도 송상이 고려를 찾아 온 기록이 거의 남아 있지 않다. 무신정권기는 여전히 송상 왕래의 공백기로 남아있는 셈이다. 그러므로 후고는 무신정권기에 송상들이 이전에 비해 고려에 왕래하던 것을 줄인 것인지, 아니면 사서에 기록되지 않은 것인지를 구체적인 자료를 통해 검토하여 그 실체를 알아보고자 한다.

제6장
武臣政權期 宋商往來

1. 머리말

고려시대에 서해를 건너 와서 고려인들과 무역을 했던 송상들이 많았다는 것은 『高麗史』와 『高麗史節要』에 기록된 송상의 내헌 기사로써 확인된다. 1012년에 처음 오기 시작한 송상은 점차 왕래 횟수가 증가하였으나 무신정권기에 來航의 횟수가 급격히 줄어서 1170년 무신정변이 일어난 뒤 약 100여 년간 총 8차례에 불과하다고 하였다.[1][補] 그 원인은

---

1) 金庠基(a), 1937, 「麗宋貿易小考」 『震檀學報』 7 ; 1948, 『東方交流史論攷』, 乙酉文化社, 54쪽.

흥미로운 점은 그가 고려 무신정권기에 송상의 내항 횟수가 적었다고 하면서도, 이규보가 지은 「예성항 누각 위에서 조수를 보며 동료 김군에게 주다」라는 시의 내용 가운데 "배가 꼬리와 머리를 물어 서로 잇대었다"라든가, "한 낮이 못되어 남만 하늘에 도착한다"는 것을 들어 예성항을 중심으로 한 무역이 번성했다는 모순되는 주장을 한 것이다(김상기(b), 1959, 「高麗前期의 海上活動과 文物의 交流—禮成港을 중심으로—」 『국사상의 제문제』 4 ; 1974, 『東方史論叢』, 서울대출판부, 461쪽). 이 문제는 이 시에서 언급된 배가 예성항을 드나들던 무역선이 아니라 조운선을 묘사한 것이었음을 밝힘으로써 해결되었다(李鎭漢, 2005, 「高麗前期 對外貿易과 그 政策」 『九州大學 韓國研究セン タ一年報』 5, 82~83쪽 ; 본서 제2장).

한편 최근 연구는 水牛角 事件과 1301년 강남상객이 온 것을 새로이 포함하여 이 시기에 송상의 내항은 10건이라고 하였다(朴玉杰, 1997, 「高麗來航 宋商人과 麗宋의 貿易政策」 『大東文化研究』 32, 41~42쪽). 선행연구가 1278년에 송상이 온 것을 마지막으로 삼았으므로, 수우각과 관련된 송상 1건이 더 추가된 셈이다. 1건의 차이가 있기는 하지만, 이 시기에 송상이 매우 적었다는 점은 양자의 견해가 같다.

補)필자가 송상왕래 연구를 진행하면서 점차 송상이 매우 자주 고려에 와서 상시왕래할 정도임을 알게 되었으며, 배가 한 번에 3척이 왔다고 한 기록도 있으므로

인종대 금의 공격을 받은 송의 도움 요청을 고려가 거절한 뒤 양국의
관계가 급격히 멀어져서 외교가 단절되었을 뿐 아니라[2] 남송의 세력이
쇠퇴함에 따라 송상의 활동도 점점 줄어들었기 때문이었다고[3] 설명하였
다.

그런데 불교사와 미술사 연구자들은 이 시기에도 양국 간에 비교적
활발한 교류가 있었다고 한다. 무신정권기에 고려와 송의 승려들은 다양
한 서적과 詩文을 주고 받았으며,[4] 1274년에 牙州 노봉사에 봉안하기
위해 조성된 불상으로 밝혀진 '개운사 목조아미타불좌상'은 당대 남송
양식의 영향이 확인된다.[5] 또한 이규보가 丁秘監에게 墨竹과 寫眞을 요
구하면서 지은 시에는 '丁君의 이 놀이에 대한 聲價가 고려와 중국에 가
득 차 있네[丁君於此戲 聲價滿夷夏]'라고 할 만큼,[6] 정홍진의 墨竹 솜
씨는 송에서 명성이 있었다.[7] 이러한 고려와 송의 문화적 교류는 무신정

지금은 그 시의 내용이 송상의 배를 가리킬 수 있다고 생각하게 되었음을 밝혀둔
다.

2) 金庠基, 1959, 「高麗와 金·宋과의 關係」 『국사상의 제문제』 5 ; 1974, 『東方史
論叢』, 서울대출판부, 598～599쪽.

3) 金庠基, 주 1)b 논문, 446～447쪽.

4) 許興植, 1995, 「一枝庵本 湖山錄의 重要性」 『眞靜國師와 湖山錄』, 民族社, 77쪽.
趙明濟, 2003, 「臨濟宗をめぐる高麗と宋の交流」 『駒澤大學佛教學部論集』 34,
248～249쪽.

5) 최성은, 2004, 「高麗時代 佛敎彫刻의 對中關係」 『高麗美術의 對外交涉』, 예경,
144～145쪽.

6) 『東國李相國後集』 권4, 「又以長篇二首 求墨竹與寫眞 幷序」 및 「求墨竹」.
同, 「贈丁秘監而安 求墨君 二首」 六月十二日 및 「次韻丁秘監寫墨竹四䡄 兼和前
詩來贈 幷序」.

7) 정홍진에 대하여 "韓生이 인물을 그리고 정홍진이 대나무를 그린 「水墨白衣觀音
圖」는 수묵선종화 계통이었을 것으로 생각되는데, 배경에 대나무가 그려져 있었
던 것으로 보아 13세기 남송의 牧谿가 그렸다고 전하는 일본 원각사 소장의 「白
衣觀音圖」와 유사한 형식이 아니었을까 싶다"라는 견해가 있다. 그의 화풍이 남
송의 영향을 받았다는 뜻인데, 이것 역시 송과 고려가 교류하고 있었다는 증거이
다(홍선표, 1996, 「서화」 『한국사』 21, 국편위, 421쪽).

권기 송상왕래가 매우 적었다는 것과는 잘 어울리지 않는다.

필자는 선행연구에서 이 시기에도 무역에 관한 특권이 국왕에서 무신 집정으로 옮겨짐에 따라 송상의 進獻 기사가 급격히 줄어들었을 뿐이지 여전히 송상은 많이 왔었다고 해석한 바 있었다.[8] 실제로 기존 송상왕래에 대한 연구가 주로『高麗史』와『高麗史節要』의 기록에 전적으로 의존하다보니 당대의 文集과 중국의 문헌에 있는 중요한 송상 관련 사료를 다루지 않았다. 그 뿐 아니라 고려 국왕에게 來獻한 송상에 초점을 두었기 때문에 송상왕래의 정황을 알려주는 기사들을 놓치고 말았다.

그러므로 본고는『高麗史』와『高麗史節要』의 무신정권기에 대외관계 기사가 적지 않게 누락되었고「고종 세가」등의 缺落이 많았지만,『東國李相國集』·『湖山錄』등 당대의 문집에는 송상왕래와 관련된 기사가 적지 않았음을 증명하고자 한다. 이어 중국 문헌이나『高麗史』에서 무신정권기 송상왕래를 알려주는 사료를 새롭게 해석하여 송상이 빈번하게 왕래하였다는 것을 밝힐 것이다. 마지막으로 이 시기에 송상왕래와 관련된 기사를 종합하여 <송상왕래표>를 작성하고, 그것을 기존의 연구와 비교하여 훨씬 많은 송상왕래가 있었으며 더 나아가 무신이 집권하고 고려와 몽고의 전쟁이 일어나는 등 중대한 정치적인 여건의 변화가 있었으나 송상왕래는 끊임없이 이어졌음을 보여줄 것이다. 이처럼 무신정권기에도 송상왕래가 자주 있었다면, 송상왕래가 절대적으로 적었다는 것에 맞춘 정치외교적인 설명은 모두 수정되어야 할 것이다.

2. 高麗·宋의 文物 交流와 海商

고려시대 송상왕래가 많았다는 근거는 송상의 來獻 기사였다.『高麗

---

8) 李鎭漢, 2007,「高麗時代 宋商 貿易의 再照明」『歷史教育』104, 75~79쪽 ; 본서 제3장.

史』와『高麗史節要』에는 "송상이 와서 方物 또는 土物을 바쳤다"는 식
의 기록이 매우 많아서, 그것을 정리하는 것만으로도 그러한 사실을 확
인하는데 큰 문제가 되지 않았다. 그런데, 공교롭게도 무신정권기의 경
우에는 이러한 내헌 기사가 적었기 때문에 왕래가 적어졌다고 한다.9) 그
이전과 비교하면 來獻의 횟수가 크게 감소하였으므로 그것은 실증적으
로 잘못된 견해는 아니다.

　하지만, 무신정권기에는 당대의 문집과 중국의 기록이 많이 남아 있
는 데도 선행연구가 그것을 조사하지 않은 채 그와 같은 결론을 낸 것은
사료의 취급 대상을 제한했다는 점에서 잘못된 것 같다. 해당 문헌 가운
데 송상과 관련되었을 개연성이 높은 기록을 정밀하게 검토한 뒤에야 비
로소 송상왕래의 多寡를 판단할 수 있을 것이다. 따라서 내용상으로 송
상이 분명하게 드러나지 않아도, 해상의 도움으로 문물교류가 행해졌을
것으로 추정되는 기록을 고찰하면서 문제 해결의 실마리를 찾아보겠다.

> A1. 淳熙 元年 五月 二十九日 明州進士沈忞 上海東三國史記五十卷 賜銀幣
> 　　百 付秘閣10)

　A1에서는 1174년(명종 4, 송 淳熙 1) 5월에 明州進士 沈忞이『海東三
國史記』50권을 바치자 銀幣 100개를 그에게 주고 책을 秘閣에 보관하
였다고 한다. 1145년 12월에 완성된『三國史記』가11) 약 29년 후에 송에
전해진 것인데, 1174년에 고려와 송은 외교 관계가 없었으므로 양국을

---

9) 고려시대 송상왕래에 관한 최초의 연구성과에 비해(金庠基, 주 1) a와 b 논문) 최근
　의 성과는 1148년 10월 송인 張喆 관련 역모사건, 1230년 최우에게 수우 4필을
　바친 송상인의 예, 1113년 2월 왕궁의 화원을 꾸미기 위하여 송 상인들로부터 진
　기한 화초를 사들이느라 국고가 낭비했다는 기사를 포함하여 몇 건을 늘렸으나
　(박옥걸, 앞의 논문, 36~42쪽) 앞선 연구의 논지를 바꿀 만큼 차별성은 없다.
10)『玉海』권16, 地理「異域圖書」.
11)『高麗史』권17,「世家」仁宗 23년 12월 임술.

왕래하던 海商이 그것을 전달했을 것이다.[12]

沈忞이 책을 바치고 은폐를 謝禮로 받았다고 하는데, 실상은 고려에서 책을 사다가 송에 팔았던 것이다. 1192년에 宋商이 고려에 와서『大平御覽』을 바치고 白金 60근을 받은 것과[13] 같이 서적의 교류는 송상무역의 일부로 이루어졌기 때문에 이러한 일들은 모두 송상과 관련되었을 가능성이 높다.

불교 전적의 교류는 비슷한 시기에 知訥의 사례에서 확인된다. 知訥은 1198년에 智異山의 上無住庵에서 수행했으며 그곳에서『大慧普覺禪師語錄』을 읽고 開眼을 하였다고 한다.[14] 知訥의 깨달음에는 송 臨濟宗 소속으로 看話禪의 대가인 大慧禪師의 어록이 큰 영향을 끼쳤음을 알 수 있다.[15] 이 책은 大慧 宗杲가 입적한 1163년 이후에 만들어졌고, 그것이 고려에 유입되어 1198년 이후에 지눌선사가 읽었던 것이다. 송에서 편찬된『大慧普覺禪師語錄』이 고려에 유입되고 다시 어떤 경로를 거쳐 지리산에 있던 지눌에게 전달되었을 것이다.

명주진사 沈忞이『三國史記』를 송에 바치고 하사품을 받은 것이나 고려의 지눌이『大慧普覺禪師語錄』을 읽었던 것은 무신정권 초기에도 양국의 교류가 지속되고 있음을 증명한다. 다만, 전달해준 역할을 한 사람이 송상이었는지 고려 상인이었는지는 사료상 분명하지 않다. 그것을 파악하는 데는『東國李相國後集』의 기사가 도움이 된다.

---

12) 張東翼, 2000,「高麗・宋 文物 交流에 관한 記事」『宋代麗史資料集錄』, 서울대출판부, 437쪽.
13)『高麗史節要』권13, 明宗 22년 8월.
14)『東文選』권117,「曹溪山修禪社佛日普炤國師碑銘」
　　朴胤珍, 2005,「高麗後期 王師・國師의 사례와 기능의 변화」『한국중세사연구』19 ; 2006,『高麗時代 王師・國師 硏究』, 景仁文化社, 120쪽.
15) 吉熙星, 1996,「지눌의 사상」『한국사』21, 국편위, 29~30쪽.
　　朴榮濟, 1996,「수선사의 성립과 전개」『한국사』21, 국편위, 50~51쪽.

B1. … 大人初登第時 嘗與四五同年 將遊通濟院 聯鞍唱和 公詩一句云 塞驢
影裏碧山晚 斷鴈聲中紅樹秋 四韻失三句 聞此詩流入于宋 大爲其宰相所
賞 此少年時所賦特一首耳16)

B2. 宋朝禪子祖播 因歐陽伯虎東來 以詩一首 寄我國空空上人 兼貺漆鉢五器
斑竹杖一事 又名庵曰兎角 手書其額以寄之 予嘉兩師千里相契之意 又聞
歐陽君詩名 亦復渴仰 因和二首 一以寄播禪老 兼簡空空上人 一以寄歐陽
二十九17)

B3. … 其首落句 則皆所不知也 余雖未聰明 亦不甚椎鈍者也 豈其時率爾而作
若不置意而偶忘之耶 昨者 歐陽白虎訪余 有坐客言及此詩 因問之曰 相國
此時 傳播大國信乎 歐遽對曰 不惟傳播 皆作簇看之 客稍疑之 歐曰 若爾
余明年還國 可賫其畫及此詩全本 來而示也 噫 果若此言 則此實非分之言
非所敢當也 次前所寄絶句 贈歐曰18)

　　B1은 李奎報의 아들 李涵이 지은 『東國李相國後集』의 서문이다. 이
함의 아버지 이규보가 처음 과거에 급제하고 일찍이 네댓 명의 同年들
과 함께 通濟院에서 읊은 시가 송에 전해졌고, 그곳 재상이 그것을 크게
賞贊하였다는 것이다. 이규보가 시를 지은 것은 1190년이었고,19) 그것
이 고려와 송을 왕래하던 海商에 의해 수집되어 송에 전해졌을 것이다.

　　B2는 宋人 歐陽伯虎의 도움으로 송의 승려 祖播와 고려의 空空上人
이 교류하고 있다는 것을 알려주는 기사이다. 그 내용은 송의 祖播가 고
려에 가는 구양백호 편에 시 한 수를 空空上人에게 보내고 겸하여 옻칠
한 바리때 다섯 벌과 반죽 지팡이 하나를 선사하고, 또 암자의 이름을
兎角이라 지어 손수 액자까지 써서 함께 보내왔다는 것이다. 이규보는
두 승려가 천리 밖에서 서로 맺은 뜻을 가상히 여기고, 또 구양백호가
詩名이 있다는 말을 듣고 만나기를 바랐기 때문에 2수로 화답하여 하나

---

16) 『東國李相國後集』序.
17) 『東國李相國後集』 권3, 「次韻宋朝播禪老寄空空上人 幷序」.
18) 『東國李相國集』 附錄 「白雲小說」.
19) 장동익, 2009, 『高麗時代 對外關係史 綜合年表』, 동북아역사재단, 154쪽(이하 『연
표』로 줄임).

는 祖播 스님과 空空上人에게 전하고 하나는 歐陽白虎에게 주었다.

이 기사는 무신정권기 瑜伽宗 승려 景照—空空上人—와 宋僧인 祖播 禪師의 교류에 관한 내용이다. 그는 禪的인 경향을 보이며 이규보와 시를 주고 받으면서 능엄경에 대한 이해를 심화시켰다고 한다.[20] 그런데 바다 멀리 떨어진 두 나라 사람들을 연결시켜 준 구양백호가 송나라 사람이었고, 내년에 다시 오겠다고 한 것은 상인이었음을 암시한다. 그리고 이규보를 상국이라고 하였으므로 구양백호가 고려를 왕래하던 시기는 그가 재신이 된 1233년 12월부터 致仕하던 1237년까지 사이에 해당된다.[21] 아울러 송의 승려 조파가 구양백호를 통해 고려의 공공상인에게 선물을 전달하였다는 것은 그 이전에 이미 송상을 통해 두 사람이 알고 있었다는 뜻이며, 구양백호가 의심을 풀기 위해 명년에 환국하여 시를 가져오겠다고 한 것은 구양백호가 고려에 처음 왔거나 한 번 오고 마는 그런 상인이 아니었음을 알려준다.

B3은 이규보가 지은 「白雲小說」의 일부이다. 예전에 歐陽伯虎가 이규보를 찾았을 때, 坐客이 이규보가 통제원에서 지어 송에 알려진 시구를 언급하며 "相國의 그 시가 大國에 전파된 것이 정말입니까"라고 물었고, 구양백호가 "전파되었을 뿐 아니라 족자로 만들어 봅니다"라고 하니 客이 의심하자 구양백호는 "그렇게 의심하신다면 明年에 還國하여 그 그림과 그 시의 全本을 가져와 보이겠습니다"라고 하였다.[22]

B1~3을 정리하면 1190년 이후 이규보의 시문이 송에 알려졌고, 1230년대에도 송상을 매개로 양국의 승려와 문인이 교류하였으며, 그것

---

20) 趙明濟, 1988,「高麗後期 戒環解 楞嚴經의 盛行과 思想史的 意義—麗末 性理學의 수용 기반과 관련하여—」『釜大史學』12, 29쪽.

21) 박용운, 2001,「이규보의 사례를 통해 본 최씨 집권기의 관제 운영의 실상」『史叢』53, 72~73쪽. 한편, 이 일이 1238년에 일어났다는 견해도 있다(장동익,『연표』, 183쪽).

22)『東國李相國集』附錄「白雲小說」.

이 1회에 그치지 않고 여러 차례 반복되고 있었다. 이처럼 무신정권기에 고려의 시문이 송에 전파되고 고려와 송의 사람들이 자연스럽게 교류할 수 있었던 것은 송상왕래가 그만큼 잦았기 때문일 것이다.

한편 이규보는 구양백호 이외에 다른 송상을 통해서도 교류하였으며,[23] 이와 같이 송상의 도움으로 양국 사람들의 교류가 진행되었던 것은 『湖山錄』과 「圓悟國師碑」에서도 찾을 수 있다.

C1. 越歲在戊午八月上旬 山人卓然 以大宋延慶寺所寄 佛舌諸祖師讚淨土院 記 來示 予謹稽首欣慶 歎美不足 今幷取草庵錄中 日本國師遙獻金字蓮 經事 振祖集中法雨堂命名緣起 復次隨品讚 韻聊申讚歎 非敢好事也 盖 亦向慕 大國佛祖之盛事云爾[24]

C2. 中統三年壬戌五月初六日 伏承法雲然禪老所傳示 大宋延慶寺諸尊宿 法 華隨品讚一軸 句句皆佛精祖髓補敝 一大事光輝海外 何其韙歟[25]

C3. 更和法花隨品讚 幷序 … 昨見大宋延慶寺隨品讚 不香暗短 聊廥讚詠 近 託商船 先已寄呈諸尊宿座下 今又更成一軸者 非啻見異於人也[26]

C4. 曹溪山五世贈諡慈眞圓悟國師碑銘 幷序 … 又大宋延慶寺傳天台教觀 沙 門法言 以本寺所藏 佛居記 寄本朝雲遊子卓然 獻于師 師作讚 以應之 奇 辭麗藻駭人之目 然寫其讚 附商馳寄於法言 言受之嘉歎 願壽其傳 卽鏤諸 貞珉 打數本 以送之 其爲異邦之敬服 如此[27]

C1~3의 기사는 송의 延慶寺와 고려의 眞靜國師 사이에 佛敎 典籍과 記文의 교류를 보여준다. C1은 戊午年—1258년— 8월 상순에 山人 卓

---

23) 이규보는 江南의 靜上人에게 松扇 열 자루를 선사받기도 했다(『東國李相國集』 권2, 고율시, 「謝江南靜上人惠松扇十柄」). 이것은 이규보가 구양백호 외에 다른 송상을 통해서 송나라 사람과 교류하였음을 알려준다.

24) 『湖山錄』 권3 ; 許興植, 1995, 『眞靜國師와 湖山錄』, 民族社, 198쪽.

25) 『湖山錄』 권3 ; 許興植, 앞의 책, 213~214쪽.

26) 『湖山錄』 권3 ; 許興植, 앞의 책, 187쪽.

27) 『曹溪山松廣寺史庫』 477쪽 ; 許興植, 1986, 「金石文의 落穗」 『高麗佛敎史研究』, 一潮閣, 685~686쪽. 문헌에 따라 延慶寺가 建慶寺로 기록된 것도 있는데, 연경 사가 옳을 것이다.

然이 大宋 延慶寺가 보내준「佛舌詺」·「祖師讚」·「淨土院記」등을 보여주자, 진정국사가 시를 감상하고 매우 기뻐하였다는 것이다. C2는 1262년―中統 3년 임술― 5월 6일에 法雲 卓然禪老가 大宋 延慶寺의 여러 尊宿이 지은「法華隨品讚」1축을 보여주었는데, 모든 구절이 부처와 조사의 알맹이며 모범이었다고 하였다.[28] C3은 전날에 大宋 延慶寺 隨品讚을 보고 국사가 讚詠을 지어 商船 편에 의탁하여 연경사의 여러 尊宿 座下에게 보냈다는 것이다.

C4는 圓悟國師의 비명이다. 大宋 延慶寺의 승려 法言이 그 절에 소장하던「佛居記」를 고려의 卓然에게 전달하였고, 그것을 원오국사에게 바치자 국사가 찬을 지었다. 그 문장이 아름다워 그것을 베껴서 상인 편에 부쳤으며, 그것을 본 법언이 칭찬하며 오랫동안 전하기를 원해서 돌에 새기고 탁본하여 고려에 보내주었다고 한다.

실제로 송의 연경사와 진정국사 또는 원오국사가 여러 차례 전적과 시문 등을 주고 받을 수 있었던 것은 C3의 '商船 편에 의탁하여 여러 尊宿 座下에게 보냈다[近託商船 先已寄呈諸尊宿座下]'거나 C4의 '상인에게 부쳐 법언에게 보냈다[附商馳寄於法言]'는 표현에서 드러나듯이 송상의 덕분이었으며, 그들은 송에서 고려로, 고려에서 송으로 잇달아 왕복하면서 교류를 성사시켜 주었다.

구체적으로 시기를 보면, C1은 1258년, C2는 1262년이라는 기록이 있고, C3은 1264년의 일이었다.[29] 또한 1258년 봄에 眞靜國師가 탁연을 통해 연경사에서 보낸「佛舌詺」등을 받은 것은 진정국사가 송 연경사와 교류하는 첫 번째였다고 해도, 그것을 전달한 탁연과 연경사는 그 이전에도 이미 교류하고 있었을 것이다.

결국, C1～3의 기사를 통해 1258년 이전부터 1264년 사이에 적어도

---

28)『湖山錄』권3 ; 허흥식, 앞의 책, 214쪽.

29) 許興植, 1995,「생애와 시대배경」『眞靜國師와 湖山錄』, 民族社, 39쪽.

4차례 이상 송상의 왕래가 있었음이 확인되며, C4의 '국사가 써 보낸 讚을 돌에 새겨 다시 고려에 탁본을 보냈다'는 일화 등을 보건대, 그 이상 더 잦은 왕래가 있었을 것이다.

그와 더불어『湖山錄』에는 '뜰앞의 백성들은 별처럼 모여있고 문 밖의 강남상인은 촉나라 후추를 바치네[門外江商獻蜀椒]'라는 시가 있는데, 촉나라 호추를 바치는 강남상인은 고려에 와서 무역하던 송상임이 확실하다.30) 이처럼 상선을 이용한 남송 연경사와 고려 승려와의 시문 및 전적 교환을 포함한 다양한 교류가 빈번하였을 것이며31) 그것은 상선의 본래 목적인 무역이 활발했음을 알려준다.

요컨대, 무신정권기에 송상의 왕래가 급격하게 줄었다는 실증적인 통계를 제시하는 연구가 있지만, 고려와 송 사이에 있었던 문물의 교류를 담은 기록들을 정밀하게 검토한 결과, 양국의 사람들은 그다지 큰 어려움 없이 전적이나 시문 등을 주고 받았으며, 그것을 도와준 것은 구양백호와 같은 송상이었다. 이와 같이 활발했던 무신정권기 양국간의 문물교류는 100년 동안 8~9회 송상이 왔다는 기존의 견해로는 설명할 수 없다. 기록되지 않은 또는 현재 전해지지 않는 더 많은 송상의 왕래가 있었다고 이해된다.

3. 宋商 관련 기사의 재검토

무신정권기에 고려와 송을 왕래하는 海商의 도움으로 양국의 사람들이 각종 교류를 할 수 있었으며, 공공상인과 이규보를 연결시켜준 구양백호를 비롯한 기록에 보이는 해상들이 대부분 송인이었기 때문에 그들은 송상이었다고 추정된다. 그러나 그것만으로 다양한 해상의 사례가 모

---

30)『湖山錄』권3 ; 허홍식, 앞의 책, 230쪽.
31) 허홍식, 1995,「一枝庵本 湖山錄의 重要性」『眞靜國師와 湖山錄』, 民族社, 77쪽.

두 송상이었다고 단정하기 어려우므로 송상 왕래의 다소를 따지기 전에
이 시기에 송과 고려를 왕래했던 해상들이 송상이었다는 점을 더욱 분명
히 해야 할 것이다.[32] 먼저 해상 왕래가 계속되었음을 암시해주는 기록
을 검토하는 것으로부터 그들의 정체를 고찰해보겠다.

> D1. 出補全州幕府 二年間凡所遊歷 頗亦多矣 … 正月壬辰 初入邊山 … 旁俯
>   大海 海中 有群山島·猬島·鳩島 皆朝夕所可至 海人云 得便風直若激
>   箭 則其去中國 亦不遠也[33]
>
> D2. 寶祐 6年 11月 水軍申石衜山有麗船一隻 麗人六名飄流海岸 公命帳前將
>   校取之來 詰其所以 … 於是 連年圍海岸 逼新都 境土就荒 米價翔踴 銀
>   瓶一斤 易粟三苫 準中國一石 民殍死者衆 驣退 麗人始還舊所 採粟以充
>   饑 取松實以售商賈 有崔令公世積金穀 今年四月八日 令公出禮佛 麗主
>   遣人乘間誅之[34]

D1은 全州牧司錄兼掌書記 李奎報가 1200년 정월에[35] 公務로 邊山
지역을 다녔던 것을 기록한 글이다. 그는 바다 가운데 群山島·猬島·

---

32) 송대의 사서에 기록된 고려 상인은 고려초에 송에 오던 고려 사람뿐 아니라 고려
   를 왕래하던 송상을 뜻한다. 예를 들어 徐德榮은 송대자료에 高麗國 綱首였다고
   하는데(『建炎以來繫年要錄』, 紹興 32년 윤2월) 『高麗史』에는 송 도강으로 나타
   난다(『高麗史』 권17, 「世家」 毅宗 3년 추7월). 두 사람이 같은 인물이 분명하므로
   송 정부가 고려를 왕래하는 상인을 고려국 강수라고 하였던 것이다. 한편 송상으
   로 고려에 와서 투화하고 계속 왕래하는 자들도 있었는데(李鎭漢, 2010, 「高麗
   時代における宋人の來投と宋商の往來」 『年報 朝鮮學』 13 ; 본서 제5장) 송 지
   방 정부는 이들도 고려인으로 인식하였을 것이다. 그것은 日本 博多에 거주하며
   日本과 宋을 왕래하는 宋商을 博多綱首라고 한 것과 같다(榎本渉, 2007, 「宋代
   日本商人の再檢討」 『東アジア海域と日中交渉―九～十四世紀―』, 吉川弘文館).
   따라서 무신정권기 고려와 송을 왕래하던 고려상인이라는 것도 그 실체는 송상이
   었을 것이다.
33) 『東國李相國集』 권23, 「南行月日記」 및 『東文選』 권65.
34) 『開慶四明續志』 권8, 「收養麗人」.
35) 이규보는 1199년 6월에 전주목사록장서기에 임명되었다가 그 다음해 12월에 파
   직되었다. 따라서 이 기록의 정월은 1200년일 것이다(『東國李相國集』 年譜 己未
   및 庚申).

鳩島가 있으며 아침 저녁으로 닿을 수 있는 곳인데, 바닷사람[海人]들
이 便風을 얻으면 빠르기가 빠른 화살 같아서 그곳에서 中國까지 멀지
않다고 말하였다고 하였다. 군산도 등은 『高麗圖經』에서 송 사신단의
배가 오가며 머물렀다고 할 만큼36) 해상 항로에 중요한 곳이었다. 바닷
사람들이 이규보에게 그와 같은 말을 한 것은 1200년 경에도 여전히 고
려와 중국을 오가는 배들이 있었기 때문이다.

　D2는 1259년에 만들어진 명주의 지방지인 『開慶四明續志』의 내용으
로, 1257년 11월에 표류한 고려인의 진술과 귀환 과정을 담고 있다.37)
표류한 고려인의 증언에 의하면, 몽고가 해마다 강도를 포위하여 물가가
크게 올랐으며, 그들이 물러난 뒤 고려 사람들은 밤으로 주린 배를 채우
고, 잣[松實]을 따서 商賈에게 팔았다고 하였다. 잣은 『高麗圖經』에도
고려의 대표적인 土産으로 제시되었고,38) 송에 보내는 조공품에도 자주
포함되었던 것으로39) 보아 국내 소비용이 아니라 송에 팔기 위한 것이
었다고 생각된다. D1과 D2는 1200년과 1257년경에 고려와 송을 왕래하
던 해상이 있었음을 확인시켜 준다.

　그래도 여전히 그들이 송상이었다는 사실은 분명하지 않아서 구체적
으로 정체를 알 수 있는 기록을 찾아야 하는데, 무신정권기 송인들의 투
화에 대한 기사가 참고된다.

　　E1. (高宗 12年) 十二月 崔瑀奏 請本朝文物禮樂 一遵華制 其自宋國來者 許
　　　　於臺省·政曹淸要之職 隨材擢用40)

---

36) 『高麗圖經』 권36, 「海道」 3 및 『高麗圖經』 권39, 「海道」 6.
37) 張東翼, 2000, 「高麗·宋의 政治·外交에 관한 記事」 『宋代麗史資料集錄』, 서울
　　대출판부, 335~336쪽.
38) 『高麗圖經』 권23, 雜俗 2, 土産.
39) 이진한, 2003, 「고려시대의 무역」 『한국무역의 역사』(최광식 외), 청아, 265~266
　　쪽.
40) 『高麗史節要』 권21, 高宗 12년.

E2. 今高麗雖臣屬於韃 然毎有畏韃賊之心遷都海島 防其侵犯 決不至爲韃嚮徒
　　縱使有窺中國之意 然無松衫木可以造船 … 此間船舶 常有販高麗者 大率
　　甲番三隻到麗國 必乙番三隻回歸 丙丁亦如之 今慶元人 見有在彼國仕宦
　　者 郤緣此等船隻 皆屬朝廷分司 制司不可得而察其往來之迹[41]

E1은 1224년 12월에 崔瑀가 청하기를 "本朝의 文物과 禮樂은 청컨대
하나같이 華制를 준수하고 宋에서 온 자들은 材能에 따라 臺省·政曹
등의 청요직에 擢用하십시오"라고 아뢰었다는 것이다. 이 내용을 보면
고려에 투화하는 송인들이 많았던 것 같다. 특히 최우가 고려의 문물과
예악은 '하나같이' 중국의 제도를 준수하자는 것이나, 그것을 실현하기
위해 송에서 온 자를 臺省·政曹에 뽑아쓰자는 것은 송나라 사람들이
지속적으로 유입되지 않고서는 건의할 수 없는 일이다.

E2는 1256년에 송의 沿海制置大使判慶元府 吳潛이 海寇의 근절 및
海防을 위해 올린 상소문의 일부이다.[42] 그는 요즈음[此間] 고려에 판
매하러 가는 자는 대개 甲番 3척이 고려에 도착하면 반드시 乙番 3척이
回歸하고 丙·丁도 그와 같은 방식이었으며, 지금 慶元 사람으로 고려
에 벼슬하는 자[彼國仕宦者]도 있는데 송상의 배를 타고 갔다[郤緣此等
船隻]고 하였다. 이 기록에서 송 경원부 사람이 고려에서 벼슬하고 있었
다는 것은 이 무렵에 송인의 고려 내투가 계속되었음을 뜻한다.

E1과 E2는 1224년과 1250년대에 송인이 고려에 와서 투화하였음을
알려준다. 고려의 최우나 송의 오잠은 비록 나라는 다르지만, 고려에 투
화하여 벼슬하는 송의 지식인들이 많았다는 것을 인식하여 자신의 입장
에서 대책을 제시하고 있다. 그런데 고려에 투화한 송인은 송상의 배편
으로 고려에 와서, 고려 고위 관인과 통하고 있던 송상의 도움을 받아
자신의 재능을 확인받거나 과거에 급제하는 방식으로 벼슬하였다.[43] 따

---

41) 『許國公奏議』 권3, 「奏曉諭海寇復爲良民及海關防海道事宜」.
42) 張東翼, 앞의 논문, 335~336쪽.

라서 이 시기에 고려에 투화하는 송인이 많았다는 것은 宋商의 왕래가
잦았다는 것과 같다. 더욱이 E2에서 그들이 정기적으로 고려를 왕래하
는 송상의 배를 이용해서 갔다고 하였으므로 송인들의 고려 내투가 두차
례 그친 것이 아니라 꽤 많았을 것이다. 이러한 송인들의 투화 양상은
무신정권기 약 100년 동안 8~9 차례 송상이 고려를 왕래했다는 견해와
는 어울리지 않는다.

이 시기에 기존의 견해보다 송상이 더 많이 왔을 것이라는 정황은 문
물의 교류나 송인의 고려 투화 관련 기사에서도 확인되지만, 무신정권이
성립된 뒤 이전 시기에 비해 송상의 내헌 기사가 크게 줄어든 것도 사실
이다.

그러나 중국의 문헌과 『高麗史』를 정밀하게 살펴보면 송상의 왕래를
추정할만한 것들이 매우 많다. 먼저 송상과 관련된 중국의 기록들을 고
찰해보자.

> F1. 興隆 二年 四月 明州言高麗入貢 史不書引見日 歷孝·光·寧三朝 使命
>   遂絶 慶元間 詔禁商人博易銅錢入高麗 朝廷亦絶之也[44]
> F2. 漢揚州 交州之域 東南際海 海外雜國 時候風潮 賈舶交至 唐有市舶司 總
>   其征 皇朝因之 置務於浙·於閩·於廣 浙務初置杭州 淳化元年 徙明州
>   踰六年復故 咸平 二年 杭·明二州 各置務 … 光宗皇帝嗣服之初 禁賈舶
>   至澉浦 則杭務廢 寧宗皇帝更化之後 禁賈舶泊江陰·溫·秀州 則三郡之
>   務又廢 凡中國之賈 高麗與日本諸蕃之至中國者 惟慶元得受而遣焉[45]
> F3. 嘉定十七年 高麗乃棄金正朔 以甲子紀年 曆法與中國等 … 中國賈人至其
>   地 風候逆 或二三歲不可返 因室焉 返則禁其妻若子不得從 再至 有室如
>   初 本府與其禮賓省 以文牒相酬酌 皆賈舶通之 雜貨具於左[46]

---

43) 고려시대 송인의 내투와 송상의 왕래에 대해서는 李鎭漢, 주 32) 논문 ; 본서 제5
   장이 참조된다.
44) 『文獻通考』 권325, 「四裔考」 2 高句麗.
45) 『寶慶四明志』 권6.
46) 『寶慶四明志』 권6.

F1은 『文獻通考』의 기록이며, 『宋史』 高麗傳에도 거의 같은 내용이 약간 다르게 표현되어 있다.[47] 1164년(宋 興隆 2) 4月에 明州가 고려의 입공을 보고하였고 이후 孝宗・光宗・寧宗의 三朝에 걸쳐 고려의 사신 이 끊겼으며, 慶元間(1197~1200)에 詔하여 商人이 銅錢을 바꾸어 고려 에 들어가는 것을 금하였다고 하였다. 이 史料를 "南宋 英宗 慶元 年間 에 송은 상인에게까지도 동전을 가지고 고려에 들어가는 것을 금하였던 것이니 이는 고려와 모든 관계를 끊으려는 데에서 나온 것이라 하겠다" 라고 해석하여[48] 이때부터 고려와 송의 무역이 단절되었다고 주장하기 도 한다. 그런데 이 詔書의 핵심은 송상이 동전을 가지고 고려에 가는 것을 금한다는 것이지, 송상이 고려에 가는 것을 금한다는 것은 아니었 다. 결국 이 기사는 고려와 송의 무역이 끊겼다는 것과 무관하며 오히려 1190년대 후반에도 송상이 고려를 왕래하고 있었다는 주요한 근거가 된 다.

F2는 송 명주의 지방지인 『寶慶四明志』의 일부이다. 송 漢揚州가 중 국 동남의 바다에 면하여 해외 여러 나라의 배가 오는 곳이었으며, 唐이 시작한 市舶司 제도를 송이 이어받아 그것을 浙江・閩・廣州 등에 두었 고, 浙江의 사무는 처음에 杭州에 두었다고 한다. 이후 시박사의 변천을 보면 990년(宋 淳化 1)에 明州로 옮겼다가 6년이 지난 뒤 다시 그대로 하였고, 999년(宋 咸平 2)에 杭州와 明州에 다시 설치하였다. 光宗代와 寧宗代를 거치면서 치폐가 있었으나 명주 만큼은 그대로 유지되었으며, 『寶慶四明志』가 편찬되던 1226년에서 1228년 사이에[49] 중국의 상인과 고려・일본에서 중국에 이르는 자가 무역하기 위해서는 오직 경원부에

---

47) 『宋史』 권487, 高麗傳.
48) 金庠基, 1959, 「高麗와 宋・金과의 關係」 『국사상의 제문제』; 1974, 『東方史論 叢』, 서울대출판부, 598~599쪽.
49) 張東翼, 2000, 「高麗・五代 王朝에 관한 記事」 『宋代麗史資料集錄』, 서울대출판 부, 102쪽.

서 증빙을 받았다고 하였다.50)

이 기사는 주로 경원부—명주—의 시박무에 관한 역사적인 변천을 담고 있는데, 경원부에는 990년 이후 1228년경까지 시박사가 있었으며, 고려와 일본에서 오는 상인과 송상의 출국을 관장하였던 곳이었다. 이것을 무신정권기로 좁혀 본다면 경원부는 송 光宗代(1189~1194), 英宗代(1194~1224)와 더불어, 『寶慶四明志』가 만들어지던 哀宗初—1226년 즉위—에도 고려에 가는 배의 市舶에 관한 업무를 맡았다는 것이며, 그것은 고려에 가는 송상이 계속해서 있었다는 의미이다.

F3도 『寶慶四明志』의 내용이다. 中國 賈人이 고려에 도착한 뒤 바람과 날씨가 좋지 않아 2~3년 동안 돌아오지 못해 妻를 맞이하는 경우도 있으며, 本府—경원부—가 고려의 禮賓省과 文牒으로 서로 상대하는 것은 모두 賈舶으로써 通한다고 하였다. 선학들은 이 사료를 송상이 외교적 활동을 하였다는 것을 보여주는 것으로 자주 인용하면서도,51) 정작 그것이 언급된 시기가 송상왕래가 거의 없었던 무신정권기였다는 점에는 관심이 없었다. 하지만, '賈舶으로써 通한다'는 내용의 賈舶은 송상의 배가 틀림없으며, 그것은 송상왕래가 이 시기에도 지속되었음을 알려준다.

F1~3을 통해서 1190년 경부터 1220년대 후반까지 송에서 고려를 왕

---

50) 여기서 언급된 고려와 일본에서 오는 자들은 실제로 고려인과 일본인이 아니라 고려와 일본을 다니던 송상을 뜻한다(森克己, 1956,「日本・高麗來航の宋商人」『朝鮮學報』 9, 228쪽).

51) 宋晞, 1979,「宋商在宋麗貿易中的貢獻」『中朝關係史論文集』 1, 從徐福到黃遵憲, 時事出版社, 168쪽.
陳高華・吳泰, 1981,「海外貿易與宋元時期中外友好聯系及文化交流」『宋元時期的海外貿易』, 天津人民出版社, 226쪽.
近藤一成, 2001,「文人官僚蘇軾の對高麗政策」『史滴』 23, 13쪽.
山內晋次, 1996,「東アジア・東南アジア海域における海商と國家—10~13世紀を中心として覺書—」『歷史學研究』 681 ; 2003,『奈良平安期日本とアジア』, 吉川弘文館, 208쪽.

래하는 해상들이 있었다는 것을 알 수 있다. 특히 F3의 『寶慶四明志』에
의하면 바다 멀리 떨어진 양국은 수시로 발생하는 외교적 사안에 대해
송상의 배편을 이용하여 문서를 주고받으며 해결하고 있다. 그러한 일은
이때 처음 시작된 것이 아니라 이전의 관행을 그대로 따르고 있다는 점
에서 송상왕래가 1220년대까지 오랫동안 지속되었음을 증명하는 것이
다.

이후 고려는 몽고의 침입을 겪게 되고, 1232년에 고려는 수도를 강화
로 천도한 뒤 몽고와 치열한 항전을 계속하였다. 이로 인해 고려의 국토
는 황폐화되고 백성들은 고통을 겪었지만, 송상왕래는 멈추지 않았다.
다음의 기사는 그러한 사실을 보여준다.

G1. 臣竊惟自中興南渡 聲教與西北罕接 惟麗‧倭二國 介於東南海隅 猶知向
　　慕本朝 至今通商 又有高麗境內船隻 忽遇惡風 時亦飄台溫福建慶元界分
　　萬里流落 尤爲可念 臣兩歲之間一再見之 遂從有司每名日給白米二升 其
　　倭人則俟同綜船隻之回載與同歸 麗人則俟此間商人入麗 又給錢米 使歸
　　其國 無非所以廣朝廷之仁心 仁聞於遠人也 但自本司行之 終恐難繼 此
　　來懲望朝廷行下市舶司 立爲定例52)
G2. (中統 2年 6月 10日 庚子) 是日 高麗世子植來朝 … 11日 辛丑 都堂置酒
　　宴 世子植等於西 其押燕者 右丞相史公‧左丞相忽魯不花 … 史曰 聞汝
　　國亦常與宋人通好乎 曰但商舶往來耳 平章王曰 汝國今歲亦收成(否)
　　曰仰賴聖恩 雨暢時若 溥霑豊稔 又曰汝國用宋人正朔乎 曰第商人私有賚
　　至 本方者實不爲用耳 …53)

G1은 송 吳潛이 조정에 올린 건의문이다. 그의 문집인 『許國公奏議』
가운데 권4편은 1231년부터 1258년 사이에 작성했던 건의를 모아 정리
한 것이며, 이 기사는 沿海制置大使判慶元府로 재직하던 1256~1258년
사이에 썼던 것 같다.54) 이 글에는 高麗와 倭가 송을 흠모하여 이제까지

---

52) 『許國公奏議』 권4,「奏給遭風倭商錢米以廣朝廷 柔遠之恩亦於海防密有關係」.
53) 『中堂事記』 권하.

通商하고[至今通商] 있으며, 고려의 표류민에게 날마다 쌀 두되를 주고
商人이 고려에 들어갈 때 함께 되돌아가도록 하였다고 했다. 이 기사를
통해서 고려와 송이 통상을 하고 있다는 것과 송에서 고려에 가는 상인
이 있었음이 확인된다. 그 상인의 국적은 기록되어 있지 않았어도 경원
부를 다스리는 송의 관인을 언급했으므로 송상이었을 것이다. 1256년에
서 1258년까지의 시기에 고려를 왕래하던 송상이 있었음에 틀림없다.

G2는 1261년 6월에 몽고에 갔던 고려의 세자 일행을 영접했던 몽고
의 官人인 王惲의 日記로, 몽고의 관료들이 고려의 사정을 묻고 고려 재
상 李藏用 등이 답하는 내용이 기록되었다.[55] 그 가운데 右丞相 史天澤
이 고려가 송인과 通好하고 있는 지를 묻자 이장용이 단지 "商舶이 왕래
하고 있을 뿐이다[但商舶往來耳]"라고 대답하였고, 다시 史丞相이 고려
가 송인의 正朔을 쓰고 있는지를 묻자 상인들이 私的으로 가져오는 것
이지 고려는 실제로 사용하지 않는다고 답하였다. 몽고의 사승상이 주로
고려가 송과 외교 관계를 갖고 있는지를 확인하기 위해 여러 질문을 했
으나 고려는 그것을 부정하는 대신 송 상박의 왕래와 商人의 개인적인
송 연호 사용은 인정하고 있다.

G1과 G2도 1250~1260년대 송상의 왕래를 확인해주고 있다. 더욱이
G1에서 '至今通商'은 '이제까지 상인이 통한다'라고 해석되는데, 그것은
상소를 올리던 해 이전부터 어느 정도 오랜 기간 '지속적으로' 왕래가
있었다는 含意를 담고 있다. 또한 G2에서 송상왕래를 허용하거나 송상
이 사적으로 자국의 연호를 사용하는 것에 대해 이장용이 솔직하게 얘기
하는 것은 몽고에 대한 事大와 송상왕래는 별개라고 인식하였음을 보여
준다. 그러므로 고려는 공식적으로 몽고에 대해 사대를 하면서도 송상이

고려에 와서 무역하도록 허용하였던 것이다.

이후 고려와 몽고의 외교가 진전됨에 따라 송상의 왕래조차 금지할 것을 요구하자, 송상의 공식적인 왕래는 어려워졌던 것 같다. 이러한 상황에서 송상이 고려에 왔고, 그 사실을 몽고가 알게 되면서 고려와 몽고 간에 외교 문제로 비화되는 일이 벌어졌다. 다음의 기사를 살펴보자.

> H1. (元宗 11年 12月) 乙卯 世子諶與蒙古斷事官不花孟祺等來 王出迎于郊 又詔曰 … 如前年有人言高麗與南宋日本交通嘗以問卿 卿惑於小人之言 以無有爲對 今年却有南宋商船來 卿私地發遣 迨行省致詰 始言不令行省 知會是爲過錯 … 又出排後宋商船來泊 國家密使遣還 行省知之 故有此 詔[56]
>
> H2. (元宗 12年 春正月) 丙子 不花孟祺等還 王使樞密院使金鍊伴行 仍請婚 表略曰 … 又奏云 詔旨所諭發遣南宋船事 頃當承問對以嘗有宋商舶往返 距今十年 未曾見來 適於年前 有一舶 到于我境 小邦執事慮於睿鑑 將謂 從前絡繹往來 而敢匿其情 不以實陳 議欲送還 而臣不卽禁沮 以至無 狀[57]
>
> H3. (元宗 12年 6月) 乙卯 蒙古遣必闍赤黑狗·李樞等七人 來索宮室之材 又 以省旨 求金漆·靑藤·八郎虫·櫃木·奴台木·烏梅·華梨·藤席等 物 王報中書省曰 … 又云 … 烏梅·華梨·藤席 元非所産 昔於西宋商 舶得之 粗有若干 並此進奉[58]

H1은 1270년 12월 세자—뒤에 충렬왕—가 귀국하며 가져온 몽고 황제 조서로 고려의 신하들이 보고한 것이 사실이 아니라며 추궁한 내용이다.[59] "前年에 어떤 사람이 高麗가 南宋 및 日本과 교통한다 하여 몽고가 그것을 元宗에게 묻자 없다고 답변하였는데, 금년에 南宋 商船이 오자 원종이 몰래 그들을 되돌아가게 하였으나, 行省이 그것을 알고 힐문하자 비로소 행성이 알지 못하게 한 것은 잘못이었다"고 하였다.

---

56) 『高麗史』 권26, 「世家」 元宗 11년 12월.
57) 『高麗史』 권27, 「世家」 元宗 12년 춘정월.
58) 『高麗史』 권27, 「世家」 元宗 12년 6월.
59) 陳高華, 1991, 「元朝與高麗的海上交通」 『震檀學報』 71·72합, 350쪽.

H2는 1271년 정월에 樞密院使 金鍊이 蒙古에 가서 세자의 청혼을 하고, 日本·南宋과 交通한 것을 해명하였다는 내용이다. 남송의 배를 發遣한 일은 몽고가 事情을 물었을 때 일찍이 송의 상선이 오가다가 최근 10년 전부터 온 적이 없다고 하였으나 지난해에 배 한 척이 오자 일을 담당하는 관리[執事]들이 "종전처럼 (송상이) 연이어 왕래했다[從前絡繹往來]"고 몽고가 오해할 것을 두려워하여 그러한 사정을 숨겼다고 한다.

H3은 1271년 6월에 蒙古가 必闍赤 黑狗·李樞 등 7인을 보내 宮室의 材木을 찾고, 省旨로 金漆·靑藤·八郎虫·樻木·奴台木·烏梅·華梨·藤席 등의 물품을 구하자 왕이 몽고 중서성에 보고했는데, 烏梅·華梨·藤席은 원래 고려에서 나는 바가 아니고 西宋의 商舶에게 얻은 바가 약간 있어서 이것을 進奉한다고 하였다. 이 史料에서 西宋의 商舶은 송상의 배이고, 그들에게 얻은 烏梅·華梨·藤席 등이 남아있다는 것은 송상이 1271년 6월부터 그다지 오래지 않은 시기에 왔었음을 알려준다.

H1~2 기사에 의하면 1270년까지 10년 동안 송상왕래가 거의 없다가, 1270년에 송상이 왔었으며, H3에서는 1271년으로 그다지 멀지 않은 때에 송상이 烏梅 등을 무역하고 갔다고 한다. 전자와 후자는 다소 모순되는 듯하다. 1270년을 기준으로 최근 10년 동안 송상이 없었다고 했으나, 이미 1270년에 왔던 것도 몽고에게 숨겼고, 오매를 가져온 송상도 그리 멀지 않은 시기에 왔을 것이기 때문이다. C2 사료에서 1262년에 송의 연경사가 보내준 찬을 眞靜國師가 봤다는 기록이 있으므로 10년 전부터 송상이 오지 않았다는 고려의 변명은 거짓이다. 고려가 몽고와의 외교적 마찰을 피하기 위해 송상왕래를 부정하고 있었던 것 같다.

주목되는 것은 고려 사람들이 송상이 종전처럼 '연이어 왕래했다'고 오해할 것을 두려워했다는 점이다. 그와 유사한 표현은 1058년 8월에 문종이 耽羅와 靈岩의 木材를 벌채하여 큰 배를 만들어 대송 통교를 하

려하자 "우리 나라에는 文物·禮樂이 행해진지 이미 오래되었으며 '商
舶이 연이어서[商舶絡繹]' 값진 보배가 날마다 들어오므로 중국과 교통
하여도 실제로 이익이 없을 것입니다"라는 內史門下省의 반대 주장 속
에서 발견된다.[60] '상박이 연이었다'는 것과 '연이어 왕래했다'는 것은
모두 송상이 자주 왕래했다는 뜻이다.

그러므로 중요한 것은 '從前'이라는 시점인데, 문종대처럼 송상이 활
발히 왕래하던 시기였거나 아니면 1270년을 기준으로 10년 전부터 송상
이 오지 않았다고 하는 그 이전 무렵이었을 것이다. 그런데 H1~2의 기
사가 송과 통상하지 못하도록 하는 몽고의 요구를 지키지 못한 것에 대
해 고려가 송상이 10년 전부터 오지 않아서 몽고와의 약속을 지켰다고
해명하는 것으로 보아 '종전'은 아주 오래 전의 일을 말하는 것은 아니
었다. 결국 '종전처럼 왕래가 연이었다는 것'은 1270년의 10여 년 이전
에 송상이 자주 왕래하였던 상황을 설명하는 것이다. 즉, 그것은 1250년
대 말과 1260년대 초에 송상의 왕래가 잦았다는 뜻이었으며, 송상을 매
개로 한 송의 연경사와 진정국사·원오국사의 활발했던 교류와도 일치
한다.

4. 〈宋商往來表〉와 宋商往來의 재인식

무신정권기에 송상왕래는 그 이전에 비해 적었다. 그리고 이와 같은
현상에 대해서 여송 외교의 단절과 남송 세력의 쇠퇴를 들며 기록상 송
상이 줄어든 것을 합리화했다.[61] 반면 1250년대 표류민의 송환과 관련

---

60) 『高麗史節要』 권5, 文宗 12년 8월.
61) 金庠基, 주 1)a 논문, 54쪽.
   全海宗, 1974, 「對宋外交의 性格」『한국사』 4, 국편위, 343쪽.
   宋晞, 주 51) 논문, 160쪽.
   姜吉仲, 1990, 「南宋과 高麗의 政治外交와 貿易關係에 대한 考察」『慶熙史學』

된 송상 사례와 송의 慶元府와 고려가 賈舶으로써 문첩을 주고받았다는
『寶慶四明志』의 기록을 들면서, 13세기 중엽 고려와 남송은 위기에 직
면했을 때도 그 왕래가 완전히 단절되지는 않았으며, 우호적인 관계를
계속 유지했다는 주장이 제기되었다.[62] 이 견해는 종전보다 송상왕래
가능성을 더 높게 보고 있지만, 송상왕래가 적었다는 점은 인정하고 있
다. 선행연구가 송상왕래가 매우 적었다고 했던 것은 주로 『高麗史』와
『高麗史節要』에 기록된 송상의 來獻 기사를 중심으로 이해했기 때문
이다.

그러한 한계를 극복하기 위해 내헌 기사 이외에 송상왕래를 알려주는
것들을 포함하고, 새로운 연구 성과를 반영하여 정리한 것이 <宋商往來
表>이다.[63][補] 이 표는 송상왕래를 알려주는 간접적인 증거들을 포함해
서 사례가 많이 늘어났다. 표류민과 탈출 포로의 송환은 그 한 예이다.
1229년에 2월에 송상 도강 金仁美 등이 송에 표류한 제주 사람과 함께
왔고,[64] 1259년 3월에 몽고군에서 탈출한 宋人이 귀국하는데 송상 范彦

---

16 · 17합, 181～182쪽.

62) 黃寬重, 1983, 「南宋與高麗關係」『中韓關係史國際研究討論論文集』(中華民國韓
國研究學會編), 71쪽.
黃時鑒, 1997, 「宋-高麗-蒙古關係史에 관한 일고찰―「收刺麗國送還人」에 대하
여―」『東方學志』 95, 16쪽.

63) 선행연구는 고려에 왔던 송상의 사례를 정리하여 「宋商來航表」라고 하였다(김상
기, 주 1)b 논문, 447～453쪽). 필자는 송상 왕래에 관한 새로운 기사들이 많이
포함되었으므로 이전의 것과 구분하기 위해 <新宋商往來表>라고 하였다. 또한
來航은 고려에 왔던 것만을 나타내는데 비해 왕래는 양국의 무역을 담당하면서도
교통 및 문물의 교류 수단으로서 송상의 역할을 잘 표현하기 때문이다.

補) 본고를 학술지에 발표할 때는 위와 같이 썼으나 무신정권기를 포함한 고려시대
전시기의 송상왕래를 담은 표를 만들면서 선학이 썼던 내항과 필자의 왕래가 구
분되므로 굳이 '신'자를 넣을 필요가 없다고 생각되어 <송상왕래표>로 명칭을
바꾸었다. 한편 무신정권기 송상왕래와 관련하여 제7장의 말미에 실은 <송상왕
래표>의 1170년 이후를 참조하기를 바란다.

64) 『高麗史』 권22, 「世家」 高宗 16년 2월 을축.

華의 배편을 이용하였다.65) 그러므로 1174년 8월에 張和 등과,66) 1186년 5월에 李漢 등이 송에서 되돌아온 것은67) 송상이 고려에 왔다는 뜻이며, 송상의 왕래 횟수에 더해져야 한다.

또한 구양백호가 고려에 와서 활동했던 것과 반대로 송에 가서 활약하는 고려인도 있었다. 이러한 '인물왕래'는 송상의 배편을 이용했을 것이므로 송상의 왕래 횟수에 포함되어야할 것이다. 1224년에 慶元府에 있던 고려 승려 智玄·景雲이 일본 승려 道元을 만났던 것은68) 고려인이 송상의 배를 타고 송에 갔다는 뜻이고, 1237년에 崔璘이 開京에서 무사히 羅州副使로 부임하기 위해 宋人 楊赫에게 推命하게 하고 부처에게 공양을 했다는 것은69) 그 전에 송상의 배가 고려에 왔었다는 의미이다.

인물왕래와 거의 같은 것이지만, 1184년 9월에 商舶을 따라 고려에 와서 別賜乙科를 제수받은 송 진사 王逢辰은70) 내투에 해당된다. 송인이 고려에 來投하기 위해서 송상의 배를 타고 오기 때문에 그것은 곧 송상이 왔다는 것과 같다.71) 아울러 바다 건너 상대국의 정보에 대해 알고 있다는 것도 당시의 교통·통신 수단을 고려하건대 송상이 그것을

---

65) 『開慶四明續志』 권8, 「收剌麗國送還人」.
   이 사건에 관해서는 다음의 논문이 참고된다.
   黃時鑒, 앞의 논문, 12쪽.
   楊渭生, 1997, 「宋與高麗: 複雜微妙的'三角'政治關係」 『宋麗關係史研究』, 杭州大學出版社, 164~166쪽.
   장동익, 1997, 「宋代의 明州 地方志에 수록된 高麗關係記事 研究」 『역사교육논집』 22, 288~289쪽 ; 주 37) 책.
66) 『高麗史節要』 권12, 明宗 4년 8월.
67) 『高麗史節要』 권13, 明宗 16년 5월.
68) 장동익, 『연표』, 173쪽.
69) 장동익, 『연표』, 183쪽.
70) 『高麗史節要』 권13, 明宗 14년 9월.
71) 李鎭漢, 주 32) 논문 참조 ; 본서 제5장

알렸을 것이어서 상대국의 '정보 전달'은 송상왕래를 간접적으로 확인해 주는 것이다.

한편 1220년 중반에 송 경원부가 고려로 가는 항구로써 양국 교류의 통로 역할을 했으므로 지방지인『寶慶四明志』에 고려와 관련된 기록이 많았다. 이처럼 송의 지방지에 고려가 언급되었던 것은 그곳이 송상의 출발지였기 때문이다. 張津이 知明州事로 재직시(1167∼1169)에 편찬한 『建道四明圖經』에72) "고려와 일본으로 가는 배가 명주 梅岑山에서 바람을 기다려 갔다"고 했는데,73) 무신정권이 등장하기 직전에 송상이 고려를 왕래하였음을 알려준다. 嘉定 연간(1208∼1225)에 지어진 台州 지방지인『嘉定赤城志』에는74) "東鎭山 위에 돌출한 돌을 黃巖"이라 하며, 해로로 고려에 왕래하는 사람들이 해도의 길잡이로 삼았다고 하였으니,75) 그 시기에 台州에서 고려에 가는 해상이 있었다는 뜻이다.

이와 같이 송상왕래와 관련 없어보이지만 사실은 송상왕래를 간접적으로 확인시켜주는 여러 가지 사례가 <宋商往來表>에 더해짐에 따라 그 이전의 것보다 사례가 촘촘하게 배열되어 사례의 공백이 15년이 넘지 않을 만큼 시간적 간극이 좁아졌다. 사실 기록에 남아있는 것은 언제나 실제보다는 적게 마련이어서 그것이 송상왕래의 전부였다고 할 수 없다. 지금 알 수 있는 것보다 더 많은 송상이 고려에 왔을 것이다. 그런 점에서 새롭게 찾아낸 왕래 횟수가 몇 번이었는지는 큰 의미가 없고, 종전의 견해보다는 훨씬 많다는 것 자체가 중요하다.

그와 더불어 생각해볼 것이 기록상 송상이 한 번 왔다고 했을 때, 사료 그대로 한 번만 왔다고 이해해야 하는지의 문제이다. 송상의 내헌 기록에 대한 고찰에 의하면, 기록상으로 한 번 왔던 경우도 있지만, 두 번

---

72) 張東翼, 주 37) 책, 235쪽.
73)『建道四明圖經』권7, 昌國縣 山.
74) 張東翼, 주 49) 책, 85쪽.
75)『嘉定赤城志』권20,「山水門」2, 山, 黃巖.

이상 왔던 것도 매우 많았다.[76] 의천이 송의 승려와 교류를 하는 과정에
서도 『高麗史』의 내현 기록에는 없는 송상들이 여러 차례 양국을 왕래
하며 物品과 書信을 전달하였다.[77] 상식적으로 배를 타고 위험한 서해
를 왕래하며 무역을 하던 송상이 단 한 번 고려를 왕래하고 그만두어서
는 이익을 남기기 쉽지 않았을 것이다. 따라서 유리한 조건으로 무역하
기 위해서 송상은 고려에 자주 오게 되었을 것이다. 다음의 기사는 송상
의 반복적인 왕래를 보여준다.

> I1. (高宗) 十六年 初國家 授宋商人布令 買水牛角來 至是宋商買綵段以來 國
> 家責違約 宋商曰 我國聞汝國 求水牛角 造弓 勅禁買賣 是以不得買來 怡
> 囚都綱等 妻取所買綵段剪裁 還與之 後宋商 獻水牛四頭 怡給人蔘五十斤
> 布三百匹 怡私造御鞾 以進鞾 飾金銀錦繡覆以五色氈 窮極侈麗 王嘆賞不
> 已 賜監造大集成鞍馬衣服紅鞓 王以鞾 駕水牛 道路爭觀[78]
> I2. (元宗 元年) 冬十月 甲寅 宋商陳文廣等 不堪大府寺・內侍院侵奪 道訴金
> 仁俊曰 不予直而取綾羅絲絹六千餘匹 我等將垂槖而歸 仁俊等不能禁[79]

I1~2의 사료는 이미 무신정권기에 송상의 무역이 지속되었다는 근거
로 검토한 바 있다.[80] 그런데 다시 한 번 이것을 고찰하는 것은 그 내용
이 송상의 반복적인 왕래를 보여주고 있기 때문이다. I1은 송상이 崔怡
의 요구에 따라 송의 금령을 어기고 결국 水牛角을 사왔다는 것인데, 이
기사 속에서 송상은 여러 차례 송과 고려를 왕래하고 있었다. 처음에 고

---

76) 陳高華・吳泰,「宋元時期 海外貿易的活動狀況」『宋元時期的海外貿易』, 天津人
　　民出版社, 1981, 37쪽.
　　朴玉杰, 앞의 논문, 46쪽.
77) 原美和子, 1999,「宋代東アジアにおける海商の仲間關係と情報網」『歷史評論』
　　592, 4~5쪽.
　　李鎭漢, 주 8) 논문, 51~55쪽 ; 본서 제3장.
78) 『高麗史』권129, 崔忠獻傳附 怡.
79) 『高麗史』권25,「世家」元宗 원년 동10월 갑인.
80) 李鎭漢, 주 8) 논문, 72~76쪽 ; 본서 제3장.

려에 와서 수우각을 사오라는 최이의 요구를 받았고, 다시 돌아가서 채
단을 사왔으며, 결국 수우각을 가지고 되돌아왔다. 수우각 사건과 관련
된 송상은 적어도 세 차례 양국을 왕래했던 것이다.

I2는 송상 陳文廣이 무신집정자 김인준에게 大府寺와 內侍院에게 받
지 못한 능라·사견의 대가를 받게 해달라고 호소했다는 것이다. 이 기
사에 대해 송의 국력이 약해져서 송상이 수난을 당하였다거나[81] 고려가
무역에 소극적이어서 일어난 일이라고 설명하였다.[82] 그러나 그것은 송
의 국력이나 고려 무역의 소극성과 무관하며, 오히려 송상이 대부시·
내시부와 능라·사견 6천필이라는 큰 규모의 거래를 할 정도였다는 점
에 주목해야 한다. 송상이 고려의 대부시·내시원 등과 엄청난 가치의
물품을 대가도 받지 않고 주어서 빈털터리가 되어 돌아가게 되었다고 호
소하는 것은 반대로 그 이전에 그들과 오랫동안 무역을 해서 신용을 쌓
았다는 뜻이다. 최이가 수우각을 사달라고 송상에게 요구했던 것처럼,
송상이 대부시·내시원에게 주었던 6천필의 능라·사견도 사전에 요구
해서 가져온 것이었다고 생각된다. 송상 진문광도 이미 이전부터 고려를
왕래하며 국가 기관과 교역을 해오던 중에, 대부시·내시원으로부터 대
가를 받지 못하는 사건이 발생했을 것이다. 이와 같이 송상이 고려 정부
의 주문품 조달을 했다면,[83] 2회 이상의 왕래가 있어야 한다.[84]

---

81) 金庠基, 주 1)a 논문, 54쪽.
82) 高柄翊, 1991,「麗代 東아시아의 海上交通」『震檀學報』71·72합, 303~304쪽.
83) 김상기, 주 1)b 논문, <송상내항표>, 447~453쪽.
  山內晉次, 주 51) 논문, 208~209쪽.
  朴玉杰, 앞의 논문, 51쪽.
  김영제, 2009,「宋·高麗 交易과 宋商—宋商의 經營形態와 그들의 高麗居住空間
  을 중심으로—」『史林』32, 203쪽.
84) 1192년 8월에 송상이 『太平御覽』을 바치고 白金 六十斤을 받은 것도(『高麗史』
  권20,「世家」明宗 22년 8월 계해), 송상이 사전에 그 책을 부탁받고 가서 구매해
  서 명종에게 바쳤을 것이므로 2회 이상의 송상왕래가 있었음을 알려준다.

위험을 무릅쓰고 더 큰 이익을 위해 배를 타고 먼 지역을 다니는 해상
은 특정 지역과 전문적 무역을 하는 것이 더 많은 무역 상대를 확보하고
무역품을 사전에 준비하는데 유리했을 것이다. 그런데 송상의 고려 왕래
가 1회로 그쳤다면, 고려인들이 원하는 물품을 구해 준다든지, 고액의
물품을 정부 기관에 대가도 받지 않은 채 먼저 주기 어렵다. 그러므로
史書에 고려에 1회만 왔다고 하는 송상들도 기록에 남지 않았을 뿐 더
많은 왕래가 있었다고 생각된다.

요컨대, 무신정권기 송상에 관한 모든 사실이 사서에 기록되지 않았
을 뿐 아니라 송상왕래에 관한 새로운 사례를 찾고, 송상이 1회 왔다는
것도 사실은 2회 이상이었다는 것을 고려하건대 송상왕래는 실제로 새
롭게 찾아낸 것보다도 매우 많았을 것이다. 이 시기에 고려와 송의 외교
가 중단되었고, 무신들이 권력을 장악하였으며, 몽고의 고려 침입이 있
었고, 송의 국력이 쇠약해지는 등 그 이전과 구별되는 정치・외교적인
상황의 변화가 있었으나, 송상은 그것에 큰 영향을 받지 않고 고려를 계
속 왕래하였던 것이다. 다만, 1260년대 몽고와 고려가 강화를 한 이후에
송상과의 교역을 막으려는 몽고의 압력에 따라 송상왕래는 급격히 줄어
들어서, 1270년대 이후에는 극히 간헐적인 왕래만이 있게 되었다.

5. 맺음말

고려시대 송상의 내헌 기사를 종합한 연구는 무신정권기에 송상왕래
가 줄어들었다고 하였다. 이 시기에 송상의 내헌이 줄어든 것은 분명하
고, 그것은 무신정변 이후 일어난 정치・사회적 변화에 조응하는 것처
럼 보인다. 그러나 선행연구는 『高麗史』와 『高麗史節要』의 기록에 거의
전적으로 의존했고, 『東國李相國集』과 같은 당대의 문집이나 중국의 문
헌을 제외하였다는 점에서 사료취급상에 중대한 결함이 있었다. 또한 송

상의 내헌과 그 숫자에만 관심을 두다보니 사서에 기록된 송상왕래를 추
정할만한 주요 기사를 다루지 못하였다.

본고는 이러한 기존 연구의 한계를 극복하기 위해 송상왕래에 관한
내용을 담고 있는 다양한 사료를 검토하였다. 그 결과 무신정권기에 간
행된『東國李相國後集』에서는 이규보의 시문이 송에서 명성을 떨쳤으
며 고려를 왕래하는 구양백호를 매개로 하여 고려와 송 사람들이 시문을
주고받았다는 기록을 찾을 수 있었다. 또한 송의 延慶寺와 고려 승려가
송상의 도움으로 교류하였다는 내용이『湖山錄』에 기록되어 있다.

한편 고려를 향하는 배가 출발하던 명주 지역에서 만들어진 지방지에
는 이 시기에도 계속해서 고려에 갔다고 기록되어 있으며, 송상의 배를
타고 고려에 와서 投化하는 송인들은 여전히 많았다. 특히 고종대(1213
~1259)에는 거란 유종과 몽고의 침입이 잇달아 온 국토가 전란의 소용
돌이에 휩싸였음에도 송상왕래는 끊임없이 지속되었다. 1260년대에 고
려가 몽고와 강화를 맺은 뒤 몽고의 외교적 압력에 따라 고려가 송상의
입항을 제한하면서 송상왕래가 급격히 줄어들었다.

무신정권기 송상왕래가 기존의 견해보다 훨씬 많았다는 것은 송상의
來獻 이외에, 송인의 고려 來投, 송에 표류한 고려인의 송환, 고려로 탈
출한 송인의 귀환, 인물의 왕래, 문물의 교류 등의 사례 등을 추가하여
만든 <송상왕래표>를 통해 확인된다. 기록에 전하는 것이 모든 송상왕
래를 보여주는 것은 아니라는 점을 고려해도 새로이 찾아낸 것을 합치면
모두 36회로 선행 연구의 8~9회보다 매우 많아졌다. 또한 사례가 촘촘
히 배열되어 시간적 간극도 10여 년 정도로 좁아졌다는 점은 무신정권
기에 송상왕래가 적어졌다는 것에 대한 충분한 비판이 될 것이다. 더욱
이 모든 송상왕래가 기록에 남을 수 없으며, 무역의 속성상 특정 지역을
전문적으로 왕래하는 것이 유리하므로 史書에 한 번 왔다고 한 것도 실
제로는 2회 이상 왔던 것이다. 따라서 실제 송상왕래는 더욱 많았다고

추정된다.

　무신정권기 송상의 고려 국왕에 대한 내헌이 그 이전에 비해 적어졌
다고 해서 송상왕래가 그 만큼 줄어들었던 것은 아니다. 그것은 고려의
관인이 1270년에 '종전처럼 상박의 왕래가 연이었다'고 몽고가 오해할
것을 우려한 것에서도 확실히 드러난다. 고려와 송의 외교단절, 고려 국
왕을 대체하는 새로운 권력자로서 무신집정의 등장, 外敵의 침입과 開京
에서 江都로의 遷都 등 이 시기에는 송상이 고려에서 무역하는데 여러
가지 불리한 여건들이 많았으나 그것에 크게 구애받지 않고 송상왕래는
지속되었던 것이다.

제7장
宋商往來의 類型과
<宋商往來表>

1. 머리말

송상이 고려에 來獻했다는 것은 송상의 고려 왕래를 확인해주는 가장 대표적인 기록이다. 先學은 그것들을 <宋商來航表>로 만들어 송상이 고려에 많이 왔다는 것을 일목요연하게 보여주었다.[1] 또한 송 사신이 고려에 왔던 것, 송이 표류한 고려 사람을 송환했던 것, 송나라 사람이 내투했던 것 등에 관한 기록들도 실제로는 송상왕래와 깊은 관련이 있었다.[2] 이와 같이 구체적으로 어떤 사건에 '송상'이라는 용어나 내용이 들어있지 않아도 송상왕래를 추정할 수 있는 기록들은 송상왕래를 알려주는 간접 증거였다. 여러 가지 정황으로 봤을 때 송상 없이는 이루어질 수 없었던 일들은 사실상 그 자체로 송상왕래를 증명하는 것이다.

이러한 간접 증거의 사례들은 몇 가지 더 있다. 예를 들어 송의 사신이 파견된다는 것을 미리 고려에 알려준 것, 대송통교를 재개한 이후 고려의 사절이 송을 왕래한 것, 고려 사절이 송에 간다는 것을 미리 알려준 것, 여·송 양국 간에 외교 문서가 전달된 것, 양국의 인물이 왕래한

---

1) 金庠基(a), 1937,「麗宋貿易小考」『震檀學報』7 ; 1948,『東方文化交流史論攷』, 乙酉文化社.
   金庠基(b), 1959,「高麗前期의 海上活動과 文物의 交流—禮成港을 중심으로—」『국사상의 제문제』4 ; 1974,『東方史論叢』, 서울대출판부.
2) 李鎭漢(a), 2009,「高麗時代における宋商の往來と麗宋外交」『年報 朝鮮學』12 ; 본서 제4장.
   李鎭漢(b), 2010,「高麗時代における宋人の來投と宋商の往來」『年報 朝鮮學』13 ; 본서 제5장.

것, 양국의 문물이 교류한 것 등도 그에 해당된다.

송상왕래에 관한 직접 증거인 송상내헌 기록에 송상왕래와 관련된 여러 가지 간접 증거들이 더해진다면, 通說보다 훨씬 많은 송상왕래를 확인할 수 있을 것이다. 그것을 효과적으로 보여주기 위한 방법으로써 <송상내항표>에 새로이 찾아낸 다양한 간접증거들을 추가하여 <宋商往來表>를 만들어 이 장의 말미에 실었다.[3] 아울러 <왕래표>의 이해를 돕기 위해 유형란을 두고 왕래의 간접증거들을 유형별로 나누어 적었고, 각 유형이 송상왕래와 어떤 관련이 있으며, 시기에 따라 어떤 차이가 있는지를 설명하였다.[4]

송상왕래의 유형으로 필자가 이미 충분히 검토를 했던 송나라 사절의 왕래, 송나라 사람의 고려 내투, 송에 표류한 고려인의 송환 등에 대해서는 간단하게 서술하겠다. 그 밖에 文書傳達, 入宋通知, 入麗通知와 같이 본고에서 새롭게 유형으로 제시한 것들은 송상왕래의 유형이 되는 것인지를 해명할 뿐 아니라 그것이 다른 송상왕래와 시기적으로 겹치지 않는지를 꼼꼼하게 따져볼 것이다. 왜냐하면 송상의 배 한 척에 표류민과 투화인이 타고, 외교문서와 무역품으로서 名畵도 실어 고려에 올 수 있는

---

3) 이하의 서술에서는 편의상 <宋商來航表>는 <내항표>로, <宋商往來表>는 <왕래표>로 줄여서 쓴다.

4) 고려와 송의 외교 관계는 크게 세 시기로 나뉜다고 한다. 제1기는 국교가 처음 열리는 962년부터 거란의 침략으로 공식적인 외교관계가 단절되는 994년까지, 제2기는 국교가 재개되는 1071년부터 북송이 멸망하는 1126년까지, 제3기는 남송이 건국되는 1127년부터 송사 徐德榮이 마지막으로 다녀가는 1173년까지였다고 한다.

全海宗, 1977, 「高麗와 宋의 關係」 『東洋學』 7.

申採植, 1985, 「宋代官人의 高麗觀」 『邊太燮華甲紀念 史學論叢』, 三英社.

朴龍雲, 1995・1996, 「高麗・宋 交聘의 목적과 使節에 대한 考察」 『韓國學報』 81・82 ; 2002, 『高麗社會의 여러 歷史像』, 신서원.

필자도 이러한 구분에 전적으로 동의한다. 그러나 송상왕래는 외교가 단절된 시기에도 가능했으므로, 편의상 1기를 994년 이후 대송 통교의 재개 직전까지를 포함하고, 제3기는 1174년 이후 송의 멸망 때까지로 늘려서 서술할 것이다.

데, 내용상으로는 표류민 송환, 내투, 외교문서 전달, 문화교류 등 여러 차례의 왕래가 일어난 것 같지만, 송상왕래 횟수로 따진다면 1회에 불과한 것이기 때문이다.

끝으로 <왕래표>를 시기별로 구분하여 그 양상을 설명하고, 한 기사가 2회 이상의 송상왕래를 전하고 있는 사례를 제시할 것이다. 또한 <왕래표>가 매우 많은 사례를 포괄하게 된 것은 송상이 고려에 내헌한 것을 거의 유일한 송상왕래로 이해하던 것에서 벗어나 송상왕래의 개연성을 알려주는 다양한 간접증거를 찾아냈으며, 『高麗史』와 『高麗史節要』뿐만 아니라 국내의 문집, 묘지명 등과 중국의 문헌에 있는 송상관련 자료를 광범위하게 조사하는 등 사료의 영역을 확대하였기 때문에 가능했다는 점을 서술하고자 한다.

송상 내헌 중심의 <내항표>에 송상의 고려 왕래를 간접적으로 알려주는 유형을 더해서 만들어진 <왕래표>는 통설보다 더 많은 송상이 송의 건국 이후 멸망할 때까지 거의 끊임없이 빈번하게 고려를 왕래했음을 분명하게 보여줄 것이다.

2. 宋商往來의 간접 증거와 그 類型

1) 麗宋外交와 宋商往來

고려와 송은 西海를 가운데 두고 마주하고 있었고 북쪽에 거란—요—이 있었기 때문에 육로로는 교통이 불가능해서 어쩔 수 없이 배를 타고 바다를 건너 상대국을 왕래하며 외교를 해야 했다. 이처럼 해상으로 외교를 진행하는 것은 다소 위험하기는 하지만 육로로 가는 것보다 매우 빠르게 많은 물품을 싣고 갈 수 있다는 유리한 점도 있었다. 당시에는 몇 년에 한 번씩 이루어지는 사행을 위해 특별히 배를 만들고 선원을 두는 것보다는 전문적으로 고려와 송을 왕래하던 海商의 배를 이용하는 것이 더욱 경제적이고 안전하였다. 그러므로 양국을 왕래하는 海商이 없었다면 양국의 외교가 이루어질 수 없었다고 해도 과언이 아닐 정도였다.[5] 이러한 고려와 송의 외교적 교섭과 송상의 활동은 매우 다양하므로 그것을 宋使往來, 入麗通知, 麗使入宋·麗使歸國, 入宋通知, 文書傳達 등으로 나누고,[6] 송상왕래와 어떤 관련이 있는지를 설명할 것이다.

(1) 宋使往來

송사왕래는 송 사절이 고려를 왕래한 것을 말한다. 특히 송의 사신 가운데 황제가 임명했던 公式 使節인[7] 册封使·國信使·祭奠使·弔慰

---

5) 고려초에는 고려의 해상들이 직접 서해를 건너 송에 가서 무역하였고, 고려의 사절들이 송에 갈 때 고려 해상의 배를 이용하였다. 서설에서 서술한 바와 같이 성종초에 고려 해상들이 송에 가는 것을 제한하고 외교 사절이 가는 편에 무역하는 겸행무역만을 허용하자는 최승로의 건의가 받아들여지고, 이후 겸행무역의 조건이 되는 대송 외교마저 단절되면서 고려 해상의 활동은 급격히 위축되고, 그 빈자리를 송상이 채워나가면서 11세기 이후에는 송상이 서해 무역을 완전히 장악하게 되었다. 따라서 고려와 송의 외교에서 송상이 도움을 주었던 것은 정확하게 문종대 대송 통교 이후이며, 그 이전에는 고려와 송이 각각 자국의 해상에게 도움을 받아 외교를 전개하였다고 해야 옳지만 송상의 역할을 강조하기 위해 본문과 같은 표현을 하였다.
　한편 송상의 정치외교적 활동에 대해서는 1930년대에 김상기에 의해 문서전달 등이 처음 언급되었고(金庠基, 주 1)a 논문, 51~52쪽), 宋晞는 송상의 겸사적 활동으로 詔旨를 전달하는 일, 송과 금의 전황을 전하는 일, 소식을 전하는 일 등을 들었다(宋晞, 1979,「宋商在宋麗貿易中的貢獻」『中朝關係史論文集』1, 從徐福到黃遵憲, 時事出版社). 최근에 山內晋次는 ① 송황제의 詔旨 전달, ② 송의 정치정보 전달, ③ 송의 군사정보 전달, ④ 공문서의 전달, ⑤ 고려사절의 승선 및 향도, ⑥ 고려정부의 주문품 조달 등의 일을 수행하였다고 주장하였다(山內晋次, 1996,「東アジア·東南アジア海域における海商と國家—10~13世紀を中心として覺書—」『歷史學研究』681 ; 2003,『奈良平安期日本とアジア』, 吉川弘文館).
6) 송사왕래, 입려통지, 입송통지, 문서전달 등 왕래 유형의 명칭은 역사적 용어가 아니라, 필자가 다양한 이유로 이루어졌던 송상의 고려 왕래를 구분하기 위해 임의로 지어낸 것이다.
7) 공식 사절은 책봉사, 국신사 등과 같이 송 황제가 임명하고 神舟를 탈 수 있는

使 등이 고려를 왕래할 때 송상의 배를 이용하거나 송상이 배의 운항을
도와 주어서 송상왕래 유형의 하나로 삼은 것이다.

고려와 송은 북쪽에 거란이 있어서 배를 타고 서해를 건너야만 외교
를 지속할 수 있었다. 따라서 송의 사신이 고려에 가서 외교활동을 하기
위해서는 바닷길에 익숙한 海商의 도움을 받는 것은 당연한 것이었다.
실제로 송 신종이 고려와 외교를 재개한 이후인 제2기와 제3기에는 고
려에 가는 주요 사절을 태울 신주 2척을 만들었으며, 그 이전에는 송상
의 배를 빌려 꾸며 왔다고 한다.[8] 그것은 문종대 고려와 송의 외교가
재개되고 神舟가 만들어진 이후에 송의 사절이 그것을 타고 왔으며, 그
보다 앞선 시기에는 임시로 송상의 배를 새롭게 장식하여 황제 칙사의
권위에 맞게 바꾸어 고려에 왔다는 뜻이다.[9]

1078년에 고려에 갈 國信使를 태우기 위해 특별히 송나라가 건조한
신주 2척은 송상의 배는 아니었지만, 대형 선박 2척의 운항은 오랜 동안
서해를 오가며 무역하던 도강과 노련한 항해사의 도움을 받았을 것이다.
1123년에 고려에 왔던 송의 제전사·조위사 일행은 신주 2척과 명주에
서 장식을 한 객주 6척을 거느리고 왔다. 신주의 1/3 정도 크기의 배인
객주에는 각각 篙師와 水手 60명이 있었으며, 바닷길에 익숙하고 하늘
의 때와 사람의 일을 잘 헤아리는 首領이 있었다고 하였다.[10] 여기서 송

사신을 총칭하는 것이다. 비공식 사절은 持牒使, 明州敎練使 등에 임명되어 고려
에 소식을 전하는 역할을 담당한 송상을 말하며, 임시로 황제의 사절의 배로 꾸민
객주를 타고 왔을 것이다. 후자도 외교적 소임을 했지만, 관인이 아니라 상인이었
으므로 그들은 송사왕래에 포함하지 않고, 문서전달의 범주에 넣었다. 한편, 사신
은 황제나 국왕의 사명을 받은 신하의 의미로, 사절은 사신 일행의 뜻으로 구별하
여 서술할 것이다.

8) 『高麗圖經』 권34, 「海道」 1, 客舟.
9) 羅末麗初에도 사절의 왕래와 관인의 도항에는 使舶을 쓰는 대신에, 商舶에 편승
시켰던 사례가 있고, 또 國書의 전달을 商舶에 의탁했던 것도 있었다고 한다(日野
開三郎, 1960, 「羅末三國の鼎立と對大陸海上交通貿易(一)」 『朝鮮學報』 16 ; 1984, 『日
野開三郎 東洋史學論集―北東アジア國際交流史の研究(上)―』, 三一書房, 52쪽).

사 일행을 위해 고용되었던 바닷길에 익숙한 수령은 고려를 왕래하며 무역하던 송상의 우두머리인 都綱—綱首—이었을 것이다. 신주와 객주 등 모두 8척의 배에는 적어도 8명의 도강이 참여하였고, 객주로 동원된 배가 6척이었다. 이들 대부분이 당시에 고려를 왕래하던 송상이었을 것이므로 고려를 왕래한 송상의 상단수와 배의 수를 추정하는데 참고된다.

신주가 만들어지기 이전인 제1기에는 송상의 배를 빌려 화려하게 꾸민 객주를 타고 송의 사절이 고려에 왔을 것이다. 따라서 광종대부터 현종대에 이르기까지 고려에 송의 책봉사 등이 왔었다는 것은 송상의 배가 고려에 왔다는 뜻이다. 물론 송의 대고려 외교를 돕기 위해 송상과 그들의 배가 동원된 것이기 때문에 무역과 관계없는 것 같지만, 어느 시기든지 위험한 서해를 건너는 일은 그것에 익숙한 해상들이 맡았던 것이니, 자연스럽게 송상의 존재가 인정된다.[11]

이처럼, 송의 사신이 고려에 왔다는 것 자체가 송상이 왔다는 뜻이며, 당대에 고려를 왕래하던 송상이 있었다는 것을 간접적으로 증명하고 있으므로 송사왕래는 송상왕래와 관계가 깊다. 한편 1123년에 고려에 왔던 사절들이 신주와 객주를 합쳐 8척으로 왔던 것처럼 그 이전에 왔던 책봉사·국신사 등도 황제의 칙사와 조서를 실은 사절단의 권위를 높이기 위해서 2척 이상이 왔을 것이다.

송사왕래를 송상왕래와 관련하여 생각하건대, 송상의 고려 왕래가 송의 건국 초 이른 시기부터 시작되었을 뿐만 아니라 2척의 신주와 6척의

---

10) 『高麗圖經』 권34, 「海道」 1, 客舟.
11) 大海를 왕래하는 것은 바닷길에 익숙한 기술에다가 오랜 전업의 경험자를 요구하므로 민간의 전문해상을 이용하든지 또는 사신이 專業官—해상으로 사신의 임무 수행—화해야만 했다. 그런 점에서 使舶과 商舶을 엄밀하게 구별하는 것은 사실상 힘들었고, 중국에서는 민간에 유력한 해상이 있어 언제든지 사행에 활용할 수 있었다(日野開三郎, 1962, 「唐·五代東亞諸國民の海上發展と佛敎」 『佐賀龍谷學會紀要』 9·10合 ; 1984, 『日野開三郎 東洋史學論集—北東アジア國際交流史の硏究(上)—』, 三一書房, 206쪽).

객주가 왔던 사례를 통해서 고려를 왕래하던 송상의 배가 많았다는 것을
알 수 있다.

(2) 入麗通知

입려통지는 송의 사절이 고려에 가기 전에 그 사실을 미리 알렸던 것
을 말한다. 제2기와 제3기에는 송의 주요 사절이 고려에 갈 때는 고려가
천자의 勅使를 맞이할 의례를 준비하도록 하기 위해[12] 登州 또는 明州
가 상선편으로 報牒을 고려 조정에 전달하였던 것이다.[13] 그런데, 대송
통교 재개 이후에는 송사의 파견이 자못 많아서 하나의 유형으로 삼았으
며, 고려에 사신을 보낸다는 통지가 구체적 드러나지 않는 경우가 많아
서 상세하게 설명할 필요가 있다. 다음의 기록을 보자.

> A1. (肅宗 8年 2月) 己巳 宋明州敎練使張宗閔·許從等 與綱首楊炤等三十八
>   人 來朝[14]
> A2. 拜延寵中書舍人 乞外補 時王欲擇人 授全淸廣三州 令迎候宋使 以延寵
>   有輔相材 將大用 欲試臨民 遂出知全州牧[15]
> A3. (肅宗 8年 6月) 壬子 宋遣國信使戶部侍郎劉逵·給事中吳拭來 … [16]

A1은 1103년 2월에 宋 明州敎練使 張宗閔·許從 등이 綱首 楊炤 등

---

12) 1123년 송의 조위사·제전사 일행이 고려에 올 때 접반사가 군산도에서 영접하
   였다(『高麗圖經』 권36, 「海道」 3, 群山島). 중화사상의 입장에서 천자의 사신이
   오랑캐의 나라를 방문하면 당연히 국경부터 궁성에 이르기까지 그에 걸맞는 영접
   의례가 있어야 송 황제의 사절, 더 나아가 송 황제의 권위가 선다고 생각했기 때
   문일 것이다. 실제로 1123년에 송 사절 일행으로 고려에 왔던 서긍의 『高麗圖經』
   에는 매번 중국의 사절이 고려에 오기 전에는 그 기일에 앞서 송이 반드시 소개
   서[介紹]를 먼저 보냈으며 고려 국왕은 장령전에서 그것을 받았다고 하였다(『高
   麗圖經』 권6, 「宮殿」 2 長齡殿).
13) 金庠基, 주 1)a 논문, 69~70쪽.
14) 『高麗史』 권12 「世家」 肅宗 8년 2월 기사.
15) 『高麗史』 권96, 吳延寵傳.
16) 『高麗史』 권12, 「世家」 肅宗 8년 6월 임자.

38인과 來朝하였다는 기사이다. 명주교련사는 송의 지방관이 보내는 사신이며, 그들이 송상과 함께 왔음을 확인시켜주는 중요한 사료이다. A2는 吳延寵이 中書舍人에 除拜되자 外補를 요청하였고, 이 때 숙종이 인물을 택하여 全州·淸州·廣州 등 세 고을에 임명하여 宋使를 迎候하고자 하였는데, 오연총이 輔相의 재질이 있어 장차 크게 기용하고자 백성을 맡겨 시험하려고 하여 知全州牧으로 나가게 하였다고 한다.

A3은 1103년 6월에 宋이 國信使 戶部侍郎 劉逵와 給事中 吳拭을 보내왔다는 것이다. A2와 A3이 관계되었다는 것은 1104년 3월에 오연총이 全州牧使에서 樞密院左承宣·知御史臺事로 소환되었다는 점 때문이다. 송사가 온다는 소식이 전해지자 그들을 맞이하기 위해 오연총을 전주목사에 임명한 것이고, 송사가 되돌아간 뒤 그는 추밀원좌승선으로 승진하였던 것이다.

송사가 온다는 소식이 미리 전해진 뒤 실제로 왔던 사례들이 몇 개더 있다. 1078년 4월에 宋 明州敎練使 顧允恭이 와서 황제가 사절을 보낸다는 것을 알린 뒤,[17] 그해 6월에 송의 국신사 안도가 도착하였다.[18] 또한 1122년 6월에 持牒使 進武校尉 姚喜가 와서[19] 송의 사신 路允迪이 파견된다는 것을 알렸으나 예종의 급작스런 승하로 취소되었다. 다음해 정월에 송의 持牒使 許立이 조위사·제전사 파견을 알렸으며[20] 그해 6월에 송사 노윤적 일행이 도착하였다.[21] 이와 같이 문종대 대송통교 재개 이후에는 송의 주요 사신이 고려에 갈 때에 사전에 알리는 것이 관례였다. 그러므로 이 시기에 송의 사신이 고려에 왔지만, 사전 통지를 한 기사가 없는 경우도 실제로는 있었던 것으로 추정하여 송상왕래에 추가

---

17) 『高麗史』 권9, 「世家」 文宗 32년 4월 신미.
18) 『高麗史』 권9, 「世家」 文宗 32년 6월 갑인.
19) 『高麗史』 권14, 「世家」 仁宗 즉위년 6월 정미.
20) 『高麗史』 권15, 「世家」 仁宗 원년 정월 계묘.
21) 『高麗史』 권15, 「世家」 仁宗 원년 6월 갑오.

될 수 있다고 여겨진다.

반면 제1기에도 송이 사절을 보내기 전에 고려에 미리 알렸는지는 분명하지 않다. 아울러 송사가 고려로 오는 항로가 명주에서 출발하여 흑산도를 지나 서해연안을 따라 예성항에 도착하는 것이 아니라[22] 송의 登州를 출발해서 고려의 옹진에 상륙한 뒤 육로를 통해 개경에 도착하는 것이었다.[23] 게다가 남선항로를 이용할 때와 항로가 달라서 군산도·마도 등의 객관에서 고려의 관인이 송사를 영접하는 일은 없었을 것이다. 하지만, 고려 국왕을 책봉하러 가는 황제의 사절을 실은 배가 아무런 예고도 없이 고려를 방문할 경우에 고려 해상에서 오인으로 인해 위험에 처할 수 있을 뿐 아니라 옹진에서 상륙한 송사의 일행을 개경까지 며칠 동안 영접하고 그들의 물품을 옮기는 일을 준비할 수 없었다. 그런 점에서 제1기에도 송이 고려에 주요 사신을 보낼 때는 사전에 통지했을 것이다.

따라서 송 사절이 고려에 왔다는 기록이 있다면, 미리 그러한 사실을 알린 기록이 없다해도 송상왕래는 2회가 있었던 것으로 이해해야 한다. 즉, 정식 사절을 태운 송상의 배가 왔고, 그 보다 수개월 전에 송이 고려에 사신을 보낸다는 것을 알리기 위해 다른 송상이 왔다는 뜻이다. 당시에 고려를 왕래하는 송상의 배가 꽤 많았다는 것을 알려준다.

(3) 麗使入宋·麗使歸國

麗使入宋은 고려의 사절이 송에 들어갔던 것을, 麗使歸國은 임무를 마친 고려의 사절이 귀국했던 것을 말한다. 송의 사절이 고려를 왕래했

---

22) 1123년 서긍 일행의 사행 경로에 대해서는 조동원 외 공역, 2005, 『고려도경』, 황소자리, 401~402쪽에 그림과 함께 간결하게 정리되어 있다.

23) 『宋史』 권487, 高麗傳.
   祁慶富, 1995, 「10~11세기 한중 해상교통로」『한중문화교류와 남방해로』(조영록편), 국학자료원, 171~172쪽.

던 것은 송상의 도움을 받아 왕래한 것이 서로 일치하므로 송사왕래라는
단일한 유형으로 한 데 반하여, 고려의 사절이 송상의 배를 타고 송에
가기 위해서는 송상이 고려에 와 있어야 하고, 고려 사절이 귀국하는 것
은 송상이 고려에 오는 것이어서 별개의 송상왕래가 있었던 것이다. 또
한 고려의 사절이 갔던 때와 왔던 때가 따로 기록되어 있으므로 고려의
사절이 송에 왕래했던 것을 여사입송과 여사귀국으로 구분한 것이다.

고려의 사절이 송에 갔던 것을 송상왕래에 포함하기 위해서는 그들이
송상의 배를 이용했다는 증거가 있어야할 것이다. 제1기에는 송의 사절
이 고려에 올 때 송상의 배를 이용한 것처럼 고려의 사절들이 고려 海商
의 배를 타고 갔던 것 같다. 예를 들어 982년에 사신이 외교를 겸하여
무역하는 兼行貿易 이외에는 사적으로 무역하는 것을 금하자는 최승로
의 건의와[24] 『宋史』高麗傳에서 송의 사절을 태운 배가 귀국하던 고려
사절의 배를 도움을 받아 고려를 찾아왔다는 것[25] 등이 그것을 증명한
다.

하지만, 1020년에 고려 진봉사 崔元信이 탄 배가 송의 秦王水口에서
顚覆되고 공물을 漂失하여 송이 그 배를 대신해서 수레를 주어 京師로
가게 하였다고 한다.[26] 배의 파손이 심했기 때문에 이러한 조치가 있었
던 것이므로, 그들은 어쩔 수 없이 송상의 배를 타고 고려에 돌아왔을
것이다. 따라서 제1기에 고려 사절이 송에 다녀왔던 것은 특수한 사례를
제외하고는 송상왕래에 포함하지 않았다.

제2기와 제3기에는 고려 사절이 송에 가는 방식에 변화가 있었다.
1058년에 문종이 대송통교를 위해 큰 배를 만들고자 했던 것은[27] 고려
의 배로 사절을 보내려는 의도를 보여준 것이다. 그러나 실행되지 못하

---

24) 『高麗史』권93, 崔承老傳.
25) 『宋史』권487, 高麗傳.
26) 『宋史』권487, 高麗傳.
27) 『高麗史』권8, 「世家」文宗 12년 8월.

고 대신에 고려의 사절이 송상의 배를 타고 송에 갔던 것 같다. 문종대 대송통교를 재개하면서 송상 黃愼을 따라 천주에서 입공하려고 한 적이 있고,[28] 이후에 고려의 사절은 송상의 배를 타고 송에 갔으며, 그것은 송상들의 활동을 더욱 왕성하게 하였다.[29] 그럼 구체적으로 고려의 사절들이 송상의 배를 이용하였던 사례들을 찾아보자.

> B1. (文宗 34年 3月) 遣戶部尙書柳洪·禮部侍郎朴寅亮 如宋 謝賜藥材 仍獻
> 　　方物[30]
> B2. (文宗 34年) 秋七月 癸亥 柳洪等還自宋 帝附勅八道[31]
> B3. (文宗) 三十四年 與戶部尙書柳洪 奉使如宋 至浙江 遇颶風 幾履舟 及至
> 　　宋 計所貢方物 失亡殆半 帝勅王勿問 王乃釋洪等[32]

B1은 1080년(문종 34) 3월에 戶部尙書 柳洪과 禮部侍郎 朴寅亮이 송에 가서 藥材를 내려준 것을 사례하고 方物을 바쳤다는 것이고, B2는 그해 7월에 송 황제가 준 칙서 八道를 가지고 柳洪 등이 宋에서 돌아왔다는 내용이다. B3은 『高麗史』 朴寅亮傳의 일부이다. 1080년에 戶部尙書 柳洪이 宋에 사신으로 갔다가 浙江에 이르러 颶風을 만나 배가 거의 뒤집힐 뻔하였는데, 宋에 도착하여 바칠 方物을 헤아려보니 잃어버리고 없어진 것이 殆半이 되었으나 송 황제가 유홍의 죄를 묻지 말도록 하여 풀려났다는 것이다. B1~3의 내용을 요약하면, 1080년에 송에 갔던 유홍이 큰 바람을 만나 많은 공물을 잃어버렸다는 것이다. 이 사건과 관련된 기사는 중국 문헌에도 기록되어 있다.

---

28) 近藤一成, 2001, 「文人官僚蘇軾の對高麗政策」『史滴』23, 11~12쪽.
　　山內晋次, 앞의 논문, 208쪽.
29) 金庠基, 주 1)a 논문, 51~52쪽.
30) 『高麗史』 권9, 「世家」 文宗 34년 3월.
31) 『高麗史』 권9, 「世家」 文宗 34년.
32) 『高麗史』 권95, 朴寅亮傳.

C1. (元豊) 二年 … 徽又使柳洪來謝 海中遇風 失所貢物 洪上章自劾 敕書安慰[33]

C2. (神宗 元豊 2年 11月 辛卯) 明州言 高麗貢使乞市坐船 詔以靈飛·順濟神舟 借之[34]

C3. (神宗 元豊 3년 春正月 乙酉) 高麗進奉使柳洪等來 以海行遇風 漂失貢物 上表自劾 詔降勅書 諭以風波不虞 開釋罪戾之意 令據見存之物 仍詔明州 先借高麗主船兵工 劾罪以聞[35]

C1은 1079년에 문종이 사신 柳洪 등을 보내 謝禮하였으나 바다에서 바람을 만나 貢物을 잃어버려 유홍이 章을 올려 스스로 탄핵하였고, 황제가 敕書를 내려 安慰하였다는 것이다. C2는 1079년 11월에 明州가 高麗 貢使가 坐船을 살 것을 청하였다는 것을 보고하자, 황제가 조서를 내려 靈飛順濟神舟를 빌려주었다는 것이다. C3은 1080년 正月에 高麗 進奉使 柳洪 등이 와서 바다에서 바람을 만나 貢物을 漂失하였다며 表를 올려 자신을 탄핵하자 조서로 勅書를 내려 타일렀다는 것이다. 바람을 만나 공물을 잃었다는 송사의 기록은 C3의 기록을 압축해 놓은 것 같으며, 『高麗史』 박인량전의 내용과 일치한다. 흥미로운 점은 고려의 사신들이 坐船을 사고자 했다는 것인데, 그 까닭은 배가 파손되어 더 이상 배를 운항할 수 없었기 때문이다. 결국 황제의 허락을 받아 고려 사절은 神舟를 빌려 송에서 임무를 마쳤을 것이고, 신주를 이용하거나 송상의 배를 빌려 타고 귀국했을 것이다. 어느 경우이든지 송에 갔던 유홍 등의 고려 사신단은 송상의 도움을 받아 왔을 것이므로 송상의 고려 왕래와 관련된다.[36]

---

33) 『宋史』 권487, 高麗傳.

34) 『續資治通監長編』 권301.

35) 『續資治通監長編』 권302.

36) 1019년 8월에 禮賓卿 崔元信과 李守和가 賀正使로 송에 갔는데(『高麗史』 권4, 「世家」 顯宗 10년 8월 기축), 9월에 秦王水口에 이르러 바람을 만나 배가 뒤엎어지고 貢物을 漂失하였다고 하였다. 이후 최원신 등은 송 황제를 알현하고(『宋史』

거기서 더 나아가 고려의 사신들이 송상의 배를 타고 간 사례가 있어
주목된다.

D1. (宣宗 7年) 秋七月 癸未 遣戶部尙書李資義 禮部侍郎魏繼廷 如宋 謝恩兼
　　進奉37)
D2. (宣宗 8年 6月) 丙午 李資義等 還自宋 奏云38)
D3. (元祐 5年 8月 15日) 龍圖閣學士左朝奉郎知杭州蘇軾狀奏 … 據轉運司
　　牒 准明州申報 高麗人使李資義等二百六十九人 相次到州 仍是客人李球
　　… 本司看詳 顯是客人李球 因往彼國交搆密熟 爲之嚮導 以希厚利 正與
　　去年所奏徐戩情理一同39)

D1은 1090년 7월에 戶部尙書 李資義와 禮部侍郎 魏繼廷이 송에 가서
謝恩兼進奉을 했다는 것이고, D1과 2는 1091년 6월에 李資義 등이 宋에
서 돌아왔다는 것이다.40) D3은 송의 海商들이 外國에 나가는 것을 금하
자는 蘇軾의 글이다. 1090년에 고려 사신 이자의 일행이 李球 등의 인도
를 받아 왔는데,41) 李球는 고려를 왕래하며 그들과 깊은 관계를 맺었으
며 嚮導가 되어 후한 이득을 바랐다고 하였다. 이 내용으로 보건대, 송에
가는 이자의 일행은 전부터 잘 알고 지내던 송상 이구에게 일정한 대가
를 치르고42) 그의 배를 타고 송에 갔으며, 송상의 배를 타고 귀국하였다

권487, 高麗傳) 돌아왔으나 5월에 奉使하면서 汚辱이 있었다 하여 함께 유배되었
다(『高麗史』 권4, 「世家」 顯宗 11년 5월). 이들이 언제 귀국했는지는 기록에 남아
있지 않으나 배가 부서졌기 때문에 최원신도 귀국할 때는 송상의 배를 타고 왔을
것이다. 귀국 시기는 이수화가 1020년 정월에 기거랑에 임명되므로(『高麗史』 권
4, 「世家」 顯宗 11년 춘정월 계해) 그 전에 왔을 것이다,
37) 『高麗史』 권10, 「世家」 宣宗 7년.
38) 『高麗史』 권10, 「世家」 宣宗 8년 6월 병오.
39) 『蘇軾文集』 권31, 「乞禁商旅過外國狀」.
40) 『高麗史』 권10, 「世家」 宣宗 8년 6월 병오.
41) 近藤一成, 앞의 논문, 6쪽.
42) 고려가 송상의 배를 傭船하여 고용주가 된 것으로 배 전체를 임대해 사용하는 것
　　이었다고 한다(김영제, 2009, 「宋·高麗 交易과 宋商─宋商의 經營形態와 그들

고 이해된다.

　고려 사절이 송상의 배를 타고 갔던 사례는 꽤 있다. 1085년 8월에 신종의 조위사로 호부상서 金上琦, 철종의 등극을 하절하는 사신으로 공부상서 林槩가 각각 임명되어 송에 갔는데,[43] 그들을 승선시켰던 배의 客人 · 船主 · 梢工 가운데 虞際에게 三班借職을, 盛崇과 李元積에게는 大將을 제수하였다.[44] 이원적은 의천이 송의 승려 淨源 사이에 주고받은 서신에 자주 이름이 나오던 海商인데 고려 사신들이 송상의 배 편을 이용하여 임무를 수행하였으며,[45] 송상은 그에 대한 대가로 운임을 받았을 것이다.[46]

　또한 蘇軾은 元祐 8년에 고려 사절이 閩商 徐積의 舶船에 따라 왔다고 했는데,[47] 이것은 1093년 7월에 兵部尙書 黃宗慤과 工部侍郎 柳伸이 謝恩使로 송에 가서[48] 11월에 송 황제를 알현하였던 것과[49] 연관된 일이다. 그러므로 1093년의 고려 사절이 송상의 배를 이용했음이 분명하므로[50] 그 다음해 초에 고려 사절이 귀국했던 것도 송상왕래와 관련되었다고 할 수 있다.

　『全宋文』에는 高麗人 金稚珪 · 劉待擧 등이 배를 따라[附舶] 명주에 도착했다는 것을 알려왔다고 하는데,[51] 고려 사신 김치규가 송에 간 것

　　　　의 高麗居住空間을 중심으로—」『史林』32, 209～210쪽). 고려 사절을 송에 운
　　　　송해준 대가는 고려 정부가 마련하여 송상에게 주었을 것이다.
43) 朴龍雲, 앞의 논문, 154쪽, <高麗 · 宋 使節 派遣表>.
44) 『續資治通鑑長編』 권365, 哲宗 元祐 원년 2월 신사.
45) 近藤一成, 앞의 논문, 17～18쪽.
46) 김영제, 주 42) 논문, 208쪽.
47) 『蘇軾文集』 권34, 「論高麗買書利害箚子」.
48) 『高麗史』 권10, 宣宗 10년 추7월 및 『高麗史節要』 권10, 宣宗 10년 추7월.
49) 『續資治通鑑長編』 권478.
50) 金庠基, 주 1)a 논문, 71쪽.
　　　原美和子, 2006, 「宋代海商の活動に關する一試論—日本 · 高麗および日本 · 遼
　　　(契丹)通交をめぐって—」『考古學と中世史硏究3—中世の對外交流 場 · ひと
　　　· 技術—』, 高志書院, 131～132쪽.

은 1136년 9월이었다.[52] 그런데, 고려 사절이 고려의 배로 송에 왔다면 바다를 건너오는 것은 당연하여 중국 기록에서 배에 대한 언급을 하지 않았을 것이다. 그런데도 굳이 배를 따라왔다고 표현한 것은 고려 사신들이 송상의 배를 타고 왔기 때문이다.

직접 송상이 고려의 사절을 태웠다는 기록은 없지만, 그럴 개연성을 보여주는 기사도 있다. 1100년 6월에 상서 任懿 등이 철종의 崩御를 弔慰하러 갔고,[53] 그해 7월에는 상서 王嘏 등이 송에 가서 登極을 하례하러 갔다.[54] 그후 임의는 1101년 5월에,[55] 왕하는 6월에[56] 각각 귀국하였다. 조위사 임의와 하등극사 왕하는 약 한 달여 간격으로 서로 다른 배를 타고 갔다가 돌아왔음이 분명하다. 당시 고려의 여건상 송에 보내는 사절을 위해 두 척의 배를 운항하기는 사실상 어렵다는 점에서 고려 사절이 송상의 배를 이용했음을 간접적으로 증명하는 것이다. 그러므로 고려 선박사의 연구자는 11~12세기에 고려의 해상이 적극적으로 활동한 흔적은 찾아볼 수 없고, 송에 사절을 파견하는데도 송상의 배를 이용하는 경우가 많았다고 하였다.[57]

이와 같이 고려의 사신들이 송상의 배를 타고 송에 갔던 것은 고려의

---

51) 竊聞明州申 有高麗人金稚珪劉待擧等 附舶到州事 契勘高麗 自神宗而至前朝 許之來貢(『全宋文』 권3856, 「言結高麗人箚子」).
   고려 사신 金稚珪의 이름은 史書에 따라 金稚規, 金稚圭 등으로 다르게 기록되었지만 모두 동일인이다.
52) 朴龍雲, 앞의 논문, 159쪽, <高麗·宋 使節 派遣表>.
53) 『高麗史』 권11, 「世家」 肅宗 5년 6월 을축.
54) 『高麗史』 권11, 「世家」 肅宗 5년 추7월 정축.
55) 『高麗史』 권11, 「世家」 肅宗 6년 5월 임신.
56) 『高麗史』 권11, 「世家」 肅宗 6년 6월 병신.
57) 金在瑾, 1984, 「高麗의 船舶」 『韓國船舶史研究』, 서울대출판부, 43쪽.
   고려의 평저선으로는 동중국해 사단항로를 이용하는 것이 매우 위험했기 때문에, 당시 고려 사절들은 송인 해상의 선박을 임대해 명주로 입송하였다고 한다.
   김영제, 주 42) 논문, 208쪽.
   金榮濟, 2009, 「麗宋交易의 航路와 船舶」 『歷史學報』 204, 262쪽.

배를 직접 운항하는 것보다 더 효율적이었기 때문일 것이다. 남송대의 관인인 吳潛은 고려에 먼바다를 건널만한 배가 없다고 했다.58) 고려는 몇 년에 한 번씩 송에 가는 사절을 위해59) 큰 배를 만들고 선원을 유지하는 것보다는 서해 뱃길에 익숙한 송상의 배를 빌려 가는 것이 더 경제적일 뿐 아니라 안전의 측면에서도 좋은 방책이었을 것이다. 또한 송상들이 고려 사절을 태우고 가는 것에 대해 적극적이었던 것 같다. 송대에는 송상들이 각국의 외교사신을 태우고 송에 오는 사례가 적지 않아서 1129년 11월에는 海舶에 마음대로 외국의 入貢을 실은 자는 徒 3년에 처하고 재물을 몰수하게 한다는 명령이 있을 정도였다.60) 송대에 海商들이 외국 사절을 싣고 오는 사례가 적지 않았는데, 바다를 건너 송에 가는 고려 사절이 다른 어떤 외국보다 많았던 만큼 고려가 그 대표적인 사례였을 것이다.61)

(4) 入宋通知

入宋通知는 고려의 사절이 간다는 것을 사전에 송에 알렸던 것으로 송상이 그 일을 담당했으므로 송상왕래 유형의 하나로 삼았다. 고려 사절의 입국이 송에 미리 통지되는 것은 제1기부터 있었던 듯하다. 다음의 기사를 보자.

E1. (眞宗 天禧 5年 6月) 乙巳朔 別給登州錢十萬 充高麗朝貢使之費62)

---

58) 金榮濟, 주 57) 논문, 253~254쪽.
59) 고려의 사절 파견은 부정기적이었다. 그러므로 해마다 간 적도 있었지만, 30년 이 상 가지 않은 시기도 있었다(박용운, 앞의 논문, 150~160쪽, <高麗·宋 使節 派 遣表>)
60) 『建炎以來繫年要錄』 권29.
61) 제2기와 제3기에 고려의 사절이 송에 갔던 사례 가운데 갔던 때와 왔던 때가 분 명한 것은 각각 1회 왕래한 것으로 간주했고, 고려의 사신이 갔다는 기록만 있는 경우는 올 때도 송상의 배를 탔을 것이어서 2회 왕래한 것으로 헤아렸다.
62) 『續資治通鑑長編』 권97.

E2. (眞宗 天禧 5年 9月) 甲午 權知高麗國王王詢 遣告奏使御事禮部侍郎韓祚
　　等百七十人來謝恩[63]

　　E1은 1021년 6월에 登州가 錢 十萬을 별급하여 高麗 朝貢使의 비용
에 충당하게 하였다고 한다. E2는 權知高麗國王 王詢—현종—이 告奏使
御事禮部侍郎 韓祚 등 170인을 보내 사은했다는 것이다. E1은 고려 사
신이 올 것에 대비하고 있는 것이고, E2는 고려 사절이 송에 온 것인데,
두 사건이 불과 3개월 사이에 일어났다는 것은 연관되었다는 뜻이다. 다
시 말해 송은 고려 사절이 온다는 것을 듣고 사전에 登州로 하여금 준비
하도록 한 것이었다. 이것은 제1기에도 고려 사절의 입송을 사전에 통지
했다는 근거가 된다. 그러나 이 시기에 고려 사절은 고려의 배를 타고
갔기 때문에 그것을 알린 것이 반드시 송상의 배였다고 단정하기 어렵
다. 하지만, 고려가 단순히 사절을 보낸다는 것을 알리기 위한 목적만으
로 직접 배를 운항하는 것보다는 당시 송상이 고려를 왕성하게 왕래하기
시작하던 때이므로 송상이 귀국하는 배편을 이용하여 알리는 것이 더욱
경제적이고 편리했을 것 같다. 차후 이에 대한 면밀한 검토가 필요하다.
　　제2기・제3기에 고려 사절이 가기 전에 송에 통지하는 것은 구체적
으로 나타난다. 蘇軾이 고려 사절의 迎送에 많은 비용이 든다고 지적한
것과 같이[64] 고려 사절은 송에 도착해서 귀국하기까지 극진한 예우를
받았으며, 그것은 사전에 통지받았기 때문에 가능한 일이었다. 따라서
고려 사절이 송에 간다는 것이 몇 개월 전에 알려졌으며, 그 일을 할 수
있는 사람은 송상 밖에 없으므로 고려의 사절 파견은 그 이전에 송상이
왕래했음을 의미한다. 그것은 아래의 기사를 통해 알 수 있다.

---

63) 『續資治通鑑長編』 권97.
64) 이에 대해서는 李範鶴, 1992, 「蘇軾의 高麗排斥論과 그 背景」 『韓國學論叢』 15
　　 등 여러 편의 논문이 언급하였다.

F1. (紹興 2年) 十二月 聞高麗遣知樞密院事洪彝敍等六十五人來貢 議以臨安
府學館其使 言者謂雖在兵間 不可無學 恐爲所窺 詔以法惠寺 爲同文館
以待之 旣而卒不至[65]

F2. (紹興 2年 12月 辛丑) 明州奏 高麗國遣知樞密院事洪彝敍等 六十五人來
貢 詔起居舍人黃龜年接伴 而吏部侍郞席益館之 高麗人 卒不至[66]

G1. (紹興 3年 春正月 壬戌) … 至是 以高麗貢使將至 乃詔許服帶如舊 仍以
左藏庫所有假之[67]

G2. (紹興 3년 2월) 庚寅 詔以法惠寺爲同文館 初議以臨安府學館高麗使人 言
者奏 雖在兵間不可無學 且恐爲麗使所窺 乃改除館以待之 旣而麗使言至
洪州洋內風敗其舟 卒不至[68]

G3. (仁宗 11年 2月) 乙巳 遣韓惟忠・李之氏 如宋 謝恩 行至洪州 海上遇風
幾覆 貢篚霑濕 不達而還[69]

F1은『宋史』「高麗傳」의 기사이다. 1132년 12월에 高麗가 知樞密院
事 洪彝敍 등 65인을 보내와서 조공한다고 아뢰므로 臨安府 學館에 그
사절들을 묵도록 하였으나 비록 전쟁 중에도 가르침이 없어서는 안 되고
고려 사신들이 도성을 엿보는 바가 될 수 있다고 말하는 자가 있어서,
法惠寺를 고려 사절의 객관인 同文館으로 바꾸어 기다리게 하였지만, 오
지 않았다고 한다. F2는 편년체 사서인『建炎以來繫年要錄』의 기록으로
F1과 유사한 내용을 담고 있다. 起居舍人 黃龜年을 接伴으로 삼고, 吏部
侍郞 席益에게 고려 사신을 館에서 맞이하라고 하였는데, 고려인이 오지
않았다는 것이다. 두 기사는 송 조정이 고려의 지추밀원사 등이 온다는
소식을 듣고 미리 맞이할 준비를 하였으나, 결국은 오지 않았음을 알려
준다.[70]

---

65)『宋史』권487, 高麗傳.
66)『建炎以來繫年要錄』권63.
67)『建炎以來繫年要錄』권63.
68)『建炎以來繫年要錄』권63.
69)『高麗史』권16,「世家」, 仁宗 11년 2월.『高麗史節要』의 내용도 거의 같다(『高麗
史節要』권10, 仁宗 11년 2월).

G1은 『建炎以來繫年要錄』의 일부이다. 1133년 春正月에 高麗 朝貢 使節이 장차 이른다고 하자 詔書를 내려 服帶를 예전과 같이 하도록 허락하였으며 이어 左藏庫에 있는 그것을 빌려서 사용하도록 했다고 한다. G2는 法惠寺를 同文館으로 삼았다는 것이다. 처음에 臨安府 學館에 高麗使人을 묵도록 하였으나 여러 州가 비록 전쟁중에도 가르침이 없을 수 없으며, 또 고려 사절들이 정세를 엿보는 것을 우려하여 법혜사를 관으로 삼아 맞이하게 하였는데, 洪州 바다에서 바람에 고려 사절의 배가 부서져 이르지 못했다고 한다.

G3은 『高麗史』의 기록이다. 韓惟忠과 李之氐를 宋에 보내 謝恩하게 하였으나, 행차가 洪州 바다에 이르러 바람을 만나 거의 뒤집힐 뻔하였고, 조공품을 담은 바구니가 젖어버렸기 때문에 송에 도달하지 못하고 되돌아왔다는 것이다. G2의 2월 경인일은 4일이고, G3의 2월 을사일은 19일이므로[71] 전자의 기록이 조금 앞서는 것은 송이 고려의 사절이 올 것이라는 것을 미리 알았다는 뜻이다.

F와 G의 기사들을 비교하건대 F의 1132년 고려 사신은 洪彝敍이고, G의 1133년 고려 사신은 韓惟忠이었다는 점이 다를 뿐이다. 두 사례 모두 고려 사절이 송에 도착하지 못했으나 송은 그러한 일들을 사전에 미리 알고 준비하고 있었고, 뒤에 난파한 일도 알고 있었다.

1133년에 고려 사절이 송에 간다는 것과 송에 가다가 홍주에서 조난을 당하여 가지 못하였다는 사실이 중국의 문헌에 남아있는 것은 고려를 왕래하는 송상을 통해 그 일이 송에 알려졌기 때문일 것이다. 하지만 1133년을 전후하여 고려에 왔던 송상은 1131년에 4월의 卓榮과 1136년

---

70) 장동익은 "高麗國 遣人入貢(『中興小紀』 권13, 紹興 2년 12월 정해)"이라는 기사에 대해 고려 지추밀원사 洪彝敍의 파견을 말하는데, 이들의 입공은 풍랑에 의해 선박이 파선되어 송에 도착하지 못하였다고 한다(張東翼, 2000, 「高麗・宋의 政治・外交에 관한 記事」『宋代麗史資料集錄』, 서울대출판부, 137쪽).

71) 안영숙 외, 2009, 『고려시대 연력표』, 한국학술정보, 84쪽.

9월의 陳舒가 있었으므로[72) 그것을 알린 사람은 기록에 남아있지 않은 어떤 송상이었을 것이다. 따라서 1132년에 홍이서와 1133년에 한유충이 잇달아 송에 가는 것이 실패한 사건을 통해 적어도 3차례 이상의 기록되지 않은 송상왕래가 더 있었다는 것이 확인된다. 특히 대략 두 달 사이에 있었던 고려의 일들을 송 조정이 신속하고 상세하게 알 수 있었던 것은 그 만큼 많은 송상들이 고려를 수시로 왕래하고 있었던 상황을 알려준다.

고려 사절이 송에 갈 때 사전에 알렸다는 것은 그 이전에도 몇 사례가 더 있었다. 1098년 7월에 송 명주가 고려 사신이 조공할 것이라는 보고를 하자 向澤를 引班使로 삼았고,[73) 같은 달에 尹瓘 등이 사은사로 송에 갔다.[74) 내용으로 볼 때 두 개의 사건은 연계되었는데, 고려의 사신 윤관이 파견된다는 소식을 전달하여 송이 준비하도록 하였던 것이다.

그런데 고려가 송에 사절을 보낸다고 통지하는 것이 그저 단순한 형식적인 절차가 아니었다. 다음의 기사는 그러한 내용을 담고 있다.

> H1. 建炎 3年 9月 丙辰 高麗請入貢 詔不許 給事中兼直學士院王藻草詔 略曰 壞晋館以納車 庶無後悔 閉玉關而謝質 匪用前規 上大善之 以藻爲得體 … 紹興二年 閏四月 癸巳 再入貢[75)
>
> H2. 紹興 三十有二年 閏二月 是月 明州言 高麗國綱首徐德榮至本州言 本國 欲遣賀使 詔守臣韓仲通說諭 許從其請 殿中侍御史吳芾言 高麗與金人接 壤 爲其所役 如紹興丙寅嘗使金稚珪入貢 已至明州 朝廷懼其爲間 亟遣 之回 至是二十餘載 方兩國交兵 德榮之請可疑 今若許之 使其果來 則懼 有意外之憂 萬一不至 卽取笑外國 上從其聽 乃止之[76)

---

72) 金庠基, 주 1)b 논문, 452쪽, <宋商來航表>.
73) 『續資治通鑑長編』 권499.
74) 『高麗史』 권11, 「世家」 肅宗 3년 추7월 기미.
75) 『建炎以來繫年要錄』 권28.
76) 『建炎以來繫年要錄』 권198.

H1은 1129년 9월에 고려가 입공을 청하였으나 송 황제가 조서로써 불허하였는데, 給事中兼直學士院 王藻가 그 조서의 草本을 만들었으며, 1132년 윤 4월에 다시 입공했다는 것이다. 이 시기 고려 사신으로는 1128년 8월에 윤언이가 고려가 송에게 假道하지 못하는 상황을 설명하기 위해 송에 갔었고, 그 이후에는 1132년에 崔惟清과 沈起 등이 갔었다.[77]

H2는 1162년 윤 2월에 明州가 高麗國 綱首 徐德榮의 말에 따라 고려가 賀使를 보내고자 한다고 하자 수령 韓仲通이 그 요청을 허락하자고 했으나 殿中侍御史 吳芾이 반대하여 결국 허락하지 않았다는 것이다.

H1과 H2에서 모두 고려가 송에 사절을 보내겠다는 의사를 전하였는데 송이 거절하였다. 이처럼 고려가 사절을 보낸다고 송에 통지하면 무조건 송에 갈 수 있었던 것이 아니라 형식적으로는 송의 승인을 받은 후에 그것이 가능했다. 이 과정에서 고려의 사절이 송에 간다는 것은 알리는 것, 송이 허락한다든지 거절한다든지의 여부를 고려에 통지하는 절차를 거쳤고, 송상은 양국을 왕래하며 그와 관련된 외교문서를 전달하였을 것이다.

그러나 사정에 따라 고려의 사절이 간다는 것을 반드시 송에 알리지 않았던 때도 있었던 것 같다. 예를 들어 1113년 9월에 太后의 상으로 인해 사절을 보내지 못하게 되었다는 첩을 전하러 갔던 西頭供奉官 安稷崇의 경우에는 단순히 고려의 소식을 전하려 한 것이어서 미리 알리지 않았던 것 같다. 또한 급박한 사정을 송에 전달하러 사신을 보냈을 때도 사전 통지는 없었을 것이다.

그러므로 기록상 고려 사절이 간다는 것을 사전에 통지했던 것과, 실제 고려 사절이 갔던 것이 분명할 때는 <왕래표>의 왕래유형이나 비고에 구별하여 넣었으나 정황상 알릴 수 없었을 때는 표에 넣지 않고 그

---

77) 朴龍雲, 앞의 논문, 158쪽, <高麗・宋 使節 派遣表>,

이유를 밝혔다. 아울러 고려에서 사전에 통지했다는 기록이 없이도 사전 통지했을 것으로 여겨지는 사행의 경우에는 사전에 통지했을 것이라는 추정의 설명을 하였다.

(5) 文書傳達

문서전달은 고려와 송 사이에 발생한 외교적 문서를 송상이 상대국에 전달하는 일을 말하며, 정확하게는 외교 문서전달이라고 해야하는데 <왕래표>에 넣기 편하도록 문서전달이라고 줄인 것이다. 거란이 송과 고려의 북쪽을 차지하고 있는 상황에서 고려와 송이 교통하는 방법은 배를 타고 서해를 건너는 것이 유일한 방법이었다. 제1기에는 고려의 해상들도 송을 왕래하고 있어서,[78] 송상뿐 아니라 고려의 해상도 외교적 활동에 참여할 수 있었다. 하지만, 송과 단교된 이후인 11세기 중엽 이후에는 고려인의 해상 활동이 거의 사라지게 되면서 송상만이 거의 전적으로 그 일을 맡게 된 것 같다.

특히 문종대 대송 통교 과정에서 송상 黃愼 등이 크게 활약했다는 것은 널리 알려진 사실인데, 이들은 사신이었다기보다 중요한 외교적 문서를 전달하는 역할만을 한 것이었다. 송은 책봉사·국신사·조위사·제전사 등과 같이 중요한 임무에는 관원을 선발하여 사신으로 임명하였다. 그밖에 황제의 죽음이나 국내의 정황을 알리는 등의 비교적 간단한 사안은 송상이 직접 그 일을 대행하였는데, 외교적 의례를 갖추고 신빙성을 높이기 위해 고려에 올 때는 황제나 명주 등의 지방관이 발행한 공문서를 가져왔다.[79] 예를 들어 송상이 외교적 문서를 전달했던 것으로는 1100년(숙종 5) 5월에 宋 明州가 哲宗이 붕어하고 徽宗이 즉위하였음을 알렸다는 것을[80] 들 수 있다. 송 철종은 1100년 정월에 승하하였는데,

---

78) 日野開三郎, 주 9) 논문, 57쪽.
79) 金庠基, 주 1)a 논문, 51~52쪽.
     山內晋次, 앞의 논문, 207~208쪽.

4개월여가 지나서 그 소식이 고려에 전달되었다. 송의 명주가 황제의 승하와 신황제 즉위 등의 내용을 담은 문서를 만들어 송상이 고려에 가는 편에 禮賓省에 전달하였을 것이다.

이처럼 송상은 양국을 연결하는 중개자로서 외교적 역할을 적지 않게 수행하였고, 그것을 13세기 중엽에 편찬된 명주 지방지는 "本府[慶元府]—명주—와 고려 禮賓省은 文牒으로써 서로 주고 받는데 모두 賈舶으로써 通한다"고[81] 기록하였다. 이것은 비록 고려와 송의 외교가 단절된 시기에 양국의 외교 현안을 송상을 매개로 처리하였다는 뜻이지만, 고려와 송의 통교가 있었던 시기에도 송상은 같은 임무를 수행하였다.[82]

이미 언급한 바와 같이 1122년에 6월에 왔던 지첩사 진무교위 姚喜나[83] 1123년에 정월에 왔던 持牒使 許立이 송이 사절을 보내겠다는 것을 알리는 문첩[牒]을 가져온[持] 사신[使]이었다. 이들은 정식 사절은 아니고 편의상 외교적 임무를 수행하는 것이었다.[84] 이러한 일들은 문서전달이었으며, 그것이 국신사·책봉사 등의 정식사절 또는 주요 사신의 파견과 밀접하게 연계된 것이어서 <왕래표>의 유형란에는 '문서전달'로, 비고에는 '입려통지'로 각각 적어 이해하기 쉽도록 하였다.

그 밖에 송이 고려의 표류민을 송환했던 것이나 송나라 사람으로 몽고에 포로가 되었다가 고려로 탈출한 사람을 귀국시킬 때도 송의 명주와 고려의 예빈성이 그간의 경위를 담은 문서를 주고 받았으며, 이에 해당되는 사례들이 많아서 난민송환의 유형으로 구분하여 설명하였다.

---

80) 『高麗史』 권11, 「世家」 肅宗 5년 5월 신사.
81) 『寶慶四明志』 권6, 市舶.
82) 陳高華·吳泰, 1981, 「海外貿易與宋元時期中外友好聯系及文化交流」 『宋元時期的海外貿易』, 天津人民出版社, 226쪽.
83) 『高麗史』 권14, 「世家」 仁宗 즉위년 6월 정미.
84) 李鎭漢, 주 2)a 논문, 7~8쪽 ; 본서 제4장.

(6) 難民—표류민, 탈출포로, 망명인—의 송환

난민송환은 표류민, 탈출포로, 망명한 사람이 송환되는 것을 말하며,[85] 그러한 기록은 송상왕래의 정황증거가 되므로 송상왕래 유형의 하나로 삼았다.

송에서 송환된 고려 표류민은 12회에 걸쳐 140여 인에 이르고, 12회 중 명주 지방에서 송환된 것이 7회였다.[86] 그들은 송에서 구조된 뒤 일정 기간 구휼을 받고 대기하다가 송상이 고려에 무역하러 가는 편에 귀국하였으므로 표류민의 송환 기록은 송상왕래를 알려주는 것이다. 그런데 송이 그들을 귀국시킬 때 표류와 구휼, 송환 등의 자세한 경위를 담은 문서를 명주가 작성하여 송상에게 주어 고려에 전달하게 하였다.[87] 이와 같이 표류민이나 포로의 송환은 양국간에 일종의 외교적 사안이고, 송상은 양국의 위탁을 받아 그 임무를 수행하는 것이어서 '문서전달'과 유사한 성격이 있지만, 송상의 배를 타고 양국을 오가는 것은 인물왕래의 의미도 있어서 별도의 유형으로 삼았다.

송상왕래 횟수와 관련해서 고려되어야 할 것은 고려 사람이 송에 표류한 사례 가운데 배가 난파되어 어쩔 수 없이 개별적으로 고려에 가는 송상의 배편을 기다려 고려에 올 수밖에 없는 경우는 표류민의 송환 그

---

85) 표류민, 탈출포로, 망명자들을 포괄하는 용어는 난민일 것이다. 하지만, 그것으로 송상왕래의 내용을 쉽게 이해하기 어려울 것 같아서, <왕래표>의 유형에서는 표류송환, 포로송환, 망명인송환 등과 같이 구체적으로 적었다.

86) 申採湜, 1997, 「10~13세기 東아시아의 文化交流—海路를 통한 麗·宋의 文物交易을 中心으로—」『中國과 東아시아世界』, 국학자료원, 81~82쪽.
   姚禮群, 1997, 「宋代明州對高麗漂流民的救援措施」『宋麗關係史硏究』(楊渭生編), 杭州大學出版社, 476~478쪽.

87) 몽고군에게 포로가 되었다가 탈출한 송인이 송상의 배를 타고 본국으로 귀환하는 과정에서 고려 예빈성이 그 동안의 경위를 담은 문서를 송 명주에 보냈고, 그것을 전달한 사람은 당연히 송상이었다(陳高華, 1991, 「元朝與高麗的海上交通」『震檀學報』71·72합, 350쪽).

자체를 송상왕래라고 할 수 있는데, 고려 사람과 배가 함께 구조되었을 때는 배로 되돌아갈 수 있으므로 그것을 송상왕래와 직접 연결시키기 어렵다는 점이다. 하지만, 고려 해안을 다니던 배가 조난되어 조류에 따라 중국 해안에서 구조되었다고 해도 다시 서해를 건너 고려에 오는 것은 노련한 항해술이 있어야한다는 점에서 직접 자신의 배를 운항하여 귀국하기보다는 송상의 배를 이용하거나 송상의 도움을 받아 되돌아왔을 가능성이 높다. 표류한 사람과 그 배가 온전히 구조되는 것도 역시 두 경우 모두 송상왕래와 관련된 것으로 간주해야 한다.

송의 난민이 고려에서 송으로 귀환되는 사례도 있었다. 가장 잘 알려진 것은 1259년 4월에 송상 범언화의 배편에 몽고군에 포로가 되었다가 도망친 송나라 사람들이 고국에 되돌아갔던 것이다.[88] 그것과 달리 인종대에 금의 공격을 받아 송이 위기에 처했을 때 고려에 망명했던 송나라 사람들이 송상의 배로 귀환한 사례가 있어서, 조금 더 구체적으로 고찰해야할 것 같다.

I1. (紹興 2年 閏4月) 是月 定海縣言 民亡入高麗者約八十人 願奉表還國 詔候到日 高麗綱首卓榮等量與推恩[89]
I2. (仁宗 15年) 夏四月 金稚規·劉待擧 回自宋 詔云 干戈震擾 老稚轉移 賴前好之不忘 憫吾民之久寓 假舟楫之利 旣獲以歸 返廬井之安 各得其所 尙慮遺氓之多有 更煩惠澤以哀斯[90]

I1은 1132년 윤 4월에 定海縣이 보고하기를 "송나라 백성으로 高麗에 망명한 자가 80인인데, 고려에 표를 올려 還國하기를 원한다'고 하므로, 詔를 내려 그들이 도착하는 날을 기다려 高麗 綱首 卓榮 등을 헤아려 은혜를 베풀게 하였다"고 한다.[91] I2는 1137년 4월에 송에서 돌아온 김

---

88) 陳高華, 앞의 논문, 350쪽.
89) 『宋史』 권487, 高麗傳.
90) 『高麗史節要』 권10, 仁宗 15년.

치규가 가져온 송 조서의 내용에 의하면, 전란 때 고려에 망명했던 송나라 사람들이 배를 타고 송에 귀환하여 편안히 살지만, 아직도 고려에 남아 있는 송나라 사람들에게 혜택을 베풀어줄 것을 부탁하고 있다. I1~2의 내용은 송이 금의 공격을 받던 시기에 많은 송나라 사람들이 고려에 망명하였으며, 전쟁이 소강상태에 접어든 1132년 이후에는 그들이 배를 이용하여 송으로 귀환되었다는 것이다.

이러한 일에 송상의 배가 이용된 것 같다. I1에서 1132년 4월에 定海縣이 송 황제에게 보고한 사람은 한 해 전인 1131년 4월에 정치적 사명을 띠고 고려에 갔다가 돌아온 탁영이다.[92] 이후 송 황제의 명령에 따라 고려에 가서 송나라 사람들을 귀환시킨 것도 같은 인물일 것이다. 왜냐하면 황제의 조서에서 그에게 '헤아려 은혜를 베풀게 하라[量與推恩]'는 표현이 있기 때문이다. 게다가 I2의 사료에서 보듯이 고려에 망명한 송인들에 대한 귀환 사업은 1137년경까지 계속되었다.

그럼 고려에 망명한 송나라 사람들이 귀환되는 과정이 송상왕래의 횟수에 포함될 수 있는지를 검토해보자. 고려 인종이 즉위한 1122년부터 1137년까지 고려에 왔다고 기록된 송상은 1124년 5월에 송상 柳誠, 1128년 3월에 蔡世章, 1131년 4월에 卓榮, 1136년 9월에 商客 陳舒 등이 있었으나[93] 1132년 경에 탁영이 송인들을 귀환시키러 왔던 것은 기록에 없다. 또한 1137년 4월에 김치규 등이 가져온 조서에 따르면 여전히 망명한 송인이 많이 남아서 송환을 기다리고 있었는데, 송상이 왔다는 기록은 1138년 3월에 吳迪이 명주의 첩을 가져와 徽宗과 寧德皇后가 금에서 붕한 것을 전한 것 뿐이고,[94] 이후 1147년까지 송상이 왔다는 기록은 없다. 문헌에는 기록을 남기지 않았으나, 고려에 망명한 송나라

---

91) 국사편찬위원회, 2004, 『中國正史 朝鮮傳 譯註(三)』, 신서원, 109~110쪽.
92) 1131년 4월에 卓榮이 정치적 사명을 띠고 왔었다(김상기, 주 1)b 논문, 452쪽).
93) 金庠基, 앞의 논문, 452쪽.
94) 『高麗史』 권16, 「世家」 仁宗 16년 3월.

사람들이 몇 차례에 걸쳐 송상의 배를 타고 귀환했음에 틀림없다.

아울러 송과 금의 전쟁 중에 송나라 사람들이 고려에 망명할 때 모두 송상의 배를 타고 왔을 것이라는 점도 고려해야 한다. 1127년 송의 황제가 금나라 군대에 사로잡힌 靖康의 變 사건을 겪은 뒤에 고려에 왔던 송상 가운데 1128년 3월의 채세장은 고종 즉위의 조서를 전달하러 왔고, 탁영도 정치적 사명을 띠고 왔기 때문에 망명객을 싣고 왔을 리는 없다. 그것은 기록에 남아 있지 않은 송상의 배를 타고 왔다는 뜻이다. 전란을 피하기 위해 수많은 송나라 사람들이 고려에 왔다는 것은 당시에 송상의 고려 왕래가 매우 잦았기에 가능하다. 금의 공격을 받고 송이 위기에 처하자 송나라 사람들이 고려에 망명하고 뒤에 그들이 송환되는 과정을 통해 송과 금의 전쟁 와중에도 실제로는 기록에 남아있지 않은 아주 많은 송상왕래가 있었음이 확인된다.

3. 高麗·宋의 民間 交流와 宋商往來

앞에서 설명한 여·송 양국의 사신 왕래에 송상의 배를 이용한다든지, 송상이 직접 외교문서를 전달한다든지 하는 일은 공적인 영역이 될 것이다. 송상은 고려를 자주 왕래하면서 정치적 목적이 없는 개인적인 왕래나 민간교류에도 큰 역할을 하였으며, 이 범주에는 인물왕래, 송인의 내투, 문물교류 등이 해당된다. 이 가운데 송인의 내투는 송인이 송상의 배를 타고 고려에 왔기 때문에 인물왕래와 유사한 성격이 있으나, 투화한 이후에 특별한 경우를 제외하고 돌아가지 않아서 왕래라는 표현이 적절하지 않을 뿐 아니라 사례가 적지 않으므로 별도의 유형으로 범주화하고 설명하였다.

1) 人物往來

인물왕래는 송상의 배를 타고 고려 사람이 송에 가고 송나라 사람이
고려에 왔던 것을 말한다. 나말여초에 많은 禪僧들이 배를 타는 것은 종
교적인 이유로 환영받아서 중국에 유학하러 가거나 되돌아올 때 海商의
배를 이용한 것은 잘 알려진 일이다.[95] 고려시대에도 양국의 사람들이
송상의 배를 타고 상대국에 갔으므로[96] 인물이 왕래했다는 것은 곧 송
상왕래를 알려주는 정황적 증거가 되어 하나의 유형으로 삼았다.

인물왕래는 송상의 배를 타고 고려 사람들이 송에 갔던 것과 송인이
고려에 왔던 것으로 구분된다. 다음은 대표적인 사례이다.

> J1. 遂隨師 出居靈通寺 煦性聰慧嗜學 始業華嚴 便通五敎 旁涉儒術 莫不精識
>   號祐世僧統 煦欲入宋求法 王不許 至宣宗時 數請 宰臣諫官極言不可 二
>   年 四月 煦潛與弟子二人 隨宋商林寧船而去 王命御史魏繼廷等 分道乘船
>   追之不及 遣禮賓丞鄭僅等問過海安否[97]
> J2 (獻宗 元年 2月) 辛卯 宋商黃冲等三十一人 與慈恩宗僧惠珍來 王命近臣文
>   翼備軒盖 迎珍置于普濟寺 珍常曰 爲欲見普陁落山聖窟而來 請往觀之 朝
>   議竟不許.[98]

J1은 문종의 아들이며 사후에 대각국사로 추증된 義天 列傳의 내용이
다. 義天이 송에 들어가 불법을 구하고자 했으나 문종이 불허하였고, 선
종이 즉위한 뒤에도 자주 그것을 청하였으나 재신과 간관들의 반대로 가
지 못하였다. 1085년 4월에 몰래 제자 두 사람과 함께 宋商 林寧의 배를
타고 송에 갔고, 왕이 御史 魏繼廷 등에 명하여 길을 나누어 배를 타고

---

95) 日野開三郞, 1961,「羅末三國の鼎立と對大陸海上交通貿易(四)」『朝鮮學報』20 ;
   1984,『日野開三郞 東洋史學論集—北東アジア國際交流史の研究(上)—」, 三一
   書房, 181쪽.
96) 黃寬重, 1991,「宋・麗貿易與文物交流」,『震檀學報』71・72합, 340~341쪽.
97)『高麗史』권90, 大覺國師煦傳.
98)『高麗史』권10,「世家」獻宗 원년 2월.

쫓아가게 했지만 결국 미치지 못하자 禮賓丞 鄭僅 등을 보내 바다를 건
너 安否를 물었다고 한다.

J2는 1094년 2월에 宋商 黃冲 등 31인이 慈恩宗 승려 惠珍과 더불어
왔으며, 王이 近臣 文翼에게 명하여 軒盖를 갖추어 맞이하고 普濟寺에
머물게 하였는데, 혜진이 항상 "普陀落山의 聖窟을 보고자 왔으니 청컨
대 가서 보도록 청합니다"라고 했으나 조정의 의논이 불허하였다고 한
다.[99]

J1에서는 의천이 송상의 배를 타고 송에 갔고, J2에서는 송 승려 혜진
이 송상과 함께 고려에 왔다. 두 사람 모두 사전에 송과 고려에 대해 익
히 알고 있었는데, 고려와 송의 사람들이 바다 건너에 있는 나라의 사정
을 알고 마침내 방문을 결심하고 갈 수 있었던 것은 송상이 있었기 때문
이었다. 그런데, 기록에 송상이라는 표현이 들어있지 않아도 송상왕래를
추정할 수 있는 사례도 있다.

K1. 以之美試禮部尙書同知樞密院事 公儀 衛尉卿 諸子弟姻婭 拜官有差 資謙
　　私遣其府注簿蘇世淸入宋上表進土物自稱知軍國事[100]
K2. (肅宗 9年) 二月 戊申 宋醫官牟介等還[101]

---

99) J1과 J2의 기사에서 송상왕래를 생각해보면, J1의 의천이 송에 가기 전에 문종대
　　부터 송상을 통해 정원법사를 알고 가고자 했다는 것은 잘 알려진 사실이다. 또
　　한 의천이 타고 갔던 송상 임영의 배는 그 이전에 고려 국왕에게 내헌했다는 기
　　사가 없으므로 송상왕래 횟수에 포함되어야 하며, 의천이 송에 간 뒤 禮賓丞 鄭
　　僅 등이 송에 가서 안부를 물었는데, 이 때 고려에서 가장 서둘러 갈 수 있는
　　방법은 고려에 와 있던 송상의 배를 타는 것이었다.
　　J2에서는 혜진이 고려에 와서 국왕에게 '普陀落山의 聖窟'을 보고자 왔다고 했
　　다. 그것은 혜진이 송에 있을 때부터 고려에 그러한 곳이 있었다는 것을 알았다
　　는 뜻이며, 그 정보 역시 송상의 통해 전해졌을 것이다. 두 기사 모두 송상의
　　배를 타고 의천이 송에 가고, 혜진이 고려에 온 단순한 내용같지만, 매우 많은
　　송상왕래와 관련된 내용을 담고있는 것이다.
100) 『高麗史』 권127, 李資謙傳.
101) 『高麗史』 권12, 「世家」 肅宗 9년.

K1은 仁宗初에 權臣 李資謙의 아들 李之美를 試禮部尙書·同知樞密院事로, 李公儀를 衛尉卿으로 삼고 여러 子弟와 姻婭들에게 관직을 차등 있게 주었으며, 이자겸이 사사로이 崇德府注簿 蘇世淸을 宋에 보내 表와 土物을 올리고 自稱 知軍國事라고 하였다고 한다.102) 소세청이 송에 갔던 때가 1122년 11월이라고 하며,103) 그는 국가의 공식적인 사신이 아니라 이자겸이 사적으로 보낸 사람이고, 외교가 아니어서 인물왕래의 유형에 포함하였다.

소세청이 송에 간 것이 다른 송상왕래와 중복되지 않는지를 살펴보면 송상은 1120년 6월과 1124년 5월에 고려에 왔었고,104) 송의 사신은 1122년 6월에 진무교위 姚喜, 1123년 정월에 許立이 각각 지첩사로 왔었다.105) 소세청이 이자겸의 명을 받아 송에 가는 방법은 배를 직접 준비하여 서해를 횡단하거나 송상의 배편을 이용하는 것이며, 고려의 정규 사절도 송상의 배를 타고 갔던 적이 있다는 점을 고려하건대 후자가 옳다고 여겨진다. 이처럼 1122년 11월 경에 소세청이 이자겸의 명을 받고 송에 갔다는 것은 고려에 와 있던 송상의 배를 타고 송에 가서 임무를 마치고 송상의 배를 타고 돌아왔을 것이므로 두 차례의 송상왕래를 알려준다.

K2는 1104년 2월에 宋 醫官 牟介 등이 돌아갔다는 것이다. 그는 고려의 요청에 따라 1103년 6월에 宋의 國信使 戶部侍郎 劉逵·給事中 吳拭과 함께 고려에 왔었다.106) 그가 송상 또는 송의 사절이 타고 왔던 배를 타고 되돌아 갔을 것인데, 그 시기 송상왕래는 1103년 2월에 明州敎練使 張宗閔 등이 왔었고, 1104년 8월에 송 都綱 周頌 등이 왔다.107) 모개

---

102) 『高麗史』 권127, 李資謙傳.
103) 장동익, 2009, 『高麗時代 對外關係史 綜合年表』, 동북아역사재단, 122쪽.
104) 金庠基, 주 1)b 논문, 451~452쪽, <宋商來航表>.
105) 朴龍雲, 앞의 논문, 156쪽, <高麗·宋 使節 派遣表>.
106) 『高麗史』 권12, 「世家」 肅宗 8년 6월 임자.

가 귀국하기 1년 전에 왔던 명주교련사가 왔었고, 6개월 후에 송상이 왔
었다. 후자는 도착한 것이므로 해당되지 않고, 전자는 사명을 받고 왔던
明州敎練使가 1년 이상 머물렀다고 보기 어렵다. 결국 모개는 문헌 자료
에는 기록되지 않았지만, 그 당시 고려에 왔다가 송으로 되돌아가던 송
상의 배를 타고 갔을 것이다.

K의 사례와 같이 송상이라는 용어가 포함되어 있지 않아도 송상왕래
로 추정할만한 것들이 적지 않다. 먼저 송에서 고려에 온 것으로는 1072
년 6월에 송이 醫官 王愉와 徐先 등을 보내온 것,[108] 1080년 7월에 의관
馬世安 등이 도착한 것,[109] 1118년에 왔던 의관이 2년후에[越二年] 돌
아갔다고 한 것과[110] 1110년 6월에 송 명주가 보낸 女樂 2인이 고려에
왔던 것 등을[111] 들 수 있다. 이들 기록에서 비록 왕유, 마세안, 여악
등이 송상과 왔다거나 또는 갔다는 내용은 없어도 당시의 교통 여건상
그들이 송상의 배를 이용했던 것은 분명하다.[112]

또한 송과 고려의 사람들이 양국을 왕복했던 사례도 찾을 수 있다.
1088년에 송의 정원법사가 입적하자 그의 제자가 와서 의천에게 알렸
고, 의천은 제자 壽介 등에게 명하여 송나라 惠仁寺에 보내 정원을 제사
지냈으며, 1090년에 수개 등이 귀국하였는데,[113] 수개는 송상 서전의 배

---

107) 金庠基, 주 1)b 논문, 451쪽, <宋商來航表>.
108) 『高麗史』 권9, 「世家」 文宗 26년 6월 경술.
109) 『高麗史』 권9, 「世家」 文宗 34년 추7월 정묘.
110) 『高麗圖經』 권16, 藥局
111) 『高麗史』 권13, 「世家」 睿宗 5년 6월 신미.
112) 필자는 여송외교와 송상왕래를 연계시킨 논문에서 송이 의관이나 여악 등을 보
    내주었던 것은 송과 고려의 친선관계를 유지하고자 한 것이었으므로 외교와 관
    련된 것으로 이해한 바 있었다(李鎭漢, 주 2)a 논문 ; 본서 제4장). 하지만, 외교
    적 활동을 위해 고려에 왔지만 외교관은 아니었기 때문에, 송상의 배편을 이용
    해서 고려에 왔다는 교통 수단을 강조하기 위해 <왕래표>에서는 인물왕래의
    유형에 넣었다.
113) 『大覺國師外集』 권12, 「高麗國五冠山大華嚴靈通寺贈謚大覺國師碑銘 并序」.

를 타고 고려 예빈성의 첩을 가지고 송에 갔다.[114] 송에서 정원의 입직을 알리러 오고, 의천의 제자가 송에 가서 제사를 지내고 왔다. 정원법사의 제자가 고려를 왕래하고, 의천의 제자는 송을 왕래했으며, 2년 사이에 모두 3차례 인물 왕래가 있었으니 3차례 송상왕래가 있었던 셈이다. 고려 사람 수개 일행이 송에 들어갈 때 송상 서전의 배를 이용한 것은 의천이 그랬듯이 고려 선박으로 도항하는 것이 여의치 않았기 때문이다.

인물왕래의 사례는 <왕래표>에 더 실려있는데, 그 만큼 많았다는 것은 송상왕래가 활발했다는 뜻이다. 송상이 자주 왕래하여서 양국의 사람들은 가고 싶을 때 오래 기다리지 않고 바다를 건너 다녔을 것이다. 송상은 고려를 왕래하면서 무역했을 뿐 아니라 사람을 태워주고 대가를 받는 운송업을 하고 있었다.[115]

2) 송인의 來投

송인의 내투는 송인이 고려에 와서 투화하는 것을 말한다. 고려인이 송에 투화한 사례는 다루지 않아서 <왕래표>에선 '송인 내투'가 아닌 '내투'로만 적었다. 송인이 투화하기 위해 고려에 올 때에는 송상의 배를 타고 와야하므로 내용상으로 인물왕래에 해당된다.[116] 그러나『高麗史』와『高麗史節要』에는 내투에 관한 기록이 적지 않았고,「묘지명」과 같은 자료에서도 새로운 사례를 찾아냈기 때문에 인물왕래와 구분하여 하나의 유형으로 삼았다. 이와 관련된 상세한 논증은 이미 이루어졌으므로[117] 간단히 보충하는 정도의 설명만 하겠다.

고려시대에 송나라 사람들이 고려에 와서 투화하고 고위 관직에 오른

---

114)『蘇軾文集』권30,「論高麗進奉狀」.
115) 김영제, 주 42) 논문, 208쪽.
116) 송나라 사람들의 고려 투화에 대한 연구에 대해서는 본서 제5장의 주 9)에서 정리해놓았다.
117) 李鎭漢, 주 2)b 논문 ; 본서 제5장.

경우가 적지 않았는데, 그 가운데 劉載, 胡宗旦, 楊震 등이 상박 또는 상
선을 타고 왔다는 분명한 기록이 있으며,[118] 그러한 일은 송이 건국한
초기부터 송나라 말기인 무신정권기에 이르기까지 계속되었다. 특히 송
상왕래와 관련하여 주목되는 것은 970년에 송의 蔡仁範이 泉州持禮使의
배를 타고 고려에 왔다는 것이다.[119] 천주지례사는 지첩사와 유사한 것
으로 천주 지방정부의 문서를 가지고 고려에 왔던 송상이었을 것이다.
그것을 통해 송상이 아주 이른 시기부터 고려를 왕래하고 있었음을 추정
할 수 있다. 그보다 더욱 분명한 것은 1005년에 송 溫州文士 周佇가 商
舶을 따라 내투하여 禮賓注簿로 임명되었다는 기록이다.[120] 주저가 타
고왔다는 상박은 송상의 배였음이 틀림없다. 따라서 1012년 10월에 송
의 南楚人 陸世寧 등이 와서 방물을 바쳤다는[121] 기사는 송상이 고려에
처음 왔다는 근거가 될 수 없다.

  또한 내투와 유사한 표현으로 來奔이라는 것이 있어 검토할 필요가
있다. 1033년 정월에 宋의 劉守全 등 14인이 來奔하였고[122] 같은 해 6
월에 宋의 申流 등 12인이 來奔하였다고 하였다.[123] 내투는 분명히 송인
이 송상의 배를 타고 와서 고려에 투화하는 것을 뜻한다. 하지만 내분의
사전적 의미는 '도망쳐 오다'로 '奔은 고국을 出奔하는 것이고, 來는 그
當事國에 오는 것'이라고 한다. [124] 그리고 내투하는 사례는 보통 한 명
인데 비해 내분은 14명과 12명이었다. 이러한 내분의 뜻이 내투와 유사
했다는 것은 다음의 기사가 참고된다.

---

118) 黃寬重, 주 96) 논문, 340쪽.
    朴玉杰, 1992, 「高麗初期 歸化漢人에 대하여」『國史館論叢』39, 122쪽.
119) 「蔡仁範墓誌銘」, 14쪽.
120) 『高麗史節要』권2, 穆宗 8년.
121) 『高麗史』권4, 「世家」顯宗 3년 동10월 丙午.
122) 『高麗史節要』권4, 德宗 2년 춘정월.
123) 『高麗史節要』권4, 德宗 2년 6월.
124) 諸橋轍次, 『大漢和大辭典』, 권1, '來' 746쪽.

L1. 王彬係高麗賓貢長樂人 初挈族奔高麗 以外國生賓貢入太學 至是登授校書
郎 放歸 尋歸正省墓 知汀州·撫州 終太常少卿[125]

L1의 王彬은 長樂 사람으로 처음에 송에서 일족을 거느리고 고려로
달아나서[奔] 外國 사람으로 賓貢이 되어 太學에 들어가고 校書郎에 이
르렀으며, 되돌아와 汀州·撫州의 수령을 지내고 太常少卿으로 일생을
마쳤다고 한다. 왕빈은 고려에 투화하여 빈공급제하고 교서랑까지 역임
한 뒤 다시 송에 돌아와 태상소경에 이르렀으니, 송에서 고려 사람으로,
다시 송나라 사람으로 국적을 두 번이나 바꾼 흥미로운 인물이다. 그가
빈공생이 되기 위해서는 분명히 고려에 가서 투화하는 절차를 거쳤을 것
인데, 일족과 함께 하였기 때문에 奔으로 표현된 것 같다. 따라서 개인의
내투와 구별되는 집단적 내투의 의미를 지닌 내분도 송상왕래와 깊은 관
련이 있는 것이다. 그런 점에서 1033년에 두 차례의 송상왕래를 더 추가
해야 할 것이다.

3) 文物交流

문물교류는 양국의 사람들이 송상을 중개자로 삼아 서신과 물품을 주
고 받는 민간교류 또는 양국의 문화적 산물이 송상을 통해 교역되는 것
을 말한다.

대표적으로 의천은 1084년(선종 1) 경부터 입적할 때까지 淨源을 비
롯하여 元炤, 道亭, 智生, 慧淸, 淨因, 守長 등의 송나라 승려와 더불어
수 많은 서신을 교환하고 때로는 상대가 원하는 經典이나 佛具를 보내
주었다.[126] 서신은 의천이 송상을 통해 송 승려에게 보내면 그들이 다시

---

125) 『淳熙三山志』 권26, 人物類 科名.
126) 金庠基, 1959, 「大覺國師義天에 대하여」 『국사상의 제 문제』 3 ; 1974, 『東方史
論叢』, 서울대출판부, 212쪽.
崔柄憲, 1991, 「大覺國師 義天의 渡宋活動과 高麗·宋의 佛敎交流」 『震檀學報』

고려에 오는 편에 답장을 가져오는 방식으로 이루어졌는데, 그 내용에는 송상 洪保, 李元積, 陳壽, 徐都綱, 郭都綱 등이 자주 언급되었다.[127]

　의천은 1085년 入宋求法 이전부터 정원법사와 교류를 하였으며, 송에 다녀온 이후에는 서신의 교환 상대가 더 많아졌는데도, 전혀 불편함이 없이 지속되었다. 이것은 당시 고려를 왕래하던 송상이 많았을 뿐 아니라 거의 해마다 왕래하고 있었음을 알려준다. 한편 송상이 의천과 송 승려 사이에서 희귀한 불교 전적이나 귀중한 물품을 전달하였다. 그것은 송상이 고려를 자주 왕래하였고 무역의 규모가 커서 그것을 탐내서 가로채고 그만두지 않을 것이라는 신뢰가 있었기 때문이다.

　의천 이외에도 양국 승려들의 교류는 더 찾을 수 있다. 『五燈會元』에 의하면 해상 方景仁이 無示禪師(1080~1148)가 있는 四明에 가서 선사의 말을 기록해온 것을 坦然이 열람하고 깨달아 「四威儀頌」 등을 舶商의 배편으로 禪師에게 보내 인가를 요청하였더니 선사가 극구 찬미한 인가서를 보냈다는 내용이 있다.[128] 이것은 의천과 마찬가지로 송상의 도움으로 탄연이 무시선사와 서신을 주고 받으며 교류를 했음을 알려주는데[129] 이 내용 속에서 송상이 적어도 두 차례 이상의 왕래를 하고 있

---

71 · 72합, 372쪽.

朴鎔辰, 2008, 「11~12세기 『圓宗文類』의 유통과 동아시아 불교교류」 『한국중세사연구』 25, 253쪽.

127) 原美和子, 1999, 「宋代東アジアにおける海商の仲間關係と情報網」 『歷史評論』 592, 4~6쪽.

原美和子, 주 50) 논문, 130쪽.

128) 『五燈會元』 권8.

129) 張東翼, 2000, 『宋代麗史資料集錄』, 서울대출판부, 416쪽.

일찍이 고려시대 불교사 연구자들도 탄연의 송 선승과의 교류가 상선편에 이루어졌다는 것을 지적한 바 있다.

許興植, 1982, 「高麗中期 禪宗의 復興과 看話禪의 展開」 『奎章閣』 6 ; 1986, 『高麗佛教史研究』, 一潮閣, 225~238쪽.

趙明濟, 2003, 「臨濟宗をめぐる高麗と宋の交流」 『駒澤大學佛教學部論集』 34, 247쪽.

었다는 점도 주목된다.

남송 초기인 1129년에서 1137년 사이에 명주 四明縣 天童寺 宏智 正覺禪師가 고려국의 첩문을 가진 승려에게 내린 上堂文도[130] 송상왕래와 관련된 자료이다. 상당문의 내용은 이 시기의 불교 교류를 확인시켜 준다. 1250년대말과 1260년대 초에 걸쳐 송의 延慶寺와 고려의 眞靜國師 사이에 佛敎 典籍과 記文의 교류도 송상의 배편에 이루어지고 있었음을 보여준다.[131] 이와 같이 고려와 송의 승려들은 해상을 통해 비교적 자유롭게 교류할 수 있었다.

또한 매우 간단하면서도 송상왕래와 관련시킬 만한 사례도 있다.『高麗史』「世家」에는 "이 해(1090년, 선종 7)에 송이『文苑英華集』을 보내왔다"는 기사가 있다.[132] 그 이전에 송상왕래와 관련시킬 만한 일로는 같은해 정월 정원법사를 조문하러 송에 갔던 수개가 돌아온 것과,[133] 그 해 3월에 송상 徐成이 와서 토물을 바쳤던 것,[134] 5월에 이자의가 송에 사신으로 갔던 것[135] 등이 있다. 그런데『文苑英華集』을 보내왔다는 것을 이들 기사와 별도로 기록한 것은 그 책이 별개의 송상에 의해 전해졌다는 의미이다. 이처럼 고려와 송의 물품이 상대국에 전달되었다는 것은 그 기록 자체가 송상왕래를 알려주는 것이다.[136]

---

130) 『宏智 正覺禪師廣錄』 권4, 上堂, 「高麗國持牒侍禁齋僧祝」.
　　張東翼, 앞의 책, 340쪽.
131) 『湖山錄』 권3 ; 許興植, 1995, 『眞靜國師와 湖山錄』, 民族社, 198쪽.
132) 『高麗史』 권10, 「世家」 宣宗 7년 12월.
133) 『大覺國師外集』 12, 「高麗國五冠山大華嚴靈通寺贈諡大覺國師碑銘 幷序」.
134) 『高麗史』 권10, 「世家」 宣宗 7년 3월 기사.
135) 『高麗史』 권10, 「世家」 宣宗 7년 추7월 신미.
136) 1095년에 일본 승려가 고려에서 간행된 경전을 일본을 왕래하던 송상에게 구매해줄 것을 요청하자, 송상은 귀국하여 고려를 왕래하던 송상에게 그것을 구해줄 것을 부탁하여 1097년에 일본 승려에게 전해주었던 사례도 있다. 송상을 매개로 고려와 일본 사이에 문물의 교류가 있었던 것인데(原美和子, 주 50) 논문, 133쪽), 그 중간에 고려에서 송으로 서적이 전해졌으므로 문물교류의 한 유형에 해

한편 송상이 고려의 그림과 같은 예술품을 고려에서 사다가 송에 팔기도 하고, 송의 것을 가져와 고려에 팔기도 했던 것 같다. 다음의 기사를 보자.

> M1. 京城東天壽寺去都門一百步 連峯起於後 平川瀉於前 野桂數百株夾道成陰 自江南赴皇都者必憩於其下 輪蹄闐咽 漁歌樵笛之聲不絶 而丹樓碧閣半出於松杉烟靄之間 王孫公子携珠翠引笙歌 迎餞必寄於寺門 昔睿王時 畫局李寧尤工山水 爲其圖附宋商 久之上求名畫於宋商 以其圖獻焉 上召衆史示之 李寧進曰 此所臣畫天壽寺南門圖也 折背觀之 題誌甚詳 然後知其爲名筆[137]

M1은 『破閑集』의 예종에서 의종대에 걸쳐 활약했던 화국 李寧에 관한 일화이다. 예종 때 산수화에 능한 이영이 개경 동쪽에 있는 천수사의 절경을 그린 「天壽寺南門圖」를 송상에게 주었는데, 오랜 후에 임금이[138] 송상에게 名畫를 구해달라는 부탁을 하니 송상은 그 그림을 바쳤고, 임금이 여러 사람에게 보이자 이영이 자신이 그린 그림이라고 하였고, 뒤를 뜯어보니 표제가 상세하여 사실이라는 것을 알게 되었다고 한다.[139]

이 내용에 의하면 이영이 그림을 그려 송상에게 주었다[附]고 하는데, 송상이 이영의 그림을 대가도 없이 가져가지는 않았을 것이며, 고려 국왕에게 그 그림을 구해다 바쳤다고 하는 것도 송에서 구매해 왔을 것이므로 송상이 그것을 부탁한 국왕에게 판매한 것이었다. 이처럼 고려와 송의 그림이 송상의 무역품으로서 유통되는 것도 문화교류라고 할 수 있

당될 것이다.

137) 『破閑集』 권중.

138) 上을 그대로 해석하면 예종이 될 수 있는데, 『高麗史』 李寧傳에는 명화를 구한 국왕이 인종으로 기록되었다(『高麗史』 권122, 李寧傳).

139) 이와 관련해서 자세한 주해가 되어 있다(이진한 외, 2011, 「교감 역주 『파한집』(6)」 『韓國史學報』 43, 293~295쪽).

는데, 사례로 기록에 남아 있는 것은 그 가운데 극히 일부였을 것이다. 민간에서 송상왕래와 더불어 양국의 예술품이 일상적으로 교역되었을 것이라고 생각된다.

또한 이 기사를 송상왕래와 관련해서 보건대, 李寧이 처음 만난 송상에게 그림을 팔지 않았을 것이고, 고려 국왕의 부탁을 받고 명화를 사다 바친 송상은 적어도 2회 이상 고려를 왕래했으며, 그 이전에 그 그림을 송에 가져간 송상과도 구별되는 것 같다. 송상의 정체와 왕래의 시기가 확실하지 않아 다른 송상왕래와 중복되는지 확인하기 어렵지만, 이 일화에는 최소한 두 명의 송상이 나오고 세 번 이상의 송상왕래가 있었다는 점이 중요하다.

4. 기타

송상왕래는 여·송 양국의 외교 및 민간의 왕래와 교류 뿐 아니라 대식국의 해상들이 고려에 왔던 것, 송상이 고려에 있었다는 것, 특정 시기에 송상왕래를 암시하는 기록, 송상왕래와 관련된 송나라의 금령이나 허가 규정 등을 통해서도 추정이 가능하므로 별도로 나누어 설명하고자 한다.

1) 大食來獻

大食來獻는 대식국의 상인들이 1024년 9월, 1025년 9월, 1040년 11월 등 세 차례 고려에 왔던 것을[140] 말한다. 신라 사람들이 아라비아 상인들과 교역한 적도 있었고, 대식과 고려는 976년, 977년, 984년 등에 같은 해 5~6개월 간격을 두고 사신들이 송에 입공한 바가 있어서 서로

---

140) 金庠基, 주 1)b 논문, 456쪽.

알았을 것이다.141) 그들은 본국에서 출발할 때 교역규모가 상대적으로 작은 고려의 예성항을 목적지로 삼지 않았지만, 송에 왔다가 당시에 泉州, 南楚, 廣南 등 고려를 왕래하던 송상들에게 고려에 관한 정보를 듣고 무역하러 왔을 것이다.142)

그런 점에서 대식국의 상인들이 고려를 찾은 것 자체가 송상과 밀접한 관련이 있다. 또한 대식국의 상인들이 고려에 와서 국왕을 만나 교역을 허락받고 고려 사람들과 교역을 해야하는데, 그 과정에서 통역을 하고 국왕을 만나도록 도와줄 사람이 있어야 한다. 더욱이 대식국 상인들에게는 익숙하지 않은 송나라 남해안에서 예성항까지의 항로를 운항해 줄 전문가가 필요하다. 이와 같이 대식국의 상인들이 고려에 와서 무역하기 위해 해결해야 할 여러 가지 문제를 풀어줄 수 있는 사람은 오직 송상 뿐이었다. 이후 세 차례를 제외하고 대식의 상인들 고려를 찾았다는 기록이 나타나지 않는 것은 송에서 고려를 왕래하는 해상들로부터 고려 물산을 교역할 수 있는 상황에서143) 굳이 위험을 무릅쓰고 서해를 건너 고려와 무역하는 것이 무역상의 커다란 이익이 없었기 때문일 것이다.144)

대식상인은 자신들의 배를 타고 직접 고려에 왔거나, 송에 온 대식상인들이 송상의 배를 빌려 무역품을 싣고 고려에 왔을 것이다. 추측하건대 후자의 가능성이 더 높은데, 어느 경우이든 대식 상인들의 고려 무역에는 송상이 간여되었다는 점은 분명하다.

---

141) 金澈雄, 2006, 「고려와 大食의 교역과 교류」 『文化史學』 25, 135~136쪽.

142) 金庠基, 주 1)b 논문, 455~456쪽.

143) 金庠基, 주 1)a 논문, 65쪽.

144) 11세기 이후 고려와 대식의 직접 교역이 이루어지지 않은 것은 첫째, 고려와 송의 무역이 활발하여 아랍과 동남아 물품이 고려에 유입되어 대식과 직접 교역할 경제적 이유가 없었고, 둘째, 송이 시박사를 통해 무역을 통제하려는 시책을 썼으며, 셋째, 동아시아의 불안한 국제정세도 원인이 되었다고 하는 견해가 있다 (金澈雄, 앞의 논문, 139~141쪽).

2) 宋商在麗

송상재려란 송상이 고려에 있었던 사례를 유형화한 것이다. 송상이 고려에 있었다는 것은 곧 송에서 고려에 왔다는 뜻이므로 송상왕래와 관련된다. 이 범주에 드는 사례로는 1102년 6월에 송상객이 머물고 있는 東西館에 불이 났다거나[145] 1116년 4월에 서경에 행차했다 돌아오던 예종이 嵒嶺에 이르렀을 때 송 도강 楊明이 길에서 배알하였다는 것 등을[146] 들 수 있다. 전자는 송상이 머무는 객관에 불이 났기 때문에 객관에 송상이 있었다는 정황 증거가 된다. 후자의 경우 1116년 4월 이전에 송상이 왔다는 기록은 같은 해 윤정월 송상객의 관사가 불탔다는 것과[147] 1115년 7월에 이부상서 王字之 등을 송에 보내 사은하고 겸하여 방물을 바쳤다는 기록이[148] 있으므로 송 도강 楊明이 고려에 있었던 것도 송상왕래의 횟수에 더해져야할 것이다.

이와 같이 송상재려는 어떤 사건 속에서 송상이 고려에 와 있었던 것을 뜻하는데, 전후의 송상왕래 기록을 대조하여 일정한 시기적 차이가 있다면, 송상왕래의 사례로서 추가하였다.

3) 往來推定 · 宋商規定

往來推定은 특정 시기에 어떤 송상이 왕래했다는 것을 직접적으로 확인하기 어렵지만, 그 무렵에 송상이 고려를 왕래하고 있었음을 내용을 통해 추정할 수 있는 것을 말한다. 예를 들어 '慶元府와 고려 禮賓省이 賈舶으로써 문첩을 통하고 있다'는[149] 기록은 그 내용만으로도 『寶慶四

---

145) 『高麗史』 권53, 「五行志」 1 火 肅宗 7년 6월 경인.
146) 『高麗史』 권14, 「世家」 睿宗 11년 하4월 정해.
147) 『高麗史』 권53, 「五行志」 1 火 睿宗 11년 윤정월 신축.
148) 『高麗史』 권14, 「世家」 睿宗 10년 추7월 무자.
149) 『寶慶四明志』 권6.

明志』가 편찬되던 시기(1226～1228)에[150] 명주에서 고려를 다니는 송상이 있었다는 사실이 간접적으로 확인된다.

또한 1271년 정월에 樞密院使 金鍊이 몽고에 가서 日本·南宋과 交通한 것을 해명할 때 '최근 10년전부터 송상이 온 적이 없다고 하였으나 지난해에 배 한 척이 온 것을 보고 몽고 사람들이 종전처럼 송상이 연이어 왕래했다고 오해할 것을 두려워했다'는 기사는[151] 1260년대 송상의 고려 왕래가 잦았다는 정황을 분명하게 알려주고 있다. 특히 이러한 유형의 기록은 송상왕래가 일상적으로 이루어지고 있었음을 확인시켜준다는 점에서 매우 중요한 것이다.

宋商規定은 송의 해상에 대한 禁令이나 許可 규정을 통해서 간접적으로 송상의 고려 왕래를 추정할 수 있는 것을 말한다. 그러한 사례로는 1079년 정월에 송이 고려에 가는 海商은 5千緡 이상이 있는 자로서 명주에 그 이름을 기록하도록 했다는 것을 들 수 있다.[152] 이 규정에 의하면 이후 일정한 조건을 갖춘 해상들이 고려에 갈 수 있었을 것이다.

이와 더불어 慶元間(1197～1200)에 황제가 詔하여 '商人이 銅錢을 바꾸어 고려에 들어가는 것을 금하였다'고 하는[153] 규정도 해당된다. 이 내용은 동전을 가져가지 않는 경우에는 고려에 갈 수 있었다는 뜻이기 때문에 12세기말에 고려를 왕래하는 송상의 존재를 알 수 있는 것이다. 송상규정 역시 왕래추정의 유형과 같이 다수의 송상이 고려를 빈번하게 왕래하고 있었다는 것을 알려준다. 그러므로 '왕래추정'과 '송상규정'은 송상이 고려를 수시로 또는 상시적으로 왕래했다는 것을 증명하는 것이어서 송상왕래의 측면에서 다른 유형보다 특별한 의미를 지니고 있다.

---

150) 張東翼,「高麗·五代 王朝에 관한 記事」『宋代麗史資料集錄』, 서울대출판부, 2000, 102쪽.
151)『高麗史』권27,「世家」元宗 12년 춘정월.
152)『續資治通監長編』권296 神宗 元豊 2년 춘정월 병자.
153)『文獻通考』권325,「四裔考」2 高句麗.

5. 송상왕래의 빈도와 횟수

1) 시기별 송상왕래의 빈도

송상의 내헌 기록을 중심으로 만들어진 <내항표>에 송상왕래를 알려주는 간접 증거를 더하여 <왕래표>를 만들었다. 그것으로 종전의 견해보다 송상왕래가 더 많았다는 것을 증명하는 데는 별 문제가 없는 것 같지만,[154) 그보다 심화된 설명을 위해서 그것을 고려 송의 외교 관계에 따른 3시기로 나누어 정밀하게 분석하고자 한다.

제1기는 송의 건국 이후 1071년에 고려가 대송 통교의 재개를 위한 교섭을 시작하기 직전까지이다. 960년에 송이 건국되고 962년에 고려가 사신을 보내 조공하면서 양국의 외교가 시작되었다. 그 다음해 송의 사신이 와서 고려 국왕을 책봉한 뒤, 양국은 여러 차례 사신을 파견하였으나 994년 고려가 거란과의 1차 전쟁을 치르고 나서 사대의 대상을 송에서 거란으로 바꾸었다. 하지만 고려는 여전히 송에 사신을 보내 외교 관계를 유지하려고 노력했으나 3차례 큰 전쟁을 겪고난 뒤 더 이상 거란의 압력을 견디지 못하고 1031년에 고려는 송과의 외교를 완전히 단절하였다.[155)

송상의 고려 왕래는 제1기부터 시작된다. 그 동안 선학들은 1012년 10월에 南楚의 陸世寧이 와서 내헌한 것을 근거로 삼아 '최초'의 송상이라는 역사적 의미를 부여하였다. 그런데 송상왕래의 간접 증거로 송사가 처음 왔던 것이 963년이고, 970년에는 蔡仁範이 내투하였으며, 1000년 경에는 송에 표류한 고려사람들이 귀국한 사례가 확인된다.[156) 그러므

---

154) <왕래표>에서 송상이 오지 않은 해에는 내용을 빈 칸으로 남겨놓고 구분란에 기록이 없었다는 표시로 ×를 하여 송상이 왕래했던 해와 쉽게 구별되도록 하였다.

155) 朴龍雲, 앞의 논문, 163~164쪽.

로 1012년에 왔다는 것은 송상이 내헌한 가장 오랜 기록이었을 뿐이다.
왕조교체와 무관하게 해상들이 왕래했다는 점을 고려하건대, 송이 건국
한 해부터 송상왕래가 있었다고 추정된다.[157]

　그러나 송상의 來獻이 본격적으로 시작되는 1012년 이전까지는 송상
왕래에 관한 기록이 매우 적으며, 964～969년, 977～984년, 994～999
년, 1001～1004년, 1006～1011년 등에는 4년 이상 송상왕래와 관련된
기록이 남아있지 않다. 반면 1012년 이후 무신정권기까지는 한 해 또는
두 해 정도의 공백은 있어도 거의 매해 송상왕래 기록이 남아 있다.

　제2기는 문종대 대송통교를 위한 교섭이 시작된 때로부터 1127년에
북송이 멸망한 때까지를 포함한다. 이 시기에는 양국의 사신이 빈번하게
왕래하고, 해상이 고려에 가는 것을 금지하는 것도 조건을 갖춘 자는 갈
수 있도록 하는 등 사실상 해상의 왕래 금지가 해제되었기 때문에[158]
송상왕래의 직접 또는 간접 기록들이 가장 많이 남아 있다. 따라서 이
시기에는 송상왕래와 관련된 기록이 없는 해가 거의 없을 만큼 왕래가
활발했고, 1년에 3차례 이상의 왕래가 확인되는 해도 적지 않다.

　예를 들어 1080년에는 송상이 내헌했다는 기록이 없으나 3월에 戶部

---

156) 이상에 관한 전거는 본 장의 끝부분에 있는 <왕래표>를 참조하기를 바란다.

157) 송상이 일본에 내항한 것이 기록상으로 확인되는 것은 978년부터이며 이후 106
　　회에 이른다고 한다.
　　森克己, 1956,「日本・高麗來航の宋商人」『朝鮮學報』9 ; 1975,『續日宋貿易
　　の硏究』, 國書刊行會, 332쪽.
　　森克己, 1964,「日宋貿易に活躍した人々」『歷史と人物』(日本歷史學會編) ;
　　1975,『續日宋貿易の硏究』, 國書刊行會, 249～253쪽.
　　송상이 1012년에 고려에 처음 왔고, 그보다 지리적으로 훨씬 멀고 항해도 어려
　　웠을 일본에 처음 갔던 것은 송이 건국하고 오래지 않은 970년대말이었다는 것
　　은 상식적으로 납득하기 어렵다. 그러나 역사는 서술의 근거가 사료이기 때문에
　　그것을 긍정할 수 밖에 없었는데, 이제 송상왕래의 간접 증거를 통해서 고려에
　　송상이 처음 온 것은 송의 건국 직후인 960년대였다는 점을 밝히므로서 이러한
　　모순은 해결되었다.

158) 近藤一成, 앞의 논문, 7～8쪽.

尙書 柳洪 등이 송에 가서 藥材를 내려준 것을 사례하고 方物을 바친
것,[159] 7월에 송 명주에서 배가 부서졌던 柳洪 일행이 되돌아온 것,[160]
같은 달에 王舜封이 문종을 치료하러 갔던 醫官・藥官과 함께 송으로
귀국한 것,[161] 송의 의관 馬世安 등이 고려에 도착한 것[162] 등의 사례를
통해 적어도 4차례의 송상왕래를 추정할 수 있다. 또한 <왕래표>를 보
면 1088년에도 송상 내헌 기록은 없으나 송이 고려 표류민을 돌려보낸
것이 두 차례 있었으므로 적어도 같은 횟수만큼 송상왕래가 있었음이 분
명하다.

제3기는 남송이 건국된 이후 송이 멸망할 때까지의 시기이다. 인종대
와 의종대에는 양국이 외교 교섭을 위해 사신이 자주 왕래하였으나 양국
이 외교를 단절한 이후에는 그 수가 크게 줄었다. 그에 따라 송상왕래의
기록이 없는 해도 많아졌을 뿐 아니라 1139~1147년 사이에는 8년 동
안 왕래의 기록을 전혀 찾을 수 없다. 무신정권기에도 그 경향성은 지속
되는데, 그렇다고 해서 그것을 근거로 바로 송상왕래가 줄었다고 단정해
서는 안된다.

2) 송상왕래의 횟수와 배의 수

왕래빈도와 관련하여 사례를 제시할 때 두 번 이상 송상왕래가 있었
던 적이 있어서 왕래 횟수란을 만들어 數字로 표시하였다. 무신정권기
최우가 송상에게 수우각을 사오도록 한 사건을 자세히 검토해보면, 그
송상은 적어도 세 차례 이상 고려를 왕래했었기 때문에 3회 이상이라고
적었다. 또한 1087년 3월에 송상 徐戩이 新註華嚴經板을 바쳤다는 것

---

159) 『高麗史』 권9, 「世家」 文宗 34년 3월.
160) 『高麗史』 권9, 「世家」 文宗 34년 추7월 계해.
161) 『續資治通監長編』 권303, 神宗 元豊 3년 추칠월 계해.
162) 『高麗史』 권9, 「世家」 文宗 34 추7월 정묘.

은[163] 송대의 자료에 이미 고려 사람들의 주문을 받고 만들어 가져다 주었다고[164] 하므로 2회 이상의 왕래로 보아야 한다. 비슷한 유형으로 1192년 8월에 송의 상인이 『太平御覽』을 바치자 국왕이 白金 60근을 하사하였다는 기록이 있다.[165] 『태평어람』에 대한 대가로 송상에게 명종이 거액의 사례금을 준 것은 사전에 송상이 고려로부터 구매를 부탁받아서 사다준 것이어서 왕래 횟수는 2회로 적었다.

또한 의천이 송 승려들과 주고 받은 서신은 <왕래표>에서 하나의 사건처럼 설명하였지만, 서신의 내용에 구체적으로 도강의 명칭이 15번 언급되었으며,[166] 아예 언급되지 않은 것들도 많아서 의천이 입적할 때까지 양국을 오가며 서신을 전달해준 송상의 수와 왕래횟수는 15회보다 훨씬 많았을 것이다. 그와 더불어 密州 상인 平簡에게 세 번 고려에 가서 국신을 통하였다고 하여 송 정부가 三班差使를 수여한 기사는[167] 하나의 사건이지만 왕래는 3회였다.

한편, 한번의 송상왕래에서 배가 2척 이상이 왔을 때에는 배의 척수를 기록해두었다. 1078년에 고려와 송이 외교를 재개한 이후 고려에 왔던 최초의 송 국신사인 좌간의대부 安燾 일행은[168] 고려 사행을 위해 만든 신주 2척에 타고 왔을 것이며, 1123년에 왔던 송사 일행은 신주 2척과 객주 6척 등 모두 8척을 거느리고 왔다.[169] 제2기에 고려에 왔던 국신사, 조위사, 제전사 등의 송나라 공식 사절들은 적어도 신주 2척에

---

163) 『高麗史』 권10, 「世家」 宣宗 4년 3월 甲戌.
164) 徐戬이 고려로부터 재물을 받고 항주에서 협주화엄경을 조판한 뒤 배에 실어 고려로 가져간 것이었다고 한다(金庠基, 주 126) 논문, 213쪽).
165) 『高麗史』 권20, 「世家」 明宗 22년 8월 계해.
166) 原美和子, 주 127) 논문, 4~6쪽.
167) 陳高華・吳泰, 1981, 「各貿易港口的發展狀況」 『宋元時期的海外貿易』, 天津人民出版社, 102~103쪽.
168) 『高麗史』 권9, 「世家」 文宗 32년 6월 갑인.
169) 『高麗圖經』 권34, 「海道」 1, 神舟 및 客舟.

객주가 몇 척 더해져 왔을 것이다. 반면 제1기에는 신주가 없어서 객주만이 왔을 것이며, 이 시기에 많았던 책봉사들은 황제가 임명한 정식 사절인 만큼 2척 이상의 객주가 왔을 것이다. 비록 사행이라고 해도 동시에 여러 척의 배가 왔다는 것은 고려를 왕래하는 송상의 배가 많았음을 알려준다. 외교와 무관한 송상의 배도 13세기 중엽의 증언에 의하면 한 번에 3척씩 갑번·을번으로 나누어 고려를 왕래하였다고[170] 하므로 1회에 적어도 3척이 왔었다. 따라서 이 시기에 송상은 매년 3척 이상 왔었다고 생각된다.

6. 맺음말

　본고는 송상왕래의 횟수가 많았다는 것을 보여주기 위해 여러 유형의 송상왕래를 포함하여 <왕래표>를 만들었다. 가장 대표적인 것은 "송상 某가 와서 土物 또는 方物을 바쳤다"는『高麗史』와『高麗史節要』의 소위 '내헌 기사'이다. 송의 사신이 송상의 배편을 이용하여 고려에 왔다든지 송상이 고려에 외교 문서를 전달하는 일을 했다는 기록도 있는데, 당연히 송상왕래 횟수에 더해지는 것들이다. 그런데, 송상과 관련된 용어나 표현이 들어가지 않아도 조금 세밀한 논증을 거치면 송상이 없이는 이루어질 수 없는 사건도 있다. 이처럼 정황으로 보건대 송상왕래가 분명한 것을 송상왕래의 간접 증거라고 하였다.
　송상왕래의 간접 증거가 송상이 고려에 왔던 증거로 인정되면서 송상왕래의 유형은 더욱 다양해졌다. 그러므로 다양한 유형을 나누기 위해 내헌 기사를 기본으로 하고, 여송외교와 관련된 것, 민간의 교류와 관련된 것, 기타 등으로 구분하였다. 이어 외교는 송사왕래·입려통지·여

---

170)『許國公奏議』권3,「奏曉諭海寇復爲良民及海關防海道事宜」.

사입송·여사귀국·입송통지·문서전달 등으로, 민간교류는 인물왕래·내투·문물교류 등으로, 기타는 대식내헌·송상재려·왕래추정·송상규정 등으로 세분하여 설명하였다.

특히 송나라가 고려에 사신을 보낼 때 사전에 고려에 그러한 사실을 통지하였고, 문종대 이후 고려의 사절이 송상의 배를 타고 송에 갔으며, 송에 사신을 보내기 이전에 송에 알리고 入宋 허락을 받은 뒤에야 갈 수 있었음을 확인하였다. 고려와 송의 사절을 상대국에 보내는 것은 실제로 2회 이상의 송상왕래가 있었던 것이다. 그 밖의 유형도 그것이 송상왕래에 포함되는지의 이유를 서술하고 다른 송상왕래와 중복되지 않았는지를 확인하였으며 <왕래표>의 유형란과 비고란에 그러한 점을 기록하였다. 그와 더불어 하나의 사건이 내용으로는 두세 차례의 송상왕래를 알려주는 것도 있고, 송상이 주문한 물품을 가져다주는 것은 반복해서 왕래한 것이며, 송상이 왔다고 했을 때 무조건 1척이 왔던 것이 아니라 때로는 3척인 경우도 있었다는 사실을 <왕래표>에 적었다.

<왕래표>에 송상왕래의 간접증거가 대거 포함되고 송대·원대의 문헌에서 찾아낸 새로운 사례가 추가되면서 '내헌 기사'를 중심으로 만들어진 <내항표>보다 송상왕래가 훨씬 많았다는 것을 증명되었지만, 간접 증거를 송상왕래로 보고 송상의 활동이 더욱 활발했다고 하는 것은 옳지 않다. 왜냐하면 송상왕래가 많았던 것은 역사적 사실 그대로이고, 송상왕래와 관련되지 않았다고 여겨졌던 간접 증거를 유형화해서 넣었을 뿐이기 때문이다. 그런 점에서 본 연구의 마무리는 송상왕래의 빈도가 어느 정도였는지를 해명하는 것이 되어야 한다.

〈송상왕래표〉*

구분	연도	왕대	월	일	송상왕래 관련기사	연표쪽수	왕래유형	왕래횟수	사료출처	비고
※	960	광종	1	4	송의 건국.	37				
※	〃				吳越王 錢弘俶이 고려에 사신을 보내 전쟁으로 散失된 天台章疏를 구함(송고승전7).	37	문물교류		송	
×	961									
※	962				고려 승려 諦觀이 강남에 가서 각종 경전을 전함(불조통기10).	37	문물교류		송	
※	962		冬		광평시랑 李興祐 등을 송에 보내 방물을 바침(사2).	36				
	963				이해에 송이 책명사 時贊을 보내왔는데 풍파를 만나 90여 명이 익사함(사2). *송대 기록에는 9월5일에 귀환했다고 함(송사487고려전).	36 37	송사왕래	2	송	입려통지

---

* 이 표를 작성하는데, 장동익, 張東翼, 2009,『高麗時代 對外關係史 綜合年表』, 동북아역사재단의 도움을 크게 받았다. 이 기회에 감사드린다. 전거는 이 책을 주로 인용하였으므로 책과 권수만 간단히 기록하였고, 대신 '연표인용'의 칸에서 쪽수를 밝혀서 쉽게 확인하도록 했다. 왕대란에는 구체적으로 송상왕래와 관련되는 경우에만 왕의 이름을 적었고, 송상왕래의 기록이 없을 때는 넣지 않았다. 史는『高麗史』를, 節要는『高麗史節要』를 각각 줄인 것이며, 구분란에서 ※는 이해를 돕기 위해 이 시기에 고려와 송의 중요한 사건이나 송상왕래에 참고될 만한 것을 추가한 것이고, ×는 왕래에 관한 기록이 없는 해이며, ?는 분명하지 않다는 뜻이다. 또한 본고와 선행 연구의 차이를 쉽게 구별할 수 있도록 표의 '구분'란에서 김상기의 연구에서 송상의 내항이었다고 한 것은 '金'이라고 하였고, 박옥걸이 찾아낸 한 사례는 '朴'이라고 하였다. 그 밖에 새롭게 송상왕래 사례로 추가된 것들을 송상의 역할과 관련하여 간단히 줄여서 적었다. '인물왕래'는 양국의 사람들이 송상의 배를 타고 다닌 것, '문물교류'는 양국의 서적이나 문화가 교류된 것, '표류송환'은 표류민을 되돌려보낸 것, '정보전달'은 양국의 소식이 전달된 것, '송상규정'은 송의 해상에 관한 규정, '내투'는 송나라 사람이 고려에 투화한 것, 왕래추정은 기사의 내용을 보아 송상의 고려 왕래를 추정할 수 있는 것이다. 사료출처는『고려사』 등 우리나라 문헌 이외에도 중국과 일본의 문헌에도 송상왕래를 알려주는 사료들이 많다는 것을 보여주기 위해 만든 것이다. 송은 송대의 기록을 비롯한 중국 문헌을 참고한 것이며, 일본은 일본의 문헌에 기록된 것들이다.

구분	연도	왕대	월	일	송상왕래 관련기사	연표 쪽수	왕래 유형	왕래 횟수	사료 출처	비고
×	964~969									
※	968				이해에 적연국사 英俊이 오월에 건너 감(靈巖寺寂然國師慈光塔碑).	37	인물 왕래			
	970				이해에 송의 蔡仁範이 泉州持禮使의 배를 타고 고려에 옴(蔡仁範墓誌銘).	38	내투			
	〃				이해에 승려 智宗이 송에서 귀국함 (居頓寺圓空國師勝妙塔碑).	38	인물 왕래			
×	971~975									
※	972				이해에 적연국사 英俊이 오월에서 귀국함(靈巖寺寂然國師慈光塔碑).	38	인물 왕래			
	976	경종			宋이 于延超 등을 보내 책명을 전함 (속자치통감장편17). *송이 사전에 사신의 파견을 고려에 통지했을 것임.	39	송사 왕래	2	송	입려 통지
×	977~984									
	985	성종			송이 王著와 呂文仲을 고려에 파견함 (태종황제실록32). *송이 사전에 송사의 파견을 고려에 통지했을 것임.	42	송사 왕래	2	송	입려 통지
	986		5		송이 韓國華를 보내와 거란을 정벌하기 위한 助兵을 요청함(사3). *급박한 사안으로 고려에 왔으므로 책봉사와 달리 사전에 통지하지 않았을 것임.	42	송사 왕래			
×	987									
	988				송이 呂端 등을 고려에 보내 成宗을 加册함(사3). *송이 사전에 사신의 파견을 고려에 통지했을 것임.	42	송사 왕래	2	송	입려 통지
	989		5		송이 조칙을 내려 상인이 海外蕃國에 나가 무역을 할 경우 반드시 兩浙市舶司에 보고하여 公驗을 받을 것을 명함(宋會要職官44).	44	송상 규정	상시	송	

구분	연도	왕대	월	일	송상왕래 관련기사	연표쪽수	왕래유형	왕래횟수	사료출처	비고
	990		6		송이 柴成務 등을 보내 성종을 가책함(사3). *송이 사전에 사신의 파견을 고려에 통지했을 것임.	44	송사왕래	2		입려통지
×	991~992									
	993		2		송이 陳靖 등을 보내 성종을 가책함(송사487고려전). *송이 사전에 사신의 파견을 고려에 통지했을 것임.	47	송사왕래	2	송	입려통지
×	994~999									
?	1000	목종			이해에 송 明州가 고려국인 池達 등이 표풍으로 鄞縣에 도착하였다고 보고하자 송 조정이 登州에 명하여 양곡을 지급하여 되돌려보냄(속자치통감장편47). *지달 등이 타고 온 배로 되돌아갔다면 송상왕래와 무관함.	49	표류송환		송	
	1000~1010				이 무렵 송 楊州人 劉志誠이 來投한 것으로 추정(유지성묘지명).		내투			
×	1001~1004									
	1005				송 溫州文士 周佇가 商舶을 따라 내투하여 禮賓注簿로 임명됨(절요2).	50	내투			
×	1006~1011									
	1012	현종	3	5	송인 王福 등이 내투함(사4).	54	내투			
	〃		6	14	송인 葉居腆 등이 내투함(사4).	54	내투			
	〃		10	12	송 南楚人 陸世寧 등이 와서 방물을 바침(사4).	54	金			
	1013		정	18	송 閩人 戴翼이 來投하니 儒林郞·守宮令을 제수함(사4).	54	내투			
×	1014									
	1015		6+	26	송 천주인 歐陽徵이 내투함(사4).		내투			

구분	연도	왕대	월	일	송상왕래 관련기사	연표쪽수	왕래유형	왕래횟수	사료출처	비고
	1016		2	29	명주에 명하여 이후 고려의 선박이 漂風으로 해안에 도착하면 식량을 지급하고 순풍을 기다려 돌려보내라고 함(속자치통감장편86).	57	표류규정	수회		
	〃				이해에 다시 송의 연호를 사용하기 시작함(절요3).	56	문서전달			
	1017		7	5	송 천주인 林仁福 등이 와서 방물을 바침(사4).	56	金			
	1018		4+	11	송 강남인 王蕭子 등이 와서 방물을 바침(사4).	58	金			
	1019		5	28	한해 전 明州에 표착한 康州인 未斤達이 고려로 출발함(小右記6.21條).	59	표류송환			일본
	1020		2	27	송 천주인 懷贊 등이 와서 방물을 바침(사4).	60	金			
	〃		4?		입송사 崔元信이 돌아와 송 진종이 하사한 『天禧4年具註曆』을 바침(동문선33 上大宋皇帝謝賜曆日表). 이에 앞서 고려 진봉사 崔元信이 秦王水口에서 선박이 顚覆되고 공물을 漂失하여 사신단에 수레를 주어 京師로 가게 함(송사487고려전).	60	여사귀환		송	사절단을 실은 배의 난파
×	1021									
	1022		8	17	송 복주인 陳象中 등이 와서 토물을 바침(사4).	62	金			
	〃		8	24	송 廣南人 陳文遂 등이 와서 향약을 바침(사4).	62	金			
	1023		11	6	송 천주인 陳億이 내투함(사5).	63	내투			
	1024		9		대식국 悅羅慈 등 100인이 와서 방물을 바침(사5).	65	대식왕래			
	1025		9	2	대식국 夏詵·羅慈 등 100인이 와서 방물을 바침(사5).	65	대식왕래			
	1026		8	9	송 廣南人 李文通이 와서 방물을 바침(사5).	65	金			
	1027		8	20	송 강남인 李文通이 서책을 바침(사5).	65	金			
	1028		9	5	송 천주인 李顓 등이 와서 방물을 바침(사5).	65	金			

구분	연도	왕대	월	일	송상왕래 관련기사	연표 쪽수	왕래 유형	왕래 횟수	사료 출처	비고
	1029		8	13	송 광남인 莊文寶 등이 와서 토물을 바침(사5).	64	金			
	1030		7	18	송 천주인 盧遵 등이 와서 방물을 바침(사5).	66	金			
	1031	덕종	6	19	송 台州商客 陳惟志 등이 옴(사15).	66	金			
×	1032									
	1033		정		宋 劉守全 등 14인이 來奔함(절요4).		내투			
	〃		6		宋 申流 등 12인이 來奔함(절요4).		내투			
	〃		8	1	송 천주상 도강 林藹 등이 와서 토물을 바침(사5).	69	金			
	1034	정종	11	4	팔관회에 송 상객, 동서번, 탐라국이 방물을 바침. 이러한 의례를 常例로 삼음(사5).	68	金	매년		
×	1035									
	1036		7	5	송상 陳諒 등이 와서 토물을 바침(사5).	68	金			
	〃		11	15	팔관회 때 송상객, 동서번, 탐라가 방물을 바침(사6).	70	金			
	1037		8	16	송상 朱如玉 등이 옴(사6).	70	金			
	〃		8	18	송상 林贇 등이 와서 방물을 바침(사6).	70	金			
	1038		8	24	송 명주상 陳亮과 台州商 陳惟積 등이 와서 토물을 바침(사6).	71	金			2척
	1039		8	1	송상 (陳)惟積 등이 와서 방물을 바침(사6).	71	金			
	1040		11	15	대식국 寶那盖 등이 와서 수은 등을 방침(사6).	73	대식 왕래			
	1041		11	14	송상 王諾 등이 와서 바침(사6).	72	金			
×	1042~ 1044									
	1045		5	11	송 천주상 林禧 등이 와서 토물을 바침(사6).	74	金			

구분	연도	왕대	월	일	송상왕래 관련기사	연표 쪽수	왕래 유형	왕래 횟수	사료 출처	비고
	1046	문종	9	24	송 추밀원이 고려가 근년에 進貢하지 않음으로 知登州 劉渙과 의논하여 高麗商客을 통해 비밀히 교섭할 수 있도록 하려고 한다고 하여 허락함(송회요집고199).	75	문서 전달		송	
	1047		9	6	송상 林機 등이 와서 토물을 바침(사7).	75	金			
×	1048									
	1049		8	9	송 台州商 徐贊 등이 와서 방물을 바침(사7).	77	金			
	〃		8	21	송 천주상 王易從 등이 와서 방물을 바침(사7).	77	金			
×	1050~ 1051									
	1052		6	5	송 진사 張廷이 내투하자 비서교서랑에 임명함(사7).	77	내투			
	〃		8	13	송상 林興 등이 와서 방물을 바침(사7).	77	金			
	〃		9	1	송상 趙受 등이 와서 토물을 바침(사7).	77	金			
	〃		9	10	송상 蕭宗明 등이 와서 토물을 바침(사7).	77	金			
×	1053									
	1054		7	9	송상 趙受 등이 와서 犀角 등을 바침(사7).	78	金			
	〃		9	10	송상 黃助 등이 옴(사7).	78	金			
	1055		2	20	송상 葉德寵, 黃拯, 黃助 등을 객관에서 향연함(사7).	78	金			송상 재려
	〃		9	10	송상 黃忻이 아들 黃蒲安 등과 내투했으나 노모의 봉양을 위해 장자 黃蒲安을 송으로 귀환시켜줄 것을 원한다고 아뢰어 허락을 받음(사7).	79	金			내투
	1056		11	3	송상 黃拯 등이 와서 토물을 바침(사7).	79	金			
	1057		7	18	송 투화인 張琬을 시험하고 태사감후를 제수함(사8).	79	내투			

구분	연도	왕대	월	일	송상왕래 관련기사	연표쪽수	왕래유형	왕래횟수	사료출처	비고
	1057		8	3	송상 葉德寵 등이 와서 토물을 바침(사8).	79	金			
	〃		8	23	송상 郭滿 등이 와서 토물을 바침(사8).	79	金			
	1058		8	7	송상 黃文景 등이 고려에 와서 토물을 바침(사8).	80	金			
	〃		4	12	문종이 친히 태묘에 체제를 지낼 때 송상 蕭宗明 등이 가로에서 法駕를 참관할 것을 청하자 허락함(사6).	80	金			송상재려
	〃		8		왕이 큰 배를 만들어 송과 통교하려 하자 內史門下省이 商舶이 연이어 내왕하여서 값진 보배가 날마다 들어오므로 중국과 교통하여도 실제로 이익이 없다며 반대하여 중단됨(절요5).	80	왕래추정	상시		
	1059		8	23	송상 傅男 등이 와서 방물을 바침(사8).	81	金			
	1060		7	19	송상 黃助 등이 와서 토물을 바침(사8).	80	金			
	〃		8	7	송상 徐意 등이 와서 토물을 바침(사8).	80	金			
	〃		8	19	송상 黃元載 등이 와서 토물을 바침(사8).	80	金			
	〃		9	17	송 진사 盧寅이 文材가 있으므로 비서성교서랑을 제수함(사8).	80	내투			
	1061		6	6	송 진사 陳渭를 비서교서랑, 蕭鼎·蕭遷을 閣門承旨, 葉盛을 殿前承旨에 제수함(사8).	80	내투			
	〃		8	26	송상 郭滿 등이 와서 토물을 바침(사8).	81	金			
×	1062									
	1063		3	29	송 蘇州 崑山縣 해상에 고려 乇羅島 사람 30여인이 표류해오자 현령 韓正彥이 구휼함(吳郡志46).	81	표류송환		송	
	〃		9	4	송상 郭滿 등이 와서 토물을 바침(사8).	81	金			
	〃		10	3	송상 林寧·黃文景 등이 와서 토물을 바침(사8).	80	金			

구분	연도	왕대	월	일	송상왕래 관련기사	연표 쪽수	왕래 유형	왕래 횟수	사료 출처	비고
	1064		7	23	송상 陳鞏 등이 와서 토물을 바침(사8).	83	金			
	〃		8	1	송상 林寧 등이 와서 진보를 바침(사8).	83	金			
	1065		9	26	송상 郭滿・黃宗 등이 와서 토물을 바침(사8).	83	金			
×	1066									
	1067		9		黃愼과 洪萬이 옴(송사).		金			문서 전달
	1068		7	11	송상 黃愼이 문종을 알현함(사8).	82	金			문서 전달
	〃		7	11	송상 林寧이 토물을 바침(사8).	82	金			
	〃		8	17	태자에게 송 진사 愼修, 陳潛古, 儲元賓 등의 시부를 시험하도록 명함(사8).	83	내투			
	1069		6	7	송상 楊從盛 등이 와서 토물을 바침(사8).	82	金			
	〃		7	13	송상 王寧이 토물을 바침(사8).	82	金			
	〃				이해에 고려 예빈성이 송상 黃愼・洪萬을 통해 牒을 송에 보내자 羅拯이 송 조정에 보고함(송사487고려전).	83	문서 전달	2회	송	
	1070		8	22	송 羅拯이 다시 黃愼을 보내옴(사8).	82				문서 전달
	1071		3	5	民官侍郎 金悌가 표문과 예물을 가지고 송에 감(사8). *사전에 사절이 간다는 것을 송에 통지했을 것임.	84	여사 입송	2회		입송 통지
	〃		8	25	송상 郭滿 등이 와서 토물을 바침(사8).	84	金			
	〃		9	4	송상 李元積 등이 와서 토물을 바침(사8).	84	金			
	〃		9	16	송상 王華 등이 와서 토물을 바침(사8).	84	金			
	〃		10	4	송상 許滿 등이 와서 토물을 바침(사8).	84	金			

구분	연도	왕대	월	일	송상왕래 관련기사	연표쪽수	왕래유형	왕래횟수	사료출처	비고
	1072		6	2	송이 醫官 王愉와 徐先 등을 보내옴(사9).	84	인물왕래			
〃			6	26	金悌가 송에서 되돌아옴(사9).		여사귀국			
	1073		8	16	太僕卿 金良鑑 등이 宋에 가서 謝恩兼獻方物을 함(사9).		여사입송			
	1073		10	23	송 明州가 고려 사신의 입공을 보고하자 신종이 준비하도록 함(속자치통감장편248). *시기는 바뀌었지만, 앞의 金良鑑의 입송이 송에 보고되어 준비하는 것으로 생각됨.	86	입송통지		송	
〃			11	12	팔관회 때 宋・黑水靺鞨 등이 참여하여 예물 등을 바침(사9).	85	金			
	1074		6	6	宋 楊州醫助敎 馬世安 등 8인이 옴(사9).		인물왕래			
	1075		3	14	고려 예빈성이 천주상인 傅旋을 통해 藝人과 樂人을 요청해왔다고 羅拯이 송 조정에 보고함(속자치통감장편261).	87	문서전달		송	
〃			6	26	송상 林寧 등이 와서 토물을 바침(사9).	86	金			
	1076		8	4	공부시랑 崔思諒을 송에 보내 사은하고 방물을 바침(사9). *그것을 사전에 통지했을 것이며, 뒤에 귀국한 것도 송상의 왕래와 관련됨.	86	여사입송귀국	3		입송통지
〃			9	2	고려 김제군 수군 幸忠 등 20인이 송 華亭縣에 표류해온 것을 보고하자, 송 조정은 帛을 하사하고 귀환시킴(속자치통감장편277).	87	표류송환		송	
	1077		7	1	송상 林慶 등이 와서 토물을 바침(사9).	88	金			
〃			9	4	송상 楊從盛 등이 와서 토물을 바침(사9).	88	金			
	1078		4	28	송 명주교련사 顧允恭이 와서 황제의 사신을 보낼 것을 알림(사9).	88	문서전달			입려통지

구분	연도	왕대	월	일	송상왕래 관련기사	연표 쪽수	왕래 유형	왕래 횟수	사료 출처	비고
	1078		6	12	송의 국신사 좌간의대부 安燾 등이 예성항에 도착(사9).	88	송사 왕래			신주 2척 외
	1079		정	6	송은 고려와 국교를 재개하였으므로 明州로 하여금 새로운 교역법을 실시하도록 함(송사15).	90	송상 규정	상시	송	
	〃		11	19	송이 문종의 요청에 따라 풍비를 치료하기 위해 한림의관 刑慥 등과 함께 王舜封을 보냄(사9).	90	인물 왕래			
	〃		6	18	9월경에 고려 사절신이 도착할 것에 대비해 송이 引班官을 뽑아 대비하게 함(속자치통감장편298). *고려 사절은 앞의 유홍이 오는 것과 관련되는데 고려사의 내용과 약간의 시기차가 있음.	91	입송 통지		송	
	1080		3	9	戶部尙書 柳洪 등이 송에 가서 藥材를 내려준 것을 사례하고 方物을 바침(사9). *그것을 사전에 송에 통지했을 것임.	90	여사 입송	2		입송 통지
	〃		7	2	송 명주에서 배가 부서졌던 柳洪 일행이 되돌아옴(사9).	90	여사 귀국			
	〃		7	2	王舜封이 문종을 치료하러 갔던 醫官·藥官과 함께 송으로 귀국함(속자치통감장편306).	91	인물 왕래		송	
	〃		7	6	송의 의관 馬世安 등이 도착함(사9).	90	인물 왕래			
	〃		8	23	송 조정이 일본·고려와 통상하는 자는 반드시 명주에서 출발할 것을 명함(소식문집58).	92	송상 규정	상시	송	
	〃				이 무렵 송 지명주 曾鞏이 명주에 표류한 毛羅人 崔擧 등을 구휼함(元豐類藁32).	92	표류		송	
	1081		2	16	송상 林慶 등이 와서 토물을 바침(사9).	92	金			

구분	연도	왕대	월	일	송상왕래 관련기사	연표 쪽수	왕래 유형	왕래 횟수	사료 출처	비고
	1081		4	23	예부상서 崔思齊 등이 송에 방물을 바치고 의약을 보내준 것을 사례하러 감(사9). *사전에 송에 통지되었을 것이며 뒤에 송상의 배로 귀국했을 것임.	92	여사 입송 귀국	3		입송 통지
	〃		4	25	예빈성이 송상을 따라 고려에 와서 擧子라 칭한 楊震의 실력이 부족을 하므로 되돌려보내도록 건의함(사9).	92	내투, 인물 왕래	2?		
	〃		8	14	송상 李元績 등이 와서 토물을 바침(사9).	92	金			
	1082		8	26	송상 陳儀 등이 와서 珍寶를 바침(사9).	94	金			
×	1083									
	1084	선종	2	17	송 황제가 예부에 명하여 求法을 위해 오는 의천을 접대하기 위한 의례를 만들게 함(속자치통감장편343).	95	입송 통지		송	
	〃		5	11	고려인이 왕자 僧統의 書 및 金銀을 淨源에게 보내고 淨源이 답서를 보내자 송 명주가 첩을 올려보고 함(속자치통감장편345).	95	문물 교류	2	송	
	〃				이 무렵부터 의천이 입적할 때까지 淨源을 비롯하여 元炤, 道亭, 智生, 慧淸, 淨因, 守長 등의 승려와 더불어 수 많은 서신을 교환하고 때로는 상대가 원하는 經典이나 佛具를 보내주었는데, 주고받은 서신의 일부에 송상 洪保, 李元積, 陳壽, 徐都綱, 郭都綱 등이 언급되었음.		문물 교류	15↑		
	〃		7	24	이날에 송의 제전사 楊景略과 조위사 錢勰 등이 밀주에서 출발하였으나 양경략은 해풍으로 인해 회항했다가 8월 2일 다시 출발하여 13일만에 도착하였고, 전협 등은 순풍을 만나 8월 4일에 도착함(문창잡록5 외).	96	송사 왕래		송	2척 ↑

구분	연도	왕대	월	일	송상왕래 관련기사	연표 쪽수	왕래 유형	왕래 횟수	사료 출처	비고
	1084		8		이 때 송 사신 전협이 여진 사신이 고려에 있다는 말을 듣고 泉州商人 郭敵에게 여진 首領을 달래어 조공하고 중국과 무역하도록 지시하였다고 함(속자치통감장편350).		송상 재려		송	
	〃		10	17	송 황제가 고려와의 通信을 위해 3번이나 왕래한 密州商人 平簡을 三班差使로 삼음(속자치통감장편349).	96	문서 전달	3	송	
	1085		4	7	의천이 불법을 구하기 위해 송상 林寧의 배를 타고 송에 감(사10).	96	인물 왕래			
	〃		4		선종이 의천이 송에 갔다는 소식을 듣고 예빈승 鄭僅 등을 追從하게 함(사10).	96	인물 왕래			
	〃		8	10	호부상서 金上琦를 弔慰使로, 공부상서 林槩를 賀登極使로 삼아 송에 보냄(사10). *사전에 송에 사신의 파견을 통지했을 것임.	96	여사 입송			입송 통지
※	1086		2		신사일에 고려 조위사 승선시켰던 배의 客人·船主·梢工 가운데 虞際에게 三班借職을, 盛崇과 李元積에게는 大將을 제수함(속자치통감장편365).		여사 입송			
	〃		6		김상기 일행과 의천이 귀국함(절요6).		여사 귀국			
	1087		3	22	송상 徐戩이 新註華嚴經板을 바침(사10).	98	金	2		주문
	〃		4	5	송상 傅高 등이 와서 토물을 바침(사10).	98	金			
	〃				이해에 의천이 海舶을 통해 송 杭州 惠仁院에 金書華嚴經 50권 등을 전함(咸淳臨安志78).	99	문물 교류		송	
	1088		5	6	송 명주가 표풍을 만난 羅州人 楊福 등 남녀 23인을 돌려보냄(사10).	98	표류 송환			
	〃		7		송 명주가 표풍을 만난 탐라인 用叶 등 10인을 되돌려보냄(사10).	98	표류 송환			

구분	연도	왕대	월	일	송상왕래 관련기사	연표 쪽수	왕래 유형	왕래 횟수	사료 출처	비고
	1088		11		송 혜인원의 정원이 입적함(불조통기 29). 정원의 제자가 와서 고려의 의천에게 알림.	99	인물 왕래		송	
	〃				이해에 송 조정은 賈人이 허가를 받지 않고 北界·高麗·新羅에 가는 것을 처벌하게 함(송사186).	99	송상 규정	상시	송	
	1089		8	13	송 명주가 표풍한 李勤甫 등 24인을 돌려보냄(사10).	99	표류 송환			
	〃		10	3	송상 楊註 등이 와서 토물을 바침(사10).	100	金			
	〃		10	13	송상 徐成 등이 와서 토물을 바침(사10).	100	金			
	〃		10	22	송상 李珠(球?) 등이 토물을 바침(사10).	100	金			
	〃		11	28	의천이 제자 壽介 등을 송 惠仁寺에 보내 정원을 제사지냄(속자치통감장편435).	101	인물 왕래		송	
	〃				이해에 송 溫陵人 劉載가 來投하여 감문위녹사참군사를 제수받음(유재묘지명).	100	내투			
	1090		정		정원을 조문하러 간 수개 등이 송에서 돌아옴(대각국사문집).		인물 왕래			
	〃		3	4	송상 徐成 등이 와서 토물을 바침(사10).	100	金			
	〃		7	20	호부상서 李資義 등을 송에 보내 사은하게 함(사10). *이 일을 사전에 통지했을 것임. 송상 李球의 배를 타고갔던 것으로 알려짐.	100	여사 입송	2		
	〃				이 해에 송이 『文苑英華集』을 보내옴(사10).	100	문물 교류			
	1091		6	18	이자의 등이 송에서 求書目錄을 가지고 돌아옴(사10). *송상의 배를 타고 갔으므로 귀국도 송상의 배였을 것임.	100	여사 귀국			
×	1092									

구분	연도	왕대	월	일	송상왕래 관련기사	연표 쪽수	왕래 유형	왕래 횟수	사료 출처	비고
	1093		2	7	송 명주 報信使 黃仲이 옴(사10).	102	문서 전달			
〃			7	17	병부상서 黃宗慤 등을 송에 보내어 사은하게 함(사10). *사전에 송에 통지했을 것임. 실제로 송대 기록에는 황종각 등이 1092년 11월 5일에 황제를 알현했다고 하며, 8월에 豊稷을 관반으로 삼았다는 기록이 있음(속자치통감장편476, 478).	102 103	여사 입송 귀국	3	송	입송 통지
〃			10		송 명주 지첩사 王廓이 와서 태황태후의 상을 알림(절요6).	102	문서 전달			
	1094		4-	25	송 樞密院이 고려를 왕래하는 상인이 인원과 선박수를 해당 주군에 보고하고 재화는 3천만관, 배는 2척으로 한정하여 1년후에 귀환하고 兵器를 가지고 가지고 말도록 건의하여 허락받음(宋會要輯稿14).	103	송상 규정	常時		
〃		헌종	6	16	송상 徐祐 등이 와서 즉위를 하례하고 토물을 바침(사10).	102	金			
〃			7	28	송 도강 徐義 등이 와서 토물을 바침(사10).	102	金			
〃			8	5	송 도강 殿保 등이 옴(사10).	102	金			
	1095	숙종	2	25	송상 黃冲 등이 자은종 승려 惠珍과 함께 옴(사10).	102	金			인물 왕래
〃			8	11	송상 陳義 등이 와서 토물을 바침(사10).	102	金			
	1096		10	22	송상 洪輔 등이 와서 토물을 바침(사11).	105	金			
	1097		6	6	송상 愼奐 등이 옴(사11).	104	金			
〃			6	12	송이 표풍인 子信 등 3인을 돌려보냄(사11).	104	표류 송환			
	1098		6	17	송 명주가 금년 7월에 고려가 사신을 보내 조공할 것이라는 보고를 하자 向溙를 引班使로 삼음(속자치통감장편499).	105	입송 통지			
〃			7	13	尹瓘 등이 사은사로 송에 감(사11).	104	여사 입송			

구분	연도	왕대	월	일	송상왕래 관련기사	연표 쪽수	왕래 유형	왕래 횟수	사료 출처	비고
	1098		11	6	송상 洪保 등이 옴(사11).	104	金			
	1099		6	12	尹瓘 등이 송에서 돌아옴(사11).	104	여사 귀국			
	〃		7	20	송이 乇羅의 失船人 趙暹 등 6인을 돌려보냄(사11).	104	표류 송환			
	〃				이해에 의천이 海舶을 통해 杭州 惠仁院에 금을 시납하여 華嚴大閣을 건립함(咸淳臨安志78).	105	문물 교류			송
	1100		5	15	송 명주가 철종이 붕어하고 휘종이 즉위하였음을 알림(사11).	106	문서 전달			
	〃		6	30	상서 任懿 등이 철종의 붕어를 조위함(사11). *철종의 붕어를 통보받은 때와 차이가 많지 않아 송에 사전 통지하지 않았을 것임.	106	여사 입송			
	〃		7	12	상서 王嘏 등이 송에 가서 등극을 하례함(사11). *송에 사전 통지는 없었을 것이나 조위사와 등극사가 두 배로 나누어간 것은 송상의 배를 이용했다는 간접증거임.	106	여사 입송			
	〃		9	25	송 도강 李琦 등이 옴(사11).	106	金			
	〃		11	16	팔관회 때 송상·탐라·여진이 토물을 바침(사11).	107	金			송상 재려
	1101		정	19	송인 邵珪 등이 내투하자 왕이 시험하여 모두 8품관을 하사함(사11).	106	내투			
	〃		5	24	任懿 등이 휘종이 하사한 『神醫補救方』을 가지고 돌아옴(사11).	106	여사 귀국			
	〃		6	7	王嘏 등이 휘종이 하사한 『太平御覽』 1천권을 가지고 돌아옴(사11).	106	여사 귀국			
	〃		11	14	팔관회를 개최함. 송상·탐라·동서번 추장이 토물을 바침(사11).	107	金			송상 재려
	1102		4	13	투화한 송 진사 章忱을 불러 시험하고 別頭及第를 하사함(사11).	1102	내투			
	〃		6	6	송상객이 머물고 있는 東西館에 불이 남(사53오행1).	106	기타			송상 재려
	〃		6	14	송상 黃珠 등이 옴(사11).	106	金			

구분	연도	왕대	월	일	송상왕래 관련기사	연표 쪽수	왕래 유형	왕래 횟수	사료 출처	비고
	1102		6+	1	송상 徐脩 등이 옴(사11).	106	金			
〃			6+	23	송상 朱保 등이 옴(사11).	106	金			
〃			9	21	송상 林白徇 등이 옴(사11).	107	金			
	1103		2	20	宋 明州教練使 張宗閔·許從이 강수 楊炤 등과 함께 來朝함(사12).	108	金			입려 통지
〃			6	5	宋 國信使 劉逵 등이 고려에 옴(사12).	108	송사 왕래			
	1104		2	4	송 의관 牟介 등이 돌아감(사12).	108	인물 왕래			
〃			7	20	추밀원사 崔洪嗣 등이 사은하러 송에 감(사12).\n*사전에 송에 통지되었을 것이며, 최홍사의 귀국도 송상과 관련될 것임.	109	여사 입송	3회		입송 통지 귀국
〃			8	16	송 도강 周頌 등이 와서 토물을 바침(사12).	109	金			
×	1105									
	1106	예종	7	24	왕이 투화한 송인 陳養 등을 불러 兵手를 試閱하고 물품을 하사함(사12).	111	내투			
	1107									
	1108		7	27	형부상서 金商祐 등을 송에 보내 방물을 바침(사12).\n*사전에 이 사실이 통지되었을 것임.	112	여사 입송			입송 통지
	1109		6	5	金商祐 등이 6통의 조서를 받고 송에서 귀국함(사13).	113	여사 귀국			
〃			12	9	송 教練使 明州都知兵馬事 任郭 등이 옴(사13).	115	문서 전달			입려 통지
	1110		6	4	송 명주에서 온 女樂 2인을 불러 봄(사13).	114	인물 왕래			
〃			6	7	송상 李榮 등이 옴(사13).	114	金			
〃			6	14	송 사신 병부상서 王襄 등이 왔다가 7월1일에 돌아감(사13).	114	송사 입국			신주 외2척 ↑
〃			7	2	송상 池貴 등이 옴(사13).	115	金			

구분	연도	왕대	월	일	송상왕래 관련기사	연표 쪽수	왕래 유형	왕래 횟수	사료 출처	비고
	1105~ 1110				예종초에 李仲若이 송상의 배를 타고 중국에 가서 도교의 요체를 배우고 돌아와 복원궁 설치 건의(동문선26逸齋記).		인물 왕래			
	1111		7	21	추밀원부사 金緣 등을 송에 사신으로 보냄(사13). *사전에 사절이 간다는 것을 송에 통지했을 것임.	114	송사 입려			입려 통지
	〃		8		송 복주인으로 太學上舍生이었던 胡宗旦이 상선을 따라 와서 내투하였고 이 때 권직한림원에 임명함(절요6).	114	내투			
	1112		6		송에 갔던 金緣이 귀국함(절요7).	114	여사 귀국			
	〃				이해에 송 漳州人 진사 林完이 상박을 따라서 투화해옴(林光墓誌銘).	115	내투			
	1113		2	8	궁궐에 화원을 설치하자 환관들이 호화롭게 만들면서 화초를 송상에게 구매함(사13).	116	朴	2회		송상 재려
	〃		5	9	송 도강 陳守가 白鷴을 바침(사13).	116	金			
	〃		6	1	진도현인 漢白 등이 매매를 위해 毛羅에 가다가 풍랑을 만나 명주에 표착하자, 太守가 황제의 명을 받아 견20필과 미2석을 주어보냄(사13). *자신의 배를 타고 왔을 가능성도 있음.	116	표류 송환			
	〃		9	7	서두공봉관 安稷崇을 송에 보냄. 禮賓省이 명주에 첩을 보내 母喪으로 사신을 보내지 못함을 전하게 함(사13). *안직숭의 임무로 보건대 사전 통지는 없었을 것임.	116	여사 입송			문서 전달
	1114		6	1	안직숭이 송 徽宗이 예종에게 하사한 大晟樂 등을 가지고 귀국함(사13).	116	여사 귀국			입송 통지
	1115		7	21	이부상서 王字之 등을 송에 보내 사은하고 겸하여 방물을 바침(사14). *사전에 송에 통지했을 것임.	116	입송 통지	2회		
	1116		정+	6	송상객의 관사가 불탐(사53오행1).	118	송상 재려			

구분	연도	왕대	월	일	송상왕래 관련기사	연표 쪽수	왕래 유형	왕래 횟수	사료 출처	비고
	1116		4	24	서경에 행차했다 돌아오던 예종이 岊嶺에 이르렀을 때 송 도강 楊明이 길에서 배알함(사14).	118	송상 재려			
	〃		6	3	왕자지 등이 송 황제의 조서와 대성악을 하사받고 돌아옴. 이때 휘종이 佛牙頭骨을 금함에 넣어보내옴(사14). *삼국유사에는 정극영 등이 가져왔다고 함(삼국유사).	118	여사 귀국			
	〃		7	18	형부시랑 李資諒 등을 송에 보내 대성악을 하사한 것을 사례하게 함(사14). *대성악을 받아 돌아온 사신과의 기간 차이가 크지 않으므로 입송통지는 없었을 것임.	119	여사 입송			
	1117		5	30	이자량이 진사 權適 등과 함께 송에서 되돌아옴(사14).	118	여사 귀국			
	〃		6	11	漢人 3인이 내투함(사14).	118	내투			
	1118		7	1	고려 왕세자가 송의 명주에 書狀을 보내 의원을 청하였고, 知明州事가 송 조정에 보고하니 송이 합문지후 曹誼와 醫官들을 보내옴(사14).	120	송사 왕래	2회		
	〃		8	8	鄭克永 등을 송에 보내 권적 등에게 급제를 하사한 것 등을 사례하게 함(사14). *사전에 송에 통지했을 것임.	120	여사 입송	2회		입송 통지
※	1119		2	20	송 합문지후 曹誼와 의관이 돌아가자 金緣이 지은 표를 올려 사례함(사14).	120	송사 왕래			
※	〃				이해에 입송사 정극영 등이 佛牙를 가지고 돌아옴(삼국유사4전후소장사리).	120	여사 귀국			
	1120		6	22	송상 林淸 등이 花木을 바침(사14).	120	金			
	〃				1118년에 왔던 의관이 2년후에[越二年] 돌아갔다고 함(고려도경16약국).		인물 왕래		송	
	1121		3	10	송이 姚喜를 보내옴(사14).	120	문서 전달			입려 통지
	1105~ 1122				예종대 탄연이 송상의 배편으로 인가를 받음(단속사대감국사탑비).		문물 교류	2회↑		

구분	연도	왕대	월	일	송상왕래 관련기사	연표 쪽수	왕래 유형	왕래 횟수	사료 출처	비고
	1105~ 1146	예종~ 인종대			고려의 화가 李寧의 그림이 송상을 통해 송에 전해지고 名畵를 구해달라는 고려 국왕의 부탁을 받은 송상이 그 그림을 가져와 바침(파한집 권중).		문물 교류	3회		
	1122		6	20	송의 지첩사 진무교위 요회 등이 옴(사14). *송의 노윤적 등이 고려에 올 예정이었으나 예종의 죽음으로 취소됨.	122	문서 전달			입려 통지
	〃	인종			고려가 송에 사신을 보내 예종의 죽음을 알렸다고 함(송사487고려전). 이해에 고려 사신단이 입공하자 知鄮縣 李文淵이 접반사가 되었다고 함(南閭甲乙稿19). *고애사이므로 사전에 통지하지 않았을 것임.	123	여사 입송 귀국	2회	송	
	1123		1	10	송 지첩사 許立이 옴(사15).	122	문서 전달			입려 통지
	〃		6	13	송 조위사·제전사 일행이 神舟 2척과 客舟 6척을 거느리고 고려에 와서 개경에 도착함(사15).	122	송사 왕래			8척
	1124		5	24	송상 柳誠 등이 옴(사15).	124	金			
	〃		7	13	추밀원부사 李資德 등을 송에 보내 사은하고 방물을 바침(사15). *사전에 송에 통지했을 것임.	124	여사 입송 귀국	2회		입려 통지
×	1125									
	1126		7	3	송이 합문지후 侯章 등을 보내 흠종의 즉위를 알리고 고려가 군사를 동원하여 금을 공격할 것을 청함(사15). *정황으로 보건대 사전에 송에 통지하지 않았을 것임.	124	송사 왕래			
	〃		9	2	김부식이 등극을 하례하러 감(사15). 그해 10월에 고려가 송에 입공하자 명주에 명하여 표를 받아 역참을 통해 올리게 하고 사신을 돌려보내게 함(송사23). *사전에 송에 통지했을 것임.	125	여사 입송		송	입송 통지

구분	연도	왕대	월	일	송상왕래 관련기사	연표 쪽수	왕래 유형	왕래 횟수	사료 출처	비고
1127		5	14	작년 11월에 김부식 등이 송 명주에 도착했으나 金兵이 변경을 침입하여 경사에 가지 못하고 명주에서 귀환함(사15).	126	여사 귀국			
〃		7	28	宋이 教練使 明州副使 張訦을 보내옴(사15).	126	송사 왕래			
〃				이 무렵에 송 浙西路安撫使 葉夢得이 금의 정세를 파악하기 위해 해마다 1·2회씩 고려를 왕래하던 大商 柳悅과 黃師舜을 고려에 파견할 것을 건의함(역대명신주의348).	127	왕래 추정	상시	송	
1128		3	3	송 강수 蔡世章이 고종의 즉위조서를 가지고 옴(사15).	126	金			
〃		6	16	송 국신사 假刑部尚書 楊應誠 등이 옴(사15).	126	송사 왕래			2척↑
〃		8	16	송은 고려가 사신을 보내 입공한다는 것을 듣고 행로에서 영송하게 하였으나 휘종·흠종이 돌아오지 못해 음악을 사용하지 못함(건염이래계년요록). *윤언이의 사행을 미리 통지받은 듯.	128	입송 통지		송	
〃		8	22	예부시랑 尹彥頤 등이 송에 가서 假道를 거절한 것을 해명함(사15).	127	여사 입송			
〃		12	4	윤언이가 송에서 돌아옴(사15).	127	여사 귀국			
1129		9	6	고려가 사신을 보내 입공을 요청하자 송은 고려에게 변경이 평안해질 때까지 기다리라고 함(中興小紀7).	129	입송 통지		송	
〃		11	21	송 조정은 海舶이 마음대로 외국의 入貢을 실은 자는 도 3년에 처하고 재물을 몰수하게 함(건염이래계년요록29).	129	송상 규정		송	
1130		4	3	송 진무교위 王政忠이 와서 전쟁중이니 고려 사신의 파견을 중지해줄 것을 전함(사16).	128	문서 전달			
1131		4	23	송 도강 卓榮이 와서 建炎 5년을 紹興 원년으로 바꾸었다고 전함(사16).	128	金			문서 전달

구분	연도	왕대	월	일	송상왕래 관련기사	연표 쪽수	왕래 유형	왕래 횟수	사료 출처	비고
	1131		10		고려가 장차 입공하려 하자 송 예부시랑 柳約이 四明地域이 殘破하여 소요가 일어날 수 있으므로 重兵을 보내 사신단의 도착에 대비하자고 건의함(송사487고려전).	130	입송 통지		송	
	1132		2	19	예부원외랑 崔惟淸이 송에 가서 종전처럼 직공을 바칠 것을 청함(사16). *내용상으로 위의 사실과 관련된 듯함.	130	여사 입송			
	〃		4+		송 정해현이 고려에 숨어들어간 약 80인을 환국하려고 한다고 보고하자 송 황제는 이들이 도착하면 고려에 왕래하는 상인 탁영을 포상하라고 함(송사487고려전).	130	인물 왕래	2회 ↑	송	
	〃		12	15	고려 지추밀원사 洪彝敍가 조공을 바치러 온다고 보고되자 송이 기거사인 黃龜年에게 접반을 담당하도록 함(건염이래계년요록61).	131	입송 통지		송	
	1133		2	14	송이 法惠寺를 同文館으로 삼아 고려 사절의 영접을 준비하였으나 고려 사절의 배가 홍주 앞바다에서 침몰되어 도착하지 못함(건염이래계년요록63). *실제 2월19일 韓惟忠 등이 사은하러 출발함(사16).	131	입송 통지		송	
?	1134		4+		고려가 송에 금기를 바침(옥해154). *다른 문헌에는 없고 옥해에만 나와서 확실하지 않음.	130	여사 왕래		송	
	〃		7	24	이해 4월3일 乇羅島에서 출발하였다가 바람을 만나 송에 표착한 羅州 사람 光金 등이 송 泉州에 가려다가 돛대가 절단되어 송 楚州 경내에 破泊하자 송 조정은 沿海制置使 郭仲苟에게 명하여 구휼하게 하고 선박을 기다려 귀환시키게 함(건염이래계년요록78).	131	표류 송환		송	

구분	연도	왕대	월	일	송상왕래 관련기사	연표 쪽수	왕래 유형	왕래 횟수	사료 출처	비고
	1134		9	23	文勝美 등으로 하여금 牒을 가지고 송에 가게 함(사16). *사신의 임무로 보아 송에 사전 통지하지 않았을 것임.	132	여사 입송			
	1135		6	17	송이 적공랑 吳敎禮를 보내와 서경반란의 진압을 위해 10만을 조병하겠다고 함(사16).	132				문서 전달
	1136		9	10	金稚規 등을 송 명주에 보내어 牒을 전하게 함. 이보다 먼저 송상 陳舒가 고려에 와서 송과 고려가 연합하여 금을 공격하자고 함(사16).	132	金	2		여사 입송 문서 전달
×	1137									
	1138		3	15	송상 吳迪이 명주의 첩을 가져와 徽宗·寧德皇后가 금에서 붕한 것을 전함(사16).	132	金			문서 전달
×	1139~ 1146									
	1147	의종	5	8	송상 도강 黃鵬 등 84인이 옴(사17).	136	金			
	1148		8		송 도강 郭英·林大有·黃世永 등 330인이 옴(사17).	136	金			2척↑
〃			10	13	이보다 앞서 국자사업 李深 등이 송인 張喆과 공모하여 송상 彭寅을 통해 태사 秦檜에게 書狀·高麗地圖를 보내 투항하려 하다가 송 도강 林大有의 고발에 의해 치죄됨(사17).	136	朴			송상 재려
〃			12	2	송상 譚全 등이 옴(사17).	137	金			
	1149		7	27	송 도강 丘迪·徐德榮 등이 옴(사17).	136	金			
〃			8	1	송상 廖悌 등이 옴(사17).	136	金			
〃			8	8	林大有·黃辜 등이 옴(사17).	136	金			
〃			8	11	송 도강 陳誠 등이 옴(사17).	136	金			
×	1150									
	1151		7	8	송 도강 丘通 등이 옴(사17).	138	金			
〃			7	27	송 도강 丘迪·徐德英(榮) 등이 옴(사17).	138	金			
〃			8	5	송 도강 陳誠 등이 옴(사17).	138	金			

구분	연도	왕대	월	일	송상왕래 관련기사	연표 쪽수	왕래 유형	왕래 횟수	사료 출처	비고
	1151		8	6	송 도강 林大有 등이 옴(사17).	138	金			
	1152		7	21	송 도강 許序 등이 옴(사17).	138	金			
	〃		7	23	송 도강 黃鵬 등이 옴(사17).	138	金			
	〃		8	7	송 도강 寥悌 등이 옴(사17).	138	金			
×	1153~ 1154									
	1155		6	16	송이 연해지역의 동전이 蕃國에 유출되는 것을 엄금함(건염이래계년요록168).	138	송상 규정	상시		
	〃		8	1	송이 漂風한 고려인 知里先 등을 돌려보냄(사18).	138	표류 송환			
	1156		5	24	송이 복건·광동 연해의 동전이 번국에 유출되는 것을 엄금함(건염이래계년요록172).	140	송상 규정	상시		
	1157		7	25	송상이 앵무·공작·異花를 바침(사18).	140	金			
	1159		8	7	송 兩浙市舶司가 高麗賈人이 판매한 銅器의 收稅出賣를 청하자 鑄錢司에 보내도록 함(건염이래계년요록183).	140	송상 규정	상시		
×	1160~ 1161									
	1162		3	22	송 도강 侯林이 옴. 이때 송 명주가 첩을 보내 송이 금과 싸워 이겼다고 전했으나 사실로 받아들이지 않음(사18).	142	金			문서 전달
	〃		3		고려에 왕래하는 상인[고려국강수] 서덕영이 명주에 도착하여 고려가 사신을 파견하여 송이 금을 격파하고 강토를 회복한 것을 하례하려고 한다고 보고함(송사487고려전). *고려국의 입공을 중지하게 함(皇宋十朝綱要25).	143	문서 전달		송	입송 거절
	〃		6	6	송 도강 鄧成 등 47인이 옴(사18).	142	金			
	〃		6	25	송 도강 徐德榮 등 89인, 吳世全 등 142인이 옴(사18).	142	金			2척?
	〃		7	25	송 도강 河富 등이 옴(사18).	142	金			

구분	연도	왕대	월	일	송상왕래 관련기사	연표 쪽수	왕래 유형	왕래 횟수	사료 출처	비고
	1163		7	16	송 도강 서덕영 등이 와서 공작 珍玩을 바치고, 효종의 밀지로 金銀合 2副에 沈香을 담아 바침(사18). *5월 進武副尉 徐德榮을 고려에 파견하여 國信을 전하게 함(宋會要輯稿 199).	142	金		송	문서 전달
×	1164~ 1166									
	1167		4	3	송 兩浙轉運使 姜詵이 매년 여름에 고려·일본 등의 외국선박이 明州市 舶務에 도착하는데 통례에 의하면 提擧市舶官이 4월초 친히 검찰하여 金·珠 등을 거두어들여 조정에 바침. 그러나 이번에는 전운사가 통솔하므로 本司의 속관 1원을 선발하여 이를 거두게 하자고 건의하자 허락함(송회요집 고86).	144	송상 규정	상시	송	
×	1168									
	1169		정	30	奉香里 離宮에 행차하여 군신을 향연하고 宋商·日本國이 진상한 玩物을 하사함(사19).	144	왕래 추정			
	1167~ 1169	의종			고려와 일본으로 가는 배가 명주 梅岑山에서 순풍을 기다려 갔다고 함(建道四明圖經7).		왕래 추정			
※	1170		8		무신정변이 발생함(史18).					
×	1170~ 1172									
	1173	명종	6	23	송이 徐德榮을 보내옴(史19).	146	金			
	1174		5	29	송 明州進士 沈忞이 『삼국사기』를 바치자 은폐 100냥을 주고 宋의 秘閣에 보관함(玉海19).	147	문물 교류		송	
	〃		8	3	송이 漂風人 張和 등 5인을 돌려보냄(史19).	146	표류 송환			
	1175		8	1	송의 도강 張鵬擧·謝敦禮·吳秉直·吳克忠 등이 옴(史19).	147	金			

구분	연도	왕대	월	일	송상왕래 관련기사	연표 쪽수	왕래 유형	왕래 횟수	사료 출처	비고
×	1176~ 1183									
	1184		9	25	송 진사 王逢辰이 商舶을 따라와 과거를 보기를 원하여 別賜 乙科를 제수함 (節要5).	152	내투			
×	1185									
	1186		5	14	송이 漂風人 李漢 등 6인을 돌려보냄 (史20).	〃	표류 송환			
×	1187~ 1189									
	1190				이해에 이규보가 통제원에서 지은 시문이 후일 송에 전해짐(東國李相國後集 序).	154	문물 교류			
×	1191									
	1192		8	23	송의 상인이 『太平御覽』을 바치자 白金 60근을 하사하고 崔詵에게 명하여 訛謬를 讎校함(史20).	156	金	2회		
×	1193~ 1198									
	1199		7	24	고려·일본 상인이 동전을 무역해가는 것을 금지함(宋史37).	159	송상 규정	상시	송	
	1200				지눌 선사가 智異山의 上無住庵에서 수행했으며 그곳에서 『大慧普覺禪師語錄』을 읽고 깨달음(東文選117).		문물 교류			
×	1201~ 1204									
	1205		8		송의 상선이 떠나려고 할 때 監檢御史 安琓이 禁輸物을 감시하다 國禁을 위반한 송의 상인을 매질하여 파면됨(史 21).	160	金			송상 재려
×	1206~ 1207									

구분	연도	왕대	월	일	송상왕래 관련기사	연표 쪽수	왕래 유형	왕래 횟수	사료 출처	비고
	1208~ 1225				송 台州 東鎭山 위에 돌출한 돌을 黃巖이라 하며, 해로로 고려에 왕래하는 사람들이 해도의 길잡이로 삼았다고 함(『嘉定赤城志』 권20, 山水門2 山黃巖).		왕래 추정			
×	1209~ 1220									
	1221	고종	10	4	송상 鄭文擧 등이 옴(史22).	170	金			
	〃				이해에 송 慶元府에 있던 고려 승려 智玄・景雲이 일본 승려 道元을 만남(正法眼藏12).	〃	인물 왕래		일본	
×	1222~ 1223									
	1224				이해에 고려가 金의 正朔을 버리고 간지를 사용하며 曆法이 송과 동일해진 것이 송에 전해짐(寶慶四明志6).	172	문물 교류		송	
	1225		12		崔瑀가 고려의 文物 禮樂을 중국의 제도에 따르게 할 것과 宋의 來投者를 자질에 따라 臺省・政曹에 탁용할 것을 건의함(節要15).	173	내투 규정	수시		
	1226				이전에 송의 市舶稅가 粗色은 1/5, 細色은 1/7.5이던 것을 이 해부터 高麗・日本의 강수에게 細色・粗色의 구분없이 1/19로 통일함(寶慶四明志6).	172	송상 규정	상시	송	
	1225~ 1227				慶元府와 고려 禮賓省이 賈舶으로써 문첩을 통하고 있다고 함(寶慶四明志6).		왕래 추정	상시		
×	1128									
	1229		2	26	宋의 도강 金仁美 등이 제주의 漂風民 梁用才 등과 함께 옴(史22).	174	金			표류 송환
×	1230									

구분	연도	왕대	월	일	송상왕래 관련기사	연표 쪽수	왕래 유형	왕래 횟수	사료 출처	비고
	1231				이해에 宋商이 채단만을 구매하여 돌아와서 정부가 違約을 책망하자, 水牛角은 활을 제작하는 이유로 송 조정이 수출을 금지하여 구매할 수 없다고 하므로, 崔怡가 도강의 妻를 가둠(史129 崔忠獻傳 怡).	175	朴	3회↑		
	1232~ 1235									
	1236				이해에 李奎報가 江都에서 몽고군이 江南으로 침입하였다는 사실을 들음(東國李相國集18).	181	송상 왕래			
	1237				이해에 崔璘이 開京에서 무사히 羅州 副使로 부임하기 위해 宋人 楊赫에게 推命하게 하고 부처에게 공양을 함(法華靈驗傳下).	183	인물 왕래			
	"?				이해에 鄭仁卿의 父 鄭臣保가 片舟를 타고 고려 간월도에 도착했다고 함(『湖山錄』 古今人物).		내투			
	1238				歐陽修의 11대손이라고 하는 歐陽伯虎가 고려에 와서 이규보와 교유하며 시문을 창화함(東國李相國後集序). *이규보가 실제 재신에 재직한 것은 1233년에서 1237년까지임.	183	인물 왕래	수회		
×	1239~ 1246									
	1247				고려 승려 了然法明이 송에 건너가서 각지를 유력하고, 이해에 臨安府 徑山의 無準師範을 찾아갔으며, 이어 商船을 따라 일본으로 건너감(日本洞上聯燈錄1).	185	인물 왕래		일본	
×	1248~ 1255									

구분	연도	왕대	월	일	송상왕래 관련기사	연표 쪽수	왕래 유형	왕래 횟수	사료 출처	비고
	1256				송 吳潛의 書狀에 요즈음 고려에 판매하러 가는 자는 대개 甲番 3척이 고려에 도착하면 반드시 乙番 3척이 回歸하고 丙・丁도 그와 같은 방식이었으며, 지금 송 慶元 사람으로 고려에 벼슬하는 자[彼國仕宦者]도 있는데 송상의 배를 타고 갔다고 함(許國公奏議).	192	왕래 추정 내투	상시	송	
×	1257									
	1258		8	상	송 延慶寺 승려 法言이 佛舌諮 등을 고려의 卓然에게 보내왔고, 卓然은 이것을 天頙과 天英 등에게 보여주었으며, 그들의 찬사를 받아 다시 법언에게 보내주었음(湖山錄2).	193	문물 교류	2회↑		
	〃		11		10월에 고려 재상 李藏用의 가노 張小斤三 등이 송 明州에 표류해오자 救恤하여 11월에 송환함(開慶四明續志8).	195	표류 송환		송	
	1259		3		고려 예빈성이 송의 강수 范彦華를 통해 몽고에 포로가 되었다가 탈출한 송인 3명을 송환함(開慶四明續志8).	194	난민 송환		송	포로 송환
	1260	원종	10	20	송상 陳文廣 등이 대부시와 내시원의 침탈에 의해 능라 6천여필의 값을 받지 못하자 무신집정 김인준에게 호소함(史25).	197	金			
	1261		6	11	고려 사신이 도당에서 몽고의 재상과 대화할 때, 몽고가 고려와 송과의 交通에 대해 물었고 통상만 할 뿐이라고 대답함(中事堂記下).	199	왕래 추정	數回	송	
	1262		5	6	法雲 卓然禪老가 大宋 延慶寺의 여러 尊宿이 지은 「法華隨品讚」1축을 진정국사에게 보여줌(湖山錄3).	198	문물 교류			
	1262 이후 (1264?)				그 이후 법화수품찬의 讚詠을 지어 상선을 통해 연경사에 보냈음(湖山錄3).	198	문물 교류			
×	1263~ 1269									

구분	연도	왕대	월	일	송상왕래 관련기사	연표 쪽수	왕래 유형	왕래 횟수	사료 출처	비고
	1270		12		금년에 南宋 商船이 오자 원종이 몰래 떠나도록 하였다가 몽고 行省이 그것을 힐문하자 비로소 행성이 알지 못하게 한 것은 잘못이었다고 함(史26).		송상 왕래			
	1271		6	23	몽고가 必闍赤 黑狗·李櫃 등을 보내와, 중서성의 요청에 의해 金漆·靑藤 등을 요구하자 이들 물품의 존부에 대해 답하면서 烏梅·華梨·藤席 등은 원래 고려의 산물이 아니라 예전에 西宋의 商舶에게 얻어 진봉했다고 함(史27).		송상 왕래	數回		
×	1272~ 1277									
	1278	충렬왕	10	7	송상 馬曄이 방물을 바침(史28).	231	金			
※	1279		2		남송이 멸망함.	235				
※	1301		8	22	江南 商客이 와서 왕이 壽康宮에서 잔치를 베품(史32).	273	朴			

제8장
結 —宋商의 常時 往來—

1. 머리말

고려시대 송상의 왕래가 많았다는 것은 『高麗史』와 『高麗史節要』의[1] '宋商 來獻' 기사 등을 통해 확인되었다.[2] 게다가 송상 관련 기사를 고려시대의 문집·금석문 등과 중국의 문헌에서 더 찾아내고, '송의 사신이 왔다', '송에 표류했던 고려 사람이 되돌아 왔다', '송나라 사람 某가 와서 투화하였다'와 같이 구체적으로 송상이라는 표현이 없어도 사실은 송상왕래를 알려주는 정황적 증거가 되는 것을 송상왕래에 포함하게 되면서[3] 그 횟수는 크게 증가하였다.

이처럼 송상왕래와 관련된 간접증거의 유형을 더 찾아내고 문헌을 샅샅이 조사한다 해도, 사례를 늘리는 방식으로는 송상왕래가 매우 잦았다

---

1) 『高麗史』와 『高麗史節要』는 "송상이 고려에 와서 국왕에게 토물을 바쳤다"와 같은 소위 송상의 내헌 기사를 비롯하여 송상과 관련된 기록을 충실하게 담고 있다. 이하 서술에서는 편의상 두 책을 대표하여 『高麗史』만을 적을 것이며, 송상 관련 문헌으로서 구별해야할 때는 『高麗史節要』를 적을 것이다.

2) 金庠基, 1937, 「麗宋貿易小考」 『震檀學報』 7 ; 1948, 『東方文化交流史論攷』, 乙酉文化社.
이후 우리 나라를 비롯하여, 중국과 일본의 여러 연구자들이 모두 송상의 내헌 기록을 제시하며 많은 송상이 고려에 왔다고 논증하였다.

3) 필자는 송상의 고려 왕래가 매우 많았다는 것을 증명하는 다음과 같은 글을 발표한 바 있다.
李鎭漢, 2007, 「高麗時代 宋商 貿易의 再照明」 『歷史敎育』 104 ; 본서 제3장.
李鎭漢, 2009, 「高麗時代における宋商の往來と麗宋外交」 『年報 朝鮮學』 12 ; 본서 제4장.
李鎭漢, 2010, 「高麗時代における宋人の來投と宋商の往來」 『年報 朝鮮學』 13 ; 본서 제5장.

는 것까지 설명할 수 있겠다. 그런데 그것은 이전의 연구와 양적인 차이를 보여주는 것에 그칠 뿐이지, 언제나 송상이 고려에 와 있었다고 하는 송상왕래에 대한 근본적인 변화를 가져올 만큼의 새로운 견해가 되지는 못한다. 공교롭게도 송상에 관한 자료가 너무 많은 것이 오히려 송상이 항상 고려에 왔었다는 것을 증명하는데 장애가 되고 있는 것이다.

사료에 근거하여 서술해야 하는 역사학의 방법론적 한계를 극복하는 열쇠도 역시 기록에서 찾아야 한다고 생각된다. 따라서 본고는 『高麗史』 등에 기록된 송상의 내헌 기사가 어느 정도 왕래의 실상을 반영하는지를 검토해보고자 한다. 그것을 위해서 현종 초년에 '처음' 왔다고 하는 송상들에 관한 기록이 한 번뿐이었다는 것과 이후 송상들이 여러 차례 자주 왔던 것들을 비교하여 기록에 남은 것보다 기록되지 않은 송상들이 훨씬 더 많았다는 것을 설명할 것이다.

다음으로 『高麗史』와 송대의 문헌에서 송상이 항상 고려를 왕래하였다는 내용을 담은 사료들을 정밀하게 분석할 것이다. 매년 열리는 팔관회에는 송상이 고려 국왕에게 헌상하는 의례가 있었고, 고려에 와서 투화하는 송나라 사람들은 송의 건국초부터 오랜 기간 그치지 않았으며, 송상이 연이어 오고 있다는 표현도 11세기 중엽과 13세기 후반기에 모두 나타나고 있다. 그와 더불어 중국의 문헌에는 고려에 가는 배가 매년 있었다든지, 해마다 3척의 배가 고려 예성항에 가서 서로 교대했다는 기록을 제시할 것이다.

송상왕래의 사례를 늘리는 것만으로는 송상왕래의 공백기를 도저히 메울 수 없지만, 『高麗史』와 중국의 문헌에 공통적으로 남아있는 송상의 상시적 왕래에 관련된 기사는 송상왕래를 통계적으로 확인하는 방식의 한계를 넘어서 언제나 고려의 예성항에 송상의 배가 와 있었다는 것을 증명해주는 분명한 근거가 될 것이다.

2. 宋商 來獻 記事의 再檢討

『高麗史』와 『高麗史節要』는 고려왕조에 일어난 일을 모두 기록할 수 없었기 때문에 찬자들이 일정한 수록 원칙을 정하여 주요한 것만을 기록하였다. 그런데 『高麗史節要』의 찬자는 "上國의 사신 왕래가 비록 잦았지만 반드시 기록한 것은 中夏를 높인 것이다"라고 하였다.[4] 편년체인 『高麗史節要』와 다른 기전체 형식의 『高麗史』도 그러한 원칙이 적용되었을 것이다. 그러므로 고려가 중국에 사신을 보낸 것 역시 중요하였기 때문에 모두 기록하려고 했을 것인데, 인종대 고려의 사신이 송에 갔던 일이 『高麗史』에 기록되어 있지 않다.

A1. 紹興 八年 春正月 乙卯 高麗國王楷 遣衛尉少卿李仲衍奉表賀正[5]
A2. 以聞高麗賀正表 … 使朝散大夫衛尉少卿輕車都尉賜紫金魚袋李仲衍奉表稱賀 以聞 十六日云云[6]

A1은 『建炎以來繫年要錄』의 일부로서 1138년 정월에 高麗國 王楷—인종—가 衛尉少卿 李仲衍을 보내 表를 받들어 賀正하였다고 한다. A2는 『三朝北盟會編』의 내용인데[7] 고려 사신 이중연의 직함이 朝散大夫·衛尉少卿·輕車都尉·賜紫金魚袋라는 것까지 자세히 기록되어 있다. A1~2는 모두 송대의 기록으로 고려에서 사신을 보낸 것, 그 사신의 관직과 성명이 위위소경 이중연이라는 점이 정확하다는 점에서 사실일

---

4) 『高麗史節要』 凡例.
5) 『建炎以來繫年要錄』 권118.
6) 『三朝北盟會編』 권166, 炎興夏帙.
7) 이 책은 널리 알려지지 않으나 북송말 남송초 송과 금 사이 전쟁과 교섭의 역사를 소상하게 기록하고 있는 편년체 사서로서 휘종 정화 7년(1117)부터 고종 소흥 32년(1162)까지 40년을 서술 대상으로 하고 있다(이근명 외 엮음, 2010, 『송원시대의 고려사 사료』 1, 신서원, 234쪽).

가능성이 높다.

한편『高麗史』에는 李仲衍이 1131년 11월에 尙衣奉御로서 金에 가서 賀正하였고,[8] 1149년에 졸한 劉邦儀의 묘지명에는 유방의가 과거에 급제한 뒤 考功郞中 李仲衍의 딸과 혼인하여 1남 3녀를 두었다고 하였다.[9] 이중연이 1131년에 금에 갔을 때는 정6품 상의봉어였고, 1138년에 송에 갈 때는 종4품 위위소경이었으니 7년 사이에 승진 과정의 개연성도 있고, 고공낭중은 유방의가 혼인할 때에 妻父 이중연의 관직으로 여겨진다. 중국 문헌과『高麗史』의 이중연은 동일인이었으므로 그가 송에 하정사로 갔던 것은 분명하니,『高麗史』에 사대와 관련된 중요한 사실이 기록되지 못한 것도 있었던 것이다.[10]

그러한 점은 송상에 관한 기록도 마찬가지였을 것이다. 송상이 고려에 와서 헌상하는 일은 고려 국왕의 권위를 높이는 것이며, 당시에는 그들을 외교 사절에 준하는 것으로 인식하여『高麗史』에 비교적 많이 기록되었지만, 현재 전하는 것이 당대 송상왕래의 온전한 실상을 보여주는 것은 아니었던 것 같다. 예를 들어 坦然이 송의 개심선사에게 인가를 받도록 도와준 송상 方景仁이나[11] 남송 고종대에 고려를 해마다 1, 2회씩

---

8)『高麗史』권16,「世家」仁宗 9년 11월 경술.
9)「劉邦儀墓誌銘」, 106쪽.
10) 1138년 李仲衍의 사행은 고려와 송의 외교 사절에 관해 가장 다양한 사례를 정리한 연구에도 포함되지 못하였다(朴龍雲, 1995・1996,「高麗・宋 交聘의 목적과 使節에 대한 考察」『韓國學報』81, 82 ; 2002,『高麗 社會의 여러 歷史像』, 신서원, 158쪽, <고려・송 사절 파견표>).
   한편 이 사례는 고려의 사절이 송에 가는 송상왕래 횟수와도 관련이 있다. 대송통교 재개 이후 고려의 사절은 송에 갈 때 송상의 배를 타고 다녀왔으며(金庠基, 주 1) 논문, 51~52쪽 및 김영제, 2009,「宋・高麗 交易과 宋商─宋商의 經營形態와 그들의 高麗居住空間을 중심으로─」『史林』32, 209~210쪽), 고려의 사절이 송에 가게 되면 사전에 그 사실을 송상을 통해 송에 통지하였기 때문에 고려 사절의 사행은 1회에 불과하지만 2회 이상의 송상왕래를 추정할 수 있다.
11)『五燈會元』권8, 高麗國坦然國師.

이나 왕래했다고 하는 泉州의 大商 柳悅·黃師舜이 고려에 내헌했다는 기록은 『高麗史』에 없다.[12]

그러므로 『高麗史』의 송상 내헌에 관한 기록이 당시 사정을 얼마나 반영하고 있는지 확인할 필요가 있다. 먼저 송상의 '最初' 來航과[13] 관련된 기록을 검토해보자.

B1. (顯宗 3年) 冬十月 宋楚人陸世寧等 來獻土物[14]
B2. (顯宗 8年 秋7月) 宋泉州人林仁福等四十人 來獻土物[15]
B3. (顯宗 9年 閏4月) 宋江南人王肅子等二十四人 來獻土物[16]
B4. (顯宗 10年 秋7月) 宋泉州陳文軌等一百人 來獻土物[17]
B5. (顯宗 10年 秋7月) 宋福州虞瑄等百餘人 來獻香藥[18]

B1~4는 1012년 10월에 宋 楚人 陸世寧 등, 1017년 7월에 泉州人 林仁福 등 40인, 1018년 윤4월에 宋 江南人 王肅子 등 24인, 1019년에 7월에 宋 泉州 陳文軌 등 100인 등이 각각 고려에 와서 토물을 바쳤다는 것이다. B5는 1019년 7월에 宋 福州人 虞瑄 등 100여 명이 와서 香藥을 바쳤다는 것이다. 위 기사는 송상 '최초' 내헌 기록 가운데 첫 번째부터

---

12) 森克己, 1956, 「日本·高麗來航の宋商人」 『朝鮮學報』 9 ; 1975, 『續日宋貿易硏究』, 國書刊行會, 336~337쪽.
13) '最初'라고 한 것은 最初가 아니기 때문이다. 그 동안 송상 내항을 송상 내헌을 중심으로 고찰하였으므로 1012년에 비로소 송상 육세녕이 고려에 와서 바친 것이 최초가 될 수 있었다. 그러나 960년대에 송 사절의 배가 고려에 왔으며, 970년에 배를 타고 온 송의 투화인이 있다. 1000년경에는 송에 표류한 고려사람이 송환된 적도 있었으며, 이러한 송 사절의 왕래, 송인의 내투, 표류한 고려사람의 송환과 같은 송상왕래의 간접증거를 고려하건대, 송상의 고려 왕래는 송 건국 이후 오래지 않은 때부터 시작되었다고 생각된다.
14) 『高麗史節要』 권3, 顯宗 3년.
15) 『高麗史節要』 권3, 顯宗 8년 추7월.
16) 『高麗史節要』 권3, 顯宗 9년 윤4월.
17) 『高麗史節要』 권3, 顯宗 10년 추7월.
18) 『高麗史節要』 권3, 顯宗 10년 추7월.

다섯 번째까지에 해당되는데, 5명의 송상 이름이 모두 다르다. 이것을
사료에 충실하여 이해한다면 육세녕 등은 이후에 고려에 내헌했다는 기
록이 없으므로 그들은 고려에 한 번 다녀간 후에는 다시 오지 않았다고
해야할 것이다. 실제로 송상의 왕래 횟수를 조사한 연구에 의하면 2차례
이상 고려에 왔던 송상은 모두 27명인데, 더 많은 수의 송상이 1회만
왔다고 하였다.19)

그러나 커다란 위험을 감수하고 서해를 왕래하며 무역을 하던 송상들
이 단 한차례 고려에 오고 그만두었다는 것은 해상무역의 전문성을 고려
할 때 쉽게 납득하기 어렵다.20) 그런 점에서 송상이 반복해서 고려를 왕
래하는 것이 더 정상적이다. 다음은 12세기 중엽 송상의 내헌 기사이다.

> C1. (毅宗 2年 8月) 是月 宋都綱郭英・莊華・黃世英・陳誠・林大有等三百
> 三十人來21)

> D1. (毅宗 3年 秋7月) 宋都綱丘迪徐德榮等百五人來22)
> D2. (毅宗 3年) 八月 庚戌 宋都綱寥悌等六十四人來23)
> D3. (毅宗 3年 8月) 丁巳 林大有・黃辜等七十一人來24)

---

19) 全海宗, 1989, 「高麗와 宋과의 交流」 『國史館論叢』 8, 18쪽.
　　朴玉杰, 1997, 「高麗來航 宋商人과 麗宋의 貿易政策」 『大東文化硏究』 32, 46쪽.
20) 森克己, 앞의 논문, 341쪽.
　　『高麗史』 劉載傳에는 송상이 여러 차례 왔음을 암시하는 내용이 있다. 그는 송나
　　라 泉州 사람으로 선종 때에 商船을 타고 고려에 와서 벼슬을 시작하여 1118년에
　　守司空・尙書右僕射로 졸하였는데, 벼슬한 이후에는 함께 온 商人과 다시 친하
　　게 지내지 않아 時議가 좋게 여겼다고 한다(『高麗史』 권97, 劉載傳). 유재가 송에
　　서 고려에 올 때 태워준 송상이 유재가 벼슬한 후에도 고려를 왕래하였지만 유재
　　가 가깝게 지내지 않았다고 하므로 그 송상이 자주 고려를 왕래하였음을 알 수
　　있다.
21) 『高麗史』 권17, 「世家」 毅宗 2년 8월.
22) 『高麗史』 권17, 「世家」 毅宗 3년 추7월.
23) 『高麗史』 권17, 「世家」 毅宗 3년 8월.
24) 『高麗史』 권17, 「世家」 毅宗 3년 8월.

D4. (毅宗 3年 8月) 庚申 宋都綱陳誠等八十七人來[25]

E1. (毅宗 5年 秋7月) 丙午 宋都綱丘通等四十一人來[26]
E2. (毅宗 5年 秋7月) 宋都綱丘迪等三十五人 徐德英等六十七人來[27]
E3. (毅宗 5年) 八月 壬申 宋都綱陳誠等九十七人來[28]
E4. (毅宗 5年 8月) 癸酉 林大有等九十九人來[29]

C1은 송상의 배에 여러 상단의 많은 사람들이 함께 타고 고려에 왔다는 것이다. 1148년 8월에 宋都綱 郭英·莊華·黃世英·陳誠·林大有 등 330인이 왔다고 한다. 도강 5명은 다섯 상단을 의미하는데, 이 기사는 간지가 없는 是月條이므로 이들이 한 배를 타고 와서 같은 날 헌상을 한 것인지, 8월에 여러 차례 왔던 것을 통합하여 기록한 것인지 구별하기 어렵다. 그런데 최근에 태안 마도 Ⅱ구역의 침몰된 배에서 발굴된 도자기의 굽 안 쪽에 楊綱·林綱·張綱·鄭綱이라는 묵서가 되어 있었다. 이것은 물품의 주인을 구별하기 위한 것으로 한 배에 여러 명의 도강이 타고 왔다는 것을 알려준다.[30]

D1~4는 1149년의 송상내헌 기록으로, D1은 7월에 都綱 丘迪·徐德榮 등 105인, D2~4는 8월에 都綱 寥悌 등 64인, 林大有·黃辜 등 71인, 都綱 陳誠 등 87인이 각각 왔다고 한다. 1149년 한 해에만 4차례에 내헌이 있었고, 참여한 도강의 수는 6인이었던 것처럼 한 해에도 많은

---

25) 『高麗史』 권17, 「世家」 毅宗 3년 8월.
26) 『高麗史』 권17, 「世家」 毅宗 5년 추7월.
27) 『高麗史』 권17, 「世家」 毅宗 5년 추7월.
28) 『高麗史』 권17, 「世家」 毅宗 5년 8월.
29) 『高麗史』 권17, 「世家」 毅宗 5년 8월.
30) 보고서에서는 굽 안쪽의 묵서가 상단들이 항해중 식기용 그릇을 구별하기 위해 표시한 것이라고 하였다(국립해양문화재연구소, 2010, 『800년 전의 타임캡슐』, 28~35쪽). 배에 탄 상단들이 사용한 것일 수도 있고, 상단별로 화물을 구분하기 위해 써놓았을 수도 있다. 어느 경우이든 한 배에 여러 상단이 타고 왔다는 점은 분명하다.

배와 상단이 왔음을 알 수 있다.[31]

E1~4는 D보다 2년 후인 1151년의 송상 내헌 기록으로 그 이전에
고려에 왔던 송상들이 오래지 않아 다시 고려를 찾았다는 것을 설명하고
자 하는 것이다. E1은 1151년 7월에 都綱 丘通 등 41인, E2는 都綱 丘迪
등 35인과 徐德英 등 67인, E3은 8월에 都綱 陳誠 등 97인, E4는 林大有
등 99인이 각각 왔다고 한다. 1148년 8월에 왔던 임대유와 진성은 다음
해 8월과 1151년 8월에 잇달아 고려에 왔고, 徐德榮(英)과 丘迪은 1149
년 7월과 1151년 7월에 왔었다. 임대유와 진성이 1년 만에 다시 찾아왔
다는 것은 송상의 왕래가 그 만큼 잦았으며,[32] 임대유·진성·서덕영·
구적 등이 짧은 기간에 반복해서 고려에 왔다는 것은 송상의 고려 왕래
가 1회적이지 않았다는 것을 뜻한다.

특히 서덕영은 『高麗史』에 5차례 기록되어 있고,[33] 무신정권기인
1173년 6월에도 고려에 왔다.[34] 기록상으로 1149년 이후 24년간 고려
무역에 종사한 것이다. 또한 송대의 기록에도 서덕영은 進武副尉로서
1163년에 고려에 가서 1164년 4월에 고려 사신 일행을 태우고 송에 돌
아왔다.[35] 중국문헌에서 서덕영을 더 찾아냄으로써 『高麗史』의 내헌 기
록이 완벽하지 않았음이 확인된다. 더욱이 고려무역을 전문으로 하는 海
商이 1년에 한 차례씩 왕복이 가능한데도 24년 동안 5차례 왔던 기록

31) 남송대 江陰軍의 趙公이 市舶務 사무를 사심없이 처리하자 처음에 한 척이 왔던
　　고려의 선박이 이듬해에 소문을 듣고 6~7척이나 왔다는 기록이 있다.
　　『契齋集』 권17, 「朝請大夫贈宣奉大夫趙公墓誌銘」.
　　金榮濟, 2009, 「麗宋交易의 航路와 船舶」『歷史學報』 204, 259쪽.
32) 심지어 선종대의 송상 徐成은 1089년 10월(『高麗史』 권10, 「世家」 宣宗 6년 동
　　10월 기유)과 1090년 3월에 토물을 바쳤다고 하였다(『高麗史 권10, 「世家」 선종
　　7년 3월 을사). 불과 140일만에 고려에 두 번 왔던 것이다(全海宗, 앞의 논문, 17
　　쪽).
33) 全海宗, 앞의 논문, 18쪽.
34) 『高麗史』 권19, 「世家」 明宗 3년 6월 갑신.
35) 『宋會要輯稿』 「歷代朝貢」 蕃夷七之四九, 孝宗 興隆 2년.

밖에 없다고 해서 그것 만큼만 왔다고 해석하는 것은 옳지 않다.36) 송상
은 기회가 되는 대로 가능한 한 자주 고려를 왕래하며 무역의 이익을
얻으려 했을 것이기 때문이다. 반면에 한 해에 송상에 관한 4차례의 기
록이 있다는 것은 그 해의 전후에 그 정도 또는 그 이상의 송상이 왕래
했다는 것을 증명한다.

　더 나아가 송상이 반복적으로 고려를 왕래하고 있다는 것은 의천과
송의 승려들이 주고받은 서신에서도 찾을 수 있다.

> F1. 今春二月 內都綱洪保來 得書三通 退剖敎宗 歷叙師友 玩味其辭 若對面
>   語 … 近著花嚴疏鈔 音義釋文 幷諸文首序 而講下諸生 嘗編淨藥 隨此附
>   達 惟冀撿至 外有淸涼國師石本雜文 俟後次馳上洪保理行37)
> F2. 辯眞啓 … 李綱首廻 承惠及海東李公類所□ 夾注金剛經一冊 斷疑金剛經
>   一冊 金剛經集解一冊 幷敎藏摠錄二冊 唯識論單科三冊 灌手焚香 捧授之
>   次 … 今因李綱首二十郎去次 謹奉啓布聞 伏希尊悉38)

　F1은 글의 제목이 결락되었는데, 정원법사가 의천에게 보낸 글이다.
올 봄 2월에 都綱 洪保가 와서 서신 3통을 주었는데, 敎宗을 분석하고
師友 관계를 서술한 것이었으며, 이제 자신이 저술한 『花嚴疏鈔音義釋文』
과 『諸文首序』를 부치고, 그 밖에 『淸涼國師石本雜文』은 다음번 洪保가
오는 편에 보내겠다는 것이다.

　F2는 송의 辯眞이 의천에게 보낸 글의 일부이다. 李綱首가 돌아오는
편에 가져온 海東 李公이 지은 『夾注金剛經』 1책, 『斷疑金剛經』 1책,
『金剛經集解』 1책 및 『敎藏總錄』 2책, 『唯識論單科』 3책 등을 받았다고
하며, 이제 李綱首二十郎이 다시 고려에 가는 편에 글로써 아뢴다는 것

---

36) 이와 같이 송상의 기록은 불완전한 것이므로 오랜 기간 송상왕래에 관한 기록이
　　전혀 없다고 해서 그 시기 전체를 송상왕래의 공백기라고 해석하는 것도 잘못된
　　것 같다.
37) 『大覺國師外集』 권2, 書, □□□□□ 제2.
38) 『大覺國師外集』 권5, 書, □□□□□ 제1.

이다.

F1의 의천은 도강 홍보가 귀국하는 편에 정원에게 글을 보냈고, 정원은 자신의 저술을 홍보가 다시 고려에 가는 편에 의천에게 전하고 있다. F2에서 辯眞은 의천이 이강수 편에 보낸『夾注金剛經』등을 받았고, 이강수가 고려에 가는 편에 변진이 의천에게 보내는 글을 전하고 있다. F1과 2의 내용을 보건대 의천과 송의 승려들이 송상 洪保와 李綱首의 편에 서신과 물품을 주고 받았으며, 송상들은 송에 돌아온 후 오래지 않아 다시 고려에 갔음을 알 수 있다. 게다가 비슷한 시기에 주고 받은 다른 서신의 내용까지 포함하면, 양국 승려들의 서신과 물품의 왕복은 1회가 아니라 여러 차례 계속되었으며, 그 만큼 송상의 고려왕래가 많았던 것이다.

또한 서신을 통해 서로 원하는 물품을 보내주었듯이, 송상은 양국을 오가며 주문을 받은 물품을 가져다 주고 대가를 받았다. 송상 서전이 新註華嚴經板을 바쳤다는 것도 그에 해당된다.

G1. (宣宗 4年 3월) 甲戌 宋商徐戩等二十人來 獻新註華嚴經板[39]
G2. 哲宗 元祐 四年 十一月 三日 龍圖閣學士朝奉郎知杭州蘇軾狀奏 … 一福建狡商 專擅交通高麗 引惹牟利 如徐戩者 甚衆 訪聞徐戩 先受高麗錢物 於杭州雕造夾注華嚴經 費用浩汗 印板既成 公然於海舶載去交納 却受本國厚賞[40]

G1은 1087년 3월에 宋商 徐戩 등 20인이 와서 新註華嚴經板을 바쳤다는 것이다. G2는 1089년에 11월에 蘇軾이 고려의 進奉使가 오는 것에 대해 반대하며 올린 글인데, 서전이 고려에서 미리 돈을 받고 항주에서 화엄경판을 만들었고 공공연히 海舶에 실어 보내 고려의 후한 상을 받

---

39)『高麗史』권10, 宣宗 4년 3월.
40)『蘇軾文集』권30,「論高麗進奉狀」.

았다는 것이다. G1에서 서전이 신주화엄경판을 바쳤다고 하였지만, G2
에서는 서전이 그것을 구하기 위해 미리 고려로부터 선금까지 받고 송에
와서 제작해서 가져다 준 것이었다고 한다.

　이와 유사한 사례는 더 있다. 인종(?)이 송상에게 名畵를 구해줄 것을
부탁하자, 송상이 예전에 고려 화공 李寧이 그려 송상에게 주었던 「天壽
寺南門圖」를 가져와 바쳤다.[41] 송상은 고려 국왕이 원하는 것을 사다 주
었는데, 마침 이영이 그린 것이 송에 전해졌다가 다시 고려에 되돌아왔
던 것이다. 또한 무신정권기에 송상이 양국을 여러 차례 왕래하며 결국
최우가 원하는 수우각을 구해줬던 사건도[42] 최우의 요구를 송상이 들어

---

41) 『破閑集』 권중, 京城東天壽寺去都門一百步.
　　『高麗史』 이영전의 내용은 『破閑集』과 다소 차이가 있다. 인종이 李寧의 스승이
　　면서도 이영을 질투하던 李俊異에게 송상이 바친 산수화를 보이자 그가 깜짝 놀
　　라 "이 그림이 異國에 있었으면 반드시 千金으로 샀을 것입니다"라고 하였다. 또
　　[又] 宋商이 그림을 바치자 인종이 中華의 奇品이라며 李寧을 불러 자랑하였는
　　데, 그는 자신의 그림이라고 답하였고, 인종이 믿지 않아서 배접을 뜯어 그 성명
　　을 확인하니 인종이 더욱 그를 사랑했다고 한다(『高麗史』 권122, 李寧傳). 『파한
　　집』에서 예종대 이영이 그린 「천수사남문도」가 송상을 통해 송에 전해졌다가 예
　　종이 송상에게 명화를 구하여 송상이 그것을 구해다가 바쳐서 예종이 이영에게
　　보여주었다. 이영은 그것이 자신의 것이라고 확인하였으나, 李寧傳에서는 그 그
　　림이 송에 전해졌다가 돌아온 경위는 생략한 채 인종이 송상이 바친 그림을 보여
　　주자 이영이 자신의 것이라고 확인하는 과정만이 있다. 두 책의 찬자가 유사한
　　자료를 근거로 서술한 것은 틀림없으나 그림을 보여주고 놀란 왕에 대해서 『파한
　　집』은 예종, 이영전은 인종이었다고 기록하였다(이진한 외, 2011, 「교감 역주 『파
　　한집』 (6)」 『韓國史學報』 43, 293~295쪽). 이 구체적이어서 사료의 신빙성이 더
　　높을 것 같은데 이영전도 인종과 관련된 두 가지 일을 잇달아 제시하고, 의종대까
　　지 이영이 활약한 것까지 기록했다는 점에서 그림을 다시 본 것은 인종이었다고
　　생각된다. 따라서 이영의 「천수사남문도」는 예종대 그려져서 송상에 의해 송에
　　건너갔다가 송상이 인종에게 바쳤다고 이해하는 것이 합리적일 것 같다. 명화를
　　구해서 이영에게 보여준 국왕이 예종인지 인종인지 확실하지 않으나 고려와 송
　　사이에 그림의 무역이 있었으며, 송상왕래와 관련하여 중요한 것은 이러한 문화
　　적 교류에 송상이 매우 중요한 역할을 했다는 점이다.
42) 『高麗史』 권129, 崔忠獻傳附 怡 및 『高麗史節要』 권16, 高宗 18년 추7월.

준 것이었다. 이와 같이 송상들이 화엄경판을 바친 것, 송의 명화를 구해
온 것, 수우각을 가져왔던 것 등은 송상이 구매자가 바라는 원하는 물품
을 사다주는 방식의 무역을 했던 사례이다. 이러한 일은 송상이 양국을
자주 왕래하지 않고서는 불가능하다.

한편 송상이 고려에서 처를 두고 있었다는 기록이 『高麗史』와 『補閑
集』에 여러 차례 등장하며, 13세기의 중국 기록에서도 송상이 고려에 가
서 바람과 기후가 맞지 않으면 2~3년간 돌아오지 못하고 부인을 두며
송으로 되돌아왔다가 다시 고려에 이르면 처음처럼 부인으로 맞이한다
고 하였다. 이처럼 송상이 고려에 와서 처를 두었던 것은 고려에서 머무
는 기간이 길었으며 반복적으로 고려를 왕래하고 있었다는 근거가 될 것
이다.43)

이상에서 『高麗史』의 송상 내헌 기사를 재검토하였는데, 한 번 기록
되었다고 해서 송상이 고려에 1회만 왕래하였다고 단정해서는 안될 것
같다. 송상이 1년 또는 2년 만에 다시 고려에 왔던 것, 의천이 송상을
매개로 송의 여러 승려와 서신을 주고 받은 것, 고려 사람들이 송상에게
원하는 물품을 구하였던 것 등은 송상이 자주 반복적으로 고려를 왕래하
고 있었음을 알려준다. 따라서 송상이 고려에 단 한차례 또는 2~5회
왔다고 기록된 경우도 실제 왕래한 것의 일부만이 史書에 남아 현재까
지 전해졌다고 여겨진다.44) 고려시대 송상은 현재 기록으로 남아 전하
는 것보다 훨씬 많이 왕래하였음에 틀림없다.

---

43) 李鎭漢, 2007, 「高麗時代 宋商 貿易의 再照明」 『歷史敎育』 104, 61~62쪽 ; 본서
   제3장.
44) 이처럼 『高麗史』와 『高麗史節要』에 기록된 현종초 5차례 고려에 왔던 송상의 이
   름이 모두 달랐던 이유로는 첫째 송상에 관한 자료가 후대까지 많이 전해지지 않
   았으며, 둘째 송상이 반복해서 왔을 때는 처음보다 가치가 낮아져서 기록에 남기
   지 않았을 가능성을 들 수 있다.

3. 宋商의 常時 往來

고려시대 송상의 무역이 활발했다는 견해의 근거가 되었던 것은 『高麗史』에 실린 송상의 내헌 기사였다. 거기에 송인들이 고려에 내투한 것이나 송에 표류한 고려 사람들의 송환과 같은 송상왕래를 알려주는 간접 증거들을 포함하면 송상의 무역활동이 '매우' 활발했다고 할 수 있다. 그러나 기록상으로 여전히 송상이 고려에 오지 않았던 해가 많았는데, 앞으로 더 많은 사료를 찾아낸다고 해도 송상왕래의 공백을 완전히 메우기는 어렵다.

선행연구가 사서의 관련 자료를 정리하여 <송상내항표>로 만들어 왕래가 많았다는 것을 설명하는데 성공했기 때문에, 더이상 송상이 항상 고려에 와 있었다는 것을 증명하려고 하지 않았던 것이다. 서술상의 장점이 한계가 된 셈인데, 그것을 극복하는 것 역시 송상의 상시왕래와 관련된 사료를 다시 정밀하게 검토하는 것에서 시작해야 한다. 다음은 매년 송상이 고려에 와 있었음을 암시하는 사료이다.

H1. (靖宗 卽位年 11月) 庚子 設八關會 御神鳳樓 賜百官酺 夕幸法王寺 翼日大會 又賜酺觀樂 東西二京・東北兩路兵馬使・四都護・八牧 各上表陳賀 宋商客・東西蕃・耽羅國 亦獻方物 賜坐觀禮 後以爲常45)

H2. 大會日坐殿 王初御宣仁殿 承制以下近侍官 及後殿官 起居 訖 出御大觀殿 侍臣起居 及御儀鳳樓上 行香酌獻 後近侍官以下升階 太子以下 公・侯・伯・宰臣・樞密・侍臣・文武群官序立 王坐殿後 聞辭獻壽 傳宣賜坐 並如小會儀 唯奏聞辭 不稱朝賀 而稱起居 班首奏聖再拜後 無進步 拜舞拜 持表員 隨群官 進退爲異 次曲直華 盖分東西上階 輿輦符寶等 並還

---

45) 『高麗史』권6, 「世家」靖宗 즉위년 11월.
　　거의 같은 내용이 『高麗史』권69, 「禮志」嘉禮雜儀 仲冬八關會儀 德宗 3년 11월 조에도 있는데, 앞부분에 '設八關會 御神鳳樓 賜百官酺 翌日大會'라고 하여 백관 뒤에 酺가 있고, 翼 대신 翌이 사용되었으며 그 뒤는 같다.

列儀鳳門內 訖 閣門引宋綱首等 就聞辭位 立定 閣門奏聞 辭云 大宋都綱
某等祗侯朝賀 訖 引就拜位 跪進物狀 閣門接上 俛伏興 舍人喝 再拜 行
頭奏聖躬萬福 奏山呼再拜 行頭進步退復位 奏山呼再拜 次傳宣賜坐看樂
兼賜所司酒食 訖 奏山呼再拜 卷班西出就幕次 次引東西蕃子 次引耽羅
人朝賀 及傳宣禮 並與宋綱首同 次引四方貢物與諸蕃貢物 入自東仁德門
駿奔過庭 出自西義昌門 訖 46)

H1은 1034년 11월에 八關會를 열었는데 그 다음날에 東京·西京留
守, 西北面·東北面兵馬使, 四都護·八牧이 각기 표를 올려 陳賀하고
宋商客, 東·西蕃, 耽羅國이 역시 方物을 바쳤으며 뒤에 이것을 '常例'
로 삼았다고 하였다. 1034년에 송상의 진헌을 팔관회의 상례로 삼았다
는 것은 그 이전에도 있었지만, 이 해에 비로소 매년 치러지는 정규 의
례로 삼았다는 뜻일 것이다. 팔관회의 외국인 朝賀는 1034년에 상례화
되어 숙종대까지는 「禮志」 팔관회에 규정된 것과 같이 宋綱首, 東西蕃
子, 耽羅 등 여러 나라 사람이 참여하는 형태를 갖추었다.47)

H2는 팔관회의 의례에 관한 구체적인 절차를 보여주고 있는 「禮
志」의 일부분이다. 大會日에 太子 以下 公·侯·伯·宰臣·樞密·侍
臣·文武群官의 의례를 마친 뒤, 宋 都綱이 고려 국왕에게 朝賀하고 物
狀을 바쳤으며, 그 다음에 동서여진과 탐라가 宋 도강과 같은 의례를 행
하였다고 하였다. 이러한 내용을 담고 있는 『高麗史』 예지는 의종대
(1146~1170)에 崔允儀 등이 편찬한 『詳定古今禮』의 내용을 참고한 것
이다.48)

---

46) 『高麗史』 권69, 「禮志」 嘉禮雜儀 仲冬八關會儀.
47) 奧村周司, 1979, 「高麗朝における八關會的秩序と國際環境」 『朝鮮史研究會論文
集』 16, 74~75쪽.
48) 奧村周司, 앞의 논문, 74쪽.
   정구복, 2002, 「『高麗史』 禮志의 성격과 자료적 가치」 『고려시대연구』 V, 37~
   38쪽.
   최근에 상정고금례의 사례를 고찰하여 1161년(의종 15)이 편찬 시기였다는 것을

H1과 H2의 내용을 종합하건대, 1034년에 송상이 팔관회의 의례에 참여하는 것이 상례화된 이후에 100여 년이 지난 의종대에도 그 규정은 그대로 유지되었다. 그것은 송상이 항상 고려에 와 있어서 언제든지 의례에 참여할 수 있다는 전제 아래서 가능한 일이었다.[49) 팔관회에 참석하러 송상이 고려에 왔던 것이 아니라 송상이 언제나 고려에 와 있었기 때문에 그들을 매년 개최되는 팔관회의 의례에 넣었던 것이고, 의종대에도 바뀌지 않았다. 매년 열리는 팔관회에서 송상이 방물을 바치도록 규정하고 오랫동안 지켜진 것은 송상이 상시적으로 고려를 왕래하고 있었음을 알려주는 것이다.

다음으로 송나라 사람들이 고려에 투화하는 일이 오랫동안 계속되었다는 것도 송상의 상시적인 왕래와 매우 깊은 관련이 있다.

> I1. 時光宗厚待投化漢人 擇取臣僚第宅及女 與之 一日弼奏曰 臣居第稍寬 願以獻焉 光宗問其故 對曰 今投化人 擇官而仕 擇屋而處 世臣故家 反多失所 臣愚誠爲子孫計 宰相居第非其有也[50)
>
> I2. 宣宗 二年 六月制 異國投化官吏父母 在本國身死 自聞喪日 依制給暇[51)
>
> I3. (高宗 12年) 十二月 崔瑀奏 請本朝文物禮樂 一遵華制 其自宋國來者 許於臺省·政曹淸要之職 隨材擢用[52)

I1은 『高麗史』徐弼傳의 일부로서 그는 投化漢人에 대한 광종의 우대

확인하는 견해가 제시되었다(김철웅, 2007, 「고려시대의 길례」『한국중세의 吉禮와 雜祀』, 景仁文化社, 28~29쪽).

49) 1034년의 '宋商客 … 獻方物'이라는 기사는 송상이 새로 고려에 來航하여 방물을 헌상하였다는 것이 아니라 고려에 체재 중이던 송상이 헌상하였다는 뜻이다. 따라서 팔관회 때 참여한 송상은 행사가 열리기 직전에 내항한 송상인데, 그 내항의 기사가 누락되었다고 한다(全海宗, 앞의 논문, 16쪽).

50) 『高麗史』권93, 徐弼傳
  거의 같은 내용이 『高麗史節要』권2, 光宗 16년 추7월에도 있다.

51) 『高麗史』권64, 「禮志」凶禮 五服制度.

52) 『高麗史節要』권21, 高宗 12년.

를 비판하면서 그들이 관직을 골라 벼슬하고 원하는 집을 골라 산다고
하였다.53) 이어 성종초에는 崔承老가 시무책에서 광종대의 정사를 평가
하면서 "광종이 쌍기를 중용한 뒤에 南北庸人이 다투어 투화하였고 그
지혜로움과 재능이 있음을 논하지 않고 특수한 恩禮로써 대접하였다"
고54) 하였다. 서필이 투화한인이 우대된다며 광종에게 간언한 시기는
쌍기가 기용된 958년부터 서필이 졸한 965년 사이일 것이며, 내용으로
보건대 투화인의 수가 많았던 것 같다.

I2는 1085년 6월에 異國 投化 官吏의 父母가 本國에서 죽으면, 喪을
알게 된 날로부터 制에 의거하여 給暇하라는 것이다. 이 기사의 異國은
당시 고려의 주변에 있었던 나라인 송·거란·일본·여진 가운데 하나
일 것이다. 고려시대 투화하여 관리가 된 사람들은 거의 대부분 송인이
었기 때문에 이국은 송으로 特定해도 될 것이다. 아울러 선종이 制로써
투화인을 위한 給暇 규정을 마련했던 것은 그것을 적용받는 사람이 많
았으며, 이후에도 많을 것이라는 전제가 있었기 때문이다.

I3은 1224년 12월에 崔瑀가 청하기를 "本朝의 文物과 禮樂은 청컨대
하나같이 華制를 준수하고 宋에서 온 자들은 臺省·政曹 등 청요직에
材能에 따라 擢用하는 것을 허락하십시오"라고 아뢰었다는 것이다. 이
기사에서 최우가 고려의 문물과 예악을 '하나 같이' 중국의 제도를 준수
하자는 것이나, 그것을 실현하기 위해 송에서 온 자를 臺省·政曹에 뽑
아쓰자는 것은 현실적으로 송의 문물과 사람이 지속적으로 유입되고 있
지 않으면 건의할 수 없는 것이다.

I1~3의 기사는 고려에 투화하는 송나라 사람들이 꽤 많았다는 것을

---

53) 高麗에 온 宋의 投化人은 配偶者, 집, 土地, 官職 등을 받았다고 한다.
　　白南雲, 1937, 「投化田」『朝鮮封建社會經濟史(上)』, 改造社, 88쪽.
　　朴玉杰, 1996, 「高麗時代의 歸化人 政策」『高麗時代의 歸化人 研究』, 국학자료
　　원, 194~200쪽.
54) 『高麗史』 권93, 崔承老傳.

보여주는 사례들로써, 이들은 모두 海商의 배를 타고 고려에 왔을 것이다.[55] 그 가운데 서필이 언급한 투화한인에는 960년에 건국한 송나라 사람 뿐 아니라 그 전왕조인 後周의 유민이나 송에 복속되지 않고 있던 장강 이남의 十國에 속한 사람들도 포함되었을 것이다. 그러나 중요한 것은 송의 건국초인 960년대에도 투화인이 많았는데, 그것이 110여년이 지난 1085년과, 그로부터 다시 140여 년 뒤인 1224년에도 고려에 내투하는 송인들의 행렬은 멈추지 않았다는 점이다. 송인의 고려에 대한 내투의 경향은 송의 건국부터 멸망할 때까지 계속되었다고 해도 과언이 아닌 셈이다. 그들이 시기에 관계없이 언제든지 고려에 와서 투화할 수 있었던 것은 송상이 고려를 수시로 왕래하고 있었기 때문이다.

매년 열리는 팔관회의 의례에 송상이 참여할 수 있었다는 것이나 송인들의 고려 투화가 계속되었다는 것은 한결같이 송상들이 매우 자주 고려를 왕래하였을 개연성을 보여주는 것이지만, 그것만으로는 송상이 매년 왔다는 것을 증명하기 어렵다. 그러나 11세기 중엽과 13세기 중엽에 송상의 배가 연이어 온다는 구체적인 표현이 있는 사료들도 있다.

J1. (文宗 12年 8月) 王欲於耽羅及靈巖 伐材造大船 將通於宋 內史門下省上言 國家結好北朝 邊無警急 民樂其生 以此保邦 上策也 昔庚戌之歲 契丹問罪書云 東結構於女眞 西往來於宋國 是欲何謀 又尙書柳參奉使之日 東京留守問南朝通使之事 似有嫌猜 若泄此事 必生釁隙 且耽羅地瘠民貧 惟以海産乘木道 經紀謀生 往年秋伐材過海 新創佛寺 勞弊已多 今又重困 恐生他變 況我國文物禮樂 興行已久 商舶絡繹 珍寶日至 其於中國實無所資 如非永絶契丹 不宜通使宋朝 從之[56]

---

55) 고려에 내투한 송나라 사람들이 송상의 배를 타고 온 것에 대해서는 다음의 연구에서 언급되었다.
　　黃寬重, 1991,「宋·麗貿易與文物交流」『震檀學報』71·72합, 340쪽.
　　朴玉杰, 1992,「高麗初期 歸化漢人에 대하여」『國史館論叢』39, 122쪽.
　　崔永好, 2007,「고려시대 송나라와의 해양교류—송나라 출신 전문인력의 입국과 활동을 중심으로—」『역사와 경계』63, 207쪽.

J2. (元宗 12年 春正月) 丙子 不花孟祺等還 王使樞密院使金鍊伴行 仍請婚表
    略曰 … 又奏云 詔旨所諭發遣南宋船事 頃當承問對以嘗有宋商舶往返 距
    今十年 未曾見來 適於年前 有一舶 到于我境 小邦執事慮於睿鑑 將謂從
    前絡繹往來 而敢匿其情 不以實陳議 欲送還 而臣不卽禁沮 以至無狀[57]

J1에서 1058년 8월에 문종이 대송 통교를 재개하여 송의 선진 문물을
수입하려 했으나 내사문하성이 반대하면서 '송상의 배가 연이어 오고 진
보가 날마다 이르러 중국에 기대할 바가 없다'고 하였다. 이 시기에는
송상의 내헌 기사도 매년 있었을 뿐 아니라 1년에 두차례 이상인 경우도
많아서[58] 이러한 주장은 결코 과장이 아니었다.

J2는 1271년 정월에 樞密院使 金鍊이 蒙古에 가서 세자의 청혼을 하
였을 때, 日本·南宋과 交通한 것을 묻는 원나라의 질문에 해명하는 내
용이다. 몽고가 송과 교통한 事情을 물었을 때 일찍이 송의 상선이 오가
다가 최근 10년 전부터 온 적이 없다고 하였으나 지난해에 배 한 척이
왔는데, 담당관리[執事]들이 "종전처럼 (송상이) 연이어 왕래했다[從前
絡繹往來]"고 몽고가 오해할 것을 우려해서 그러한 사정을 감추고, 사실
대로 알리지 않았다고 하였다. 이 기록에 의하면 1271년보다 한 해 앞서
송상이 고려에 왔으며, 그 보다 약 10여 년 전에는 송상의 배가 많이
와서 그것을 종전처럼 연이어서 왔다고 오해할 정도였다고 한다.[59]

J1과 J2에서는 송상의 배가 고려에 연이어 왔다는 공통된 서술을 하
고 있는데, 전자의 1058년은 송상의 내헌 기사가 많았던 때이고, J2는

---

56) 『高麗史』 권8, 「世家」 文宗 12년 8월.
57) 『高麗史』 권27, 「世家」 元宗 12년 춘정월.
58) 金庠基, 1959, 「高麗前期의 海上活動과 文物의 交流—禮成港을 중심으로—」 『국
    사상의 제문제』 4 ; 1974, 『東方史論叢』, 서울대출판부, 448~449쪽, <宋商來航
    表>.
59) 이 기사에 대해서는 필자가 선행 연구에서 정밀하게 고찰한 바 있다.
    李鎭漢, 2010, 「高麗 武臣政權期 宋商의 往來」 『民族文化』 36, 181~182쪽 ; 본
    서 제6장.

송상이 거의 오지 않았다고 알려진 무신정권기에 대몽항쟁을 하던 시기이므로 송상의 상시왕래와 관련하여 후자가 갖는 의미는 더욱 크다고 하겠다.

송상의 배가 연이어 왔다는 것은 한 배가 고려에 오면 다른 배가 가는 것처럼 송상의 왕래가 끊이지 않았다는 뜻인데, 그러한 점은 송대의 문헌에서 더욱 확실하게 드러난다.

K1. 神宗 元豐 二年 春正月 丙子 詔舊明州括索自來入高麗商人 財本及五千緡以上者 令明州籍其姓名 召保識 歲許出引發船二隻 往交易 非違禁物 仍次年卽回 其發無引船者 依盜販法 先是 禁私販高麗者 然不能絶 至是 復與中國通 故立是法[60]

K2. 夢得爲兩浙西路安撫使 乞差人至麗 探報金人事宜狀奏曰 … 若北自登萊 東假高麗揚帆而來或出於二浙 皆遠不過二十日 近五七日可至 臣自到任 常有私憂於此 本州舶船舊許與高麗爲市 間有得與其國人貿易者 往往能 道其山川形勢 道里遠近 因令舶主張綬招致大商柳悦·黃師舜問之 二人 皆泉州人世從本州 給憑買販高麗 歲一再至 留高麗者 率嘗經歲 因爲臣 圖海道 大略言 敵境舊與契丹 … 竊以鄭弦高之事觀之 柳悦等雖商賈冗 賤 然在高麗久 所聽探皆得其國人之言 初本無意 … 輒肆管見 欲委此二 人 許以名目 陰令如常歲之高麗買販 應得敵中動息 皆亟使來告 俟參驗 得實 有補於事 卽厚賞旌之 責以軍令 無得張皇漏泄 …[61]

K3. 今高麗雖臣屬於韃 然每有疑畏韃賊之心 遷都海島 防其侵犯 決不至爲韃 向徒 縱使有窺中國之意 然無松杉木可以造船 其國雖有船隻 止是雜木 亦無釘鐵 只可在其國近境往來賣買 豈能遠涉鯨海 … 此間船舶 常有販 高麗者 大率甲番三隻到麗國 必乙番三隻回歸 丙丁亦如之 今慶元人見有 在彼國仕宦者 郤緣此等船隻 皆屬朝廷分司 制司不可得而察其往來之迹 此間之舟一隻 可以載二三百人 萬一彼有異之 幷吾甲乙兩番之舟 並行拘 奪 以渡韃賊 則亦意外之過慮也[62]

K1은 1079년 정월에 송이 일정한 조건을 갖추고 규정에 준수하는 해

---

60) 『續資治通監長編』 권296.
61) 『歷代名臣奏議』 권346, 「乞差人至高麗探報金人事宜狀」.
62) 『許國公奏議』 권3, 「奏曉諭海寇復爲良民及海關防海道事宜」.

상을 고려에 갈 수 있도록 하였는데, 그 수가 해마다 두 척이었으며 그 다음해 돌아오게 하였다는 것이다. 이것은 고려와 국교를 재개하였으므로 새로운 교역법을 실시하라는 명령과 관련된 조치로[63] 그대로 시행되었다면 明州의 허가를 받은 송상은 적어도 매년 2척씩 고려에 갈 수 있었다.

K2는 1127년에 금의 공격을 받아 송이 큰 위기에 처하자 浙西路安撫使 葉夢得이 고려에 사람을 보내 금의 정세를 탐지할 것을 건의한 글이다.[64] 그는 浙西路의 舶船이 고려와 互市하였고, 간혹 고려인과 무역하는 자로 능히 그 산천형세와 道理의 원근을 말할 수 있는 자가 자주 있으니, 舶主 張綬로 하여금 大商 柳悅·黃師舜을 초치하여 묻게 하는데, 두 사람은 본디 모두 泉州人으로 오랫동안 本州에서 公憑을 받아 고려에 賈販하기를 1년에 한두 번 이르렀고[歲一再至] 때로는 高麗에 머물러 해를 넘기기도 하였다고 하였다. 이어 이 정탐의 일을 이 두 사람에 위임하되 명목은 평소에 해마다 고려에 무역하러 가듯이[如常歲之高麗賈販] 하며 고려에서 빨리 적의 동태를 얻어 와서 고하게 하고 徵驗의 得失을 기다려 상을 주거나 군령으로 다스리자고 하였다.

이 기사에서 柳悅·黃師舜은 舶主 張綬에게 고용되어 강수로서 배를 타고 고려에 왕래한 사람으로,[65] 해마다 고려를 다녀왔으며 때로는 해를 넘기기도 했다고 하므로 다른 송상들이 아무도 가지 않았다고 해도 이 두 사람의 왕래만으로도 송상이 상시 왕래했다는 증거가 된다. 더욱 이 1127년은 북송이 멸망한 때이고, 금의 공격이 몇 해 전부터 시작되었으니 송상은 이러한 국가적 위기 상황 속에서도 매년 1·2회씩 고려를 왕래하였던 것이다.

---

63) 『續資治通鑑長篇』 권296, 元豊 2년 춘정월 병자.
64) 張東翼, 2000,「高麗·宋의 政治·外交에 관한 記事」『宋代麗史資料集錄』, 서울대출판부, 341쪽.
65) 森克己, 앞의 논문, 342쪽.

K3은 송의 吳潛이 沿海制置大使·判慶元事로 재직하던 1256년에서 1258년 사이에 조정에 올린 글이다.[66] 고려의 조선 기술이 낮아 먼 바다를 건너올 수 없음을 말하고, 당시에 고려에 판매하러 가는 자는 대체로 甲番 3척이 고려에 도착하면 반드시 고려에 있던 乙番 3척이 回歸하였으며, 丙番과 丁番의 방식도 역시 같았다고 하였다.[67] 오잠의 상소에 의하면 송에서 온 배와 고려에 머물던 배가 동시에 있을 때는 송상의 배가 해마다 왕래하는 것은 물론이고 일시적으로 고려에 6척이 되기도 했지만, 보통 때는 적어도 송상의 배가 3척이 머물며 무역하였다고 이해된다.

K1은 1079년, K2는 1127년, K3은 1256년~1258년에 송상이 고려를 왕래하던 상황을 알려주는 사료이며, 송상이 매년 왕래하고 있다는 것은 일치하고 있다. K1의 규정에서 일정한 요건을 가진 海商은 허가를 받아 고려에 갈 수 있었다고 하고, K2는 해마다 고려를 다니며 무역하던 대상 유열과 황사순을 언급하였으며, K3에서는 3척의 배가 고려에 가서 무역했다고 하였으니 고려에는 언제나 적어도 두세 척 이상의 송나라 배가 있었던 것이다. 세 기록을 종합하면, 1079년부터 1256년까지 약 187년의 차가 있지만, 매년 송상이 고려를 왕래하였고, 상단은 적어도 2개 이상이 되었다는 것이다.

한편, 송은 여러 차례 해상들이 고려에 가는 것을 금지하는 칙령을 내렸으나 송상의 고려 왕래는 지속되었다.[68] 즉, 해상이 고려에 갈 수 없도록 하는 慶曆編勅(1041~1048), 嘉祐編勅(1056~1063) 등이 반포되었는데도 편칙이 시행되던 시기에 송상이 고려에 내헌한 기록이 있었던 것이다.[69] 오랜 기간에 걸쳐 자주 해상의 고려 왕래에 관한 칙령이 있었

---

66) 張東翼, 앞의 책, 335~336쪽.
67) 張東翼, 앞의 책, 336쪽.
68) 徐炳國, 1973,「高麗·宋·遼의 三角貿易考」『白山學報』15, 83~93쪽.
69) 경력편칙과 가우편칙은 송상이 고려에 가는 것을 금지하였으나, 고려와 송의 외

다는 것은 오히려 그 만큼 많은 송상이 고려를 향하였던 현실을 반영하
는 것이며, 편칙 그대로 송상들이 고려를 왕래할 수 없었다고 이해해서
는 안 된다.

　이상에서 송상의 왕래와 관련된 국내외의 주요 기사들을 검토하였다.
1034년에 송상이 팔관회에 상례적으로 참여하도록 하였던 것이 의종대
(1146～1170)에 정비된 의례에서도 그대로 유지되었고, 투화인에 대한
給暇와 淸要職 임용 규정이 각각 1085년과 1224년에 건의되었으며,
1058년과 1260년대에 모두 송상이 연이어 고려에 왔다는 기록이 있는
것은 송상이 상시적으로 고려를 왕래하였던 상황에서 비롯된 것이다. 또
한 중국 사서에는 매년 두 개 이상의 송 상단이 고려를 다녔다는 구체적
인 기록이 있다. 송상의 내헌 기록이 매년 송상이 왔다는 것을 증명하기
는 어렵지만, 『高麗史』와 중국문헌에는 송의 건국 초부터 거의 멸망의
직전 시기까지 송상이 항상 고려에 왕래했음을 확인시켜주는 기사들이

　교가 재개된 이후 1080년에 明州 市舶司에서 公憑을 취득하는 경우는 갈 수 있도
록 허용하였으며, 1093년에 渡航 금지지역에서 고려의 두 글자가 삭제되어 고려
에 가는 것에 대한 금지가 완전히 해제되었다(近藤一成, 2001,「文人官僚蘇軾の
對高麗政策」『史滴』23, 7쪽). 그런데, 경력편칙 시기에 3건, 가우편칙 시기에 12
건, 희령편칙(1068～1077) 시기에 14건, 원우편칙(1086～1090) 시기에 7건의 송
상 왕래가 있었고, 경력편칙과 가우편칙을 재시행한 1091～1093년 사이에는 송
상의 내항이 중단되었다고 한다(朴玉杰, 주 19) 논문, 55쪽). 두 견해는 1091～
1093년 기간을 제외하고 해상에 대한 금령이 있었지만, 송상이 고려에 가서 무역
을 했다는 점은 공통된다.
　그러나 금령이 실시중이던 1093년에 고려에서 東國의 사절을 태우고 泉州 海商
徐積이 귀국하였다. 이에 蘇軾은 고려 도항의 금령이 시행된 지 수 년이나 되었
는데도 금령이 나오기 전에 발급된 공빙을 가지고 활동을 이어간 해상 徐積의 행
동을 비난하고 그것을 저지하기 위해 옛 공빙은 기한을 정하여 반납해야할 것을
주장하였다. 이와 같이 송 정부가 더욱 강력한 금령으로 海商의 활동을 제한하자
해상들은 온갖 타개책을 모색하였던 것이다(原美和子, 2006,「宋代海商の活動に
關する一試論―日本・高麗および日本・遼(契丹)通交をめぐって―」『考古學
と中世史研究3―中世の對外交流 場・ひと・技術―』, 高志書院, 137～138쪽).

적지 않다. 특히, 고려 인종대는 송상의 본국인 송이 금의 공격을 받아 두 황제가 사로잡히고 수도를 옮기는 국가적 위기 상황이었으며, 1231년부터 30여 년간은 무역 상대국인 고려가 몽고의 침입을 받아 수도를 강도로 옮기는 등 어려운 여건이었는 데도 송상왕래는 계속되었다.[70] 이러한 조건으로 인해 고려의 부유한 지배계급들은 언제든지 송상들에게 고려에서 생산되지 않는 珍寶를 구입하며 사치스러운 생활을 영위할 수 있었다.[71]

---

70) 백남운은 송상인의 상박은 남송의 멸망에 이르기까지 300여 년간에 걸쳐 거의 끊기는 일 없이 개경의 관문인 예성강을 찾았으며, 고려의 대송무역에 대한 요와 금의 견제는 있었지만, 송상인에 대한 款待는 특별한 것이었는데, 그들이 가져오는 바의 화물이 상층적 향락을 반영하는 것이 많았기 때문이라고 하였다(白南雲, 1937, 「商業及商業資本」『朝鮮封建社會經濟史』, 改造社, 768~769쪽).

71) 대몽항쟁기의 문인 崔滋는 開京・西京・江都의 세 도읍을 읊은 「三都賦」에서 한 늙은이[叟]가 고려의 개경에 대해 "가벼운 옷과 촘촘한 옷감으로 다투어 사치를 자랑하니 저 장안과 낙양의 화려함으로도 우리 풍속을 못 당하리로다"라고 하자, 대부가 "아! 우리 舊都의 流離가 대개 사치에서 비롯된 것이 아닌가"라며 탄식하였다('叟曰 … 衣輕服緻 爭相耀侈 雖雍洛靡麗之盛 莫我敢齒 大夫曰噫 舊都之流離 蓋以此'『東文選』권2, 「三都賦」). 1231년에 강도로 천도하기 이전에 崔滋가 보았던 개경과 개경 사람들의 이러한 사치스러움은 송상왕래가 수시로 이루어졌기 때문에 가능한 것이었다. 왜냐하면 사치는 사람들이 珍寶를 사용하는 것인데, 보물 앞에 사용되는 진[珍]은 국내에서 나지 않는 것이라는 뜻이다('內史門下省言 東池白鶴鵝鴨山羊之類 日飼稻梁 爲費多矣 前典云 犬馬非其土性 不畜珍禽奇獸 不育于國 又云鳥獸昆虫各遂其性 盖不以玩好 傷物性也 乞放海島 從之'『高麗史』권6, 「世家」, 靖宗 4년 12월 계미). 그리고 그것을 고려에 가져오는 사람들은 1058년 8월에 내사문하성이 대송통교를 반대하면서 "상박이 잇달아 들어와 진보가 날마다 들어온다[商舶絡繹珍寶日至]"라는 표현에서 알 수 있듯이 송상이었다. 이와 같이 사치와 무역은 불가분의 관계가 있다. 최승로가 해상들이 마음대로 송에 가서 무역하는 것을 금하고 오직 사행시에만 무역을 하는 겸행무역을 주장하면서 검소함을 강조했던 것은 무역을 제한하면 중국의 물산이 들어오지 못하는 데 따른 대책을 제시한 것이었다(『高麗史』권93, 崔承老傳). 고려시대 개경과 강도의 지배계급들이 호화스러운 생활을 한 것은 송상들이 지속적으로 진보를 가져다 팔았기 때문이었다.

4. 맺음말

고려시대에 "송상 某가 와서 土物 또는 方物을 바쳤다"는『高麗史』의 내헌 기사와 표류한 고려민을 송환시킨 것과 같은 간접 증거를 포함하면 송상왕래가 매우 많았다는 것은 증명할 수 있다. 더 나아가 모든 문헌을 조사하여 더 많은 사례를 찾아낸다고 해도 여전히 송상왕래의 기록이 없는 해가 많아서 해마다 송상이 고려에 왔다고 주장하기는 어렵다. 이러한 사례를 정리하는 방식이 갖는 한계를 극복하기 위해서 그것들이 당시의 사정을 어느 정도 반영하고 있는지를 재검토하였고, 고려시대 송상왕래의 양상을 구체적으로 표현하고 있는 사료를 찾아보았다.

송상의 내헌은『高麗史』찬자에게 국왕의 권위를 높이는 일종의 외교적 행위로 간주되어 기록에 많이 남게 되었으나 오직 한 번만 기록에 남은 송상이 많았다. 그렇다고 해서 송상이 고려에 1회만 왕래했다고 단정할 수 없다. 왜냐하면, 송상이 무역의 이익을 많이 얻기 위해서는 기회가 되는 한 자주 왕래해야 했기 때문이다. 그런 점에서 1년 내지 2년 후에 다시 왔었던 사례나 송상이 고려 사람들의 주문을 받아 송에서 물품을 가져다 주는 것과 같이 반복적으로 왕래했다는 기사가 더욱 송상왕래의 실상에 부합한다고 생각된다.『高麗史』의 송상 관련 기사는 불완전한 것으로 실제 송상왕래의 아주 일부만이 기록에 남아 현재 전해지는 것이다.

다음으로 사례를 찾는 방식이 갖는 한계를 넘어 송상의 상시 왕래를 증명하고자 송상왕래의 빈도를 알려주는 기사들을 고찰하였다.『高麗史』에 의하며 1034년에 팔관회의 의례에 송상이 상례로 참여하게 된 이후 11세기 중엽까지 그 규정이 유지되었고, 송의 건국초부터 시작된 송상의 배를 타고 오는 송인들의 고려 투화는 무신정권기까지 지속되었다. 또한 1058년과 1260년대에 송상의 배가 연이어 온다는 송상왕래에 관한 구체적인 표현도 있다. 그러한 기록은 송대의 문헌에 송상의 배가 매년 적어도 2척 또는 3척이 고려에 갔다는 사실과 조응한다. 송상왕래의 사례만으로는 송상의 기록이 남아있지 않은 해가 많아서 송상이 언제나 왔다고 주장할 수 없지만, 왕래 관련 기사는 충분히 그것이 사실이었다는 것을 설명해 준다.

송의 건국 이후 송상은 거의 매년 상시적으로 고려를 왕래했기 때문에 예성항—대몽항쟁기에는 강화도내의 항구—에는 그들의 배가 정박해 있었으며, 고려인들은 개경—또는 강도—의 객관에 머물고 있던 수백 명의 송상들과 교역할 수 있었다. 그러므로 고려 사람들이 송에 표류하고도 귀국 못할 것을 우려하지 않았고, 고려에 벼슬할 뜻을 둔 송인들은 언제든지 고려에 와서 시험을 치를 수 있었으며, 송에 유학하고 싶은 고려 사람은 송에 갈 수 있었다. 아울러 송상을 통해 양국 사람들은 수시로 서신이나 문서를 주고 받을 수 있었고, 문화적 교류도 가능하였다. 고려와 송은 서해라는 큰 바다를 사이에 두고 떨어져 있었으나 송상이 언제나 왕래하고 있어서 더 이상 그것은 양국의 교류와 소통을 막는 장애가 아니었던 것이다.

1. 史料

<國內>

『高麗史』,『高麗史節要』,『大覺國師文集』,『大覺國師外集』,『東國李相國集』,
『東國李相國後集』,『東文選』,『補閑集』,『三國遺事』,『新增東國輿地勝覽』,『曹
溪山松廣寺史庫』,『中京誌』,『增補文獻備考』,『破閑集』,『湖山錄』.

<國外>

『嘉定赤城志』,『開慶四明續志』,『建道四明圖經』,『建炎以來繫年要錄』,『契丹
國誌』,『鷄林志』,『高麗圖經』,『舊五代史』,『郡齋讀書志』,『金史』,『圖畫見聞
誌』,『東觀餘論』,『洞天淸錄』,『文獻通考』,『寶慶四明志』,『本草衍義』,『負暄野
錄』,『佛祖歷代通載』,『佛祖統紀』,『誠齋集』,『蘇軾文集』,『續資治通監長編』,
『宋大詔令集』,『宋史』,『松隱集』,『帥記』,『兩朝綱目備要』,『硯史』,『五代會要』,
『五燈會元』,『玉岑山慧因高麗華嚴敎寺志』,『玉海』,『遼史』,『緯略』,『日本紀
略』,『資治通鑑』,『貞信公記抄』,『中堂事記』,『曾鞏集』,『參天台五臺山記』,『册
府元龜』,『淸異錄』,『許國公奏議』,『絜齋集』.

2. 資料集

<國內>

民世安在鴻選集刊行委員會編, 1983, 『民世安在鴻選集』 1, 知識産業社.
許興植, 1984, 『韓國金石全文』(전3권), 亞細亞文化社.
張東翼, 1997, 『元代麗史資料集錄』, 서울대출판부.
張東翼, 2000, 『宋代麗史資料集錄』, 서울대출판부.

張東翼, 2004, 『日本古中世高麗資料研究』, 서울대출판부.

金龍善 편, 2005, 『高麗墓誌銘集成(第四版)』, 翰林大 아시아文化研究所.

金龍善, 2001, 『역주 고려묘지명집성(상 ,하)』 한림대아시아문화연구소.

이근명 외 엮음, 2010, 『송원시대의 고려사 사료』 1, 신서원.

<國外>

譚其驤 主編, 1991, 『簡明中國歷史地圖集』, 中國地圖出版社.

楊渭生等 編著, 2002, 『十至十四世紀中韓關係史料匯編』, 學苑出版社

3. 著書

<國內>

李能和, 1918, 『朝鮮佛教通史』 下, 新文館.

白南雲, 1937, 『朝鮮封建社會經濟史(上)』, 改造社.

金庠基, 1948, 『東方文化交流史論攷』, 乙酉文化社.

金庠基, 1961, 『高麗時代史』, 東國文化社 ; 1985, 서울대출판부.

李丙燾, 1961, 『韓國史』(中世編), 震檀學會, 乙酉文化社.

全海宗, 1970, 『韓中關係史研究』, 一潮閣.

金庠基, 1974, 『東方史論叢』, 서울대출판부.

李基白, 1976, 『韓國史新論(改訂版)』, 一潮閣.

姜晋哲, 1980, 『高麗土地制度史研究』, 高麗大出版部.

金渭顯, 1985, 『遼金史研究』, 裕豊出版社.

朴龍雲, 1985, 『高麗時代史(上)』, 一志社.

邊太燮, 1988, 『韓國史通論(改訂版)』, 三英社.

朴龍雲, 1990, 『高麗時代 蔭敍制와 科擧制 研究』, 一志社.

林漢男, 1993, 『高麗의 對金外交政策 研究』, 成均館大 博士學位 論文.

李基白 外, 1993, 『崔承老上書文研究』, 一潮閣.

許興植, 1995, 『眞靜國師와 湖山錄』, 民族社.

羅鐘宇, 1996, 『韓國中世對日交涉史研究』, 圓光大學校 出版局.

朴鐘杰, 1996, 『高麗時代의 歸化人 研究』, 국학자료원.

金在滿, 1999, 『契丹・高麗關係史研究』, 國學資料院.

김한규, 1999, 『한중관계사 I 』, 아카넷.

교육인적자원부편, 2002, 『고등학교 국사』.

교육인적자원부편, 2002, 『중학교 국사』.

南權熙, 2002, 『高麗時代 記錄文化 研究』, 淸州古印刷博物館.

노명호 외, 2000, 『韓國古代中世古文書研究(上)』, 서울대출판부.

朴龍雲, 2002, 『高麗 社會의 여러 歷史像』, 신서원.

이정신, 2004, 『고려시대의 정치변동과 대외정책』, 景仁文化社.

趙明濟, 2004, 『高麗後期 看話禪 研究』, 혜안.

최광식 외, 2004, 『한국무역의 역사』, 청아.

朴胤珍, 2006, 『高麗時代 王師·國師 研究』, 景仁文化社.

최덕수 외, 2006, 『장보고와 한국 해양 네트워크의 역사』, 재단법인 장보고기념
　　　사업회.

李康漢, 2007, 『13~14세기 고려-원 교역의 전개와 성격』, 서울대 국사학과 박
　　　사학위논문.

한정수, 2007, 『한국 중세 유교정치사상과 농업』, 혜안.

장동익, 2009, 『高麗時代 對外關係史 綜合年表』, 동북아역사재단.

이정호, 2009, 『고려시대의 농업생산과 권농정책』, 경인문화사.

국립해양문화재연구소, 2010, 『800년 전의 타임캡슐』.

<國外>
中村榮孝, 1965, 『日鮮關係の研究(上)』, 吉川弘文館.

森克己, 1975, 『日宋の貿易研究』, 國書刊行會.

森克己, 1975, 『續日宋貿易の研究』, 國書刊行會.

陳高華·吳泰, 1981, 『宋元時期的海外貿易』, 天津人民出版社

陶晉生, 1983, 『宋遼關係史研究』, 聯經出版事業公司.

홍희유, 1989, 『조선상업사(고대·중세)』, 과학백과사전출판사.

黃有福·陳景富, 1993, 『中朝佛敎文化交流史』, 中國社會科學出版社.

日野開三郎, 1984, 『日野開三郎 東洋史學論集—北東アジア國際交流史の研究
　　　(上)—』, 三一書房.

과학백과사전종합출판사, 1994, 『조선기술발전사(고려편)』.

楊渭生, 1997, 『宋麗關係史研究』, 杭州大學出版社.

Peter Yun, 1998, 『Rethinking the Tribute System : Korean States and Northeast Asian
　　　Interstate Relations, 600~1600』, Ph.D. diss., UCLA.

蔣非非 王小甫 等著, 1998, 『中韓關係史(古代卷)』, 社會科學出版社.

池田溫, 2002, 『東アジアの文化交流史』, 吉川弘文館.

山內晉次, 2003, 『奈良平安期日本とアジア』, 吉川弘文館.

魏志江, 『中韓關係史研究』, 中山大學出版社, 2006.

4. 論文

<國內>

金庠基, 1934·1935,「古代의 貿易形態와 羅末의 海上發展에 對하여」『震檀學報』1·2 ; 1948,『東方文化交流史論攷』, 乙酉文化社.

金庠基, 1937,「麗宋貿易小考」『震檀學報』7 ; 1948,『東方文化交流史論攷』, 乙酉文化社.

姜大良, 1948,「高麗初期의 對契丹關係」『史海』1.

李龍範, 1955,「麗丹貿易考」『東國史學』3.

김상기, 1959,「고려 광종의 치세」『국사상의 제문제』2.

金庠基, 1959,「高麗와 金·宋과의 關係」『국사상의 제문제』5 ; 1974,『東方史論叢』, 서울대출판부.

金庠基, 1959,「大覺國師義天에 대하여」『국사상의 제문제』3 ; 1974,『東方史論叢』, 서울대출판부.

金庠基, 1960,「羅末地方群雄의 對中交通—特히 王逢規를 中心으로—」『黃義敦先生古稀紀念史學論叢』; 1974,『東方史論叢』, 서울대출판부.

李基白, 1960,「高麗 初期에 있어서의 五代와의 關係」『韓國文化研究院論叢』1 ; 1981,『高麗光宗研究』, 一潮閣.

金在滿, 1964,「契丹絲考—東西 間接交易과 直接交易의 形態(下)—」『歷史教育』8.

金庠基, 1965,「宋代에 있어서의 高麗本의 流通에 대하여」『李相殷博士華甲紀念論叢』; 1974,『東方史論叢』, 서울대출판부.

李惠求, 1967,「高麗大晟樂의 變遷」『韓國音樂序說』, 서울대출판부.

李鉉淙, 1968,「南洋諸國人의 來往貿易에 對하여」『史學研究』18.

徐炳國, 1973,「高麗·宋·遼의 三角貿易考」『白山學報』15.

朴賢緒, 1974,「北方民族과의 抗爭」『한국사』4, 국편위.

李龍範, 1974,「10~12세기 國際情勢」『한국사』4, 국편위.

全海宗, 1974,「對宋外交의 性格」『한국사』4, 국편위.

姜萬吉, 1975,「商業과 對外貿易」『한국사』5, 국편위.

高翊晋, 1975,「法華經 戒環解의 盛行來歷考」『佛教學報』12.

金定慰, 1977,「中世 中東 文獻에 비친 韓國像」『韓國史研究』16.

李龍範, 1977,「高麗와 契丹과의 關係」『東洋學』7.

李龍範, 1977,「胡僧襪羅의 高麗往復」『歷史學報』75·76합 ; 1989,『韓滿交流史 研究』, 同和出版公社.

李鉉淙, 1977,「高麗와 日本과의 關係」『東洋學』7.

全海宗, 1977,「高麗와 宋과의 關係」『東洋學』7.

全海宗, 1977,「中世 韓中貿易形態 小考―特히 公認貿易과 密貿易에 대하여―」『大丘史學』12・13합 ; 1979,『韓國과 中國―東洋史 論集―』, 知識産業社.

高翊晋, 1978,「圓妙了世의 白蓮結社와 그 思想的 動機」『佛教學報』15.

金渭顯, 1978,「麗宋關係와 그 航路考」『關大論文集』6 ; 1985,『遼金史研究』, 裕豊出版社.

全海宗, 1979,「中世 韓中貿易形態 小考」『韓國과 中國』, 知識産業社.

權兌遠, 1981,「高麗初期社會에 미친 歸化人의 影響에 관한 考察」『忠南大 人文科學 論文集』8-2.

金成俊, 1981,「高麗七代實錄編纂과 史官」『民族文化論叢』1 ; 1985,『韓國中世政治法制史研究』, 一潮閣.

金渭顯, 1982,「高麗의 宋遼金人 投歸者에 대한 收容策(918~1146)」『史學志』16 ; 1985,『遼金史研究』, 裕豊出版社.

金渭顯, 1982,「女眞의 馬貿易考―10세기~11세기를 중심으로―」『淑大論文集』13 ; 1985,『遼金史研究』, 裕豊出版社.

李東潤, 1982,「宋代海上貿易의 諸問題」『東洋史學研究』17.

金在滿, 1983,「五代와 後三國・高麗初期의 關係史」『大東文化研究』17.

申採湜, 1985,「宋代 官人의 高麗觀」『邊太燮華甲紀念史學論叢』, 三英社.

南仁國, 1986,「高麗前期의 投化人과 그 同化政策」『歷史教育論集』8.

黃寬重, 1986,「高麗與金・宋的關係」『아시아문화』창간호, 한림대.

金相永, 1988,「高麗 睿宗代 禪宗의 復興과 佛教界의 變化」『淸溪史學』5.

趙明濟, 1988,「高麗後期 戒環解 楞嚴經의 盛行과 思想史的 意義―麗末 性理學의 수용 기반과 관련하여―」『釜大史學』12.

蔡雄錫, 1988,「高麗前期 貨幣流通의 기반」『韓國文化』9.

朴漢卨, 1989,「羅末麗初 西海岸交涉史 研究」『國史館論叢』7.

全海宗, 1989,「高麗와 宋과의 交流」『國史館論叢』8.

池田溫, 1989,「新羅・高麗時代 東亞地域 紙張의 國際流通에 관하여」『大東文化研究』23.

姜吉仲, 1990,「南宋과 高麗의 政治外交와 貿易關係에 대한 考察」『慶熙史學』16・17합.

Michael C Rogers, 1991,「Notes on Koryo's relations with Sung and Liao」『震檀學報』71・72합.

高柄翊, 1991,「麗代 東아시아의 海上交通」『震檀學報』71・72합.

羅鍾宇, 1991,「高麗前期의 對外關係史硏究」『國史館論叢』29.

鄭淸柱, 1991,「新羅末・高麗初의 羅州豪族」『全北史學』14 ; 1996,『新羅末高麗初 豪族硏究』, 一潮閣.

崔柄憲, 1991,「大覺國師 義天의 渡宋活動과 高麗・宋의 佛敎交流」『震檀學報』71・72합.

陳高華, 1991,「元朝與高麗的海上交通」『震檀學報』71・72합.

黃寬重, 1991,「宋・麗貿易與文物交流」『震檀學報』71・72합.

具山祐, 1992,「高麗 成宗代 對外關係의 展開와 그 政治的 性格」『韓國史硏究』78.

具山祐, 1992,「羅末麗初의 蔚山地域과 朴允雄」『韓國文化硏究』5.

朴玉杰, 1992,「高麗初期 歸化漢人에 대하여」『國史館論叢』39.

李範鶴, 1992,「蘇軾의 高麗排斥論과 그 背景」『韓國學論叢』15.

金東哲, 1993,「상업과 화폐」『한국사』15, 국편위.

朴宗基, 1993,「高麗中期 對外政策의 變化에 대하여―宣宗代를 중심으로―」『韓國學論叢』16.

崔完基, 1993,「漕運과 漕倉」『한국사』14, 국편위.

박종기, 1994,「고려시대의 대외 관계」『한국사』6, 한길사.

李貞信, 1994,「고려시대의 상업―상인의 존재형태를 중심으로―」『國史館論叢』59.

李正浩, 1994,「高麗前期 勸農政策에 관한 一考察」『史學硏究』46 ; 2009,『고려시대 농업생산과 권농정책 연구』, 경인문화사.

鄭修芽, 1994,「慧照國師 曇眞과 ‘淨因髓’―北宋 禪風의 수용과 高麗中期 禪宗의 부흥을 중심으로―」『李基白先生古稀紀念 韓國史學論叢(上)』, 一潮閣.

羅鍾宇, 1995,「5대 및 송과의 관계」『한국사』15, 국편위.

羅鍾宇, 1995,「일본 및 아라비아와의 관계」『한국사』15, 국편위.

朴龍雲, 1995・1996,「高麗・宋 交聘의 목적과 使節에 대한 考察」『韓國學報』81, 82 ; 2002,『高麗 社會의 여러 歷史像』, 신서원.

朴漢男, 1995,「10～12세기 동아시아 정세」『한국사』15, 국편위.

朴漢男, 1995,「거란 및 금과의 통교」『한국사』15, 국편위.

朴漢男, 1995,「고려의 북진정책」『한국사』15, 국편위.

鄭修芽, 1995,「高麗中期 對宋外交의 再開와 그 意義―北宋 改革政治의 수용을 중심으로―」『國史館論叢』61.

조효숙, 1995, 「高麗時代 織造手工業과 織物生產의 實態」『國史館論叢』 55.

崔圭成, 1995, 「북방민족과의 관계」『한국사』 15, 국편위.

祁慶富, 1995, 「10~11세기 한중 해상교통로」『한중문화교류와 남방해로』(조영록편), 국학자료원.

毛昭晰, 1995, 「선진시대 중국 강남지역과 한반도의 해상교통」『한중 문화교류와 남방해로』(조영록편), 국학자료원.

鮑志成, 1995, 「蘇東坡와 高麗」『한중문화교류와 남방해로』(조영록편), 국학자료원.

吉熙星, 1996, 「지눌의 사상」『한국사』 21, 국편위.

金正基, 1996, 「건축」『한국사』 21, 국편위.

羅鐘宇, 1996, 「高麗前期의 韓日關係」『韓國中世對日交涉史研究』, 圓光大出版局.

朴榮濟, 1996, 「수선사의 성립과 전개」『한국사』 21, 국편위.

朴漢男, 1996, 「12세기 麗金貿易에 대한 검토」『大東文化研究』 31.

李杜鉉, 1996, 「무용과 연극」『한국사』 21, 국편위.

秦星圭, 1996, 「무신정권기 불교계의 변화와 조계종의 대두」『한국사』 21, 국편위.

蔡尙植, 1996, 「백련사의 성립과 전개」『한국사』 21, 국편위.

홍선표, 1996, 「서화」『한국사』 21, 국편위.

金基德, 1997, 「高麗의 諸王制와 皇帝國體制」『國史館論叢』 78.

盧明鎬, 1997, 「東明王篇과 李奎報의 多元的 天下觀」『震檀學報』 83.

朴玉杰, 1997, 「高麗來航 宋商人과 麗宋의 貿易政策」『大東文化研究』 32.

申採湜, 1997, 「10~13세기 東아시아의 文化交流―海路를 통한 麗·宋의 文物交易을 中心으로―」『中國과 東아시아世界』, 국학자료원.

李基東, 1997, 「羅末麗初 남중국 여러 나라와의 交涉」『歷史學報』 155.

이정희, 1997, 「高麗前期 對遼貿易」『지역과 역사』 4 ; 2000, 『고려시대 세제의 연구』, 국학자료원.

李泰鎭, 1997, 「前近代 韓·中 交易史의 虛와 實」『震檀學報』 78.

張東翼, 1997, 「宋代의 明州 地方志에 수록된 高麗關係記事 研究」『역사교육논집』 22 ; 2000, 『宋代麗史資料集錄』, 서울대출판부.

全善姬, 1997, 「明州 옛 ‘地方志’에 보이는 麗·宋 交流史 札記」『中國의 江南社會와 對中交涉』(曺英祿 외), 集文堂.

鄭炳模, 1997, 「寧波佛畵와 高麗佛畵의 比較研究」『講座美術史』, 9.

黃時鑒, 1997, 「宋-高麗-蒙古關係史에 관한 일고찰―「收刺麗國送還人」에 대하

여―」『東方學志』97.

김창현, 1998,「高麗의 耽羅에 대한 정책과 탐라의 동향」『韓國史學報』5.

박종기, 1998,「11세기 고려의 대외관계와 정국운영론의 추이」『역사와 현실』30.

盧明鎬, 1999,「高麗時代 多元的 天下觀과 海東天子」『韓國史研究』105.

閔賢九, 1999,「高麗前期의 對外關係와 國防政策: 文宗代를 中心으로」『亞細亞研究』99.

신채식, 1999,「宋·麗의 문화교류에 관하여」『梨花史學研究』25·26합.

김성규, 2000,「高麗 前期의 麗宋關係―宋朝 賓禮를 중심으로 본 高麗의 國際 地位 試論―」『國史館論叢』92.

申泰光, 2000,「北宋變法期의 對高麗政策」『東國史學』37.

이병로, 2000,「11세기 한일 양국의 대외교섭에 관한 일고찰」『大丘史學』59.

박용운, 2001,「이규보의 사례를 통해 본 최씨 집권기의 관제 운영의 실상」『史叢』53.

金甫桄, 2002,「高麗前期 內侍의 構成과 役割」『韓國史學報』13.

김영미, 2002,「11세기후반~12세기 초 고려·요 외교관계와 불경 교류」『역사와 현실』43.

金載名, 2002,「高麗時代의 內侍―그 別稱과 構成을 중심으로―」『歷史教育』81.

안병우, 2002,「고려와 송의 상호인식과 교섭: 11세기 후반~12세기 전반」『역사와 현실』43.

安秉佑, 2002,「財政構造의 成立」『高麗前期의 財政構造』, 서울대출판부.

이정신, 2002 ,「고려 태조의 건국이념의 형성과 국내외 정세」『韓國史研究』118 ; 2004,『고려시대의 정치변동과 대외정책』, 景仁文化社.

추명엽, 2002,「고려전기 '번(蕃) 인식과 동·서번의 형성」『역사와 현실』43.

피터윤, 2002,「서구 학계 조공제도 이론의 중국 중심적 문화론 비판」『아세아 연구』109.

이미지,「高麗 宣宗代 権場 問題와 對遼 關係」『韓國史學報』14, 2003.

金澈雄,「高麗와 宋의 海上交易路와 交易港」『中國史研究』28, 2004.

朴承範,「9~10世紀 東아시아 地域의 交易」『中國史研究』29, 2004.

박옥걸, 2004,「고려시대 귀화인의 역할과 영향―기술적, 문화적 측면을 중심으로―」『白山學報』70.

이진한, 2004,「고려시대의 무역」『한국무역의 역사』(최광식 외), 청아.

최성은, 2004,「高麗時代 佛教彫刻의 對中關係」『高麗美術의 對外交涉』, 예경.

Peter Yun, 2005, 「몽골 이전 동아시아의 다원적 국제관계」『만주연구』3.

朴胤珍, 2005, 「高麗後期 王師·國師의 사례와 기능의 변화」『한국중세사연구』
　　　19 ; 2006, 『高麗時代 王師·國師 硏究』, 景仁文化社.

신채식, 2005, 「高麗와 宋의 外交關係—朝貢과 冊封關係를 중심으로—」『한중
　　　외교관계와 조공책봉』, 고구려연구재단.

李錫炫, 2005, 「宋 高麗의 外交交涉과 認識, 對應—北宋末 南宋初를 중심으
　　　로—」『中國史硏究』, 39.

김종섭, 2006, 「五代의 高麗에 대한 인식」『梨花史學硏究』33.

김영미, 2006, 「10세기초 禪師들의 중국 유학」『梨花史學硏究』33.

金澈雄, 2006, 「고려와 大食의 교역과 교류」『文化史學』25.

채웅석, 2006, 「11세기 후반~12세기 전반 동북아시아 국제정세와 고려」『전쟁
　　　과 동북아의 국제질서』(역사학회 엮음), 일조각.

李鎭漢, 2007, 「高麗時代 宋商 貿易의 再照明」『歷史敎育』104.

윤용혁, 2007, 「정인경가의 고려 정착과 서산」『湖西史學』48 ; 2009, 『충청 역
　　　사문화 연구』, 서경문화사.

崔永好, 2007, 「고려시대 송나라와의 해양교류—송나라 출신 전문인력의 입국
　　　과 활동을 중심으로—」『역사와 경계』63.

朴鎔辰, 2008, 「11~12세기『圓宗文類』의 유통과 동아시아 불교교류」『한국중
　　　세사연구』25.

李鎭漢, 2008, 「高麗 文宗代 對宋通交와 貿易」『歷史學報』200.

遠藤隆俊, 2008, 「義天と成尋—11世紀東アジアの國際環境と入宋僧—」『東國
　　　史學』44.

김영제, 2009, 「宋·高麗 交易과 宋商—宋商의 經營形態와 그들의 高麗居住空
　　　間을 중심으로—」『史林』32.

金榮濟, 2009, 「麗宋交易의 航路와 船舶」『歷史學報』204.

전영섭, 2009, 「10~13세기 동아시아 교역시스템의 추이와 海商 정책—宋·高
　　　麗·日本의 海商 관리규정 비교—」『역사와 세계』36.

李鎭漢, 2010, 「高麗 宣宗朝 對宋外交와 貿易」『韓國人物史研究』13.

이진한, 2010, 「송상왕래 연구 서설」『동아시아 국제관계사』(김준엽선생기념서
　　　편찬위원회편).

李鎭漢, 2010, 「高麗 武臣政權期 宋商의 往來」『民族文化』36.

<國外>

中村榮孝, 1927, 「後百濟及び高麗太祖の日本通使」『史學雜誌』38-8 ; 1965, 『日

　　　　鮮關係の研究(上)』, 吉川弘文館.

丸龜金作, 1937, 「高麗と契丹・女眞との貿易關係」『歷史學研究』 5-2.

森克己, 1956, 「日本・高麗來航の宋商人」『朝鮮學報』 9 ; 1975, 『續日宋貿易研究』, 國書刊行會.

森克己, 1959, 「日・宋と高麗との私獻貿易」『朝鮮學報』 14 ; 1975, 『續日宋貿易の研究』, 國書刊行會.

森克己, 1959, 「日宋麗連鎖關係の展開」『史淵』 41 ; 1975, 『續日宋貿易の研究』, 國書刊行會.

和田久德, 1959, 「東南アジアにおける初期華僑社會(990-1279)」『東洋學報』, 42-1.

日野開三郎, 1960・1961, 「羅末三國の鼎立と對大陸海上交通貿易(一)(二)(三)(四)」『朝鮮學報』 16, 17, 19, 20 ; 1984, 『日野開三郎 東洋史學論集—北東アジア國際交流史の研究(上)—』, 三一書房.

丸龜金作, 1960・1961, 「高麗と宋との通交問題(一, 二)」『朝鮮學報』 17, 18.

日野開三郎, 1962, 「唐・五代東亞諸國民の海上發展と佛敎」『佐賀龍谷學會紀要』 9・10合 ; 1984, 『日野開三郎 東洋史學論集—北東アジア國際交流史の研究(上)—』, 三一書房.

森克己, 1964, 「日宋貿易に活躍した人々」『歷史と人物』(日本歷史學會編) ; 1975, 『續日宋貿易の研究』, 國書刊行會.

森克己, 1965, 「鎌倉時代の日麗交涉」『朝鮮學報』 34.

日野開三郎, 1966・1972・1977, 「國際交流史上より見た滿鮮の絹織物」『朝鮮學報』 48, 63, 82 ; 1984, 『日野開三郎 東洋史學論集—北東アジア國際交流史の研究(上)—』, 三一書房.

三浦圭一, 1970, 「10～13世紀のアジアと日本」『講座日本史 2—封建社會の成立—』, 東京大學出版會.

森克己, 1978, 「日宋・日元貿易の展開」『對外關係史』, 山川出版社.

宋晞, 1979, 「宋商在宋麗貿易中的貢獻」『中朝關係史論文集』 1, 從徐福到黃遵憲, 時事出版社.

奧村周司, 1979, 「高麗朝における八關會的秩序と國際環境」『朝鮮史研究會論文集』 16.

倪士毅・方如金, 1982, 「宋代明州與高麗的貿易關係及交其友好往來」『杭州大學學報(哲學社會科學版)』 12-2.

友永植, 1983, 「唐・五代三班使臣考」『宋代の社會と文化』, 汲古書院.

黃寬重, 1983, 「南宋與高麗關係」『中韓關係史國際研究討論論文集』(中華民國韓國研究學會編).

梅原郁, 1985,「宋代の武階」『宋代官僚制度研究』, 同朋舍.

홍희유, 1989,「고려시기 상업과 화폐유통의 장성」『조선상업사(고대·중세)』, 과학사전출판사.

山內晋次, 1989,「莊園內密貿易說に關する疑問―11世紀を中心として―」『歷史科學』117 ; 2003,『奈良平安期日本とアジア』, 吉川弘文館.

石井正敏, 1992,「10世紀の國際變動と日宋貿易」『新版 古代の日本―アジアからみた古代日本―』, 角川書店.

奧村周司, 1992,「高麗の外交姿勢と國家儀式」『歷史學研究』別册.

林士民, 1995,「論宋元時期明州與高麗的友好交往」『海交史研究』28.

朴眞奭, 1996,「11~12世紀宋與高麗的貿易往來」『長白叢書 中朝關係史研究論文集』吉林文史出版社.

姚禮群, 1997,「宋代明州對高麗漂流民的救援措施」『宋麗關係史研究』(楊渭生編), 杭州大學出版社.

須田英德, 1997,「高麗後期における商業の政策―對外關係を中心に―」『朝鮮文化研究』4.

原美和子, 1999,「宋代東アジアにおける海商の仲間關係と情報網」『歷史評論』592.

近藤一成, 2001,「文人官僚蘇軾の對高麗政策」『史滴』23.

池田溫, 2002,「麗宋通交の一面―進奉·下賜品をめぐって―」『東アジアの文化交流史』, 吉川弘文館.

趙明濟, 2003,「臨濟宗をめぐる高麗と宋の交流」『駒澤大學佛教學部論集』34.

友永植, 2005,「五代內官考」『史學論叢』35.

李鎭漢, 2005,「高麗前期 對外貿易과 그 政策」『九州大學 韓國研究センタ―年報』5.

茂木敏夫, 2006,「中國からみた <朝貢體制>―理念と實態, そして近代における再定義―」『アジア文化交流研究』1, 關西大學.

原美和子, 2006,「宋代海商の活動に關する一試論―日本·高麗および日本·遼(契丹)通交をめぐって―」 『考古學と中世史研究3―中世の對外交流 場·ひと·技術―』, 高志書院,

榎本涉, 2007,「宋代日本商人の再檢討」『東アジア海域と日中交涉―九~十四世紀―』, 吉川弘文館.

李鎭漢, 2009,「高麗時代における宋商の往來と麗宋外交」『年報 朝鮮學』12.

李鎭漢, 2010,「高麗時代における宋人の來投と宋商の往來」『年報 朝鮮學』13.

62	高麗後期 寺院經濟 研究*	李炳熙 / 520쪽 / 26,000원
63	고려 무인정권기 문사 연구	황병성 / 262쪽 / 14,000원
64	韓國古代史學史	정구복 / 376쪽 / 19,000원
65	韓國中世史學史(Ⅰ)	정구복 / 근간
66	韓國近世史學史**	정구복 / 436쪽 / 22,000원
67	근대 부산의 민족운동	강대민 / 444쪽 / 22,000원
68	大加耶의 形成과 發展 硏究	李炯基 / 264쪽 / 16,000원
69	일제강점기 고적조사사업 연구*	이순자 / 584쪽 / 35,000원
70	淸平寺와 韓國佛敎	洪性益 / 360쪽 / 25,000원
71	高麗時期 寺院經濟 研究*	李炳熙 / 640쪽 / 45,000원
72	한국사회사의 탐구	최재석 / 528쪽 / 32,000원
73	조선시대 農本主義思想과 經濟改革論	吳浩成 / 364쪽 / 25,000원
74	한국의 가족과 사회*	최재석 / 440쪽 / 31,000원
75	朝鮮時代 檀君墓 認識	金成煥 / 272쪽 / 19,000원
76	日帝强占期 檀君陵修築運動	金成煥 / 500쪽 / 35,000원
77	고려전기 중앙관제의 성립	김대식 / 300쪽 / 21,000원
78	혁명과 의열 -한국독립운동의 내면-	김영범 / 624쪽 / 42,000원
79	조선후기 천주교사 연구의 기초	조 광 / 364쪽 / 25,000원
80	한국 근현대 천주교사 연구	조 광 / 408쪽 / 28,000원
81	韓國 古小說 研究	오오타니 모리시게 / 504쪽 / 35,000원
82	高麗時代 田莊의 構造와 經營	신은제 / 256쪽 / 18,000원
83	일제강점기 조선어 교육과 조선어 말살정책 연구	김성준 / 442쪽 / 30,000원
84	조선후기 사상계의 전환기적 특성	조 광 / 584쪽 / 40,000원
85	조선후기 사회의 이해	조 광 / 456쪽 / 32,000원
86	한국사학사의 인식과 과제	조 광 / 420쪽 / 30,000원
87	高麗 建國期 社會動向 研究	이재범 / 312쪽 / 22,000원
88	조선시대 향리와 지방사회	권기중 / 302쪽 / 21,000원
89	근대 재조선 일본인의 한국사 왜곡과 식민통치론	최혜주 / 404쪽 / 29,000원
90	식민지 근대관광과 일본시찰	조성운 / 496쪽 / 34,000원

*대한민국학술원 우수학술 도서   **문화체육관광부 우수학술 도서

李鎭漢

경기도 평택 출생
고려대학교 사학과 졸업, 동 대학원 문학박사
현재 고려대학교 한국사학과 교수

■ 대표 저서
『高麗前期 官職과 祿俸의 관계 연구』

高麗時代 宋商往來 研究　　　　　　　　　　　　　　값 25,000원

　2011년 9월 　1일 초판 인쇄
　2011년 9월 11일 초판 발행

　　　　　　　저　　자 : 이 진 한
　　　　　　　발 행 인 : 한 정 희
　　　　　　　발 행 처 : 경인문화사
　　　　　　　　　　　서울특별시 마포구 마포동 324 · 3
　　　　　　　　　　　전화 : 718 · 4831～2, 팩스 : 703 · 9711
　　　　　　　　　　　이메일 : kyunginp@chol.com
　　　　　　　　　　　홈페이지 : 한국학서적.kr / www.kyunginp.co.kr
　　　　　　　등록번호 : 제10 · 18호(1973. 11. 8)

ISBN : 978-89-499-0806-9　　93910